世界传世藏书

【图文珍藏版】

# 旅游大百科

赵然⊙主编

第五册

线装书局

# 海岸线上的诗意人生——海滨休闲度假之旅

是人类的祖先来自海洋的缘故？喜水乐海一直是人的本能和天性，尤其是物质和精神高度契合的时代，走向海滨，走向沙滩，走近海洋，这已成为人们生活质量、生活品位的象征，那里为时尚的生活和诗意的人生提供了广阔的空间。

## 兴城

这是夏日里北方的任何家庭住上些时日都不会寂寞的地方。海滨由兴海、渔港、邴家、老龙湾四个海湾组成。兴海湾海滨景区以高大的菊花女神像为中心向两侧延伸，呈半月形。海水澄净，坡缓滩平，嬉水娱乐设施足够满足家庭需求的了。

辽宁兴城

南端的拱桥驮载着合家人的愉悦，任由好奇心牵引着登上礁石亭，一点点新奇的发现也许都会给全家人带来欢乐，更何况这里的视角和视野与站在沙滩上的任何一个点上都不同，海湾的壮美画卷更开阔，浴场的喧闹更撩人，围湾而峙的宾馆、招待所，星罗棋布的海鲜餐厅也成了一道赏心悦目的风景。羡慕不羡慕轮盘式高空缆车上观景的人都不重要，重要的是在浴场上玩累了以后别忘了第二天早早起来看海上日出。尽管在兴海湾的宾馆、招待所房间里就可以欣赏一轮红日跳海而出的精彩，那你也得不贪睡才成。再说走在沙滩上听着潮音看日出和在房间里看日出的体验是大不相同的。

海滨浴场休闲大同小异，尽情地享受海水、沙滩、阳光就是了。兴城的菊花岛，岛内的风光没有什么特别之处，岛周围海景的壮美则值得用心感受，渔船归来，购鱼买虾买蟹的乐趣也别轻易放弃，全家人借此可以更多地了解渔民生活，自己的生活也添加了不少滋味。

兴城有句民谣：兴城五件宝，城、泉、山、海、岛。在兴城海滨休闲度假之旅中逛古城是得天独厚的享受。

宁远古城是很多影视作品的外景地，尤其是《三进山城》，很多中老年人记忆犹新，揣着李向阳情结，入城寻觅李向阳的踪迹，骨子里寻觅的却是自己的青年或者童少年时代的幸福时光，很可能会一边逛着看着一边情不自禁地向孩子们讲起当年看到的这部电影的种种情节和看电影时的心情。古城是全国保存最完好的古城之一，它兴建于明宣德三年（公元 1428 年），明代大方砖砌就的城墙高达 10 米，东西南北四座城门楼和城内的鼓楼、钟楼、石坊风貌依旧，明清一条街是新修复的，也非画蛇添足，它增补加厚了体验历史文化与生活的空间。央视《百家讲坛》上历史学家们有关宁远大战的故事也增添了宁远古城的亲和力。这是袁崇焕用红夷大炮大败努尔哈赤的地方。

兴城有丰富的历史文化典藏，还有历史上就很著名的山水名胜。市区东侧 3 公里处，兀立而起的 330 米高的首山，有睡美人之称。三峰三首，"三首悬流"的胜景今已不见，"三首云冠"赶上好日子还是能一睹风采的。登上山顶的烽火台，东眺日出，远瞻沧海，大干景象一目尽收。那是兴城最理想的观景台。

兴城周边还有不少山。已贴近了锦州的笔架山、北镇沟帮子处的医巫闾山、义县西北 9 公里处大凌河边崖壁上的万佛堂石窟，都是可去之处。医巫闾山与长白山、千山并称东北三山，传说它是虞舜时期封的幽州镇山，涓流飞瀑，青松异石，古寺奇观，怆然入画。万佛堂石窟是东北最早最大的石窟群，分东西两区，西区9窟，上下两层，下6是大窟，上3是小窟。东区7窟，两区皆建于北魏年间，由于造像风化严重，影响力渐微，但它在我国古代石窟艺术中还是占有一定位置的。去兴城海滨休闲度假，顺便游览名山古窟，会使全家人的兴城之旅更加丰富多彩。

兴城的另一个好处是可以泡温泉。城东南温泉30眼，水温72℃，系矿物弱碱性食盐泉，对大骨节病、慢性妇科病、皮肤病、风湿性关节炎皆有疗效。这里是全国最大的温泉疗养地之一。泡温泉的环境不怎么引人注目，但在兴城，享受的是海水泡、温泉泡双泡之美。

兴城被称为第二北戴河。城、泉、山、海、岛集于一体的兴城之旅也许会让你感觉比北戴河更好。

### 进出兴城

京哈铁路上的直快列车都在兴城停靠，沈阳、北京到兴城均4个多小时。兴城有发往周边城市的大巴，到北京的大巴行程5个小时左右。

食宿：城里和海滨景区的荤素菜、海鲜菜比大城市便宜一些，费口舌砍价能打折。住在海滨路最好，但价格贵点，城里高中低档宾馆、招待所都有，可任意选择。

特产：干鲜海产品、贝壳、贝壳工艺品、纪念品。海产品在菊花岛购买要比兴城购买便宜一些。

### 线路提示

兴城海滨游，日程安排至少3天，海滨玩沙戏水，时间安排的要充足一些，登宁远古城，登首山，上菊花岛，穿插着去，作为调剂。把时间安排好。

自助游的家庭，对兴城市内的交通，是可以依赖的，从火车站去兴海湾，可乘公交车。从火车站去宁远古城步行即可，走15分钟的样子。从城里去首山，打的15分钟左右的车程，步行有点累，五六公里，要走一两个小时。去笔架山，兴城有中巴。泡温泉，不必特别的费神，找一家可以供应温泉水的宾馆，住下来就可以。

周边的景区，医巫闾山、万佛堂石窟，离得比较远，两处距兴城都有几十公里的距离。自助游家庭未必需要考虑，自驾车家庭，因为交通工具是自己掌握的，路况好，也方便，不妨计划进日程里，不过，要单独安排行程和住宿。

兴城的家庭之旅，随团意义不大，时间和行程自己安排比较随意、自由。只游兴城为好，时间充裕一些的，若去医巫闾山的，可以把北镇考虑进去，北镇的一些历史人文景观还是有特色的。

## 大连

大连，是北方人的天堂。每一个去过大连的人都会顺嘴说出 N 个喜欢大连的理由。

广场文化，是很多人的所爱。大连的广场太多了，大多是圆形，有被交通干道串成了糖葫芦的感觉，不过这糖葫芦不是直的。星海广场是比较新的广场，站在广场上，觉得它是方的，从微缩了的地图上看，它竟也是圆的，椭圆。女骑警、音乐喷泉、千米喷泉，都是广场上的新锐；中山广场，旧广场中最大的圆形广场，以喷泉池为中心，双环圆路和放射形圆路把它切割出了 12 块扇形树丛绿地和 8 个花坛，周围是一座又一座欧式建筑，每幢建筑的造型都不一样，颜色也大有区别，像欧洲古典建筑的小博物馆。星海广场东南角上的一座小山包上，也有一栋欧式建筑，大型古堡式的，依地势错落交构，辉煌气派，大厅里的贝壳博览馆，汇集了全世界海洋里精选出来的漂亮贝壳，千奇百怪，品种、颜色、形态难以尽数。星海广场上的大华表，全球之最。千米铜脚印长雕、百年城雕、双人踏自行车、欧式马拉轿车吸引着众多来广场的游客。星海公园的游乐场、浴场、客轮，让孩子和他们的家长乐不思蜀。

海滨文化当然是大连的长项，但老海滨浴场在旺季时实在是人满为患了，极地海洋动物馆，就成为家庭旅游的新宠。老虎滩海洋动物馆最吸引人的不是极地和深海动物，而是海洋动物表演。室内的动物表演，有让海狮拉着皮筏跑和与海狮亲昵时合影留念的项目，为孩子提供，让孩子喜欢；室外表演，无论老人成年人孩子们都会笑疼了肚皮。海洋动物被调教出非常人性化的幽默，从观众中找上来一位美女，让两只海豚相对象，海豚的忸怩和羞涩一下子就让人忘记了它们是动物，天才演员都演不到那个份儿上。

新圣亚海洋世界，"一步一个故事，分秒都是传奇"的宣传口号也许有点夸张，但当你从陆地进入"海底"，看到了"海底"沙岩上的神秘文字和图案、海底金字塔、海底书房和工作站、海底飞碟、海底鲨舞、海底城市时，你的的确确是走进了一个又一个传奇的或者科幻的或者探险的故事里，你是充实完善故事的作者，也是故事中的重要角色。海底自行车比赛，是真人秀，诱你参与；哈瓦那大道上的咖啡馆，走进去，恍惚间你已活了几百岁，在这几百年中海明威一直朝着你微笑，他被挂在墙上，与古老的钟表、古老的唱片、古老的咖啡器具和桌椅一起，讲述着一个古老的故事。海水里的"美人鱼"，会把你引进安徒生的童话世界。

**醉心的城市花园**

　　大连最新宠的是金石滩，金石滩最好看的是礁石、海蚀崖岩、沉积岩。你走近它们时，你会为它们而迷醉而疯狂。海岸断崖层岩多变，菊黄色、灰色、赭色、褐色、粉红色、墨黑色的绚丽不是来自争艳的百花而是出自纹理清晰、层次分明而丰富的崖壁褶皱层，断裂、曲折凸凹的岩山、岩块、岩礁滩，它们让你惊诧，艳羡，也让你百般猜度。高3米长1.5米的龟裂石如红松之皮，被外国专家称为天下奇石；恐龙出海，俨然一座天然大拱桥，一头伸鼻子汲水的大象；海豹背子、鳄鱼戏水、雄鹰展翅、河马沐浴、海狮长啸的象形礁石分布在长达5公里的海岸线上，礁礁成景；形成于震旦纪、寒武纪的沉积公园步步怪异，石头是米黄色的、橘红色的，形姿神貌、结构布局却多变而繁诡，让人眼花缭乱。满目珠玑的小卵石，色泽艳丽，捡一天都不会厌烦。十里黄金海岸浴场上与浪逗弄的乐趣是别地海滨浴场上很难享受到的：丽日骄阳下浪耸成墙，勇敢地迎着它，眼看要被它拥抱时又尖叫着逃窜……身后沙滩一排人用绳子拴住你，拔河似的拉，当你被浪覆盖的惊险一刻，人们会与你一起欢叫。

旅顺是大连的一个区，是爱国主义教育的基地，有不少日俄侵略者留下的战争遗迹：东鸡冠山北堡垒、二龙山堡垒、两杆枪、203 高地、白玉山塔、万忠墓、旅顺日俄监狱等等。解放旅顺和大连，苏联红军不少官兵牺牲在这里，苏军烈士纪念碑和烈士陵园刻印着那一时期的历史。旅顺口军港东侧已开辟为公园，神秘的旅顺军港增加了透明度，让求知欲和好奇心都很强的孩子们有了亲近舰艇的机会。

鸟岛、蛇岛、猪岛、老铁山、北海乡大潮口是阅读海岛和海洋自然生态的一本又一本奇书，它们使旅顺的旅游别有风味。

冰峪沟则是大连有特色的山水风光景区，在新河市境内，由凌云峰、英纳河、小峪沟三个游览区组成，系典型的熔岩峰林地貌，引人入胜的景观达 200 多处，自然人文景观相得益彰，有北国桂林之誉。山有神韵，水有奇观，洞有幽秘。

## 进出大连

大连周水子国际机场有 76 条国内航线，12 条国际航线，距市中心 10 余公里。有好几路公交车直达市区。水路：海上客轮天天有航班往返烟台、威海、蓬莱、秦皇岛、天津新港和长海县各海岛。公路有建设街汽车站、港湾桥汽车站、北岗桥汽车站、刘家桥汽车站、黑石礁汽车站。大连火车站每天有发往北京、上海、沈阳、锦州等地的特快列车。

住宿、餐饮：大连的住宿条件比较优越，宾馆饭店高到 5 星，低到一二星级的和一般招待所都有，选择的空间很大，视家庭财力需求而定。餐饮，海鲜的价格，不是想象的那么便宜。吃一般的家常菜，别太迷信街头饭铺餐馆，大饭店里的菜价未必就贵多少，先到所住饭店零点餐厅看看菜谱再说。大连的海鲜大排档非常诱人。

**线路提示**

在大连，家庭旅游可有多种选择。

自驾车游在大连是最方便最随意的旅游方式。北京、天津、唐山、石家庄等地游客，可自驾车到天津新港，人同车一起上开往大连的客轮，一宿抵达，在城区找一家宾馆住下来（事先预订最好），计划好大连的游览度假日程。去旅顺口旅游，如果不出海，不上海岛，一天的安排足够了。大连金石滩，虽然离城区很近，但一天的时间游下来却过于紧张，至少要两天才行。一天，到模特学校、奇石馆、蜡像馆参观，到各个海景公园看礁石，看海，进高尔夫球场打打球，到狩猎场打打靶；第二天，在十里黄金海岸的沙滩上，痛痛快快玩个大半天，回城时，或去十里黄金海岸的途中，顺道逛逛金石公园。广场游和极地馆，可安排一天。极地馆，选新圣亚和老虎滩均可。如不尽兴，建议走走野生动物园，逛逛俄罗斯风情街，那个地方离火车站不远，满街都在卖俄罗斯小商品：望远镜、手表、多用刀、俄罗斯套娃什么的。要敢于砍价，别不好意思。砍价也是一种乐趣。冰浴沟也是需要两天的，一天也行，玩不痛快就是了。计划行程，7 天最好，5 天、3 天也可以，精简内容少去几个地方就是了。

自助游大连，大连市区的景点，公交车都可以通达，去大连周边的景点也都有车。若游庄河冰峪沟，一早从大连火车站乘公交车到北岗桥长途车站，乘车去冰峪沟行程要几个小时，坐火车过去，也是时间长，要 5 个小时。在那里至少住一宿，第二天，赶 13：45 的火车回大连，一天只有那一趟火车。去旅顺交通更方便。

最好是买一份大连游览地图，按图决定取舍。自助游不方便的是太依赖公交车，因此在景点的选择上要受一定限制。但游大连一般都不会面面俱到，那是一次游大连根本做不到的事，除非一次呆上至少半个月以上，旅行社组团，长线团也就是金石滩，再搭配极地海洋公园什么的。

参团旅游，付了钱，签好合同后就什么都不用操心了，听从导游指挥，别掉团就是了。不足的是，想宽松而自在地在金石滩黄金海岸戏沙玩海，大致是没戏。旺季时那里人同样多，最怕掉团！

# 烟台

## 烟台滨海大道

烟台市区和周边海岸线上，不乏洗海澡的地方，浴场很多。10公里长的滨海游览线上就有第一、第二浴场，城西经济开发区的金沙滩，是新开发的浴场，戏水乐园、别墅群、秦始皇东巡宫带来的是时尚的生活体验。城东牟平区9公里外黄海中的养马岛，除了在浴场泡海澡，还可感受大型赛马活动的刺激。养马岛借了秦始皇养马之岛的名，在马文化上是下了功夫的，让海岛与马与历史传说嫁接出别样的风情。但在烟台市海滨，站在礁石上看惊涛拍岸，总觉得比在海水浸润的沙滩上与吻滩之浪亲昵更有意趣。

人间仙山

烟台在山东东北部，北临渤海，南偎黄海，古称芝罘。商代设莱侯国，西周设莱子国，秦为胶东郡。秦始皇三到芝罘岛，汉武帝亦东巡到此。烟台历史悠久，但文化遗存积淀的丰厚与其历史的长度却很不相称，岁月掠走的过多。烟台山、芝罘岛的礁石岗峦、岬角海湾，几千年来变化不大，漫步在烟台山脚，或蹬上烟台山腰，足可以欣赏到取悦过、激动过秦皇汉武的同一壮美之景：白浪叠峰啸涌，撞击到崖畔礁石上，那种倾玉山倒玉柱，飞花成雨，裂珠铺锦的画面实在激动人心。当今游客还有秦皇汉武不可能有的幸运眼福：在芝罘岛南的小蓬莱赏到元朝兴建，明朝拓修，清代更名的玉皇庙、玉皇阁、小蓬莱坊等古建群。

对外地游客来说，烟台的滨海热点不在烟台市区，而在蓬莱，而在长岛。

## 古登州蓬莱

蓬莱是个小市，隶属烟台。正因为小，谁都有时间把它逛全。它是旅游大餐盘上一道精美而著名的菜，逛不全品不出它的所有味道。吕洞宾在此得道成仙、八仙由此过海的传说，古今文学家们对海市蜃楼的渲染，给它抹上了一层神幻迷离奇诡绚丽的色彩。

人人向往的海市蜃楼在蓬莱仙阁，在长岛都可以看到。可以看到不是一定就能看到，赶对了时候太不容易了。不过不要为此就羡慕宋朝的大文豪苏东坡，他写下过咏海市蜃楼的诗不一定就是海市蜃楼的目击者。你可能比他幸运得多，那里是天天循环放映海市蜃楼的纪录片的，它放映的是 1987 年 5 月 17 日从长岛海面上拍摄下来的海市蜃楼的真实画面。2006 年 10 月 12 日，海市蜃楼又出现了一次，时间长达几十分钟。

蓬莱仙阁在我国古典名阁名楼中占有重要地位。阁高 15 米，四周环明廊。此外还有一组建筑群，包括三清殿、吕祖殿、苏公祠、天后宫、龙王宫、弥陀寺、避风亭等等。避风亭是建筑上的一大奇观，三面无窗，大门敞开，向着大海，任凭风呼浪啸，亭中点亮的蜡烛都不会灭。

蓬莱阁建在丹崖山巅，面朝大海，凭阁俯眺大海的感觉非常奇妙。仙阁东侧丹崖山下有蓬莱水城，这是戚继光训练水师，抛锚停泊战船的地方，水门、防浪堤、码头、灯塔、城墙保存的都比较完好。这座水城自宋代就有了，是我国保存至今的最早的海军要塞，海军城堡。

对古代军事和航海文化有兴趣的，还可去古船博物馆，馆里展出的是一艘元朝军用战船，它从古登州（登州即蓬莱）出土，长 28.6 米，有 14 个舱位，是我国发现的最长的古船，从造型、船体结构都体现了当时独特的先进性。

田横山也是展示古登州军事文化的重要景区，峭峻的山上有千米城墙、甲午海战时的古炮台、海阔天高阁等古建筑。相传田横在这里安过营，后人才叫它田横山的。田横与项羽、刘邦争过雄，刘邦统一天下后他不愿臣服，败给了韩信后，率500部众来此。此山是渤海与黄海的分界处。

旧登州商贾云集的市井风貌可从登州古市一条街去寻找，它是当代人诠释出的仿古版，花岗岩石铺砌的街道，登州钱庄、水城渔行、古市货栈等等力求古香古色，现实生活舞台上的道具一样，货物可是货真价实的，海货集中在这里。

在蓬莱寻找八仙的踪迹很难，有也是后人借传说造的景。最新的景是八仙渡海口，那里是个葫芦形的小岛，与蓬莱阁隔海相望，立有八仙过海照壁、八仙祠、会仙阁、环形步廊之类40多个景点。那个地方的三山门海滨是古登州最漂亮的海滩。

## 长岛群岛

长岛是个非常有魅力的地方。有人说方士们向秦始皇汉武帝鼓吹的海上三神山就是长岛。可信度不高，但至少，它是海上仙山蓬莱、瀛洲、方丈的蓝本。缥缈在海中的奇幻瑰丽会诱发出人的超常想象力、创造力。长岛是列岛，是群岛，由大小32座岛屿组成，四面环海，空气清新，礁、岛、崖、湾奇景美景甚多，海市蜃楼、平流雾龙、龙吸水（龙卷风）、过龙兵（鲸鱼）……种种海上奇观的频频出现更为它增添了梦幻神异的色彩。

长岛景点主要有九丈崖、半月湾、望福礁（望夫礁）、仙境源、烽山、林海公园、万鸟岛（车由岛）等。

长岛是简称，学名长山列岛、庙岛群岛。分南北长山岛，其间由一条长坝相连，最大的岛是南长山岛，是长山县政府所在地。半月湾、九丈崖在北长山岛上。九丈崖礁石密布、危崖高耸，拍岸狂涛大写出阳刚的豪壮；半月湾则坡平浪缓，耸列的高崖护持出的月牙似小湾里是宁静的海水和斑斓的珠宝世界，海滩上的小鹅卵石如珠似玉，流光溢彩，阴柔的美里有着少妇的华贵。

望夫礁公园、仙境源、烽山、林海公园都在南长山岛。望夫礁公园是读石之旅，一个望礁生义的产物。酷肖一尊怀抱婴儿的少妇的天然石礁，催生了海上望夫的名字和传说故事，流传的悲剧故事被世俗的欲望大潮推崇着，于今演化成望福礁，夫、福音下的一字之差，涵盖的内容却差之千里。悲剧传说可以改写了，也许您就是那新故事新传说的作者。烽山是因戚继光在其上筑过烽火台才有的名字，它是全岛最高点，可在秀色的抚慰中登临其上，视野开阔，晨可观黄海日出，暮可赏渤海日落，20公里外的蓬莱遥遥于视野中的地平线上，长山县城近在咫尺，举目可及，登高赏景似没有比这个地方更好的了。仙境源和林海公园都是新开发的景区，既展示了大自然丰厚的馈赠，又彰显了人的文化关怀，自然人文融于一体。仙境源有三仙山、黄渤阁、珠玑沙滩、海滨栈桥、唐王东征浮雕等数十处景观，这里还是居高观赏大海日出、海市蜃楼、平流雾龙、龙兵闹海诸大奇观的绝佳地。林海公园山、林、海、礁、崖、洞的绝妙美景无一不有，渤黄两海交汇的壮丽风光、长山之尾的秀美景色亦可饱览。一座海边危崖上的拂云亭，多少对大自然与人生的感慨会由此而生。

万鸟岛面积仅有 0.44 平方米，岛上却栖有成千上万只海鸥。不只是海鸥，天鹅、秃鹫、金雕等珍贵鸟类，常见的不常见的小鸟这里也能见到，它共有鸟类 18 目 46 科 224 种，占全国鸟类的 19%，实在是值得年轻夫妇带着好奇心、求知欲强的孩子们一同去的观鸟天堂。

### 进出烟台

航空：烟台有莱山国际机场，北京、上海浦东、哈尔滨、济南、沈阳、武汉的班机天天都有，每周也有与其他城市往来的航班。机场位于距城南 15 公里的莱山镇，与烟台市区有直达班车，市区民航班车的位置在大海洋路民航售票处。

铁路：火车站位于市中心北马路海港路口，每天有始发北京、上海、西安、佳木斯等城市的旅客列车到烟台。

公路：烟台汽车站位于青年路中段，每天都有发往周边各城市的汽车。高速路早已修通，去威海、蓬莱只需一个半小时即到。烟台到青岛每半小时一趟班车。

水运：烟台与大连港每天 10 班航船。与烟台通航的城市还有旅顺、天津。烟台港在火车站东侧。

食宿：烟台不愁住的地方，关键是您和家人所需的档次和位置。

烟台福山区是著名鲁菜的发祥地。鲁菜是北京菜和宫廷菜形成的基础，也因京师和皇家的重视而在民间成为很大众化的菜品。对北方人来说，鲁菜除了入选为满汉全席中的那些菜品，大都是家常菜。

**线路提示**

到烟台旅游，人们总有一种偏见，认为烟台市区只是去胶东半岛旅游的必经之地，中转站，而不是旅游关注的重点。是到改变传统习惯的时候了！烟台市久被埋没的旅游资源被开发了出来，又注入了新的内容，把在烟台旅游的时间多匀给市区一点，会有意外的收获。沿烟台山、滨海大道走，至少有美国、英国、日本、丹麦等国的旧领事馆会进入视野；月亮湾打造成了情人湾，古炮台仿造了德国旧式大炮，游客花点钱就可以点燃炮捻，感受感受明清将士炮击海上入侵者的威力；拾捡滩过一把垂钓、野炊、赶海的瘾，体验体验渔家生活的乐趣。在烟台市区旅游是尝鲜，蓬莱、长岛旅游则是怀旧。这两处地方都是烟台市的老旅游热点，因距离烟台市区近、知名度高而占尽了先机。在蓬莱不必花费太多的时间，城市小，景点集中，看得再细一天足够了。

自驾车游是最最理想之选。在没有修通高速公路之前，胶东半岛的公路就比较顺畅，柏油路算不上宽，但平整，路上车辆也比较少，到哪能儿都不愁，有了高速公路，自驾车游更是如鱼得水。

坐公交车自助游，也是很方便的。烟台有发往蓬莱、长岛的公交车，对开的中巴、大巴，每15分钟一趟，一个半小时就到。从蓬莱至长岛，坐轮渡，每日有十数班船，快船20分钟，慢船45分钟即到。从东北到烟台地区的，从大连和旅顺可以直接乘船过来，大连有发往蓬莱的客轮，每日一班，旅顺要多些，每日4班，行程是1个小时。

烟台、蓬莱、长岛都不愁没有房子住，要玩得痛快，就住烟台市区和长岛。长岛县城内遍布高中低档宾馆和招待所，一般旅馆食宿全包。在长岛体验渔家生活，会给旅行增添不少乐趣。

在长岛上逛景点，公交车基本别指望，打的还是方便的，敢于砍价、善于砍价，车费能便宜点。乘船出海游览，看人数，人多单价便宜点，人少则贵。想在长岛痛痛快快吃海鲜，就包渔家乐。不过提醒一句，吃惯鸡鸭蛋肉的，海鲜开始还可以，吃多了，吃时间长了，有反胃的可能。主动提出调剂，搞点肉菜，别吃伤了。

大宾馆的全鱼宴，怎么也得品尝一回，鱼类菜品极为丰富，鲅鱼饺子，肉鲜、馅儿香、味儿美！

烟台地区旅游大体上用不着麻烦旅行社，靠当地交通自己管理好自己就行了。长线、短期旅游的除外。

## 威海

在威海，不上刘公岛，只在城里转悠，那种洁净、舒爽、怡然自在的感觉很强烈，尤其是清晨，威海人不爱在外面吃早点的习惯，使早餐门市相对于其他任何城市都要少，海风梳理过的空气就更显清朗润泽，宁静的气氛，使这座漂亮的滨海小城像深锁在睡梦中不知苏醒。

刘公岛给人们的印象则完全不同，它是一颗绿色的明珠，港口两岸像两条青龙似的拱护着这颗明珠。这明珠，却是被尘世的喧闹纠缠撕扯、由游人和旅游小商品市场沸煮着的明珠。它是威海最负盛名的岛，是游人在威海市区最想去也最容易去的岛，因此也是商家和小商贩最倾心的岛。

威海烙刻最深的是军事文化。它三面环海，东与朝鲜半岛、日本列岛隔海相望。元代已作为军事要塞设防，明洪武三十一年（公元1398年）为防倭寇，屯重兵始称威海卫；1888年，成为清政府成立的北洋海军的基地，素有"渤海的钥匙，京津的门户"之称。

北洋水师提督衙门设在刘公岛旗顶南麓，前后三进院落，厅、厢、跨廊连为一体，背山面水气势宏伟。岛上有甲午战争博物馆，它就设在提都署内，开放有提督署、龙王庙、丁汝昌寓所、北洋海军将士纪念馆、水师学堂、东鸿炮台等景点。博物馆内有济远舰打捞文物、甲午战争史研究成果和珍藏的历史图片等一千多展品。

甲午浩气贯长虹的悲壮历史，由它们来向探古追怀的游人述说。

刘公岛有三大主题文化：刘公文化、甲午文化、英租历史文化。刘公岛博览园的相关展示为游人了解刘公岛提供了一部便捷阅读的百科全书。刘公岛除了优美的自然风光之外还有不少英国殖民统治时期留下的欧式建筑。

威海还是北方重要的海上交通枢纽和通商口岸，韩国商品店和韩国商品充溢街头，感受滚滚韩流，威海是最明敞的窗口之一。

威海另一处享誉全国的重要景区是荣成市成山头。它的魅力，由历史文化和神话传说所赋予的要比大自然馈赠的深厚得多。《史记·秦始皇本纪》等历史文献都记载过秦始皇来成山头的事情，由此引出秦始皇欲过海看日出而筑石桥，海神出来帮忙，驱石下海，画工偷画海神之貌，神怒，谴责秦始皇违约，而把秦始皇赶回陆地上，仅留岸畔秦桥遗迹的传说。秦始皇三至成山头，最后一次死于回程时，他把成山头视为"天尽头"，命丞相李斯书镌于巨石上，这天尽头和秦始皇的死又演绎出又一传说，神秘兮兮又言之凿凿，勾得仕途之士，睹欲如火，却又畏之如虎，天尽头由是更加迷幻神奇。

天尽头海畔高台平坡已失本真，纪念性建筑和服务设施如清水一样把沧桑尽洗，只有像山东立体地图的秦桥遗址巨崖还是千年本色，高台下的危崖乱礁依然故我，风浪起，水石相亲，惊涛拍岸的壮观景象荡气回肠。

威海乳山市大乳山滨海旅游度假区沙滩辽阔壮美，大小乳峰若乳，传说为三圣母所化。玉乳、金臀、睡美人是滨海胜景。乳山也是长寿之乡，开发出的母爱文化片区、修身养性片区、福文化社区别有新意。水晶誓约酒吧、休闲沙吧都是特色建筑与趣味横生的去处。

### 进出威海

济南、青岛都有到威海的长途车，从烟台到威海最近，烟台、威海长客站对开的客车每 15 分钟一趟。

现在火车也已经开到威海了，此外还有机场。

餐饮住宿：作为旅游城市，威海市区的星级宾馆饭店很多，哪个档次的都有，依自家条件和需求而择。工薪层避开闹市区，选条件还不错，房价便宜的宾馆、旅馆更好些。在乳山市的大乳山滨海旅游度假区，最好住在景区里，那里有耕渔酒店、耕渔会馆，还有蒙古包。

餐馆主要是海鲜，如果住地离海鲜市场近，晨起赶场自买海鲜让饭店加工，是一种享受，一种乐趣。

还有，威海人尤其是渔村人吃的大菜包子是很惊人的，有机会见识见识，看是否吃得下。

### 线路提示

威海地区向游人开放的景区景点越来越多，游刘公岛，在国际海水浴场泡海水澡，到成山头欣赏秦始皇欣赏过的海景，逛韩国商品市场，买可心的韩国商品，是很完满的一次威海之行。去乳山银滩、大乳山滨海旅游度假区度假，到石岛看海蚀地貌，也是一次比较完满的旅行。家庭自助游，一般依靠当地公共交通。去成山头，车很方便，早6：00到下午2点都有专往成山头的直达车。逛成山头，半个小时，一两个小时效果差不了多少。秦始皇时代离我们太远了，只有上万年都难得一变的海景能让我们寻找到与他同在一时空下的感觉。

成山头的神秘，让当地人告诉你，而且要在举步逛景之前。

自驾车游威海最好，蓬莱、长岛都一勺烩了，更甭提野驴岛、石岛了。石岛的法华院，也是很神秘的。石岛那里最主要的是渔岛民俗文化。荣成有发往那里的旅游专线车。荣城也有到花斑彩石的中巴，那也是一处特色景点，在马道东奇大酒店下车即可。

**日程安排：**

夏季几天都成，一般是3天。刘公岛1天足够，在岛上午餐，晚上看一场大型综艺歌舞表演。逛韩国商品市场安排在第二天，上环翠楼公园与逛韩国商品市场安排同一天，这一天主要是在海滨浴场娱乐。成山头连同花斑彩石或石岛1天。大乳山可专程去，住上两天，很休闲。

购物时注意：小摊儿的日用便宜货能不买就不买，譬如一条腰带砍价砍到5元，回宾馆，肚子上一勒，断了，不心疼吧，那也是钱啊。

景点门票收费很高，这可能与投资建设费用有关。刘公岛上全家人接受一次爱国主义教育，四口之家除上岛费外得另付几百元门票，要想放一下仿造的北洋水师平射炮，得再加钱。要想得开，亏谁也不能亏教育，除非上岛只是看人头。

## 青岛

青岛是岛城，是建在山上的城，是迷人之城。青岛发展太快，快得去过的人隔几年不去就在那个本没多少方向感可言的地方更加"找不着北"。不断扩张和更新的青岛让外地游客有了更酷的体验，更多的选择。百年老青岛也并没有消隐，它无论是融进了新的市景里，还是风情依旧，都不妨碍人们对青岛的艳羡和垂青。

青岛海湾多，小山包多，老洋房也多。八大关是岁月留痕中的精华版，十几条纵横交织起的格状路网上有着紫荆关、宁武关、韶关、武胜关、嘉峪关、函谷关、正阳关、临淮关、居庸关、山海关这样的很让当代人惊诧莫名而想一探究竟的路名，有着多达二百多座几乎包括了欧美24个国家的典型样式的别墅建筑群。"万国建筑博览会""世界建筑造型陈列馆"都不是虚妄之称，这些建筑因地就势，设计奇巧。八大关还有一个特点，不同关名的路分别栽着不同品种的树，一路一种树，一种树成一类林，四季不同的花，不同的花色，不同的树景林景。寻求浪漫，寻求宁静中的和谐，那是个好地方。在八大关的洋楼中，居庸关路旁的公主楼和紫荆关路与黄海路交会处的花石楼是不能不看的。花石楼是八大关风景区地标式建筑之一，俄罗斯风格、哥特式风格融合为一，不同效果不同造型的石筑楼体和花窗使它显得很独特。公主楼则是丹麦风格的，红瓦的斜坡屋顶，蓝色的楼体，公主的名称，雍容中不失娇小的气韵风度很容易就把人引入到安徒生童话的世界里做一次精神的漫游。真实的丹麦公主到过那里，老百姓看不到，童话中的公主是大众的，你想她是什么样子就是什么样子。

八大关的洋楼别墅群不是青岛唯一的欧洲建筑，欧洲小镇的感觉也不只是在八大关才有。在青岛，做一次深度旅游，走走辟街冷巷里的石阶路，找寻找寻流逝在时光里的名人故居，看看当今洋楼里院的风貌，不失为一种浪漫。

到青岛，大多数家庭是为海而来的。汇泉湾的第一海水浴场，从6月到9月，最能见证人和海的亲昵程度。浴场形如弯月，沙滩金黄，海水蔚蓝，岸坡舒缓，入水10米，水深还不到2米，细软的沙滩宽达20多米，可供游泳的水面长达300米，是戏沙弄潮嬉海的理想之地，每日25万人次的接待量也实在是够惊人的。不甘心在这里"煮饺子"，隔汇泉角的太平湾畔还有第三海水浴场……青岛的海水浴场很多，总会找到您和家人理想的乐滩乐水之所。

沿着海滨的路漫步，倾听海潮的音诗，欣赏海湾、沙滩的柔美线条，在礁石、崖岩上探寻大自然艺术的真谛，无论对老年伴侣还是蜜月中的新婚夫妇，都是一种温馨。在海滩花墙围起的庭院中的洋房酒吧里，把着香浓的咖啡，透过花窗，默默地读海，或者干脆什么也不看什么也不想，只是全身心地放松，那感觉也很美。

前海栈桥是传统热点，桥长440米，在青岛湾，它如探身海中的一条卧龙，又如飘逸在海与岸之间的美丽彩虹。栈桥东南海面上有小青岛，又名琴岛。从高处俯瞰，岛若古琴，距岸720米，有长堤与地面相通。青岛之名始于此岛。岛上立的八角形乳白色导航灯塔，入夜后的灯光很有诗情画意，塔灯与碧海波光交辉，与栈桥华灯互映，皓洁明月下，浮光耀金的美景更迷人。

小鱼山山前是第一海水浴场和水族馆。鱼山路上有不少名人故居，梁实秋、童第周、冯沅君、老舍都在这里住过。老石墙托起的小楼，马牙石的幽静急弯路、5月的泡桐花都是不错的风景。

位于青岛莱阳路8号的海军博物馆，是中小学生、少年儿童乐不思蜀的地方，是全国唯一一座全面反映中国海军发展的军事博物馆，展品中有许多参加过实战的飞机和舰艇，既能增长知识，开阔视野，又能培养爱国主义情操。

海上仙山——崂山，是看景的好地方，更是休闲度假的好地方。崂山属崂山区，距老市区40多公里。它北连即墨，东、南濒黄海。旅游资源专家们用"山海相连、岚光晦明、峰峦叠嶂、怪石嶙峋、深涧幽谷、峭崖陡壁、碧海仙居、缥缈海市"；"雄伟壮美、幽邃广袤、离奇多变"这样的词汇来概括它的天然之美。凭词想象，就很诱人了，上过崂山，你会发现这些词汇远远不足以表达你的内心感受。

看奇花异卉，到上清宫。两千多年的古柏，枝青叶翠；促蒲松龄产生灵感，创作出《聊斋志异》中的名篇《香玉》的山茶树，传为张三丰从长门岩岛移来，它与三官殿外的一株山茶，花开时一红一白，争奇斗艳，成为太清宫隆冬的一大胜观。逢仙桥旁的龙头榆主干形态奇特，树冠遮阴四亩，传为唐榆，也是一大奇景。崂山划分了几大风景区，各有各的特色，可游可览的名胜难以尽数。北九水被称为崂山最美的地方，那里的"九水画廊"全国驰名，一步一景一湾一色，形成崂山水系中最大的河流，白沙河在同五龙河交汇前，一直在秀峰峡谷中穿行，时吞时吐，时激时旋。"神仙之宅、灵异之府"的赞誉，和吴王夫差入崂山得宝、秦始皇遣徐福东渡、汉武帝遇仙、唐玄宗派人入山寻仙采药炼丹的传说，更使崂山显得神奇迷幻。

### 进出青岛

航空：与近百座大中城市通航，流亭国际机场在市区北32公里处。

铁路：列车同北京，广州、福州、兰州、成都、通化、丹东、南昌、郑州及济南对开。

汽车：通往烟台、潍坊、济南和威海、蓬莱、荣成、乳山等胶东各城市，路况很好。

市内交通，外地人想去的地方基本都有公交车，注意备好零钱，只打卡和投币的无人售票车是不找零的。

住宿：青岛和任何热点旅游城市一样，是高消费场所。各种档次的星级宾馆都不缺。

餐饮：青岛人的顺口溜："洗海澡，喝啤酒，吃蛤蜊，耍崂山。"蛤蜊是青岛人的所爱，青岛啤酒早就名声在外，国际啤酒节，让青岛啤酒更是声名远播。

当地有名的海鲜馆一条街和小吃街：

闽江路—云霄路美食街、大麦岛海鲜街、登州路啤酒街、汇泉小吃街、泰山路烧烤街、劈柴院小吃街、香港中路酒吧街。

**线路提示**

享受比较有情调有魅力的青岛，除了住宿和餐饮，不怎么花钱的办法就是泡海澡、沿海岸线读海、逛老街区。

读海是很有乐趣的事，大海边有无数的天然雕塑，各种形姿的礁石是立体的旋律；海水浴场除了存换衣服，是不花钱的；栈桥、小鱼山、小青岛、鲁迅公园花钱也不多；遍布青岛各街区的洋房子、老街巷，很有异国情调，花木扶疏长荫匝地，本就是一道又一道赏心悦目的风景。

有老人和孩子老老少少全家出游的，海军博物馆是必去的，一是这是全国的唯一，开眼界，长知识；二是孩子们大都喜欢；还是那句话，亏谁都不能亏了孩子亏了教育。

崂山主景区和北九水景区有时间当然是最好都逛。崂山有名，风景极佳，又是道教名山。青岛的海滩和青岛的老房子、洋房子，不好好逛逛也可惜了。康有为想千秋万世居住青岛，守着青岛，不幸在文革中被红卫兵扒墓扬骨。老先生的眼力是不错的，迷恋青岛不是他的罪过。豪华游青岛，用不着担心钱花不出去，在大观园茶楼坐着摇椅体验中华茶文化，在靠近渔村的海鲜美食街随兴自选刚刚打捞上来的最鲜最鲜的海鲜，指定口味加工，夜间上日本人韩国人最喜欢聚集的德堡夜总会，海澡泡腻了，驾着车逛青岛新城，看城市新建筑的五彩缤纷，关怀体贴青岛，欢乐自家，双方皆大欢喜。

一般家庭，在青岛自助游不存在什么困难，交通便利极了。

就地买一张青岛交通图，照图游走，去哪儿都不愁。日程安排可随意，1日3日5日7日8日游都成，待个十天半月也不会烦。游前海栈桥，清晨最好，那时人少。琴岛晚上看最好，月光下的朦胧和轻柔的体贴，无论来自山影、灯光、海风、月辉，都让人感到慰藉和迷醉。

崂山一日游或2日游，想把崂山全部转遍，有点费劲，也就择要而走吧，哑口、太清宫、上清宫，给了蒲松龄以灵感启发写出《崂山道士》《香玉》等小说的那些建筑和奇花异草，一一都看到，大半天儿也就过去了。这里林木翁郁，古院古墙古道明明暗暗、曲曲折折，厚重着仙界的恬静岁月的幽深，感觉很美妙。坐缆车上到明霞洞，居高看崂山山光海色，再沿石板路而下，游古刹赏龙潭飞瀑也就不枉到崂山一趟了，还想再深入，那就往下来。哑口是有旅馆的，再游一日可在哑口看日出，从哑口乘免费班车去仰口。仰口有海水浴场，仰口有崂山太平宫景区。崂山的北九水景区，也要占一天。这个地方不去有点可惜了，对青岛风光的评价，有青岛最美当属崂山，崂山最美当属九水之说。

# 秦皇岛

清朝乾隆时期还是四面环水的孤立海岛，从民国初年当地县志的记载中发现它已是形如卧蚕的半岛了。游客不会太关心这座岛如何从海中孤岛变为了半岛，游客主要关心的是它被叫了秦皇岛，这座岛现在发展成了一座非常现代化的城市，下辖三区四县。秦皇岛的名称与秦始皇的传说有关，这个传说的实物证明是一块明成化十三年（公元1477年）立的碑，上面刻着七个字："秦皇求仙下海处"。碑立在海港区东山公园门口，这块碑不管位置动没动过，只要它是戳在这方土地上，它就是当年海中孤岛上的碑，因为有关专家们有足够的证据证明，海港区的这座半岛就是当年海上的那座孤岛，明代时它肯定还被四面的海水包围着，离陆地的距离仅有0.5公里。秦始皇来这里出过海求过仙，还是他曾派人从这里出过海求过仙？

秦始皇来过秦皇岛是没有疑问的了，历史文献上是有记载的。他来时在第五次去泰山封禅之后，到这里后还干了一件事，让人在碣石门留下了为他歌功颂德的碣石门辞。不仅他来过，他的儿子胡亥篡位后也来过。碣石门留下了伏笔，历史争议的伏笔。因为汉武帝也追着他的脚印来了，也干了件为自己歌功颂德的事儿，建了汉武台。在汉武帝之后，能当皇帝而未当皇帝的曹操也来了，他干的事最漂亮，不记功，言志，写下了一首《观沧海》，写得很大气，很是豪壮，成了千古名篇，也让世世代代的人都知道、记住并挂念着和秦皇岛有关的那碣石。唐太宗也是来过的，也刻石表功来着，其影响力就远不如曹操了。几代帝王、准帝王围绕碣石演出了一场非帝王莫属的热闹戏，道具却没了，为今天的游客留下了两大谜案：其一，秦始皇到底干吗来了？是督办出海寻仙，还是纯而又纯地巡疆阅土、扬威纪功，还是这两者兼而有之？其二，碣石门到底在哪儿？找不到碣石门就确定不了秦始皇求

秦皇岛

仙入海处，只能说它大概其是在秦皇岛这一片。秦皇岛市范围内是有碣石山的，山在昌黎县，大大小小上百座峰峦连绵起伏，主峰的台顶被称为汉武台，顶尖呈圆柱形，如参天柱石，因此名碣石。曹操《观沧海》首句"东临碣石，以观沧海"之碣石是这碣石吗？这碣石是否就是秦始皇刻碣石门辞的碣石？专家们不认可这碣石门，也不认可这碣石，说它是假托的。明代的人也没有认可，那块秦皇求仙入海处的碑所立的位置就说明了一切。当然那碑也不足为凭，那毕竟也是一种揣测，一种推断，查无实据的。近期的考古发掘，却提供了一种证明，证明碣石山可能在北戴河，北戴河的金山嘴有可能就是那昔日为秦皇汉武们垂青的碣石门。考古发掘出了

什么？秦汉时期大规模的建筑遗址，千秋万岁的瓦当等等先秦、汉代文物证明这些建筑遗址正是当年秦皇汉武的行宫。金山嘴的形势神貌也像当年所提碣石门，它是伸进海里的半岛，有崖若石门，叫南天门，其崖顶是观海、听涛、赏日出的好地方。有行宫有石门，当年的碣石山不在这儿又在哪？

建行宫的地方未必就是皇帝出海的地方，把行宫建在码头边于情于理也都不易说通，谜还是谜，猜想还是猜想，有一点却是可以确认的：今天的秦皇岛这片地方很漂亮，很能勾人的魂，要不然那么多皇帝又是历史上名头最大的皇帝怎会往这儿跑？智商又不低，神经又没问题。几位皇帝审美的超常能力被清末一位英国籍的工程师证实了。他为修津榆铁路到这里来公干，发现了北戴河，回去一通大忽悠，外国人全跑这儿来度假了，光绪皇帝索性就做了个顺水人情，批准这儿为休闲避暑度假区，中外人士可以杂居。于是外国人纷纷来建别墅，中国有头有脸的人也来，到了 1936 年，来的外国人多达 60 多个国家，而别墅已建了 700 多栋。北戴河成了东亚避暑地之冠，发展到今天，避暑不仅是在北戴河，南戴河、昌黎黄金海岸也早已开发出来，把秦皇岛的避暑度假区连成一线连成一片了。

北戴河的天然名胜很多，新投资开发建设的点更多。

如有可坐着观光小火车游览的野生动物园。这种游览观赏方式，让大大小小的孩子们喜欢，小火车经过处，温柔的或调皮的动物们自由地懒散着，嬉闹着，凶猛的动物们也自由地凶猛着。动物和观赏者的安全都需要保护，小火车正是保障双方安全的措施之一。还有生态观光园，这是老北戴河没有的，它引进和展示的多是热带、亚热带花卉、植物、热带雨林风光，让北方人在北方感受南方，尽管环境、气氛、味道和真实的热带雨林生态都差得很远，但总比没有强啊。此外还有攀岩、蹦极、竹筏漂流等等。不过到北戴河的游客主要的兴奋点还是海滨浴场的沙滩和海水。中海滩在夏季交点钱随你怎么玩，租遮阳伞要另交费，自带帐篷会受到干预。浴场沙滩平缓，沙质也不错，夏季里裸脚走在上面会感到刺激性的热度。

南戴河与北戴河仅一桥一水之隔，比之北戴河，这里的沙滩不仅宽阔得多，而且沙质纯正，没有泥石杂物，细软松散，沙温也高，暑期内平均温度达到 31℃～32℃。浴场的质量也好，海水透明，浴区海水细沙铺底，没有礁石，浴场的后面，还有一条防风林带，林中 70 多种鸟类。在南戴河观鸟、玩沙、入海游泳的感觉很不错，而清晨观日出、拾贝捉蟹，傍晚看日落、赏海霞，夜晚踏沙听潮望月看今夜星光灿烂的感觉更美妙。

昌黎黄金海岸本是充满野趣的地方，旅游开发商的大规模推进，野起来也难了。海岸之沙还是诱人，它细柔宽阔，如黄金绒毯铺地，5公里长的黄金海岸线有一种独具风采的壮美。一纬路南侧有海上世界游乐场，快艇、水滑梯、激光打靶、快活林乐园，附近的飞行白宫里的升天热气球、拖曳伞、跳跃城堡、蜘蛛人等等娱乐设施会让人们玩得很开心。一纬路北口两侧的旅游飞机场，旺季时提供的中小型飞机在近千米高空飞行，瞰景之中会有一种浪漫的激情。滑沙在黄金海岸和南戴河之间是最刺激最诱人的活动，老少皆宜，有惊无险，从沙山顶上乘着滑沙板，或冲入海中或滑向谷底，尖叫着，宣泄的快感越体验越有滋味。人到昌黎，碣石山不可不去。山上"碣石观海""天柱凌云""水岩春晓""石洞秋风""西嶂排清""东嶂耸翠"，都是游人向往的景色。一边看景赏景，一边琢磨琢磨它是七代帝王登临观海的地方吗？肯定或否定的道理何在？说不定能发现一桩历史的冤假错案呢。

### 进出秦皇岛

秦皇岛的山海关机场距市区13公里，国内有许多城市有往来山海关机场的航班。不过，秦皇岛地区的主要客源来自北方各大城市，乘列车进出是最方便的。火车站有4站都宜进入旅游区：秦皇岛站、北戴河站、山海关站、昌黎站。往京津方向的始发列车在秦皇岛站，往沈阳方向的始发列车在山海关站。

公路：北戴河海滨汽车站的长途车开往北京、天津、承德、郑州、石家庄等方向。自驾车：沿京沈高速，北京、天津、唐山、大连、沈阳、丹东等方向的游客均可驾车直达。

水运：秦皇岛与大连之间有客轮，每周不是天天都有，双日从秦皇岛始发，单日从大连返回，单程14小时，夕发朝至。旅顺有到秦皇岛的快艇。

市内交通：山海关——秦皇岛、山海关——北戴河，均有公共汽车往返，北戴河到南戴河可乘公交车。

北戴河火车站——秦皇岛火车站有公交车。

到昌黎黄金海岸，从昌黎火车站出站后换乘中巴。

住宿：北戴河、南戴河、昌黎黄金海岸沿线几十公里内的各个旅游区都有宾馆旅店，5～10月为旅游旺季，房价不低，几乎没有打折的空间，像样的宾馆饭店还要提前预订。南戴河相对人少些，但也有诸多的不便利。

餐饮：以海鲜为主，饭店、街头餐馆、大排档遍地海鲜。期望值别太高，在好多餐馆感觉做出来的味道一般，家常菜的水平。

特色菜：红烧、清炖"铁板蟹"。

### 线路提示

家庭去北戴河、南戴河、黄金海岸，最方便的是自驾车，火车、长途车、当地公交车再方便都有别扭之处，除非，在这些地方的目的很单纯，就是泡海澡戏沙戏水，扎着一个地方不动，就便逛逛点儿。劳心费力地找车、倒车、等车去各旅游点娱乐点感觉不值。换句话说，别贪多求全，什么都想尝尝，什么都想玩玩，那样太累。

北戴河有两项内容是挺新鲜的，适合家庭，尤其会给孩子带来乐趣。一是在北戴河东海滩东山码头乘船出海游览，45分钟。二是参加北戴河旅行社组织的深海打鱼捞虾活动，打多打少，打好打坏，并不要紧，这是对渔民生活的一种体验，平时大城市的人谁也接触不到，在陌生和新奇的感受里获得意想不到的欢乐。

南戴河和黄金海岸的滑沙是乐趣无穷的，紧张，刺激，有惊无险，跟滑冰一样，滚下来都没关系，只是别撞着人或被别人撞着。

到北戴河、南戴河、黄金海岸这三处地方，三四百公里以内各城市的游客，周末来玩挺好，星期五傍晚到，星期六玩一天，星期日玩大半天，然后回家。

## 乐亭海滨

河北唐山乐亭县有个菩提岛，被称为河北最大的岛。上岛需要坐船，坐船要在涨潮的时候。潮落时，航道差不多已变成一片广袤的泥滩，泥滩上，数不清的小鸟跳跃着觅食。岛上是鸟的王国，满生着高草芦苇和灌丛，很难见到有成片成林的树，让岛有了菩提这个名字的菩提树虽有奇姿，也不能算多。国际鸟类专家常常在这座岛上一住就是几个月，在木架的观鸟台上架着大炮筒似的照相机，手中拿着笔记本，一坐就是三四个小时，甚至八九个小时，这是入了国际鸟类保护协会名册的观鸟基地，已发现的鸟类四百多种。游客在苇丛旁的小路上行走，冷不丁就会飞起一只见都没有见过的鸟来。清晨的鸟更容易见，它们飞到滩边，岸脚。岛上原有人家，粮食和菜蔬都从陆地上运过来。一座残破的庙只剩了空空的殿墙顶瓦和塌毁的基台柱础。有尼姑坟掩在茂密的草丛里。和尚留下的高桩、吊索、平衡木等等健身习武器材仍完好地保留着。临时搭建的简易房门窗若关不紧，有几日屋里没有住人，少了人气儿，小草蛇就会钻进来，爬上床，躺在被褥上舒舒服服地睡大觉，小耗子也会悄悄地进来与蛇做伴，两者相安无事和平共处，却让人受到惊吓。

上菩提岛是享受生态，享受天然。李世民和唐朝公主的传说太过遥远缥缈，出海捕鱼的渔船是实实在在的。随船出海不会有太大的惊喜，水浅而浊，但总能有点收获。岛上除了鸟，最神奇的景观就是日出。日出时海潮还没有涨回到原位，太阳上升到一定位置时，天上、水上、沙滩上就会有三个太阳同时出现，呈现出三日同辉的奇观。岛上还有"岛霭蜃气"等胜景。

菩提岛附近还有月陀岛，这也是需要乘船才能上去的岛，呈弯月状，在渤海臂弯之中，沙质洁净，滩缓潮平，与众不同的是可以洗泥浴。乐亭海滨另有金银滩浴场、碧海浴场、金沙岛。金沙岛才是都市人特别喜欢去泡海澡的地方，岛是11座断续的沙坝连接起的弧形沙岛岛滩，地平阔，建起的接待服务设施已形成了一个小镇，镇上的长街与海滩平行，两侧不是饭馆烧烤店大排档就是出售嬉水用的水球、橡皮船、游泳圈和海螺、贝壳等天然和人工工艺品的小店。沙滩上活跃着四轮驱动车和马，遮阳伞拉起一道彩虹，摩托艇在浪花上奔驰，戏沙戏水的游人散布在水际沙滩，很是招人耳目。

### 进出乐亭

唐山火车站有发往乐亭的班车，但乐亭县城离港区还有一段距离。自驾车从京沈高速公路，唐山东14号出口或津唐高速至滦南出口入唐南高速乐亭出口下道驶向北港码头。

食宿：凡开放的岛和海滨浴场均有宾馆、饭店或度假村。餐饮以海鲜为主，大排档任游人自选。

### 线路提示

乐亭是唐山的一个县。

乐亭的菩提岛、月陀岛、金沙岛离北戴河很近，离黄金海岸最近。这些岛的周边没什么特别引人的景区景点，乐亭只有李大钊故居。怪得很，至少是北京的相当大的一个群体，一到夏季，就跑到乐亭去过过周末，玩玩海沙海水，吃几顿乐亭的海鲜。去乐亭的一般不会再去北戴河、黄金海岸。

调查显示，爱去乐亭海滨的都是怕了北戴河的人满为患。这里的浴场相对比较宽松，玩能玩得痛快，住宿餐饮接待都不会存在什么问题，价格也相对比较便宜。乐亭对自助游家庭来说不是很方便，适合自驾车游和旅游团队。自驾车到乐亭海滨的，不妨在乐亭县城和唐山转一转。

乐亭兴吃"搁这儿"。这是一种杂烩菜，名字起得怪是因为有典。说是慈禧她老人家再好的菜都只吃一口，上这道菜时李莲英按常规在慈禧挟了一筷子后就挥手让人撤下去。慈禧将菜入口一嚼，立即哼出了俩字儿："搁这（儿）"！李莲英没明白，慈禧不高兴了，又找补了一句："搁这儿"！李莲英这回明白了，赶紧让人把菜端回到慈禧眼面儿前儿，慈禧连吃了好几大口，让李莲英瞧得目瞪口呆。从此这菜就叫了"搁这儿！"其实就是白菜和成片儿状的面筋一起炒，也算一绝，倍儿香。

唐山三支花：皮影、大鼓、评戏。其中皮影和大鼓均源自乐亭。

# 连云港

江苏连云港是《西游记》的发祥地。

孙悟空的家在连云港的花果山、水帘洞。与八戒、沙僧、白龙马护送师傅唐僧西天取经圆满成功后，他被佛祖如来封为斗战胜佛荣归故里，在水帘洞附近的一座庙里享受着人间香火。

连云港古称海州，也叫过朐县、郁州，是一座有着两千多年历史的滨海城市。因为是陇海铁路的起点，是横穿东西的霍尔果斯至连云港和纵贯南北的黑龙江同江至海南三亚的两条最长的公路的交汇点，因而被称为新亚欧大陆桥的东方桥头堡。域内景区20多处，景点110多个，春夏秋冬四季皆景，又誉称为神奇浪漫之都。

## 吴承恩客居的花果山

何处是孙悟空的故乡是有争议的，一些地方激烈抢夺孙悟空是不争的事实。不过这是早已落下帷幕的抢夺。不是有了定论，或达成了和解，而是不了了之。孙悟空的原型、孙司空的故乡至今是个谜。走进有争议的孙司空故乡，是很有趣味的旅行。

花果山是云台山的一部分。吴承恩的《西游记》是以花果山为蓝本创作出来的，花果山给过他大量的启发和灵感，花果山是《西游记》的主要发祥地这些说法应该不会有什么疑义。游过花果山就会知道，花果山与《西游记》之间存在着明显的血缘关系。

吴承恩曾在海州云台山客居，那时候海州云台山还是一座海中的孤岛。如果把海州云台山花果山的景物与《西游记》中的一些章节一些景物对照，就会发现没有花果山风光，我们是读不到这样的一部《西游记》的。水帘洞、娲遗石、唐僧石、八戒石、七星洞、定海神针、怪石园都是显示吴承恩《西游记》与花果山之间联系的重要景观。

连云港

花果山人可以自豪地宣称水帘洞之名是在《西游记》出世之前就有的，证明其说的是水帘洞上的摩崖刻字。站在水帘洞外仰观水帘洞口，薄瀑宽帷的簌簌垂帘弥荡出氤氲的清凉，透视出洞壁上摩崖刻字，那鲜红之色的莹白晶亮的飞珠和击溅在洞脚大石上的湍流声韵，足以把人们引入音画绝佳的胜境。洞里3个大厅，每厅100多平米，深达201米，进洞口和出洞口有至少十几米的落差。洞中有一口小方井，井里常年有水，大旱不枯，是民间传说中的海眼，这灵泉海眼为吴承恩所用，让他遣美猴王从此眼入东海龙宫取了金箍棒。

　　花果山的半腰上有座团圆宫，团圆宫正殿供奉的是身着甲胄头戴花翎的大圣神像，这尊神像，是一个进香团赠的，落户的时间不超过 20 年，它只表明社会对花果山为《西游记》之母，书里的孙悟空是从花果山女娲遗石中蹦出来的高度认同。娲遗石不是很显眼，上面刻着小蓬莱三个字。它夹在大石缝中，上不着天，下不着地，它的右上方，有一块酷似猴头的石头。猴头石，夹缝石，触动了吴承恩的灵感，最终才有了"那座山正当顶上，有一块仙石，其石有三丈六尺五寸高，有二丈四尺围圆，上有九窍八孔，四面更无树木遮阴，左右倒有芝兰相衬。内育仙胎，一日迸裂，产一石卵，似圆球样大，化作一个石猴"的文字。

　　吴承恩是淮安下河镇人。在花果山的吴氏园林，发现了吴承恩的最后一部书稿，专家由此考证出他在海州待过。他的一个舅舅在海州，有属于一个谱系的两家族谱为证。海州和淮安之间有一条烧香河，乘船到海州三元宫来烧香的香客大都是淮安人，吴承恩即便不在海州长住，也有可能是常来常往的，他对云台山上的景物很熟悉。有一副对联，上联说："一部西游未出此山半步"，说得意味深长。《西游记》中的大部分情节，都能在花果山找到对应物。如花果山有 72 洞，唐僧西天取经，就路经 72 洞，历九九八十一难，其数应不是巧合。花果山各洞之命名，不少取自民间传说，如无底洞、盘丝洞、狐妖洞、鹿妖洞、马猴元帅洞。《西游记》沿用了其中的好多名字，并依名编了取经中的故事。又如山顶有一线天，远处望则可见八戒石，头戴僧帽，形体巨大，拱嘴眯眼奔拉着耳朵，掩在树丛中，一副睡态。这个形象，对吴承恩塑造猪八戒，不会没有一点启发。再说，翻过山去就是几百年的高老庄。怪石园里有白骨精、哮天犬、拜月玉兔……栩栩如生的。象形石是最易触发灵感的。景区古刹三元宫里的三位神仙中的地官，就是被孙悟空偷吃了的人参果的主人。论辈分，地官和天官水官都是唐僧的亲兄弟，因为《西游记》说，陈光蕊是唐僧的父亲，而东晋人干宝的《搜神记》说东海人陈光蕊生了三个儿子，得道升仙，分管天、地、水三界。唐僧的母亲是花果山下大村人。大村现已变成了一片水库，称大圣湖，水库底原是有小湖的，小湖里有很大很大的老鼋。这个传说吴承恩也应当听说过，这才有了通天河里驮取经四众和白龙马过河的老龟。

## 孔望山，满山都是神佛

　　距市中心新浦西南3公里有孔望山，即孔子登山望海的地方，秦汉时叫朐山。有始建于唐的龙兴寺（现称龙洞庵），有龙洞石刻群，还有东汉佛教摩崖造像。从历史的深处走来的摩崖造像们聚集在麻状的石壁上，自身也是麻状的，全身很难找到一条锐度鲜明的纹线，块面的肌理更是砺纵砂横，岁月的浓稠深覆其表，它们像依然走在千百年的旅程里，日复一日年复一年地被风雨、阳光非常有耐性也非常残忍地剔剥，但神态表情却一如既往，既不显疲惫，也无怨无悔。

　　游客大都辨认不出这些雕像雕的是什么人。孔望山景区告之：满山都是神佛。

　　游客很快就会陷在不断发现的激动和愉悦中。坐姿的神佛、立姿的神佛；正面的神佛，侧身的神佛；半身的神佛、有头无身的神佛……这些神佛不是一下子就进了眼底的，眼前的空间在兴奋而又期待的心态下显得很有张力，它和时间阴谋地勾结在一起，不肯把画幅哗地一抖便打开，让游人一览无余，你得极有耐性地走，极有耐性地搜寻。造像有的近在咫尺，有的很是高远；有的峭壁崖面一尊没有，有的密密麻麻让人应接不暇；有的清楚但体积很大，要细细地观瞧才见完整，有的若隐若现需仔细辨识才能从摩崖上剥离出大致的轮廓。整体显得杂乱无序，又分明地有着什么联系，需要游客动用智能去辨析，去串接，去解读。

　　所有看到的，都会被导游说成是佛本生故事。舍身饲虎、初转法轮、涅槃图等等，听着热闹，看着却满眼的困惑。这些造像和人们熟悉的佛、菩萨、供养人、力士形象大不一样，尤其是在涅槃图中没有大圆寂的释迦牟尼佛，或哀号或悲痛的群像分刻在三块石崖上，基本只有头没有身，一排连一排，面面相衔相接，神态各异，就像悲慽脸谱的大联展。他们真的是佛祖的弟子吗？

　　其实困惑的也不就是你。孔望山摩崖造像的解读经历了漫长的年代，几百年它一直是个谜。

　　孔望山摩崖造像认知水平在明清时期仅是"如读汉画""诸贤摩崖像"。贤者谁？孔子七十二弟子。孔望山是因孔子三次来此登山望海而得名的。

　　对摩崖造像汉画像风格，是历代人的一种共识。衣着形貌雕刻风格杂耍宴饮乐舞等等方面的内容都酷与人们所见的汉画像砖类同。新中国建国初期，有了新的认识，当地专家们排斥了圣贤形象提出了"都是衣冠整齐的士大夫阶层的人物和武士"，算是有了新的阅读成果。1980 年，中央研究机构来了权威，经考察首次提出造像含佛像内容，是我国较早的佛像遗迹之一。一语惊人，掀起轩然大波。2005 年 9 月，摩崖造像作品年代的认知也有了"突破性发展"，中国文物专家在孔望山石头大象左下方前腿里侧发现了一行竖刻的字，拍照后经仔细辨认和研究确认是隶书"永平四年"，把我国有摩崖造像的历史向前推进了整整两百年。

### 桃花涧，至今无解的东方天书

锦屏山南路的桃花涧风景名胜区，距市区 9 公里。景区内的将军崖岩画石刻，被称为"东方天书"。

刻有岩画的将军岩风景独特，大半个馒头状的巨大石岩偎着一座小山峰，夕阳斜照过来时会把山峰映得金红，架在馒头石旁，向山峰方向拐过去的栈桥也是金红色的，这桥是为保护裸露的岩石免遭游人践踏而存在的。岩石上阴刻的图案异常童稚，也非常奇怪，大多像蒲扇，圆形。有的圆较为规整，有的像鼓腮平下巴的国字脸，圆面中不管多少横线纵线，都有一条长线自顶而下穿出圆外，像蒲扇的把儿，而圆内居中的部位，在中轴纵线两侧各刻着一只圆圆的眼睛，这眼睛使得团扇变成了一张漫画式的怪脸。除了这种图案，还有立起的扫把形的图案，支棱着的蓬草图案和无法说出名堂的方脸图案、双圆图案。不会是调皮的孩子们弄出来的把戏，坚硬的石面上的线条要雕琢出来是非锐利的器物不可的。而且，它们已与岁月的刻痕融为一体。

神秘的岩画。

更神秘的岩画还在馒头石的另一面。

岩面上的子午线，天河，3 个太阳，狩猎图，各种各样莫名其妙的符号。银河是白色的，比石的底色白得多，白得很耀眼，像精心打磨出来的。银河由坑坑洼洼的小圆洞组成，就像点点繁星。子午线经过了测量，与今天实测的地球子午线误差仅有一点点儿。山包的顶部有三块大石头，石头有打了眼的，有没打眼的。打了眼的，拍起来不响，没打眼的拍起来有回声。有专家说石头应是 4 块，原始社会祭礼用的。得到了证实，还有一块石头在某个年代被推下去了。

这里曾生活有东夷部落，距今 7000 年到 10000 年间，是旧石器时代末期的人类，麻雀洞洞口里出土过未曾打磨的旧石器一千多件。

将军岩的岩画曾被确认为是上古时代一个部落观天测象的灵台，并做出了书面鉴定，称凿刻年代距今约 7000 至 6000 年之间，是迄今为止发现的中国最早（甚至是世界上最早的）有明确族氏标记的天文观测灵台、敬天法祖的祭坛，是中华民族具有至少 7000 年天文观测实录的实证。

这个结论，并没有在学术界形成统一认识，仍然众说纷纭。有的认为是情人海誓山盟之地，有的认为是观天象的地方，还有的认为是外星人留下的遗迹。2004 年 4 月，连云港发起了悬赏百万破天书活动，这个活动无果而终，至今没人能解开所有疑团，如岩画是什么时代刻的？什么人刻的？用什么刻的？岩画的内容究竟是什么？专家们认为，一二百年内破译的可能性不大。

### 海州湾——海蚀地貌的瑰丽神奇

连云港的海湾岛屿让人垂涎。

沙滩平展如镜，倒映着茂林、翠峰、蓝天、白云。金色沙滩上的倒影影影绰绰隐隐约约亦真亦幻。天公驱水驱风，用大手笔大写意雕蚀出的竹笋石、鸡血石、雪花石、爬山狼、蜂窝石、飞鹰石等等石岩、山壁，或以形胜或以色奇，或以神酷，或以势夺，举目之下铭心刻骨。面对瑰丽神奇的海蚀地貌就已觉得喜出望外了，谁知还有一种视觉的酷宴呈献：基岩海岛。墟沟湾的鸽岛当地人叫鸭岛，它很小很小，最高处海拔 29.8 米，海岸线总长才 553 米，但无论是看着像鸭，还是像鸽，它都是兀在海上的巨禽，大得无与伦比，岩层中的白云母烁烁闪闪，鸽（鸭）羽纷簇，莹洁如雪。玉枕山北海面上的竹岛也是基岩小岛，一面海滩，三面陡崖，遍岛扫帚竹，也很奇特。前三岛群岛六岛六礁，海域面积 3 千多平方公里，但每岛却一个赛一个地小，小而有形有貌，有神韵。当地俗谚："细看达，近看平，远看车牛雾中行。"说的是对达山岛、平山岛、车牛山岛的观赏方法和观赏视角。这前三岛中的车牛山岛，是由车牛山岛、牛尾岛、牛背岛、牛角岛、牛嘴礁这四岛一礁组成的"五浮岛"。车牛山岛是牵牛岛，为前三岛中的最高，牛尾、牛背、牛角、牛嘴都是因形而取的名，组成了远观中的牛拉车行于浪涛中的造型；换了位置看，又有不同，牛尾岛像海鸥，牛角岛像小白鹭鸟，牛背岛则像大白鹭鸟。前三岛中的达山岛远看像一条褡裢，两个山头一条沟。此岛周围两座岛礁，一礁盛开着永不凋谢的浪花，叫花石礁，另一礁因山崖似莲而叫莲花礁。

综上所说，基岩礁也好，基岩岛也好，均系海蚀地貌。海蚀地貌的美是令人难忘的。

在连云港境内，连岛是最大的岛，面积 5.4 平方公里，与连云港港口隔海相望，森林覆盖率达 80%，岛上建有海滨旅游度假区，区内有大沙湾浴场、苏马湾生态园、拦海巨堤，以及供游人享受渔家乐趣的渔村。连云港市赣榆县也有海州湾旅游度假区，这里拥有江苏省最大的优质滩，被誉为江苏的北戴河。

### 东海温泉与水晶石里的宇宙

水晶石里藏着一个宇宙。

走进东海水晶城，精品大厅展示的水晶工艺品，实在是震撼人心，造型说不上新异，人物、动物的神态刻画也说不上惊人，但因是水晶，就什么都不一样了，件件生辉，任什么颜色，均纯净得无一杂质，哪怕黑得像炭，都是透明的，明灿灿的一个一个水晶体既坚实又温润，且比水还柔顺。整块水晶石雕成的水晶工艺品已很让人动心了，天然的，包着山水，包着景物，包着奇妙的水草奇妙的花纹的水晶简直就是立体的诗，立体的画：空中花园、莽莽荒野、奇峡秀水……水晶里藏着的那个非人工的万象世界简直让人目瞪口呆。

连云港东海水晶城始建于 1992 年，是目前国内唯一以水晶及其制品为特色，集加工、贸易、旅游为一体的大型综合市场，内设众多摊位、精品房。

东海的水晶是"鸡窝矿"，家家的房前屋后屋里院里田里都可能埋藏着水晶。

东海的水晶出名，温泉度假村的温泉也是个宝。那里的温泉水能治病，当听到那里相当负责任的人物告诉你谁谁谁来温泉之前是什么样，经过 3 个月泡温泉之后又是什么样，特别是说谁被抬着进来最后走着出去的时候，你可能会觉得那是大忽悠，可是当自己经过 2 个小时泡泉之后疲累尽消，筋骨灵活，周身舒泰，神清气爽的那种感觉又让你不能不信了，至少是对自己原先的怀疑产生了动摇。

度假村是一个镇，开发了温泉以后设的一个镇。那里原本是荒野温泉溪，老百姓常到溪里去桑拿。专家鉴定此处温泉水为氯化物——钠钙型水，对动脉硬化、高血压、心脏病、脑溢血后遗症、神经兴奋症的病人有明显的疗效，对骨折后关节僵硬、神经麻痹、肌肉萎缩等症有辅助治疗作用，对皮炎、牛皮癣、荨麻疹及多种皮肤病疗效显著。开发商们纷纷挺进，盖起了饭店、宾馆、温泉度假村。当地老百姓称热泉为汤姑泉，镇为汤姑镇。

## 进出连云港

航空：连云港与北京、上海、广州、徐州、深圳、温州、厦门、西安、郑州、大连等城市都有航班往来，机场在东海县，距市区30公里。

铁路：陇海铁路的起点，有往返北京、上海、天津、南京、宝鸡、徐州的直快列车。市区游览在连云港站下车，到港口在连云港东站下车，到港区墟沟在墟沟站下车。

公路：长途汽车总站位于新浦火车站东500米，人民路9号，市际、省际的长途车在这里始发。位于瀛洲路的新浦快客站有发往南京、淮安、上海、盐城、扬州、苏州、无锡、常州、镇江、南通、芜湖等城市的客车。

住宿：四星级神州宾馆在连云区，三星二星级宾馆饭店多在新浦区，墟沟海边亦是宾馆旅店集中区。

餐饮：淮扬菜和四季新鲜的海鲜。

砂锅炖驴肉、驴肉馅饺子、酱驴肉、卤驴肉是地方特色。

赣榆县的五色煎饼色味俱佳，是带给亲朋好友的特色小礼品。

## 线路提示

游连云港，7个字：上山、下海、泡温泉。

上山主要指的是上花果山。上花果山，在海州西门乘公交车，或在新浦乘公交车，都可到达。下山赶不上回城的公交车，又找不着住宿的地方是很恼火的，想知道吴承恩怎么取材写出《西游记》，整不好就得付出点代价。与《西游记》相关的景点很多，如果不是有意搞专题研究，那就省俭着看，但别太走马观花，尤其是与《西游记》相关的那些石洞石景。高老庄就不必去了，猪八戒媳妇早不在那了。入山门前湖畔的阿育王塔，建议看一看，此塔与《西游记》无关，却是历经千年被地震震不倒的名塔，塔可登临。过仙人桥时，东侧有一块非常有趣的回文诗碑，只14个字，却能念成28个字的一首七言诗。照张片子，带回家研究研究怎么念，是一种锻炼智能的有趣游戏。

登山赏景的最佳季节在每年4月以后到秋季。

孔望山、桃花涧不应舍，但只有对有兴趣欣赏古文化的游人价值才能体现出来，一般的旅游家庭去不去两可。

海湾被誉为江苏省的九寨沟，是闹市里的幽谷，人口稠密地带的山林，三龙潭、二龙瀑、龙井茶棚、老潭、龙床、藏龙洞等景点景观颇具特色，是值得一游的，专程到连云港，不该放弃。新浦乘中巴可达，40分钟路程，路况不佳，但去一趟值。

下海去连岛海滨浴场。连岛在连云港区，距市区30公里，距港口5公里，有拦海大堤与陆地相连。到连岛从港口过去，比从市区过去要近得多。连岛集山、海、林、石、滩于一体，是很值得一玩的地方。可考虑住在连岛附近，痛痛快快地玩。

第三大项，泡温泉。温泉在东海县。不泡则已，泡就泡个痛快，是应考虑在汤姑镇小住几日的，那里的宾馆饭店很多。只是，日常里感觉孤单，周围没什么可逛可看的。

东海县城里的水晶城，建议一定过去逛逛，开眼界，是地道的美之旅。首饰、摆件和家庭用得着的水晶产品很多，爱好收藏的可在原石产品里选。

不只是这些，连云港景区颇多，随己意安排。

# 厦门

鹭鸟家园的传说，是缘于岛之形还是鹭栖之实呢？厦门岛从空中俯瞰，很像一只白鹭的。厦门从宋朝就开始建制，明代筑厦门城始称厦门，现为省直辖市，位于福建省东南部漳（州）泉（州）厦门金三角的顶端，滨海，海岸线上多湾多港，地处亚热带，四季花木常新，宜于居住，宜于旅游，很容易让人来后就乐不思蜀。

逛街是游客最寻常不过的享受。喧闹、繁华、时尚、洁净，丰富多彩的厦门小吃很刺激多情的胃口，归侨新老建筑的风貌不经意间就撩拨起人们的想象力、好奇心，以去神秘的侨乡生活世界做一次精神的远足。逛街最享受的恐怕是在鼓浪屿，惊奇那仅有1.7平方公里的小巧玲珑的小岛上怎会有如此幽深曲折错综交会的街巷，小洋楼半陷在藤萝、花木中，不同的造型，不同的花窗，不同的门扉攒簇出不同的美羁绊着脚步，那里无车辆的骚扰，无嘈杂的喧嚣，若说声音，只有钢琴的弹奏扩张着那份恬静，忍不住就想找一处小洋楼的家庭旅馆住下来。

鼓浪屿沙滩上的海水浪花是极美的一幅画，尤其是黄昏日落的时候，晚霞铺在海滩上，披上温柔日晖的礁石也成了金色，阵阵涛声是小岛上最美的琴音。沿着沙滩旁的滨海大道，在浓郁的林荫下漫步，想拒绝浪漫情调都不成。鼓浪屿龙头山顶突兀而起的巨岩像光滑陡峻的盆景石，这是天塑的盆景，太大了，大得像梦中的仙岩，只有郑延平水操台故址才是实在的。读摩崖石刻上郑成功手书行草"礼乐衣冠第，文章孔孟家。南山井寿域，东海酿流霞"的诗句，遥想当年的郑公，颇感"闽海雄风"的神韵。菽庄花园让人嗟叹，它背靠日光岩，前临大海，方圆不及十亩的土地上，十二洞天匠心独运，四十四桥如虹饮海；海中有园，园中有海，补山藏海设计精妙，亭楼斗巧，山石争奇的怡心之景中，亦多意外发现的惊喜。夜的鼓浪屿景色甚美，清风明月不必说了，绿港湾、黄沙滩上的泊岸小船诠释着静谧芳岛的深刻含义。对岸的不夜厦门，则是七彩之光、七彩之厦的喧闹。

厦门

厦门的环岛路是一美丽的山水长廊，诸多佳景都由此路串接。胡里山炮台是东南沿海军事设施保存较完备的古炮台之一，里面还开设有古代枪炮、古代宝剑等陈列馆，炮台下的码头可供游客乘船到海上观光。

距鼓浪屿并不很远的南普陀寺奇石叠布，殿宇林立，寺庙建筑粉刷一新，粉饰摩崖石刻的则只能是沧桑岁月之尘。紧临的厦门大学景色优美，建筑典雅庄丽。进去转一圈，美餐秀色大有收获。

集美旅游区在厦门岛外的西北方 15 公里处，是华侨陈嘉庚先生的故乡，浔江之滨形如大鳌的小岛上是陈嘉庚 1950 年兴建的鳌园，园中央巍峨的集美解放纪念碑上正面是毛泽东金字手书，背面雕刻的是陈嘉庚的建碑经过及意义的文章。先生的陵墓在纪念碑南侧，墓身也是鳌形，墓前高大的牌坊上浮雕着毛泽东、周恩来、朱德等老一代中央领导人与陈先生的合影。集美学村，现称集美大学，由多座高等学府组成，集学府与风景观光于一体，湖、池、亭、榭美不胜收。

在厦门，万石植物园、海沧大桥、台湾民俗村都是不错的观光区。台湾民俗村中有少数民族歌舞表演。

如果说曾经的鹭鸟家园已变为传说，那么现在，传说则又已逐步朝着现实回归。厦门滨海的两个小岛大屿与鸡屿都是国家级的白鹭自然保护区，驶近两岛也就驶近了白衣仙子们，远远看去，层层叠叠的绿林中点点白雪，时不时有白鸟飞起，在天海间划出一道又一道美丽的白色弧线又落梢为雪。岛是纯生态岛，是白鹭的天堂而非人的居所。

### 进出厦门

厦门与国内 40 多个大中城市通航，每天都有航班的城市是北京、上海、深圳、武汉、西安、南京、广州。

厦门有始发北京、上海、南京、杭州、合肥、南昌、鹰潭、西安、重庆、福州等地的旅客列车。空调大巴车连通着福州和其他诸城市，市区的小公交车穿街走巷。此外还有专线车、观光车。

住宿：环岛路上、鼓浪屿上的豪华酒店、别墅、度假村价格不菲，干净整洁的小旅馆适合普通消费者。

餐饮：大菜是厦门菜，生猛海鲜、佛跳墙、鹭岛松子鱼、脆皮明虾球、八宝芙蓉鸡以及普陀素菜、药膳等等。小吃繁多，饶有特色，如鱼丸汤、肉粽、虾面、花生汤、圆仔汤、锅边糊、葱肉饼、燕丝等等。

**线路提示**

很多人喜欢厦门，是因为它给人们的综合感觉。地处亚热带，四季风光旖旎，冬无严寒，夏无酷暑。在厦门，用不着死往景区景点里扎（就是扎，也没多少可扎的），不逛收费点，逛街也能逛得很开心。在厦门海边的街里逛，在鼓浪屿的街里和海滩上逛，感觉都很舒服。厦门宜于居住，宜于细品。若是一个短期旅程，在鼓浪屿对面逛逛街，去一趟南普陀，穿行厦大，第二天上鼓浪屿，从早逛到晚，集美再一天，足矣。愿意多待些日子的，不住鼓浪屿，天天坐在环岛路边的石凳上，看看海，看看鼓浪屿，享受享受闲在的生活，也是挺美的。住鼓浪屿更好，租房并不一定有多贵，有的家庭旅馆还是很便宜的，主要是岛上日间和夜晚的情调非常好。

厦门有租车业务，租小轿车，租自行车都行，但没有太大的必要。点儿比较集中，坐公交车很方便，步行也可以，都不是太远。下海游泳逛沙滩，鼓浪屿上有港仔后浴场；坐观光车去黄厝、曾厝垵浴场，也很方便。

厦门是最适合家庭自助游的海滨城市之一。

# 泉州

"地下文物看西安，地上文物看泉州。"它是一个文物大市。它有两顶桂冠，一顶是古代海上丝绸之路的始点；另一顶是世界宗教博物馆。马可·波罗是到过泉州的，公元1292年夏天，他护送元朝公主阔阔真从泉州起航去波斯（伊朗），盛赞泉州是世界上最大的港口之一。有人不信马可·波罗的话，认为他没有到过中国，没有到过泉州，他在游记中的一个细节被1974年从泉州湾后渚港西南海滩4米深处出土的宋代古船证实了：泉州船是由多层木板钉成的，这个细节老祖宗们一直都没有提起过，史料上没有记载，唯有到过现场看过古船的人才能知道。马可·波罗不可能出现在1974年后的泉州。当年他护送大元公主去波斯，上船的港口就是后渚港。唐宋时期泉州已是"梯航万国"的东方巨港，呈现出"市井十洲人"的繁华，大街上到处可见外商、水手、使节、传教士。"番货远物，异宝珍玩之所渊薮，珠方别域，富商巨贾之所窟宅，是为天下最。"朝廷的财政收入，泉州是主要来源之一，尤其在南宋，中央的财政收入，泉州占了十分之一。

"涨海声中万国商,"遍布泉州的宗教建筑,就带有浓烈的海上气息。如白狗庙,主神白狗,谁听了都会惊诧莫名。它是海船带来的,在中国独一无二,那是古锡兰移民流传下来的宗教印记。一位国王,到中国来后再也没能回去,国内发生了政变,他留在了中国,更名改姓,后裔很多住在白狗庙附近的巷子里。著名的开元寺,以荟萃各种不同宗教文化为主要特色,大雄宝殿的 24 尊飞天乐伎,闪烁的是中外文化艺术交融的异彩;西塔的孙行者浮雕,早于《西游记》成书几百年,很多学者认为这个形象,源于印度叙事诗《罗摩衍那》中那只能腾云驾雾的神猴,吴承恩只是借用并充实发展了神猴形象。至于神猴是国产的,还是海外的,至今是一团迷雾。但从泉州的海上丝路背景看,还无法排除海外版的可能性。清净寺、灵山圣墓是阿拉伯人留下的历史遗迹。草庵,作为世界上仅存的摩尼教遗址,圆佛龛内依崖而镌的波斯摩尼光佛浮雕,不仅是国之奇宝,而且是世界之异珍。

泉州

泉州很古老,它的古老从音乐上也能反映出来。被称为"中华民族音乐的根""古典音乐活化石"的南音,至今呈现着"千家罗徒管弦鸣"的盛况,用工尺谱而不用五线谱、更不用简谱的南音,幽幽柔柔,击节而唱,古词、古字、古音,在泉州普及到家家有人爱听,而且家家有人能唱,在从古至今一直都非常开放的泉州,这简直是一种不可思议的现象。

## 泉州的宗教博物馆

作为泉州宗教博物馆，佛家的经典寺庙主要有开元寺、承天寺、南少林寺。

伊斯兰教代表是清净寺，它是宋代落成的古叙利亚大马士革教风格的。古建基本是废墟，没有了屋顶的残殿石墙、石柱、草地、柱础，沧桑悲壮的味道很容易让人联想到圆明园的西洋楼。面街的寺门和与寺门一体的月台是完整的，寺门巍巍高耸，四道拱门、三个隔间，穹窿拱券顶，青白金刚石砌就。

儒教代表是孔庙。从泮宫门内的宏阔广场可以遥想到当年孔庙的盛大辉煌。现存的主体建筑基本是清代重修的，大成门连接东西两端金声玉振门，门前青石抱鼓一对，檐下立左右避邪，民间的大型"万字不断堵"的砖砌壁饰可增长游人的见识。大成门内中轴线上有呈半月形的泮池，泮池上架由 72 条长石铺就的中部拱起的梁式石桥，过桥是拜庭、月台、大成殿。大成殿始建于南宋，重檐九脊顶，半拱抬梁式木结构，富有闽南建筑艺术特点。

天后宫，滨海城市必有的寺庙由山门、戏台、东西阙、正殿、东西廊、寝殿、东西轩、四凉亭、两斋馆、梳妆楼等组成。后殿（寝宫）前的一对方形青石雕花的宋元婆罗门教寺檐柱，可鉴泉州历代石雕艺术的精美风貌。牌楼式造型的三开间山门、九脊重檐四坡歇山式正殿顶，则可一览闽南古建的富丽堂皇。天后宫内的"闽台关系史陈列馆""泉州海外交通史博物馆"，与开元寺内的"泉州湾古船陈列馆"构成的泉州海上丝绸之路的陈列体系，是游人走进海丝历史，了解海丝文化的重要窗口。天后宫前，隔路有古城门遗址，对游人是意外的收获，震撼视觉和心灵的沧桑中，联想的羽翼也大大蓬张开来，逆着时光飞行。

清源山。号称闽南蓬莱第一山，泉州道教圣地代表。著名的老君岩就在清源山西侧的罗山、武山之下，四周地势开阔，矮山成屏，茵茵绿草衬得这尊迄今全国最大的老君石像更加巍峨。它从宋代就端坐在这里，由一块天然巨石雕成，雕艺高绝，头、额、眼、髭、须细部刻画独具匠心，衣褶分明，神态栩栩如生。坐像深蕴动感，当地有"风过髭动，指能弹物"的说法，并视其为助人长寿的老寿星，"摸到鼻，一百二"的俗语广为流传。

草庵摩尼教遗址在晋江市华表山南麓，那里绝对是寻幽觅胜的好去处。草庵在半山腰上，名虽是草，实则是一座小石寺，寺坚实而精致，架构独特，寺内依山石壁雕出的浮雕摩尼光佛，放射着五彩光华，草绿色的脸，粉红色的手，灰白色的身，仿佛印证着一个古老的传说：宋绍兴十八年（公元1148年），山有崖石夜现五彩，人以为异，遂结草为庵。摩尼教的创始人是波斯人摩尼，此教揉佛教、基督教、祆教等教义，崇尚光明，反对黑暗，因而又称明教，创立于公元三世纪中叶。唐武宗灭教时，摩尼教也遭严重打击，转为秘密宗教，摩崖石雕像和石寺却完整地保留至今，以至联合国教科文"海上丝绸之路"考察团到此考察时，惊呼，摩尼草庵是此次考察活动的最大发现。

解放军庙，天下第一奇庙。和解放军联系在了一起，为解放军战士立了庙，还能不奇吗？立庙的是华侨。1949年9月17日，准备解放厦门的某团官兵来到了崇武西沙滩。突然5架敌机飞临上空，一个正在拾红薯的小女孩惊慌地跑起来，一边跑一边呼唤着妈妈。就在炸弹投到她身边的瞬间，三名解放军战士扑到她身上，她安然无恙，而战士们却躺在血泊中，牺牲了。这个小女孩、小女孩的妈妈和小女孩后来的儿子、孙子每年都在牺牲战士的坟前上香。坟旁盖了间12平方米的小房子，那就是他们的家。他们最大的心愿，就是为重新给了他们生命的解放军战士盖一座庙，愿望经过了几十年的努力终于实现了，规模不算小。但你能把它视为庙吗？有纪念馆、纪念堂、纪念碑、纪念亭，所有建筑都面向大海，庄严肃穆。不少首长们都题了词，驻地官兵经常来此学习英雄事迹，展开教育活动。但你不称庙老太太是不干的，当年的小姑娘，现在已是70好几的老人了。她不是共产党员，她是一辈子都不忘解放军功德的归国华侨，她请人给庙书的匾是"天下第一庙"。

泉州的太多太多的庙无法归类，不能说清它们属于哪个教别教派，庙祀奉的只是当地历代百姓心目中的英雄和为他们所崇敬的人物。

### 泉州的海丝遗迹与海岸风光

九日山，中国海上丝绸之路的起点。坐落于泉州城7公里外的晋江北岸，东西北三峰环抱，绝顶超不过80米，山小而又小，却在泉州占着举足轻重的历史地位。它以"山中无石不刻字"闻名，有天然书法博览馆之誉。这刻在石上的书法，一部分系祈风送舶石刻。偏安的南宋，经济中心南移，使泉州一跃而为与世界一百多个国家和地区商船往来的大贸易港。番舶往来得靠季风推送，南宋政府每年两次祈风，然后游山，然后勒石记事，祈风石崖镌刻了祈风时间、参加官员的名单等等，是靠大自然而存于今的南宋祈风活动简报，为研究泉州中外交通史留下了珍贵资料。对游人来说，读机关简报头痛，读南宋政府摩崖简报，那就是趣味了。此山还有诸多名人的遗迹。

蟳埔村，在泉州古城之东，距市区 9 公里的入海口，有低矮古朴的贝壳房子。原来此村全是贝壳房子，房子结实耐用，建筑材料又是就地取材，形成了传统，几百年上千年没变过，现在，经不住时代的诱惑，贝壳房子中已起了砖瓦新楼，贝壳房子连不成片，成不了气势了，但若不抓紧时间去看，连贝壳房子都要看不到了。无法阻挡与时俱进的浪潮哇。蟳埔村"蟳埔阿姨"的服饰装扮和贝壳房子一样也是蛮有意思的，据说那是宋代杨家将入闽平定十八洞时，由杨八姐传下的遗风。"大裾衫、宽脚裤"是衣服，"簪花围、鲜花串"是头饰，腰饰是"红腰包"。她们不行军打仗，挑担往城里卖海味，卖鱼。

洛阳桥，我国现存最早的跨海梁式大石桥，从泉州乘 13 路车、19 路车花几块钱就到。站在桥上，会感慨岁月对我们的关爱体贴，留下了不少历史遗迹，譬如说，桥头的石人，桥中心的石亭，桥北昭惠庙、真身庵，桥南立有书法、记文、雕刻三绝的《万安桥记》碑的蔡襄祠等等。这座长 800 米的石桥以前在洛阳江入海口，海口风急浪高，这桥如何能立住墩、撑起桥，不毁不坏？生物学引进了工程，创造了人间奇迹"筏形基础"造桥墩，养殖牡蛎固桥基体现了古人的智慧。

崇武古城。一段长 2400 多米、高 7 米的石筑城墙雄卧在崇武半岛上，这是明洪武二十年（公元 1387 年）建的城池，它三面临海，一角连陆，古称小兜寨，有1304 个城堞。崇武半岛与台湾隔海相望，最近距离仅 140 海里。雄伟的古城记载着明代抗倭的英雄史诗，古城外的山光海色，把人们带入如梦如幻的美好天地；海岛石雕公园荟萃了当代艺术家惟妙惟肖的岩雕艺术作品；石城南百余步礁石耸立的峭壁"海门深处"古老崖刻，仿佛告之这里就是水晶宫的入口；城东龙喉岩，每当旭日东升，太阳便如一颗巨大的明珠从两块巨石间喷薄而出，轻烟袅袅，状如龙喉吼烟，系千古名胜。

崇武还是石雕艺术之乡。汉家惠安女的风采更是声名远播，她们头上包巾，上衣短得把肚脐眼露出来，下身的裤子却又长又宽，时人有"封建头、民主肚、节约衣、浪费裤"的戏称。非少数民族，却又有不少酷似少数民族的习俗。

### 进出泉州

泉州有晋江机场，与国内的十几座城市通航。每天有往返于龙岩与武夷山之间的火车，厦门、广州、深圳、温州、普陀山的汽车直达泉州。泉州水运发达，全市24座码头，船可开到大连、天津、青岛、上海、宁波、厦门、漳州、深圳、广州。市内的交通也很便利，主要是打的不贵，还有满大街的摩的。

食宿：泉州的星级宾馆很舒适，数量也不少，选择的余地很大。街中的旅馆，条件差点，公共浴室，但价格很便宜，适合工薪阶层。

泉州的小吃比大菜有名，肉粽、鸭仔粥、卤面、蚵仔煎、花生仁汤、深沪鱼丸、清真牛肉锅贴等，连白萝卜汤都熬得有滋有味儿。

地方特产：安溪蓝印花布、泉州木雕、闽南剪纸、刻纸、惠安影雕、永春纸织画。

### 线路提示

泉州是典型的慢游城市，适合住下来，天天没事出去慢悠悠地逛，反正花不了几个钱，别处收费、高收费的点儿，这儿不收费，收也收不了几个钱。

清源山是个逛点，坐公交车花两元钱就到了，感觉还挺郊区。泡在山里比单纯的逛好。山里坐不住，回城时顺便逛逛北街南头小巷里的白狗庙，至少是满足一下好奇心吧。北街是文化街，创意虽不错，但没多大意思。白狗庙之外，威远楼是无论如何都要看一眼的，那是闽南特色的"天下名楼"。若有文化活动，威远楼就不是看一眼了，脚得粘那儿。

北门至清源山，一天够了。

威远楼南边不远是西街。西街是老街，老房子多，整街是小门脸、小商店，狭窄，热闹，商业气氛浓，类同于北京过去的打磨厂、廊坊头条、二条，闲逛能逛出些趣味。开元寺在街北，这是名胜古迹，逛得稍细一点，大半天就过去了。从西街向东，一直繁华着。走大街，几百步，南边，见牌坊走进去，还有一条街，东西向几座石牌坊，两侧门店，新老交替，最前卫的酒廊、咖啡厅，最古老的街市文化交融在一起。走到头，过两座石坊对峙着的南北向公路，又是一座大庙。这条街是有巷通到元妙观的。此观是道教传入福建后的第一批宫观之一，有1700多年的历史，历史上占地一万多亩，现在规模小了，6根粗壮的石雕龙柱，殿内木柱顶端和殿外廊檐下木雕的飞天乐伎、外墙石窗和墙壁上嵌刻的石雕、砖雕，都是欣赏价值很高的精美艺术品，尤其是那些飞天乐伎，百看不厌。

闽南甲刹承天寺，是泉南佛园的三大丛林之一，距元妙观不远，古刹崇宏，处处有景，廊檐多雕刻精美的的立体图案，大雄宝殿廊檐的竖柴雕刻仙童飞天造型各异，各执不同乐器，俨然一个空中的南音乐队。

这几处不停脚地走下来，已经是一天了，再走就是涂门街和旅游街了。涂门街要逛一天。街上，关帝庙、文庙、清净寺都在一条线上，相距不远，不虔心道事、儒事，随便逛逛，半天够了。逛庙不是主要的，旅游街在这里，距涂门街一庙之隔，看古玩，赏偶雕，泡茶馆，听南音，这里是比较理想的地方，很有情调。

如此，已是三天了。第四天从天后宫向南，穿曲巷，访李贽故居、街边教堂、小庙，一直走到晋江边，赏赏江岸江水风景，至少是大半天。

去海边，看洛阳桥、五里桥、蟳埔村、九日山都是坐公交车就能到，用一天到两天吧。崇武古城，离泉州几十公里。看古城，踏沙弄浪，赏日出，不住一晚，至少日出是看不到的。至此，泉州还有好多景没逛呢。摩尼草庵应去一趟吧，泉州还有蔡资深故居建筑群呢。

所以，泉州是慢游城，是适合老年人，适合时间充裕，耐得住性，慢慢悠悠逛的人。找家舒适点的宾馆，住上个十来天。想节省资金，五六十元一间的小旅馆有的是。

年轻人逛泉州，直奔主题，要么海，要么庙，两三天也够了。年轻人一般愿意春节到正月十五期间来泉州，那时的泉州，红火之极，平时看不到的，都有机会看到，盛大的踩街，舞草龙、拍胸舞、提线手掌木偶戏、大鼓吹、火鼎公婆、梨园戏、打城戏、高甲戏、灯谜灯会……活动区城大致是孔庙前广场、威远楼这些地方。看戏不要钱，听南音也不要钱，想豪爽一把，捧捧角儿，给一百二百，谁都不会拒绝，过年过出了滋味来。

泉州的交通很方便，打的不贵，一家几口，别坐公交车，打个的，面子有了，舒适、快捷还经济实惠。年轻夫妻，坐摩的，刺激，跑起来像飙车，车主手眼有分寸，技术高超得让人咋舌。

别忘了买一份泉州地图。春节期间，有大活动的时候，别在最终散场时才走，那时打的是很困难的，交通管制，公交车就别指望，再说都几点了？搁北京，那会儿也没车了。

## 闽东

闽东宁德，并非旅游热土，但当走进宁德，会惊奇地发现，未曾入过眼的宁德竟是盛产惊奇的地方。当地人称宁德是山海川岛大观园，这话没错。

### 海上仙都太姥山

太姥山之名，传说是汉武帝命东方朔给天下名山授名时，东方朔给改的。原叫太母，传尧时有一老母在山中种兰，得道成仙，故名太母。其实，它的得名直接的原因可能是出自母子峰的启示，那是太姥山标志性的景观。幼子依偎着母亲，儿子很胖，母亲累躬了腰，而脸膛却高傲地仰视着孤冷的苍穹。母子峰旁还有"罗汉赶

山海川岛大观园

斋"的十八罗汉岩，这列风尘仆仆的"有纹无理，有骨无肉，有筋无脉，有体无衣"的赶斋罗汉是大自然鬼斧神工的杰作，这样的杰作还有仙人锯板、夫妻抱别、金猴照镜、金猫扑鼠、犀牛过溪、金龟抓壁等等。太姥坐落在东海之滨，三面环海，以石奇、洞异、峰险、雾变著称。很有仙人府城的神韵。

"太姥无俗石"，举目就可以验证。雾幻云诡是太姥山另一大特色，雨霁初晴时感觉特别明显，云雾中的太姥山变得奇幻莫测，柔曼与峥嵘，虚幻与坚实、缥缈与雄峙同收一目，且意蕴无穷。太姥云雾并非只有雨霁有，晴空朗日下山窝里的缥缈云雾才更有味道。

山中原有古刹 14 座，现在已不多了。唐代的国兴寺，主殿前所立的几根石柱和地上铺的石板路、路旁石井、石雕都是文物。石柱在地下埋了 360 根，全竖起来会是全国独一无二的石柱林景观。若游山时请个景区导游，一路能得不少知识，且不知疲累。导游善导，有一套一套的词儿为你化烦解忧，说"上山练气功，下山练腿功；上山是气管炎，下山是关节炎，不上不下，正好，是脑膜炎。"钻山洞，导游叫作太姥健身操，说最基本的是侧身运动，还有俯卧撑、卡脖子、走平衡木，最基本的是点头哈腰、低头弯腰——懂文明，讲礼貌运动。以此把洞的形态、钻洞注意事项很幽默地告诉了你。太姥山洞多，有要随洞形连伏三次的三伏腰洞，神秘莫测至今不能辨其真伪的通海洞，弄顶七块摇摇欲坠圆石的七星洞等等，大大小小长长短短 24 个。钻洞无异于探险，一个葫芦洞就长 1500 米，大洞套小洞，洞洞有奇。葫芦洞不是最大的，几年前又发现了一洞，从青龙潭那边山上进洞，在洞里走 8 个小时可转到山顶，最宽的地方能容纳二三百人，最窄的地方只能一人侧身通过。

爬山，赏摩崖石刻、原始杉林、冲浪石，赏天然石造动物园，赏天柱峰、将军石、夫妻岩。走到将军石处，虽说站在这里前面诸峰都已进入视野，但千万别止步，无限风光在险峰。鼓鼓气，走到观日台，即使不是观太姥日出的时辰太姥云海奇观也是一道相当不错的风景。

## 榕枫呈祥杨家溪

杨家溪是太姥山系的一个大川，在太姥山西侧，位于宁德市霞浦县境内。杨家溪上游有龙亭村，龙亭村南百丈口有龙亭文瀑、龙亭武瀑两条大瀑布。文瀑落差 136 米，在福建全省是落差最大的。武瀑分两级，总落差 135 米，瀑下有巨石，上可容 20 余人仰观银河飞泻。杨家溪有水上漂流，漂溪 11.5 公里，七曲十二滩。溪在晴日时水清见底，多惊而不险之处，青山夹岸，濑滩成锦，滩上奇花异草，芦荻翠竹琼香瑶色，不是桃源，胜似桃源。此溪通海，愿意，竹筏可一直放到海里。因海，杨家溪才有海国桃源之称。杨家溪下溪头的渡头村榕枫呈祥的森林大观则是海国桃源中最神秘最惹人注目的景观。杨家将杨家村的传说扑朔迷离，溪畔巨崖上的天然杨字更是神奇。杨家溪枫树成林，林分两片，一片在溪畔，一片在村侧。林中没有杂树，惟枫独傲，棵棵笔管条直秀拔崇伟，擎天接日的旗杆一样，且两株并生，俗名三叶枫，学名枫香树，叶在冬季变红。此枫诡异。1950年春它们突然冒出，越长越多越长越茂，在枇杷园中成了林。此树不成材，当柴烧烧不旺，做家具容易断容易裂，又毁枇杷，全村掀起砍枫拔枫运动，砍了10年，却是越砍越多，越砍越让人心慌。枫凤同音，吉祥树哇！龙凤呈祥，凤来了，怎么砍得掉呢？说不砍，也真奇了，就再也不长新树，怎么补种都不行，年年落树种也未见长出一棵新树，人工天然一概谢绝。风是奔龙来的。这里还真有龙（榕），榕（龙）林在渡头村已有几百年，长者800多年，短者也二三百年。枫榕界限分明，互不靠拢，那界线像中小学生书桌上的三八线，两种树脸对脸，距离上亲密相依，态度上却摆出生死冤家的劲头，互不侵扰，各在各的地盘。榕林比枫林更奇，没人能数得出究竟有多少棵榕，这些榕树换一个角度换一个方位去数，株数马上不同，从上海请来的榕树专家们各数各的数出的是一人一个数，就没相同的。榕树系小叶红皮榕，是板根，没有气根。板根榕本是亚热带植物，祖国大地上，最南的红枫与最北的板根榕纠结在一起，各自成林于此，让专家们吃惊不小。

## 海上呼伦贝尔

海上的呼伦贝尔大草原，听起来非常动人，实际上也真有点那个意思。福鼎市嵛山岛，绝顶上的高山草甸面积，大到当地人敢挺着腰杆说万亩，而且地形起伏不大，视野开阔，草肥花绚的样子很有大草原的味道。明媚的日光下，灿烂的霞光里，看嵛山岛高山草甸，说海上天山也好，南国草原也罢，旖旎秀色是自不待言的。嵛山岛还有"海上天湖"之称，指的是草甸中的大湖。晴日里，蓝天白云跌落湖中，碧水浸雪，澄镜飞蓝的立体画卷也是动人心弦的。雨季，赶不上好天气，云横雾锁，上得山去，看天湖，走近了只模模糊糊的一个水边；看草甸，就脚底下几兜草小鸟依人般地偎着你，楚楚可人貌，但登到最高顶，站在脊岗上，那时你会看到你做梦都梦不到的奇特景象：长风疾走，银珠狂舞，细碎如针尖的小水珠飘雪一样地掠眉沾肌的感觉使你立即意识到你是在云中，云中之仙不是别人就是你。嵛山岛不是大岛，又有点陡峭，绝对高差显出点气势来，山林被崖礁夹护着的小海湾小沙滩就别有一种意趣。山脚的渔镇老村有一种野味儿，看镇民捕鱼晒网，新奇的体验中含有一种温馨的感动。

## 五邑咽喉三都澳

提起闽东，提起宁德，自然会提到三都澳，这是个很有魅力的地方，素有小太姥之称，由三都、斗帽、鸡公山等 5 个独岛与一个城澳半岛组成，是闽东沿海的门户。

三都澳两大看点，两处神奇。一大看点是岛上的西洋建筑：西班牙式的教堂、英国的修道院、德国的洋房等等。1887 年，这里正式开放为对外的通商口岸，由此兴起了一批外国洋楼。三都镇山坡上的基督教教堂是福建省保存最完善的老教堂。三都澳另一大看点是形态各异的奇峰怪石。岛上最怪的也是最吸引游人的是斗帽岛上的螺壳岩，状如螺壳，螺壳是空心的，谁钻进去，谁就是螺壳内的灵肉喽！螺壳能同时装好几个人呢。壳有小孔，从孔洞可望远处的官井洋，景色不俗。

两个神奇处是：一，三都澳海面宽阔，水深，水面在风和日丽时波平如镜。人说海上无风三尺浪，在这儿，此话不灵。其二，是官井洋有淡水，是三都澳唯一含淡水的水域，淡水从何而来却一直没有一个权威的确切的说法。

三都澳有五片滩涂，与沙与海水亲昵是不成问题的。三都澳停泊的渔船也颇有气势，樯橹成林，逛景、怀古、休闲，都是理想之所。有一样，雨季时，风浪一大船都停驶，游人是上不了岛的。

## 进出闽东

只要到了福州，到宁德就不成问题了。未必在宁德市区停留，宁德有发往福鼎的快巴，福州也有，从温州去也可以。不管哪个城市去福鼎，上太姥山都要在秦屿下车，在秦屿倒中巴。秦屿是太姥山的进出口，到太姥山还有 40 分钟的车程。

去嵛山岛要从宁德或福州先到霞浦县，从霞浦县再转乘机动车到三沙镇，三沙镇太古码头有渡轮到嵛山岛。

杨家溪也在霞浦县，距霞浦县城并不是很远，要从霞浦县打的过去。

住宿：太姥山、杨家溪景区内都有住宿地，嵛山岛也有，但条件不太理想，那里景色虽好，却不是热点旅游地，连温点都不是。三沙镇很大，倒是可以在镇上解决住宿。有车的应考虑住霞浦县城。慢游太姥山还是住山上为好。

餐饮：闽东的海鲜口感胜于福州，鲜中带甘甜，大菜像汤，用条盆装。那海鲜汤可是难得的佳品。小吃有鸳鸯面、乌米饭、江南丸、黄尖笋、海蛎包等。

### 线路提示

宁德有很多奇特的景观，世所罕见，但景点景区过于分散，当地人以自驾车游为上，高速公路贯通了从福州到宁德市境内的很多城市，不通高速的，路况也还不错。外地人，自助游算不上很麻烦，至少有专线旅游车，但毕竟找车去景区有些不便。所以，要痛痛快快地游市内的各个点，还是在宁德或霞浦或福鼎找家旅行社包车为好。

日程安排上，太姥山可两日，也可一日。杨家溪一日即可，冬季香枫红了的时候去那里最好。嵛山岛一日为佳。在宁德市区奔三都 澳，一日或几日随己意。

# 珠海

珠海与广州、深圳、澳门相比，总有点守旧的感觉。但在珠海，哪都不逛，就在市里呆着，绝对心里特舒服。那真是个适于人类居住的城市，纯朴秀丽而洁净，人也少，就没有嘈杂的声音，静得让人以为被嵌进了海天秀林的风景画里，临到傍晚，人和车才突然冒出来，朝街上的饭店酒楼拥，显出广东人特有的嗜吃习俗来。这座城市曾获得联合国人居中心颁发的"国际改善居民环境最佳范例奖"。

在珠海，想要逛，是不乏其地的。圆明新园，北方人尤其是北京人恐怕不大欣赏，仿制品，以 1∶1 的比例再造出了圆明园被焚烧前的部分景观。事实上，圆明园是无法再造的，就是再造得跟老圆明园一模一样，人们也不认可，人人心中有自己想象中的圆明园。再说这圆明新园，总让人觉着，和京城任何一家现存的皇家园林相比，都差了点味道，南方人和港人倒乐呵呵地觉着能看到北方的古典皇家风味园林是一种福分。

珠海渔女是座雕塑，以 8.7 米的高度耸立在风景秀丽的香炉湾畔，与环境显得非常和谐，远观近瞅都是一种美，沿着情侣大道漫步，她不断变换的形神总是弥漫出一种温馨，让恬静的心田多了一丝慰藉。香炉湾畔的石景山，满山怪石嶙峋，是石景的大千世界，也可说是天然石动物园吧，大象、熊猫、老鹰、神龟等等二十多个栩栩如生的天然造型，引人入胜。怪石中还有笑佛呢！怀古有点别着劲儿，上典册的古迹不大容易找到，这可能和珠海的历史有关，除了淇澳岛东部沙丘上1984年文物普查中发现的新石器时代文化遗址和文物，也就是梅溪村三座清光绪年的牌坊、大户人家的故居、村中古庙和老房子了。但是海岛游，却是珠海最让人心仪的旅游产品。珠海有146座岛屿，690公里长的海岸线，素有百岛之市的美誉，随便拿出几座岛屿就让游客兴奋不已。外伶仃岛是座非常迷人的岛，它与香港长洲岛相邻，岛上伶仃湾、塔湾、大东湾的沙滩比沙质的细腻，比海水的清澈，比海水的颜色，那是绝不亚于东南亚各国向我们推介的海岛海滩的。

**珠海**

东澳岛和外伶仃岛一样，是珠海的一处旅游名胜，它有三处沙滩，其中的南沙湾被称为钻石沙滩。

到淇澳岛岸上可以细致地感受农家生活，白石街的老房子长达2公里，能看到以前习惯用蚝壳砌的蚝墙，这是海岛上才会有的景观；宗祠庙宇与广东其他地方的老建筑没什么太大的区别，廊柱和山墙之间架鱼梁，街上铺的石条是用英美联军侵略者的赔款修的：过去的村民曾英勇地抗击过侵略者，而且战胜了。长街承载着历代村民共同的记忆。淇澳岛是典型的湿地，多滩涂、沼泽和水田。嘴勤点，脚勤点，至少能找到并欣赏到赤峰观日、鹿岭朝霞、松间流水、金星波涛、鸡山反照、夹洲烟雨、婆湾晚渡、蚧珠夜月这古八景中的几景吧。岛上没有游客的住宿地，但能吃上当地的特色美味泥煨鸡。

## 进出珠海

珠海有机场，在三灶岛西南端，大城市乘航班来珠海不成问题。去机场有巴士，在拱北中珠售票处。此外还有公交车开往机场。有的公交车到三灶，在三灶换乘其他公交车也能到机场。

珠海市内有 3 个长途客运站，分别是珠海长途客运站、岐关长途客运站、拱北长途客运站。珠海长途客运站位于香州紫荆路 69 号，有发往广西、湖南、江西等省的车和广东省内各地的车。岐关长途客运站在拱北水湾路，车发往广州、中山、东莞、汕头等地。拱北站在拱北海关对面，车发往广州佛山等省内城市和海南、湖南、河南等省。

水运：九州港到香港每天 24 班船，到虹口每天 50 班船。

旅游专线：东线到达国际赛车场、珍珠乐园、珠海渔女、情侣路；西线到达凤凰山风景区、梅溪牌坊、白莲洞、莲花山。

住宿餐饮：别太在意门市价的高低，可以打折，而且价格不一，任你挑选。

广菜、葡菜是珠海的主打菜，食街的唐人食街、拱北银都酒店、潮州阁比较有名。想吃海鲜，可去湾仔一条街。

## 线路提示

老年家庭，如能在珠海租到公寓楼房，住上一年半载的，哪怕几个月，对身心健康都是有益的。住在珠海期间慢慢逛，这是个适宜慢游的城市。冬天不冷，夏天不热，空气清新，适合修身养性。离香港、澳门都近，有空就过去看看。

想快速游珠海的，乘船去岛上玩一天两天的。东澳岛上有旅馆度假村。市内拱北口岸逛逛市场，沿情侣大道走走，看看景。可上一趟石景山。再想多待一天就坐旅游专线车去前山镇梅溪村看看。公交车也可达。还不过瘾，索性就夜间澳门环岛游，感受感受夜景的美好和浪漫。

对内地人来说，待在珠海比待在广州好。广州太现代都市化。

在珠海，主要是对城市的感觉而不是游了珠海多少景点。

三世同堂的家庭，自助游即可。

# 北海

毋庸置疑，北海是反季节旅游的最佳城市，北方人冬季来，看到的是繁花似锦，绿树成林，满街瓜果飘香，心情立即为之一爽，更爽的是这里空气好，每立方厘米负离子高得时时都让你精神百倍，环境清新整洁宁静得恍如隔世，身边再也没有了内地城市的那种繁杂喧闹甚至乌烟瘴气。

北海屹立在广西的南端辽阔的北部湾畔，隔海与越南相望，是古代最早的边贸城市、海上丝绸之路始点之一，主要景点有山口红树林、侨港海滨、北部湾广场、海滩公园、银滩、星岛湖、涠洲岛等等。

广西北海

银滩是北海最值得玩的地方。此滩被称为"中国第一滩"，阳光下耀眼的银沙滩是由石英砂组成的，石英砂的细软和温柔不会辜负任何人对亚热带海滨的向往，清澈的海水，绿色的植物在它的映衬下，都有了诗意的升华。银滩海域无鲨鱼出没，海水温静，冬季只要有阳光就可以下海嬉水，沙滩平而长，沙质细白，在沙滩上尽可施展灵思，想着花样地玩。有点冒险精神就坐热气球、滑翔伞。银滩西部的海滩公园有亚洲最大的音乐喷泉、巨型钢塑"潮"。

涠洲岛，距北海市区有 67 公里的水程，坐落在北部湾海面上。到北海，若不到此岛绝对是一种遗憾。碧透清澈的海水颜色和透明度都诱惑着人们下潜看看水深处是怎样一个奇妙的世界，经培训过的有潜水证和专业潜水设备的游客热衷于在这里探海寻美是一点也不奇怪的。捡海螺贝壳，购买千姿百态的贝壳和珊瑚工艺品、纪念品，都是怡心的乐趣。岛上的天主教堂，会把人们带入对北海对涠洲岛往昔的追溯与遐想中，中国最大的火山岛火山口火山景观，又让人们感受体验着别样的神异惊奇。

这是一座凝固着动人的生态旋律的岛。

星岛湖（千岛湖）在合浦，合浦是苏东坡被谪广西居住过的地方，此地自古盛产珍珠，还有"合浦珠还"的美丽传说。电视连续剧《水浒传》的外景地意外地选在了距县城 24 公里的星岛湖这个地方，让水泊梁山的英雄好汉们至今领着风骚。湖中 1026 座岛屿，分 4 个景区。

### 进出北海

北海机场距市区 30 分钟车程，民航大厦门口的民航大巴到机场。北海火车站位于市中心，有公交车直达。

北海港的码头有发往海口、广州、涠洲岛的客轮。市内公交车走的是旅游线。汽车总站对面可租自行车。

食宿：中低档旅社分布在汽车站、北部湾广场、海角路。五星级香格里拉大饭店在茶亭路。美食首选是海鲜，有葱花蟹、清蒸插螺、石斑鱼汤等。

### 线路提示

北海是一家人从老到小都能玩得很开心的地方，专程到北海，就多玩几天，会有很充实的内容。

第一天，抵达入住，安顿好后去海滩公园，银滩就在海滩公园里，位置在北海市区的南端。晚上看音乐喷泉表演，每晚表演 2 次，每次 15 分钟。

第二天走进有北部湾水产资源辞典之称的北海水族馆看看。建议到南珠宫逛逛，这是北海最权威的珠宝专营店，可买到这里最地道的海水珍珠。对珠宝没兴趣，走走老街（珠海路），感受感受岁月沧桑，看看百年前的中西合璧式骑楼、英法式洋楼、天主教堂、修道院的风貌。珠海路全长不到 1500 米，毗邻外沙岛，顺便到外沙岛转转。这里海鲜餐厅和排档很多，如果计较价格，就不要在这里用餐，用餐到市中心的北部湾广场或长青路。长青路被称为晚间美食乐土。市区东郊冠头岭镇也有不少海鲜排档，坐在海滨竹楼上，听着楼下的海涛声，看着海景，品着美食，那种感觉是相当不错的。不过要去，一天的日程得安排得紧一点，那里离市区较远。

不嫌外沙岛海鲜大餐贵的，晚间用完餐，可选择太合、中玉、香格里拉这些大酒店的任何一家，看看夜总会表演，是收费的。

城里可以安排两天，银滩戏沙浴海是重点内容。

第三天，去涠洲岛，猪仔岭、三婆庙、天主教堂、拾贝海滩、火山口，一一转下来，傍晚回北海。

涠洲岛也可以玩两天，晚上住在涠洲岛。2 天的日程就可以玩斜阳岛了，此岛距涠洲岛 9 海里，风景秀丽，纯朴自然。

第四天，去星岛湖，参观《水浒传》外景拍摄地。

合浦是可以逗留一下的，东坡亭、东坡井、海角亭、文昌阁等处转转。不过，时间可要延长了。

从北海汽车站到合浦，45 分钟。合浦汽车总站有每天 4 班往来星岛湖的专线班车。

第五天，去越南芒街一日游，或乘快艇水上游越南境内的小岛，中国境内的珊瑚岛。

第六天，到侨港海滨，感受感受比较宁静的沙滩海景风情。这里更适合情侣观光。为满足好奇心在这一天里也可安排山口红树林之游。划船进入，扑朔迷离、如梦如幻。不过，两者只能选一。

去北海，从南宁过去比较方便，豪华大巴又快又舒服，走高速，时间 3 个小时。南宁的普通班车、卧铺大巴走二级公路，时间没有保证。

桂林到北海，走高速，6.5 小时。

# 海南

海风轻抚的椰林，银色的沙滩，绿如翡翠的小岛，丰盛而饶有情趣的打边炉……海南太让全国人民向往了，若在有外出旅游能力的人群中搞一次民意测验，持肯定想去海南旅游态度的家庭或个人，肯定百分百。

多次去过海南的人，依然想去，只有这些人才真正明白，去多少次海南，都不能说认识了解了海南，也不会有在海南待够了的感觉。

## 三亚——天涯鹿城

鹿回头天涯海角的传说是美丽动人的，景色更是迷人的。鹿回头是一座山岭，这座山岭酷似一头回首凝望高处的鹿。山顶上屹立着依据传说雕塑的神鹿和黎族少女、黎族青年猎手的花岗岩石像。山顶公园有哈雷彗星观测站、听潮亭、观海轩、情人岛以及猴山、鹿舍、黎家寮房、龟鳖天堂等等。

椰林热岛

天涯海角是传统景区里知名度最高的地名，似乎，它就是海南岛的象征。前海后山，山海之间的沙滩和水面上，流线型的秃顶圆石高矮参差，聚落成群。在刻有天涯、海角和南天一柱字样的巨石下，拍一张纪念照，合照一张全家福，一个字，美！

亚龙湾，长达20多公里一勾新月般的海湾，三面群山环抱，层叠的峰峦，陡峭的悬崖，如笋的乱石，奇特的飞来石，酷毙了的蛇口、狼口……都是刺激感官的美景；清澈平阔的海面牵动着目光，胸襟随水面开阔而宁静。若乘玻璃船到海中小岛旁，向海水中望，镶银若云的珊瑚让人心醉。三亚湾的沙滩最白最细。风格各异的豪华酒店建筑群也是一景。

去三亚，不再只是鹿回头、天涯海角、亚龙湾这些传统景点、景区，那里的旅游项目越来越多，越来越丰富。南山文化旅游区，一个以佛教文化和长寿文化为主题的旅游胜地在三亚一年比一年叫得响。一尊屹立在南山前宽阔海面上的观世音菩萨巨型铜像是南山文化旅游区的地标，也是三亚的新地标，这尊铜像通高108米，巍峨壮观。南山佛教文化和南山长寿文化都有很深的历史渊源，唐鉴真和尚第五次东渡日本，遇到台风，海上航行10余天被飓风打碎了木帆船漂流到崖州湾海滩，在海南传经讲法一年有余。海南自古还有中国长寿岛之称，而最长寿之地就是南山。"寿比南山"由此而来？长寿谷不仅环境清幽，由百岁老人的图片和简介布置出的千米游廊，能告诉你如何长寿的秘密。南山还是热带的百花园，置身其间就是一种享受。鳌山大小洞天，自宋代就开始开发，号称珠崖第一山水名胜的海山奇观，8公里长的海岸及浅山带遍布着鬼斧神工的奇岩怪石，处处如画，海景、山景、石景古今人文浑然一体，游人不无钟情。

蜈支洲岛在三亚市林旺镇后海村东面2.7公里的海棠湾海面上，那是处以原始生态、自然风光驰名的旅游度假区，誉称"海上桃源"。1.48平方公里，壮如倒放的粽子，北部是银色的沙滩，东南西三面重峦叠嶂。近岛处，水深七八米的海水清澈得可以看到海底的珊瑚礁、水藻和游动的小鱼，色彩缤纷绚丽迷人。小岛上有专供游人垂钓游泳潜水的场地及设备。夜生活饶有趣味和诗意，最有趣的则数沙滩逐蟹，想想手电筒下受惊的蟹公们走马灯似的疲于奔命的场景就要喷饭，一家老少多少欢乐皆在其中。

三亚市东面的大东海弓形海湾上有长达2公里的洁白沙滩，是冬夏皆宜的天然浴场，冬季最冷时水温也不会低于20℃。

### 翡翠城——五指山

五指山市古称通什，是海南的翡翠小城，城北牙畜岭上坐落着依山面城的海南民族博物馆。说句心里话，到五指山，随时随处可见苗人黎人，但常态已与汉人无异，想纵深地了解海南各民族的风貌和历史，这博物馆是最好的地方。距市区6公里的山上，有太平山飞瀑，山顶是古木环抱的平湖，水溢出湖而成瀑，瀑有三级，各有特色。

上五指山，观赏五指山和热带雨林风貌，才是来五指山的人真正期待向往的。五指山距市区40公里，那里有上下满水村，是黎苗的村落。五指山常为云雾锁闭，幸运的人，有时间有耐性的人才有机缘望到。上山不难，沟谷中，热带雨林物种丰饶，也可说是热带雨林博物馆。

### 琼崖福地——琼山市

按古人的说法，琼山市府所在地府城镇占尽了风水，历史胜迹众多，这里是海南最繁华的小城，海南怀古游非琼山莫属，但有两处地方游人可能会更感兴趣，那就是琼山海上森林和海底风光。

所说的海上森林是指东寨港的红树林。红树林不红，绿色，生长在浅海滩，涨潮时，树干没在水里，树冠露出水面，连成片，连成带，像绿岛、绿城。之所以叫红树林，是因为属于红树科。红树林在琼山跨越了4个乡镇的40多个村庄，总面积达52000多亩，规模大到如此程度，景象的壮观已不难想象，那是实实在在的海上森林。东寨港红树林还是候鸟的乐园，它们按季节飞来飞走。

海底村庄在东寨港至文昌市铺前镇一带的海湾里。清澈的海水下，一片又一片的村庄无论以怎样的面貌呈现给你，都会给你带来惊奇和震撼，何况这是一片经历了四百多年，任由海流和时光的踩躏打磨着的村庄，是为庞杂的水族和海生植物提供了另类发育环境的村庄，容载着沧桑历史和文化、却让普通的文化拾穗者无法全身心地深入探访的村庄。这是一次灾变的结果：明万历三十三年五月二十八日亥时，即公元1605年7月13日夜，琼州发生了震级为7.5级的大地震，震中就在琼山，陆隐成海的面积达100多平方公里，陆陷最大幅度在10米以上。据传，陷落的村庄达73个。天晴气朗之日，大海退潮之时，乘上小船，从琼山市的曲口向文昌市的铺前湾、北创港方向行驶，在浅海地带可隐约窥见四百多年前的耕地古井村落废墟及贞节牌坊屋瓦石桥等遗迹。

### 琼海市——红色娘子军的故乡

万泉河不是海南最大最长的河但却是知名度最高的河，先是电影，后是革命样板戏芭蕾舞剧《红色娘子军》，把万泉河深深铭刻在全国人民的心间。

秀丽的万泉河，段段是景，处处是景。万泉河漂流，极具诱惑力，河上游忽而水流湍急，忽而波平如镜，两岸不是峰连壁立的天然风光就是村寨田园，下游的渔家乌篷船和乐城岛上的青砖古道把人带入幽幽岁月，而出海口博鳌港，则开辟有博鳌旅游风景区。博鳌走红，是因博鳌亚洲论坛，2001 年，它的首次会议在博鳌召开，并永久定址在中国。会址建筑是道迷人的景观，五个巨大白色帐篷组成的建筑体，近观如伞，远眺若云。会址之东，临三河出海口（在此出海的不只万泉河，还有龙滚、九曲两河）的腹部，海湾宽阔，湾中圣公石历历在目。圣公石是道奇观，它是尊高出海面数米的巨礁，颜色黑黛，气度伟岸，日常里，湛蓝的海水，洁白柔软的沙滩、崛立的岩群、成带的绿林中，它不过是五彩缤纷的天然画卷中略具神采的一笔，当暴雨来后，三河聚洪下泻入海激流汹涌时，海的雄暴之性也被激起，狂怒着掀起巨涛，迎三江水流而撞，撞在圣公石上，撞出轰天巨响，撞出 1 米多高的浪沫飞花，浪沫飞花自空跌落，砸在圣公石上又化成咆哮的水流，河海的波涛一个回合一个回合地撞击在它身上，而它却一如既往地岿然不动时，便升华为人类情感世界中的精神领袖，一幅"莲花堆，观音讲经鱼听探；圣公石，孔子论道浪笑迷"的对联道出了景仰者的一种深意。

琼海，有红色娘子军纪念园。它是个融热带园林、大型雕塑、浮雕、歌舞表演于一体的文体旅游纪念园，占地 200 亩，位置在东线高速公路琼海官塘入口处。

### 椰岛都会——海口

进海南，如果不乘飞机从三亚进入，就必须走海口。有点奇怪的是，尽管海口旅游资源很丰富，很多人却只视它为游海南的中转站、进出海南的住宿地和购物点。

海口怀古，去五公祠、海瑞墓园、丘浚墓园、秀英炮台。五公祠也叫海南第一楼，确切地说是祠内有第一楼。五公者，身怀正气而被贬海南的唐朝名臣李德裕、宋朝名臣李纲、赵鼎、李光、胡铨。五公中，三位做过宰相，唐相李德裕死于崖州，子孙流落崖州世代繁衍，至今岛上至少三百多家后裔。赵鼎是在海南抗议秦桧卖国绝食而死的，留下"身骑箕尾归天上，气作山河壮本朝"的诗句感人肺腑。五公祠是明朝海南人立的主题公园，主题是纪念客居过海南惨遭不幸的爱国者，这样的主题公园是不能不进的，经历代维修过的建筑、文人墨客地方政要留下的墨宝，至今繁茂的古木中传递着的信息和气韵都有益身心健康。

海口有热带海洋世界，在滨海西路距秀英炮台 7 公里处，海洋面积、沙滩面积、陆地面积分别为 200 亩、100 亩、538 亩。开设有 40 多个游乐观光项目，分为热带民族风情、蓝色梦幻、惊奇历险、风情表演、休闲康体五大系列，是一座综合性的大型的海洋文化旅游主题公园，热带花果园花卉园、海洋风情村、贝艺馆、欢乐海洋激光水幕电影、空中飞人、火箭蹦极、雨林探险、热气球升空等项目，使家人无论老幼都能拥有非常美好的一天。海口的周边还有火山口公园、琼台书院等。

### 进出海南

航空：海南省海口和三亚两市都通航班，海口航班多，几乎全国所有省会城市都有航班往来。

铁路：跨海火车是快速旅客列车，每天互相对开一班，旅时 12 小时，经海口、湛江西等 9 个车站，硬卧 9 节。每列火车限定人数。买不到始发列车车票的可买普通客船和载火车的轮渡过海。

火车在海南岛内的时速慢，是客货混搭车，每日 2 班，不如汽车方便。

住宿：在海南凡旅游城市，没有不打折扣的旅游宾馆饭店，狠下心来打折，能打到什么程度就打到什么程度。也有不好打折的时候，那就是海南的旺季，当然也要看旺到什么程度。

餐饮：海南的大排档海鲜被称为打边炉，海鲜自选，打边炉相当于火锅。饭馆里的家常菜比较便宜，大众化、不挑口味，花不了多少钱能吃得还算舒服。海南名菜名小吃有文昌鸡、东山羊、和乐蟹、临高乳猪、海南粉、陵水酸粉等。

特产：海南的胡椒、咖啡、海鲜干货、椰子食品、珍珠、岛服是旅游购买的主要特产。

**线路提示**

北方人爱在冬季去海南是有道理的。醉心热岛风光，又受不了岛上的那种热，景致再好，天天水脖子汗流的也会影响心情。冬天瓜果飘香，繁花似锦，身上的感觉可是舒服极了，想得的好都能得，就是价格上要付出点代价。有许多门市价是虚高不实，提防挨宰。

游海南岛，对家庭来说随团旅游是最好的，在线路上若和旅行社推销的不能合拍，就共商一下，旅行社包价一般不会太高，吃住行游都有了。自驾车游当然也是好的，海南路况好，交通发达，自家开着车，想去哪儿就去那儿，方便得很。海南有成熟的自驾车租车业务，有身份证，有驾驶证，有信用卡，在海口、三亚的各大饭店，不出大厅便把事儿全办利索了。

全家依靠当地公交自助游，在交通、住宿、餐饮上是比较经济、实惠的游法。包一辆车比打的合算，看起来贵，其实反而省。

老年夫妇，愿意的话，从 11 月到来年的 4 月，避开雨季，找个自己得意的城市租房住几个月，踏踏实实地玩。

海南岛最值得去的地方，作为重点优先选择的地方，肯定是海口、三亚，琼海的博鳌也应该考虑。万宁的兴隆，是旅行社必安排的点，那里温泉度假酒店、山庄很多，泡温泉、逛夜市，看酒店里的文艺晚会。不随团的家庭，也是可以考虑那里的，万宁的景点景区也不少，单为泡温泉去那里不值，但要把东南亚风情林、大洲岛（燕窝岛）六连岭一并考虑进去，就很值得一玩了。

喜欢探古寻幽的家庭，儋州就不要放弃，东坡书院有东坡父子曾经的起居室和诗书处载酒堂。蓝洋温泉附近有马井观音洞。海南四大古州保存最完好的儋州，虽然是残缺的完好，可也正是因残缺才更显沧桑更值得探寻。

五指山，不去惦着，去了又有可能后悔。有老有少的家庭索性就免了，让年轻人去满足好奇心吧。年轻人可把东西中线的概念装在脑子里，分别沿线做一次探察，会有收获，若能上西沙群岛上的小岛、收获就更大，探险探秘本身就是乐趣，就是收获。

在时间安排上，玩好海口、三亚，各自都得在三四天以上。海口市内和周边的景点较多，城区本身也是很有魅力的。

一次去海南，只能是意思意思。抽出时间来，多去几次吧，好好地享受享受海南。

# 创意的人间天堂——京杭大运河之旅

大运河，是两千多年前就开始了的一个震古烁今的创意。走向大运河，不是走向千古的沧桑，不是走向沉重的历史，更不是走向文化偶像的崇拜，而是走向热情，走向鲜活的生活。大运河从南到北、从古到今都是生活的积极参与者。在南方，她仍然年轻，为人们提供着舟楫之利、浣衣淘米之便，作为灌溉之源向田园沃野输送着生命繁衍的血液，诠释着人间天堂的美好；在北方，她虽已显得疲惫、苍老，但不甘愿从生活中退出，而以顽强的拼搏之姿、生命之态向人们提出忠告、警示……围绕大运河，新的创意又在产生，大运河之旅，是一部生活和生命旅程的寓言诗。

## 杭州

"上有天堂，下有苏杭"。千百年前是这样，现在还是这样，若有机会住在那里，相信赶都赶不走您。杭州人很会经营自己的人间天堂，那里没有复制昔日帝王将相和风流才俊们醉生梦死的世外仙境，而是用历史文化的陈酿调制出了当代令人陶醉的醇香美酒。

几年不去杭州，几乎就不认得杭州了。

### 运河风景

古远的大通桥难以觅迹了，建于 1631 年的拱宸桥依然结结实实地架在古运河上。居高俯视京杭大运河最南端的风光，桥东钢筋水泥的森林、宽展的公路和疾驰的车流是当代中国城市最庸常的画面，而在河道上乘着水上巴士行走，绿树屏护的河水，连挂成长龙的漕船，雨洗风磨着的三孔拱券石砌大桥则依稀着岁月深处的弦咽箫鸣。乾隆皇帝下江南，据说就是在拱宸桥弃船登岸的。毗邻拱宸桥有中国大运河博物馆，放映厅里随着立体感颇强的三维电影，可"乘船"亲历 10 分钟的运河之旅。博物馆里有大量的图片、实物、模型介绍京杭大运河。博物馆百米之外是运河巴士码头。水上巴士时速 29 公里，有西湖文化广场、信义坊、运河文化广场、艮山门、钱江新城 5 个码头。沿余杭塘河两岸建有总长 530 米的信义坊步行长街，街上遍布陶吧、布吧、休闲吧、电影酒吧、手工园、奇石馆、干花店等商业设施，这里以现代的时尚替代了当年运河市井的繁华。

### 西湖风景区

再现完整的历史西湖胜景，做不到也没必要。盛誉天下的西湖给所有未去过西湖的人提供了巨大的想象空间，人人都在塑造自我的美西湖，杭州也在塑造，结果是西湖风景让人不知该怎么玩好了。环湖景区、北山景区、吴山景区、植物园景

**西湖风景**

区、灵竺景区、凤凰山景区、钱江景区、五云山景区、虎跑龙井景区 9 大景区内景点共达 122 处，著名的西湖十景之外又评出西湖新十景，一个创意的新西湖，若把白居易、苏东坡、康熙、乾隆这些与杭州有关联的古人全请回来，他们也注定和当

代游人一样犯晕。

环湖景区是西湖风景名胜区的核心景区，一山三岛、三堤五湖加湖滨系列公园。天然岛孤山脚下有西湖十景之一的平湖秋月，还有未曾列入新老十景的空谷传声。面对西湖天下景庭园，白居易、苏轼再有浪漫的想象力也会汗颜之下道声惭愧。俞楼、泉亭、西泠印社、中山公园、文澜阁、省图书馆、省博物馆、秋瑾墓、放鹤亭等等人文景观让孤山再难哭孤。小瀛洲岛中四小湖，又让自信已开悟"三潭印月"意境的古人重新面对一个脑筋急转弯式的难题：教场山顶下瞰湖中该是几潭印月？阮公墩岛上建林环碧庄，新十景之一的"阮墩环碧"与湖心亭岛中"湖心平眺"美景相映生辉。遍植了花木和建了苏东坡纪念馆的 3 公里苏堤与岁月深处的苏堤春晓肯定大不相同；白堤断桥之上谁是今世的许仙白娘子？杨公堤上六桥连通 7 大景区。

无法一一细述。夏日赏荷去西湖曲院风荷公园；追寻天然野趣去长寿山公园；觅西湖园林之冠去郭庄（汾阳别墅）；赏时令花卉盆景去杭州花圃；游纯江南水乡村落去茅家埠；感受杭州世外桃源的静谧去乌龟潭；太子湾公园是很个性的现代园林；夕照山雷峰塔已重建，就差新雷峰塔重建之后的传世散文名篇，指望鲁迅先生写是不可能了；柳浪闻莺公园是百鸟的天堂；浙江海底公园可漫步全国最长的珊瑚海景隧道。

西湖北山景区。秦桧夫妇还一如既往地跪在岳飞墓前。是时代的宽容还是历史的真相被挖掘了出来？一个流行的说法是想害死岳飞的是皇帝本人，岳飞口口声声要直捣黄龙府接被虏二帝归来让皇帝害怕，皇帝心想，他们真回来了，我这个现任皇帝往哪搁？弄个一国三君出来，你岳飞脑子出水啦！所以，当跪者不是秦桧，是皇帝。

北山有两处西湖新景。黄龙洞推出缘文化为主题的寺观园林，黄龙吐翠新十景中榜上有名。宝石山山体呈赭红色，西湖新十景之一的宝石流霞体现的是当代人的审美情趣。北山多洞，金鼓洞、紫云洞、卧云洞、蝙蝠洞或人工或天然各具特色。葛岭与葛洪相关，岭上的抱朴道院是全国重点宫观。

西湖植物园景区灵峰景区玉泉景区全在其内，植物种类繁多，罕见的夏蜡梅花在灵峰，是探梅赏梅胜地。

西湖龙井、虎跑景区在西湖西南部，虎跑泉和龙井泉龙井茶都非常著名。

大慈山，听名不知山有多大。杭州哪里去寻大山、高山？雅山秀山而已。虎跑泉在大慈山白鹤峰下，为杭州名泉之首，茶圣陆羽评之为天下第三泉，乾隆也将它评为全国第三。虎跑水龙井茶被誉称为西湖双绝。

与龙井茶文化相关的景点有龙井山园、中国茶叶博物馆、梅家坞茶文化村。

满陇桂雨公园的满陇桂雨是西湖新十景之一。桂花是杭州的市花，西湖西南高峰和白鹤峰夹岅下的满觉陇是杭州赏桂最佳地，7000余株桂树上的桂花在秋风之剪下"桂粟"下落缤纷如雨，每年秋季这里都要举办西湖金秋桂花节。

### 西湖灵竺景区

此景区内最著名的是飞来峰、灵隐寺。飞来峰是一座不高的石灰岩山，多溶洞，洞窟内外有保存完整的五代、宋、元三朝的380多尊造像。五代造像不多，线条简练；宋代弥勒最大，袒腹踞坐，笑容满面，是宋代中国化了的弥勒佛的代表作。在那里，还能看到宋代的唐僧西天取经浮雕。元代造像体量小、数量多，大多雕刻精美，是平民化的雕塑群。阿素洛像三头八臂，半裸体，面容丰满，刀法洗练，线条流畅，是元代造像的精品。灵隐寺又名云林禅寺，有康熙皇帝的题匾，为全国佛教禅宗十大名刹之一，大雄宝殿里正中的释迦牟尼像，高9.1米，造像的头身比例和视觉形象之间的微妙关系体现了雕塑艺术家的非凡智慧，是非常难得的艺术巨作。寺内崇台伟殿古木苍郁气象庄严，为杭州著名的游览胜地之一。

灵竺景区还有法喜寺、法净寺、法华寺等佛家圣地。北高峰与南高峰遥相对峙竞秀争雄形成的"双峰插云"是西湖老十景之一。

### 西湖钱江景区

以建于北宋、高13层的六和塔最著名，登塔可俯眺钱塘风光。中华古塔苑是全国各种类型的著名古塔荟萃之地，游一苑而赏百塔。群山深处长5500米呈丫字形的九溪十八涧清波重重叠叠高高低低，谷间高峰夹岅，篁楠交翠的"九溪烟树"名列西湖新十景之中。

### 西湖凤凰山景区

在西湖南部。万松书院是梁山伯与祝英台故事的发生地。南宋皇城遗址在元时被改为寺，寺又毁于火。寺非一寺，址非一址。皇城遗迹与梁祝遗址共构成此景区的旅游主题。玉皇山"玉皇飞云"为西湖新十景之一。海拔239米的玉皇山因在西湖与钱塘江之间，山虽不高但山姿雄峻巍峨，常有云朵和雾涛擦地而来，飞渡而去，山上又有福星观、白玉蟾井、天一池、紫来洞、登云阁等古迹，登高览胜，江天辽阔，山风浩荡，驱云遣雾，美不胜收。景区内有趣的是八卦田，田丘呈太极图形，分别栽种不同的植物，异株异色，四季不同。慈云峰上有五代石窟古墓，造像石刻精美。景区内还有中国丝绸博物馆、南宋官窑博物馆。

### 之江国家旅游度假区

杭州市西南西湖区有美国城、宋城、杭州未来世界三大主题公园。美国城以表现美国人文和自然景观为主题。宋城再现了《清明上河图》，城中遍布宫苑、市井、作坊、店铺，游宋城如同走进了历史的迷人画卷，这里还可以享受民间歌舞，歌舞表演日日都有。未来世界参与性极强，游乐项目丰富新颖。

西湖区还有龙坞休闲茶村，分茶乡风情、康体健身、休闲品茗三区，是休闲旅游的一处可选之地，西溪国家湿地公园8公里步道赏梅赏竹赏芦赏花，亦可坐船游历其间。水陆兼备的还有锦绣风水洞。

### 进出杭州

萧山机场距市中心30公里，去机场可在武林门乘民航班车，全程高速，40分钟即到。乘火车，始发站，当地人称城站，有直达全国各大城市的始发列车。过路车站为杭州东站。两站相距较远，走错了有点麻烦。水运有京杭大运河，武林门码头上船可到苏州。内河客运还有一条富春江线，可到富阳、桐庐、兰溪、建德等地。乘长途公交车市内有4个长途客运站，分别称东西南北站。东站在艮山西路，西站在西溪路，南站在秋涛路，北站在莫干山路花园岗。

住宿：杭州西湖边的五星级宾馆条件极佳，设备档次高，又能看景。城区的饭店收费较贵，中小宾馆和旅馆稍便宜些。

旅游名城，宾馆饭店多，选择余地大。

餐馆：名馆：楼外楼、天外天、奎元馆、素春斋、天香楼、知味观等。名菜：西湖醋鱼、龙井虾仁、叫花鸡、东坡肉、宋嫂鱼羹、蜜汁火方、干菜焖肉、荷叶粉蒸肉、蟹汁鳜鱼、鱼头浓汤、天香醉鸡、拔丝蜜橘、虎跑素火腿、油焖春笋等。

名楼里的名菜是很贵的，但在杭州总体是菜好吃不贵。杭州人很会做菜，烹调精致有味，看着就诱人食欲。上街如果只求个吃饱更是便宜实惠。

### 线路提示

在杭州旅游，要么住下来，细细地游，要么就学会放弃，精中选精，杭州人自己都未必把所有景区景点全逛过。

旅行社和大多数初到杭州旅游的一般是安排灵隐寺、岳庙、六和塔、虎跑泉，最多再走走苏堤白堤什么的。买东西是买丝绸。逛了这些点，也不枉来一趟杭州了。

游西湖，除了吃住，不想花什么钱，那就所有收费的点全不进，从北山路过桥，沿孤山脚下的路向东北溜达，走上白堤，过断桥，沿湖滨走，拐向东南的湖滨公园，与曲院风荷、平湖秋月擦身而过。断桥想躲都是不可能的，得走断桥过去，只是不明白这断桥何以就成为西湖的一道千古流芳的胜景。北边的湖滨，有白居易牵马雕塑，由不得与之交流交流，关注关注白居易在西湖的行踪。这里，直到湖滨公园，遇到的大多是杭州市民，那聚群结众的戏曲清唱是很让人着迷的，他们的乐呵很容易传染。走苏堤也行，从南山路上堤穿到北山路或从北山路上堤穿南山路。苏堤当然是春季穿行最好，苏堤春晓指的是那个时节的盛景，堤上有映波、锁澜、望山、压堤、东浦、跨虹6座小桥，堤旁花木扶疏，柳绿桃红，风光柔美绚丽，湖水平和动人。盛夏时，则是荷碧莲艳的秀丽风光。湖中有船，花点钱乘船上小瀛洲，不是夜间就别动观赏三潭印月的心思了，想体验为什么用印字而不用映字，晚上来，还得月柔辉清的时候，否则白忙活。

乘观光大巴游西湖，绕湖一大圈，一个半小时，几块钱，乘观光电瓶车，4个区段，每个区段10元。

游岳庙、灵隐寺、西湖、六和塔，加上龙井问茶，可安排3天时间。

上龙井村可乘公交车，喝茶买茶、逛景，了解龙井茶俗半天也就够了。

在杭州，宋城一定要去看一看，逛一逛。宋城规模宏大，有如真似幻地置身在千年之前的"华贵之城"中的感觉。市井街逛街，有乐有趣，各种表演更是有乐有趣，《王家大小姐抛绣球招婿》《十八相送》《好汉劫法场》《包公怒铡陈世美》

《皇帝开城迎宾》，还有一二百人的大型歌舞《宋城千古情》，加上飞天高跷、济公游街、各种民间绝活，就怕眼不够使的。宋城小吃一条街上宋代的风味小吃，不但要看，而且要品。

杭州是南宋的都城，搞宋城文化有权威性。

游西湖新十景，公共汽车差不多都够得着，公共汽车够不着的就只有步行了。

游西湖周边得有时间，体力也得好一点儿。年龄倒不是什么大问题，杭州没有太高太险的山，只是消耗体力罢了。最远的景点离西湖得有十多公里呢，不借助交通工具是不行的，坐车和徒步两结合。

在杭州市内是用不着旅行社的，自助游完全可以搞定。

# 苏州

有东方威尼斯之称的苏州，除了城乡街巷依水而建、水巷水街纵横而外，形貌上和威尼斯没有任何的共同点，它是完完全全中国式的，而且是完完全全中国江南式的水乡、水城。在中国江南式的水乡风貌神韵的构建上，大运河无疑充任了重要角色。

苏州是水城，又是享誉四海的园林城。仅城区内，历史上园林最多时超过百座，就是至今，仍有数十之多。苏州园林是江南园林的代表。园林山水重写意，小中求大，寸余储宏，咫尺山林，意蕴悠远，造园布景艺术登峰造极，是传承古典园林艺术的博物馆。沧浪亭、狮子林、拙政园、留园、环秀山庄、耦园、网师园、艺圃、退思园列入世界文化遗产名录。木渎、同里、甪直、周庄是当今声名万里的水乡古镇。

### 苏州古典园林

北方人到苏州，要比南方人到苏州的感触深得多。北方无论是寺庙园林、皇家园林、衙署园林、府第园林都要比苏州园林大气。以人作比，北方园林剽悍、豪壮、阳刚，苏州园林细巧、水灵、雅秀，多心眼的小女子态。其实都是山石、池水、古建、家具、花木等等配置出来的。

苏州的园林是分了古典园林、近代园林、公园、风景名胜几类的，古典和近代园林的类别区分，主要是在建造起始时间上。

苏州古典园林各有各的特色，各有各的差别，但共性是十分明显的。一、大都建在市区，"不出城廓而获山水之怡，身居闹市而有林泉之致。"二、园林艺术与文学艺术紧密结合。三、有限空间的充分利用极致发挥。四、全在漫长的岁月中经历了沧桑和苦难，几度兴废，镌刻着不同时代的印痕。

拙政园。明正德年间受东厂陷害，被降职后弃官归隐的原御史王献巨建的，但在他之前这里已有寺庙园林，他买下的寺产。他死之后，儿子一夜巨赌，就把拙政园输给了徐家，徐家也没有保住，从明朝到民国，多次易主，屡经兴废，初始的三园合而又分，分而又合，其地做过民宅，做过衙署，做过会馆，还做过太平天国忠天李秀成的王府。20世纪50年代修复后的拙政园，遗存建筑主要是太平天国忠王府时期的，池中丘壑沿袭明代风格，西部补园是清末海派。

**东方威尼斯——苏州**

现园分东、中、西园和苏州园林博物馆四部分。中部是精华区，总体布局以水池为中心，水面占三分之一，主厅远香堂，四面长窗透空，北部水池以辽阔见长，池中两小岛间水面以幽深取胜，岛上竹茂篁深，岛间曲水萦回，多样的亭桥廊榭切割变化着空间，似断非断，似隔又通，环水抱楼，轩榭翼波，还有旱船临池，文征明的"香洲"题篇，画室之传，遥遥拂来大明之风。拙政园有天下园林之母的盛誉，是中国四大名园之一。它最早的历史是可以追溯到三国时期的。

沧浪亭。是苏州现存最古老的园林，当然也是几度兴废。取名沧浪亭是宋人苏舜钦，他被贬谪流居吴中时看中了五代吴军一位节度使的废园，花4万钱买下建亭建园。他建的亭没了踪迹，明嘉靖年间重建的沧浪亭也埋于岁月烟尘之中。苏舜钦官小了，诗名却很大，满心郁愤，诗风豪放，有《沧浪亭记》流传于世。清康熙年间，巡抚两任，一任建了苏公祠，一任复建了沧浪亭。这座沧浪亭咸丰年间毁于兵火，同治年间的一位巡抚又造，让人不得不感慨苏舜钦沧浪亭诗文生命力的顽强。几死又生的沧浪亭石柱上，有一副对联，上联是欧阳修的名句："清风明月本无价，"下联是苏舜钦的名句："逝水远山皆有情。"欧阳修写有《沧浪亭》诗，其中一句是"清风明月本无价，可惜只卖四万钱。"是有调侃的味道在里头的。

沧浪亭最引人注目的，是复廊漏窗。沧浪亭四面环水，复廊隔水起伏，透过漏窗沟通内外互异的山水。复廊实中有虚，虚中有实，虚实并存，构思奇巧。说虚，是无论从外向里看，还是从里向外看，视线都不受阻，漏窗起到借景连景的作用，沧浪亭因之成为苏州"未入园林先见景"的园林。借景，内外相借，也是动与静景相依相生，互映互照。河水是动景，复廊起伏若动；而余者皆静。说实，这复廊廊墙廊壁就是实，它是实实在在立在那里分隔开园内园外的一道屏障。复廊不仅多漏窗，漏窗的造型也是独树一帜的。全园共108式漏窗，图案花纹变化多端，无一雷同，一窗一个样。

留园。中国四大名园之一，园林布局、空间切割划分艺术的经典。进园的园门在南边，临街，很不起眼，进去后，是看不到园子的，以为这里就是一处普通的住宅，长长的踏弄，沿墙嵌有历代书法名家的法帖石刻359方，踏弄虚实、收放、明暗交替，空间在曲折中显出变化，但行走其间，始终被一种神秘的气氛笼罩着，想象中的园林不知隐在何处，那种幽深的单调感，曲折感刻意营造出一种氛围，直到古木交柯小院，见古柏女贞交柯连理，才透过一口气来，意识到好戏就要开场了。这长长的踏弄是一道精心设计的障景。过了交柯小院，果然，建筑和叠山理水的华彩乐章扑面而来，它仍不是一览无余，景是要透过游廊廊窗去看的，北墙西墙漏窗，每个漏窗都不一样，各是各的图案。窗外是池，是假山，是楼阁，虚虚实实，似隔又显，步换窗换景移，妙趣横生。还有一处地方，比漏窗更绝，一眼望出去，门外有门，门门相连，是层层门的感觉，墙也是墙外有墙，层层墙，不知有多少庭院，多少房屋在那里等着你，真走近了一看，错觉！就那么大点天地，挤挤巴巴的一块地方，把空间无限延展开来的灵感火花是怎么撞击出来的？这并不是唯一。一个小院，一座假山石，很漂亮，花草树木点缀着它，它就更漂亮。它的背后，是一面镜子，好大好大的镜子，映着它的背影，镜子至少把这不大的空间拓展了一倍。走过去看，又是视觉错误，那不是镜子，而是一道长方窗，窗外是另一座庭院。长方窗隔开两院，而两院贴窗的景却造得互为背影似的。就这样，真真假假虚虚实实，如梦如幻……

## 运河景区

唐朝诗人张继的一首《枫桥夜泊》，让寒山寺成了名寺，让枫桥成了名桥。枫桥在苏州市金阊区枫桥镇。没有张继的《枫桥夜泊》这首诗，枫桥也不过就是运河上一座普通的罗锅桥。枫桥夜色的美已凝定在人们的脑海中。现在那里是到苏州的游人无不想流连驻足的运河风景名胜区，它包括寒山古寺、江枫古桥、铁岭古关、枫桥古镇、古运河。

寒山寺是非常不幸的古代名刹，始建于梁天监年间，1358 年间历遭 5 次火毁，到清咸丰十年时（公元 1860 年）除诗碑外，已全都荡然无存了。现存的寒山寺是清光绪三十二年（公元 1906 年）和宣统二年（公元 1910 年）重建的古刹。黄墙碧瓦的寒山寺不是沿中轴线延伸、两边对称的建筑群，整体布局似有中轴又非中轴，对称中又不对称。寺外照壁、寺的山门、寺内大雄宝殿在一条直线上，大殿前院西侧偏殿供奉香樟木雕刻的金身五百罗汉像，东侧殿是诗僧寒山和拾得的蓬头赤脚袒胸敞襟的金身塑像。寒山寺因寒山而得名。相传寒山为文殊菩萨，拾得为普贤菩萨，而世上确有《寒山子诗集》流传，并被收入《四库全书》。寺有两楼，钟楼在大雄宝殿后院东北角，与寺东院里的枫江楼遥遥相对。枫江楼状如花篮，有楼梯盘旋而上。全寺建筑布局一改传统，构筑精巧，环境清幽，兼有文学、美术、园林之胜，寺内扬州八怪之一罗聘所画的寒山拾得石刻像、宋代张樗寮书经文、明代董其昌题跋和历代题刻都是传世珍品。

江枫桥在寒山寺南，与寺紧临。铁岭关是江枫桥侧的一座敌楼。枫桥、敌楼、运河、步行街构成今日迷人的枫桥运河风景。苏州的运河风景还有盘门。盘门位于苏州城西南，是苏州仅存的古城门遗迹，是我国现存最完好的一座水陆古城门。陆城门由二座城门和瓮城组成，外门较小，内门较宽。联为一体的水城门紧依在陆城门之南，由两道跨水而建的水关构成。水即运河之水。大运河由北向南，至北折东，与水门外的一股水流汇成宽广的水面，再向东不远，水又二分，一流傍城东去，一流斜向东南。内外两重水门全是花岗岩石构筑，四根粗大石柱支撑拱顶的高大城门洞下可容两条小船并列通航。登城墙，有马道，城台上城楼宏伟，飞檐翘角，室内有闸门绞石，所以城楼又叫闸楼。毗邻盘门，有卧于大运河的吴门桥，为苏州桥中之最。桥洞高大，木船可扬帆而过，是一座典型江南水乡特色的单孔石桥。盘门有三景，另一景便是挺拔秀丽的瑞光塔，塔始建于三国，宋代改建，登塔可览盘门古城和吴门古桥。夕阳晚照中，古塔古桥古城门古运河景色绚丽辉煌。

苏州环城河风貌保护带是苏州运河风景的重要组成。环城河为京杭大运河的一部分，沿途有苏州古城墙遗址、耦园、宝带桥、盘门、吴门桥、古胥门、阊门等景。

从市区人民桥码头可乘仿古型画舫赏古城风貌，途径 10 座城门、18 座桥。

## 水乡古镇

苏州水乡三镇同里、角直、周庄都是现在红遍全国的古镇。

同里镇在苏州城东南，沿京杭大运河向东行驶 22 公里即到。镇汇百川，22 条大小河流将古镇纵横切割出 7 块绿洲，48 座石桥将绿洲连为一体，两千多户人家的小镇七百多个水埠头，街依水建，水促街成市，家家傍水，户户通船，过去水路通达陆路交通闭塞，古镇古建保存完整，是现今有名的三多古镇，即明清建筑多、水乡小桥多、名人志士多。列入联合国教科文组织文化遗产名录的退思园在同里，崇本堂、嘉荫堂也很有名，太平桥、吉利桥、长庆桥是几十座古桥的代表。全镇曾出过状元 1 人，进士 38 人，举人 80 人。元代出过大画家倪云林，清代出过文学家沈德潜。

角直有江南桥都的美称，一平方公里的范围内曾有宋、元、明、清古桥 72 座半，现存 41 座，独孔桥、多孔桥、拱形桥、平顶桥大大小小，造型各异；河卵石、花岗石铺成的深街古巷有的长达 150 米，粉墙黛瓦的老建筑宽梁翘角，木门木窗；水街河道里的悠然小船络绎不绝，还有被称为"苏州少数民族"的角直妇女的独特服饰，都给人留下极深的印象。9 街 58 巷中保圣寺最具盛名，沈宅、萧宅是苏派私宅建筑中的精品，镇中还有叶圣陶纪念馆。

周庄，现在牛得不得了。不管过去依什么标准，曾认定过谁为江南第一水乡，都没用，现在人们心目中周庄就是江南第一水乡，没有水乡比它更水乡的了。不！还有比这评价更高的。吴冠中说："黄山集中国山水之美，周庄集中国水乡之美。"而一位台湾学者慕名游罢周庄后，一篇千字文的文章标题就是《中国第一水乡》。

周庄靠近阳澄湖、淀山湖，南北市河、后港河、油车漾河、中市河四条河道呈井字形将周庄分割开，形成八条长街。周庄房屋依水而建，明清和民国建筑百分之六十完整保存着，它有近百座古宅院，60余个砖雕门楼，若干过街骑楼、水墙门，最具代表性的是沈厅、张厅、迮厅、章厅、叶楚伧故居。沈厅是沈万三的后裔沈本仁于清乾隆七年（1742）建的，有水墙门、河埠，前亭后堂的建筑格局，前后横屋之间由过街楼和过道楼连接，习称"走马楼"。古风犹存的明代民居以张厅为最，临街，前后七进，房舍70余间，宅中有池，小河过屋，河埠入水。"轿从前门进，船从家中过"，为水乡特有的奇异景观。周庄和其他江南水乡一样多桥，现存元、明、清代古桥14座，古桥、水巷、古楼、老屋、绿树织构出迷人的水乡风情画。注意周庄水巷细节的会发现，周庄的缆船石个个都是艺术品，若不是神姿各异的花岗岩石浮雕，便是以石成趣，刻意地追求天然美。周庄多名人，最有名的恐怕就是沈万三了。庄中人说朱元璋恨沈万三的富，死活不肯放过他，万三蹄做出来，只要沈万三说是猪蹄，脑袋立即搬家，多亏沈万三机智，幽了自己一默，称此蹄为万三蹄儿才逃过了一劫，也让此蹄成为风靡天下的美食。周庄人送礼，是必送万三蹄的。万三死后尸骨葬在周庄之北银子浜底，是水冢。此冢悬疑重重，神秘莫测。柳亚子是当代名流，迷上了贞丰桥畔的德记酒店，引南社社友多次雅聚，吟诗唱和，有"上丰桥畔屋三间，一角迷楼夜未关。""楼不迷人人自迷，夭桃红换蘼芜绿"句，结集《迷楼集》，遂使迷楼成一方名胜。

### 进出苏州

苏州没有机场，乘坐航班只能到上海或无锡。沪宁线上的列车几乎都停靠苏州，苏州有始发车，到北京、宁波等城市，但以过路车为主。上海到苏州有城际列车，每天上午在上海新客站发车。长途巴士是周边城市进出苏州最为便捷的，每日有多趟班车与上海、无锡、杭州、南通及湖北一些城市对开，大都是走高速。市内公交方便，火车站东侧平门桥有自行车出租，按天算价，很便宜。

水路：在人民路8号码头，乘船，走古运河，南可到嘉兴、杭州，北可到镇江、扬州。

食宿：苏州作为旅游城市，旅游服务设施很齐全，从星级酒店到一般宾馆很容易找到。

苏州美食品类繁多，不可胜数，松鼠鳜鱼、香油鳝糊、翡翠虾斗、清汤鱼翅、太湖莼菜、阳澄湖大闸蟹和蜜汁豆腐干、猪肉咸糕、枣泥麻饼等风味小吃尽量地尝一尝。主要美食街有太监弄、凤凰街、学士街、嘉峪坊等。

特产：碧螺春茶、苏州花茶、苏绣、苏雕、苏灯、苏扇、缂丝、湖笔、宋锦、桃花坞木刻年画。此外，同里的酒酿饼、鸡头米；周庄的竹编、庄炉；锦溪的袜底酥、笋干；甪直的八角红菱等。

### 线路提示

苏州怎么游，全看您的心思。走马观花，短促突出，在市区，二日三日足够了。名园再多，不必园园都去；文化类型再丰富，择其一二，也对得起自己了，该舍得舍。有时间，就想把苏州玩个透，一两个星期绝对有玩的。有长假的小两口，退了休的老年夫妻，在苏州住的日子越长，越长见识，收获越丰。长住苏州，是很不错的选择。

短促突击游：古典园林选一处或两处感受吴越文化，同时虎丘是有必要去逛逛的。虎丘是吴中第一名胜，吴王游乐宫苑的底子，阖闾的葬地，历代经营打造，古建颇多，规模宏大，且有"塔从林中出，山在寺中藏"的特色。"尽把好峰藏院里，不教幽景落人间""老僧只恐山移去，日落先叫锁寺门"。就是描绘虎丘特色的俏皮古诗。枫桥古镇代表运河文化、唐诗文化，逛逛街游游景，敲敲钟，乘乘船，全加起来用不了2天。

家庭旅游，在苏州是不能不看盆景的。苏州盆景，是中国盆景老祖宗的级别，兴起和繁盛，都在这里。受文人辞章、吴门画派、雕刻艺师、姑苏园林艺术的影响，造型奇巧，构图美观，神韵清雅，意境幽深。观赏苏州盆景艺术，虎丘山麓、山塘街都是好地方。

太湖东山风景区或西山风景区可安排一天。若游太湖西山，把江南第一园林古镇木渎镇考虑进去，都在苏州市吴中区。也是减法旅游，舍弃一些，选择一些，让一天的游程显得充实丰富就成。细游，就得在东山或西山住下来了。

短促突击式的游苏州，水乡古镇或同里或甪直或周庄，选择一处。整个日程安排是苏州2天，太湖1天，水乡古镇1天，加上进出5天。

最理想是自驾车游。自助游交通也很方便。

甪直、同里、周庄呈三足鼎立之势，相距一二十公里。专门的水乡3日游或2日游也是很有趣味的。可以从上海直接过去，不必先到苏州。

人和人的游览习惯不同，需求点不同，有的人扎在一个景点，一天都不想出来，有的人看一眼就行。所以，所有意见都是提供参考，做出决定还是由各个家庭依照自家的实际。水乡古镇门票不菲，看人家老祖宗留下来的东西，是要付出代价的。安排游程时望能考虑到这一因素，量力按需而行。

## 无锡

对旅游者来说，无锡什么最有名？很多人会认为是三国影视城。全国的影视城，大多被游客冷落着，是锁在深冬里，难见春芽绽绿的风景。人造景观，上世纪90年代前后，如雨后春笋，很快就明日黄花，败落凋零。无锡的影视城，也是标准的人造景观，却是个意外，不但三国，还唐城、水浒、欧洲城并举，其势如虹。也不能说是中央电视台财大气粗，财大气粗的多了，再说了，同样是中央电视台的影视基地，不也有的在萧条着吗？

还得说是无锡的风水好。

无锡，北临长江，南濒太湖，春秋吴越发迹之地，长江三角洲平原上著名的鱼米之乡，大运河自隋起，横贯无锡80里（40公里），胜迹如珠。

### 太湖的无锡

太湖不独属无锡。环太湖，有苏州、无锡、湖州三个市。太湖在无锡市，最有名的风景区是鼋头渚。

太湖佳绝在鼋头。鼋头，就是鼋鱼，像龟而非龟。太湖鼋头渚，是形如鼋头的巨石、半岛。半岛上建园林，牌坊、池水、浮雕壁拱桥、樱堤、亭榭、荷花、牡丹……这些再美，似乎都不是为外地游客预备的。外地游客会更喜欢野性的天然的鼋头渚。沿湖边小道登上鼋头，视界和景色果然就不同，脚底巨石卧水，浪雨飞花，渚头红色灯塔巍巍高耸。到渚头水湾处景色更好，石壁下，怪古嶙峋，卵石遍滩，陡峭石壁上有"横云""包孕吴越"等浑然大气的题刻，景色阳刚，吞吐波涛的怪石阵，森然飞峙的绝壁陡崖，都让人有一种荡气回肠的快感。此地最高处澄澜堂抱柱上的一副对联直抒胸臆："山横马迹，渚峙鼋头，尽纳湖光开绿野；雨卷竹帘，云飞画栋，此间风景胜洪都。"疏林茂竹、深山古寺、遥遥岁月之风在广福寺可得，寺前小南海佛寺，寺西陶朱阁，寺左蔡氏退庐、华严精舍，一片建筑群，在老树密竹晨丹晚翠中有一种黏稠的怆然古意。赏太湖佳趣，上七十二峰山馆和万方楼，凭栏远眺诸峰缥缈可见。此处还非鼋头渚最高处，最高处是光明亭，登亭近山远水尽收眼底。

无锡古运河

鼋头渚西南 2.6 公里的湖中"三山"取名太湖仙岛，俗称乌龟山，也叫箬帽山、笔架山，以孤见奇，缥缈水上，远看若蓬莱，乘船登岛入山，但见万竿幽篁，高逸绝尘，琼楼玉宇，绿掩翠映。主峰山顶有文征明诗碑亭。此岛是不可不上的。

蠡园是五里湖畔的一处精美园林，有假山耸翠、南堤春晓、长廊览胜、层波叠影四景区。五里湖又称蠡湖，是为纪念范蠡而取的名。传说他是贪恋五里湖的美景，和西施长眠于此了，至少是五里湖上出现过范蠡西施的身影。西施为救国甘愿牺牲自己，在美人计中承担了重要的角色，恋人范蠡比西施的奉献精神更难能可贵，那可是两千多年前的献妻辱身之恨。后人见不到西施的美，就构建了蠡园的美，园林美与五里湖的野性美、阴柔美合而为一，令人神往。

太湖还有灵山景区，有新建的高 88 米的青铜大佛、灵山大照壁、佛手广场、放生池、佛教文化展览馆、万佛殿、随喜堂等。景区内开展抱佛脚活动。

### 运河的无锡

游运河，在无锡从吴桥到清名桥，6 公里的大运河段，最具江南水乡特色。"家家门外泊舟航，小橹摇进屋中堂。"运河两岸，民宅依水而建，开门见水，有水就有洗衣的，淘米的，洗菜的，自古成习，河中舟楫往来，庸常的水乡生活，有一种恬淡隽永的诗情画意。吴桥附近，有一小洲，名黄埠墩，乾隆六下江南，四到无锡，作有《黄埠墩》诗，其中有"到来俯视原无地，攀陟遥吟恰有楼。"可见，这里曾经是热闹的地方，楼台满洲，垂杨环翠。无锡南门的南禅寺，多少是南朝风貌，局外人很难知晓。寺原本不叫南禅寺，唐以后废弃过，北宋才有了南禅寺名。寺中妙光寺塔，北宋雍熙年间始建，明又重修，千百年中，也是面目全非，现在那里建成南禅寺文化商城，是闹市中的文化旅游之地。古寺古塔外，有八大功能市场。清名桥，是无锡最大保存最完整的明代石拱桥，全长 43.3 米。节假日，有班船游览运河沿途风貌，在 75 分钟的航程中，会有不少迷人之处刻人印记。

### 名人的无锡

无锡的名园是寄畅园。寄畅园的兴衰史，勾勒出的是秦观后人的家族史。秦观的长子秦湛后裔秦金，本来家世清贫，明弘治六年（公元 1493 年）登进士，这是秦观家族的第二位进士吧，官做到南京兵部尚书、太子太保，从户部尚书任上告老还乡时，建了凤谷行窝，即别墅，别墅后传到秦金曾侄秦耀手中，悉心修筑园林，得 20 景，名寄畅。秦耀的曾孙，将曾侄一分为四的寄畅园收回来重新合并为一，请了著名的造园艺术家在园内堆叠假山、八音涧，一直保存至今。

康熙、乾隆 12 次游览寄畅园，两位皇帝来一次无锡就要游一次寄畅园，其魅力，不言自明。

无锡有惠山，惠山似九龙，被称为江南第一山。山中有江南现存最古的惠山寺。惠山寺云起楼下，有敞厅三间，名"竹炉山房"。站在山房前的平台上，眼前一幅清雅的园林山水画卷，核心为泉，即举世闻名的天下第二泉——惠山泉。

谁都知道瞎子阿炳，谁都知道阿炳写的二胡曲《二泉映月》，但知道二泉映月之二泉是惠山泉的恐怕人数就不多了。茶圣陆羽品天下泉，给泉排名次，第一总有争议，第二举世公认，这就是惠山泉。惠山泉在古代出名很早，常在惠山读书的唐代诗人李绅《别泉台》诗前小序中说："惠山书堂前，松竹之下，有泉甘爽，乃人间灵液，清鉴肌骨，漱开神虑，茶得此水，皆尽方味也。"李绅与元稹、李德裕并称"禁中三俊"，三人都爱喝惠山泉水，李德裕已爱到让人难以忍受的程度，他命令地方官通过驿站把水给他送到长安，有诗人作诗讽刺他："丞相常思煮茗时，郡侯催发只嫌迟。吴关去国三千里，莫笑杨妃爱荔枝。"一个和尚也看不下去了，告诉李德裕，长安昊天观的水和惠泉是相通的，味道品质一样，李德裕试品之后，果然不差，驿站递送二泉水的事才算免了。二泉水也深得苏东坡喜爱，写诗告诉人们说："雪芽为我求阳羡，乳水君应饷惠泉。"清康熙和乾隆二帝，每来无锡必至二泉，地方官就拍皇帝的马屁，着意建了精雅的庭园，泉开上池、中池、下池，建泉亭，以泉亭为中心，建有景徵堂、漪澜堂。二泉映月来自苏东坡诗："独携天上小团月，来试人间第二泉。"二泉映月更是现实中的惠山美景，澄潭圆月，静夜撩人。

无锡还有一个尽人皆知的名人：徐霞客。他的故乡在无锡江阴市南歧村。那里有徐霞客故居，三进院落17间房、2间厢房，占地1370平方米，保持着明代建筑式样，二进院中有古罗汉松，相传为徐霞客亲手所植。村前胜水桥是明代的江南小桥，桥面石柱上刻有对联："曾有霞仙居北宅，依然虹影卧南阳。"

### 进出无锡

想乘民航班机到无锡的只能在上海、常州、南京机场下机，乘联航航班的可到硕放机场。联航硕放机场在无锡市区东南20公里处，已与北京、福州、惠州、佛山、昆明、济宁、潍坊、邢台通航。

铁路：无锡有始发宜昌的列车，京沪沪宁线每天有20对列车在无锡停靠。在无锡乘特快列车，20分钟到苏州，1个多小时到上海，2个小时到南京。

乘长途客车，去杭州、温州、湖州、南京、苏州在客运西站乘车。

水运：沿大运河，北上可到常州、镇江、扬州，南下可到苏州、杭州。到杭州，水上行走时间为 7 小时。

食宿：无锡不缺住宿之处，各档次饭店宾馆旅馆一应俱全，但房价不菲。

无锡菜属于苏锡帮。名菜有西施豆腐、绣球鲍甲、太湖船菜等。特意打造有吴越宴、古运河风情宴、长寿宴。小吃有小笼包、梅花糕、桂花糖粥、清水油面筋等。

特产：无锡被称为丝都，是中国纺织丝绸的基地。宜兴紫砂壶名扬天下，惠山泥人也不错。

### 线路提示

在无锡，坐坐船游游运河花不了多少时间。不过得赶上节假日。平时，到清名桥到南门南禅寺哪一个点走一走，感受感受，都是对运河风光的体贴。

无锡的两个风光点都应考虑去，一是鼋头渚、太湖仙岛，一是锡惠公园，也就是二泉映月那个地方。锡惠山的景色很漂亮，园前有惠山泥人一条街，那条街对外地游客来说也是很有吸引力的。

自助游家庭，没必要把时间赶得那么紧，一天游好几个地方，哪儿都玩不好，可以安排 2 日游，点不要多。鼋头、蠡园安排一天，这时间已经很紧了。上太湖仙岛往返需要 2.5~3 个小时，半小时一班船，15：40 发出末班船。上午过去比较合适，加上鼋头渚，大半天了。出了蠡头渚，游蠡园是可粗可细的，看心情，看感受。先安排了蠡园会有麻烦，看哪儿都好，迟迟不想离开，出来再到鼋头渚，什么都赶不上趟了。

去鼋头渚最好是坐旅游观光巴士，在犊山站下，从这儿步行到风景点 10 分钟。从火车站乘 K1 路交通车下车后需步行 25 分钟，乘小火车也要走 10 分钟才到景区门口呢。当然，带着孩子，就想坐坐小火车另当别论。

寄畅园、锡惠公园靠得比较近，安排一天是比较从容的。起得早，游完后可奔南禅寺或清名桥看运河风景。

若去影视城，还得安排一天。先去唐城。唐城关门早，和水浒城、三国城有一段距离。游完唐城坐车到水浒城三国城，一天可把三城游完。还有太空城、欧洲城，感兴趣的话得再安排一天。

无锡的旅游景点是非常多的，周边城市和农村的景点家庭旅游者可以慢慢安排。

# 扬州

扬州，是被园林包裹起来的城市。

私家园林，有北方园林的大气，又有江南园林的细巧，瘦西湖，湖园一体，天然美、文化美和谐共融。乾隆爷讲究文化情调，他在扬州找到了共鸣，而扬州人从乾隆爷那学得更多，最主要的是滋滋润润小情小调地享受生活。

运河岸的园中城

## 乾隆爷的御码头

和北京的报园寺一样成为热热闹闹的古玩地摊市场的天宁寺西园曾改建为乾隆行宫，出宫走出寺门外就是溪，溪畔码头斜对着山门，乾隆由此登舟游湖，由此这个码头就叫了御码头。不知从何时起，此处立了块御码头碑以昭告天下。现在这个码头上遍停着黄顶龙舟，不同的是上船的没有一个说"朕"或自称"寡人"。龙舟人人坐，皇帝已西辞。

## 回环曲折瘦西湖

与杭州西湖相比，真的是瘦，瘦瘦小小，回环曲折，风姿窈窕，私家园林依水成群，因群而昭著，又因水而秀媚，水托园胜，园借水貌，交相因借，错落掩映，多了趣味多了意韵，曲水幽径穿插成画。前湖的景观有虹桥、柳堤、徐园、净香园、枫叶林；中湖的景观有小金山、月观、钓鱼台、白塔、五亭桥；后湖的景观有熙春台、望春楼、二十四桥、静香书屋、西廊等。瘦西湖景观主要是秀水与园林，园林衔接紧密，相互因借，布局紧凑，建筑以湖为宗，花柳为湖增色，巧谐自然，收放有度。

## 千年古刹大明寺

唐代高僧鉴真和尚做过住持，宋代欧阳修建起了平山堂，苏轼又建了谷林堂的千年古刹。清康熙帝、乾隆帝都来过，寺园内立有刻着二位诗文的御碑亭，寺、园一体，秀色可餐，栖灵塔拾级可上，举目望蜀冈山，望瘦西湖，美色盈怀。

## 日日四季在个园

中国四大名园之一。园内翠竹森森，因形似个字而得名。

个园是一天看四季的地方。个园不大，前面大部分是竹林，后面是住宅区，中间是假山叠石楼宇轩堂。阳历 3 月末，北方刚刚开始绽芳吐翠，这里已是红肥绿瘦，百艳千芳。东面一组山石树木颇有秋的味道、秋的意趣。山石为黄色，主面向西，拔地数丈，层垒嵯峨，峻峭凌云，且奇的是假山间耸起的树木，竟冠砌朱丹，春天叶就是红的，这红叶开在黄石间，一抹斜阳筛下来，秋的斑斓高旷格外鲜明。从秋山处向南，白石累累，冰洁雪清，连地面都像积雪未化似的，不是冬景胜似冬景，好多人愿在屋子里从玻璃窗向外看，那些假山石就像雪堆出来的。冬天来了，春天也就不远了。向西先看到粉墙上的花格窗，窗口那边，石如拔笋，青翠欲滴，又有翠竹碧树，真假互剂，相映成春。夏景是北侧湖石，湖石美，美在其丑，其怪，其玲珑剔透，湖石下是碧池绿潭，溪水穿洞入幽，曲折蜿蜒，周围广植绿树，非夏却已夏意盎然了。据说，个园的四季假山，是按照郭熙的《画训》创意布局的，"春山澹台而如笑，夏山苍翠而如滴，秋山明净而如妆，冬山惨淡而如睡。"会享受的扬州古人，脑子真是动绝了，把四季之魂用写意的手法借助山石花木引入一园中。建园的园主是盐商，却雅出诗画的情韵，不由你不感叹。

### 日间有月是何园

若想日间艳阳高照时看月亮，到何园。何园是晚清的园子，主人少年得志，官运亨通，正逢壮年，却归隐扬州，造了这座豪华宅园，居游合一，匠心独运，不大的空间收放分明，被园林专家誉之为"江南园林中的孤例"。电视连续剧《红楼梦》《还珠格格》续集、《青青河边草》都到这里来取景。何园中有个园中园，叫片石山房。建园者在画坛享有盛誉，叠山理水也是行家。片石山房中的镜花水月是无论如何不能错过的妙境。镜花水月景观中西廊壁上的那面大镜子，只要人到了那里，一般都能注意到，镜子把东面的山景水景和廊上的你全悉收购，一镜两画，一实一虚，空间被扩大了一倍，极有意趣。还有一景，不被人提醒是很容易错过的，那就是水中的月亮。月亮是晚上出来的，月有阴晴圆缺，水映苍月，水中月随天的阴晴随月的变化而变化，或有或无，或弦或轮。而此处的水中月则是日间月，日日月、月月月、年年月。它也有圆缺，不过不是随天上的月亮变化而变化，而是随人的脚步，随人的赏月的位置和角度而变化。日间天上本无月，水中出月自一奇。

此月不是实月，而是虚月，属影子部落。月从何来？原来是假山石上的一个圆洞，光从圆洞中透过来，投到水里就是白白的月。站在山房前，面对一池碧水，波漪月明，妙趣横生。

### 千古风华扬州运河

没有运河水路，也就不会有扬州旖旎风华、千古昌隆。

大运河在扬州段古称邗沟，是最早开凿的运河河段，起始于战国吴王夫差时代。隋炀帝杨广在扬州搞出的古运河，大致只是对邗沟加工而成的水运产品。它北起高邮，南到长江口的瓜州古渡。高邮一段名胜古迹甚多。高邮是历史文化名城，运河新旧两河道夹持的沙洲上有被称为南方大雁塔的镇国寺塔，紧傍运河的高邮古城南门外有长230米的明清古街、秦邮亭，全国保存最完整的古驿站盂城驿。运河之西是江苏第三大湖高邮湖。运河在扬州市郊进入茱萸湾，在茱萸湾转头向东进入扬州市区，流经琼花观、何园、扬子津、文峰塔、高旻寺，而后瓜州古渡。

扬州城内运河两岸真正的古迹已经不多了。琼花观汉代时是后土祠，传说宋代时养了一株"维扬一株花，四海无同类"的琼花，这琼花让隋炀帝蒙冤千载，说他"倾国修运河，之为观琼花"。隋代的皇帝越俎代庖管了宋代的事儿，也忒富狗拿耗子的秉性了。宋代的琼花树元代就死了，死的年代很蹊跷，有点为宋殉节的意思。现在能看到的琼花是后人补种的，因此后土祠也就改叫了琼花观，花之名贵、之稀珍、之美丽可见一斑。

文峰塔为湾中抱塔。运河在荷花池附近出城后呈之字形。凿为之字是怕它惹事儿，怕它直通通地把长江水引进来，造成对城市的威胁。塔在湾中，为七层八面的楼阁式塔，登塔下瞰远眺，皆有景可拾，至少长江是在眼底了。塔外有古运河石碑，当年鉴真和尚就是由此起航东渡日本的。扬州人称此塔为进出扬州的标志。

从文峰塔到瓜州古渡的途中有高旻寺，寺西有曹寅为康熙南巡建的行宫，寺曾被誉为扬州八大名刹之首，与镇江金山寺、常州天宁寺、宁波天童寺合称为东南禅宗四大丛林。可惜，昔日名刹已为新寺所替，旧迹惟康熙手书的"敕建高旻寺"汉白玉石额仍在。

瓜州古渡有诗渡之称。盯死了瓜州一词，查阅搜检历代诗词歌赋，不知能得多少首，而最让人们关心的，恐怕是杜十娘的芳魂。她是在瓜州投江的。抱着百宝箱痴恋一男的女子世间太少了，物质时代，美色女子大都盯的是男人的钱袋，所以杜十娘才永远活在男人的星空。

### 进出扬州

进出扬州，游客最便捷的是铁路，北京、上海、广州、武汉、西安每天都有始发车来扬州。大多实现了夕发朝至。周末，一夜的火车，美美地睡上一觉，睁开眼，到了。逛2天，住一晚，星期一回到家，该上班的上班，该上学的上学，什么全不耽误。

扬州有环城高速，四通八达，走高速到北京近9个小时，到上海3.5小时，到南京1小时，到无锡2小时。

住宿：个园、御码头、瘦西湖距离很近，天宁寺旁，瘦西湖外就近找个住宿的地方最好。扬州市从四星级到三二星级的宾馆饭店任君选择，可以打折讲价，看水平发挥的程度了。

餐饮：淮扬菜的发祥地。口味清淡不腻，以鲜为宗，一年四季不断档的江鲜、河鲜、菜鲜。

### 线路提示

到扬州最主要的是像乾隆爷那样坐船游游瘦西湖。乾隆爷离开好几百年了，御码头没闲着，不管什么人游瘦西湖，大抵都是从这儿乘船。上船之前要吃早茶，像扬州人一样吃吃早茶。码头那儿有个冶春花园茶楼。

扬州人会享受。当地有句口头禅，叫早晨皮包水，晚上水包皮。没去过淮扬的人乍一听，觉着新鲜，有创意，一接触老去淮扬一带的人，才知这句口头禅都快传烂了，淮扬人一直就是这么概括总结自己的生活的。皮包水是指喝茶吃早点，水包皮是指泡澡堂子。

坐在单间里，什么都讲究。一壶好茶，几碟小菜。烫丝、煮干丝，那是扬州的绝活，刀工漂亮，丝儿细得能穿针鼻儿，还匀称。扬州三把刀：厨刀、剪刀、惨脚刀。干丝是厨刀的真功夫，有切功有片功，一块豆制小方干，能片出三十几层，粗点也能片出二十几层来，煮的吃起来不如烫的，烫得那个嫩。吃早茶身边得有人，有人才有人气儿，一边喝着，一边吃着，一边聊着，透着闲在。闲聊不一定就是没用的，天宁寺在成为乾隆行宫之前曾是扬州书局就是聊出来的。扬州书局是全国最大的出版社，曹寅主持。曹寅，曹雪芹的爷爷。到扬州，一定要听当地人聊，长知识长见识。比如，冶春这个字号，乾隆时就有了。冶春分东冶春西冶春，东冶春针对的是身份比较高、经济比较富裕的，价码当然也高一些。西冶春大众化一点，经济实惠，人们聊得也热闹，聊的功夫也长，民间气息浓。扬州人有钱没钱都好下馆子，大家都有可下的地方。东冶春上的小点，有翡翠烧卖，有三丁包、千层油糕之类，花样多，色彩好，造型也别致，最拿人的是汤包。初吃汤包，没扬州人在场，非出洋相不可。吃汤包是有口诀的，叫：轻轻捏，慢慢移，先开窗，后喝汤，最后一扫光。错了程序不成，动作不谨慎不成。汤包是一层薄薄的皮儿，薄到了可以看到里面的汤在抖动，它经不起折腾，所以要小心翼翼地轻轻地从笼里提起来。提时，要摇动它，不能大摇，只能害怕捏死蚂蚁似的轻轻地一点点地提着摇动它，移它，没别的，就是怕粘连。移到小口碟里，吃时，在上部咬一小口，这叫先开窗。开了窗，先小心翼翼地吸一口汤，别大吸，大吸被烫伤了没人按工伤事故算，待汤温而不烫了，再大口把汤吸干。吸完汤，包子还是完整的，最后，一口把它吃净。听起来累得慌，做起来更累。咬天窗咬不好，汤会溢出来。有人提议用吸管吸汤，要是真用吸管吸，吃汤包的乐呵就被吸没了，塑料管插进热汤里还会被烫弯、烫变形，说不定还会起不利身体健康的化学反应。

汤包，现在哪儿都有，但别处的都没扬州的个儿大，皮儿薄。汤怎么灌进去？它包时不是汤，而是肉冻，吃起来鲜、香，吃了还想吃。

要不怎么说扬州人讲究，扬州人会享受呢。一个汤包就这么精细，吃起来这么有戏剧性，吃的过程都是乐趣。相比之下，北京人就糙，能聊，但那是名副其实的水聊。

水上游瘦西湖，一路都是景。冶春花园、红园、卷石洞天、盆景园、虹桥、长堤春柳……这一路景让瘦西湖文化熏陶出来的扬州人描绘起来就好像扬州人都是杜牧、苏东坡似的。别管他们是口吐莲花还是口吐诗文，不拘束自己的眼睛就成，放开了看，溪水的美，古桥石岸的美，灌丛花木红柱青檐烟柳曲堤江南船娘碎花小褂的美，只要投怀送抱一概照收。把握住一点：您跟乾隆在掠美上是一个级别，一个待遇。说是乾隆水上游览线，"两岸花堤全依水，一路楼台直到山。"几乎包括了瘦西湖的全部景，那是有点夸张，起码"直到山"做不到，在熙春台就得下船了。水路能通到山下，下船翻过公路就是蜀冈大明寺的山门。但从熙春台一直向北的这段水路末进入线路设计，船不往那边开。不过也好，便于下船后再走陆路吃道回头草。船上是远观远眺，进不了楼台桥塔细部，那些地方的精彩只有深入进去才能感受体验得到。

游穷了瘦西湖，晚上逛逛街，有兴趣就去体验一下扬州的水包皮文化，找家澡堂子泡个澡，体验体验扦脚刀推、拉、磨、扦、搂、挖等功夫下的舒畅。要不就去文昌阁那边转转，看看夜晚灯光照亮的文昌阁，到日月明大茶馆听听评弹，品品茶。日月明大茶馆环境清雅，古香古色，满楼都是艺术，扬州剪纸、木雕、石雕、砖雕布置起来的茶馆包间、包厢、中厅茶座就是一个窗口，从这个窗口可以看到感受到扬州浓郁的市井文化。

在扬州市内可以安排 2 天的游览路线。第一天就是上面所说的。第二天，大明寺、个园、何园转一转。

如果不匆忙，应该是瘦西湖一天，大明寺、观音山、唐城一天，八怪纪念馆、个园、汪氏小苑、何园一天。史可法纪念馆也可安排在这一天里，它就在个园的斜对过，与个园隔一条公路。

扬州有很多景点，多住几天漫漫游最好。步行或坐公交车即可，这是座非常休闲的城市。

扬州城的运河游以乘水上观光巴士游最好，从瓜州古渡到茱萸湾，往返7.2公里。徒步也行，30公里长的运河线，两岸风光全走着看那是不可能的，拣出彩的地方走走就不错了。去文峰寺交通很方便，乘公交车就可抵达。乘公交车可到高旻寺，下桥走乡间土路，到寺东门的古渡口，那里风光不错。

还有两条线，游扬州时可以安排，一条是扬州——高邮线，一条是扬州——镇江线。

### 扬州——高邮之旅

高邮市是扬州的县级市，文化底蕴丰厚，又有悬湖之称的地上湖——高邮湖，大运河穿高邮而过，景点众多。到新修复的镇国寺，站在寺东侧运河边上，可以看码头货船云集，河道里龙蛇似的长长船队，一列列徐徐驶过，河岸是高高的芦苇丛，透过苇丛，看河景，味道好极了。对岸的明清古街盂城驿和南门内的文化广场上，景区比较集中，步行就都串到了，连同城区几个点，安排一天就可以了。

高邮不大，从扬州坐大巴过去，再到各景区，交通也都方便。

### 扬州——镇江之旅

镇江离扬州很近，古有"天下第一江山"的美称。山水旖旎秀丽，最著名的景区是沿江夹持的京口三山：金山、焦山、北固山。

镇江和扬州可以连线，可以单独安排，能住下来玩，更好。

金山公园，有《白蛇传》白娘子水漫金山的金山寺，有白龙洞、法海洞、妙高台、七峰亭、天下第一泉、大小观音阁、芙蓉楼，还有映山湖。

金山是游镇江必去的一个点。不说它如何绮丽，冲着白娘子和法海的面，也该拜访拜访。

焦山公园、北固山、古津渡古街、镇江古运河风光带、陵口南朝陵墓石刻，都是不应放过的旅游地。

# 淮安

　　淮安的水城水乡文化很丰厚。这丰厚的水城水乡文化中最经典的人物是六下江南的康熙。淮安水文化大部分与康熙无关，但大部分水文化的精髓都在康熙走过的地方。游淮安，瞅不冷，你就踩在康熙爷的脚印上。

　　淮安出名人，出伟人。开创汉代基业中声名赫赫的韩信、汉赋大家枚乘、南宋巾帼英雄梁红玉、《西游记》的作者吴承恩、《老残游记》作者刘鹗、清末民族英雄关天培，到当代著名的艺术家文学家周信芳、陈登科、吴强、张贤亮等都是淮安人。

**水城淮安**

　　更引人注目的是淮安出了周恩来，淮安是周恩来总理的故乡。

## 清江浦、里运河

　　被人称为清江浦的那个地方，地形、水貌、建筑明了得一两句话就可以说清。一条沙洲把河道中分为二，河水成双臂拥岛状，把沙洲抱紧。沙洲的一头在河心，耸着一座5层古楼，这就是现在的清江浦楼；沙洲另一头连着一座大桥通向文化广场。中分的河道在桥前又合二为一，穿桥而过。河道一分就分出了两个不同的名字，一条叫里运河，一条叫越河。河道两岸是公路，公路也是街道，其外侧是街区建筑。这一段距离并不长。清江浦带来生活的温馨和亲切。清江浦里运河是一条在城市中穿越的河。河岸有装饰缤纷的小码头，有供游客游河的木舫和贴岸永远不会动的石舫。河中的沙洲是半岛，叫中州公园，公园的主体建筑是文化中心，是座仿古建筑群，建筑若隐若现于绿化带中，内部通过院落组织空间，以迂回曲折的长廊连接，脊顶"一起三折"，迎门是个餐厅舞厅会议厅合一的大厅。中心处沿河挂着红灯笼，夜晚亮起来河岸河水中两条长长的红虹彩影上下交辉。与文化中心相对的清江浦楼出檐深远，底层基座上有观景平台。中州公园之西是若飞桥、越闸、御码头、南船北马碑，河岸上不远处有文庙、慈云寺、古清真寺等名胜古迹。

里运河是真正的古董，它是吴王夫差时期江淮运河的一部分，秦汉时期被整过容，身条变直了，两侧修了路，成了今天这个格局，在京杭大运河此段一再被调整路线的过程中，它一直是大运河中段的骨干，直到 1958 年在市区外修了新的大运河河道才从大运河主干线退了役。可谁也否认不了它在大运河中的老资格。里运河鼎盛时期是在明清，南船北马碑处是北方从旱道上来的人下马换船，从扬州方向乘船过来的人下船换马的地方。不得不换，运河水在这里出现了大落差，变得湍急凶险，白浪滚滚，涛声如雷，声传数里，惊心动魄，船毁人亡的事时有发生。船还是要过的，只能过三品大员以上的官船和漕运盐船粮船，属于交通管制。定要过的船要在大闸门那里用缆绳拉起来，再放下去。原理和长江三峡封闸升降水位放船的意思差不多。这样的景观只能凭想象去追溯了。清江大闸的闸门还在，闸门上的凹槽有缆绳磨出的深深的印痕，而水面却上下平齐，别说凶险，连波澜都看不到。当年换船时过往的船只车马一定像今日闹市塞车一样，一塞几里，两岸的住宿业、餐饮业、娱乐业和商贸活动被河道塞得要多发达有多发达，行旅中人不是富者贵者也是穷家富路的游子，何况，主管全国漕运的衙署就设在附近。淮安因运河和漕运的兴盛而兴盛，也因运河和漕运的衰落而衰落。在车马和船为主要交通工具的年代，淮安是江南四大名城之一，与苏、杭并列。与南船北马碑隔路的街角，有御亭，老人们坐在亭里乐呵。当地人说，这个亭原是康熙尿急撒尿的地方，撒尿时太监合围成一道人墙。说来也怪，自从皇帝撒过尿，蚊子和苍蝇再也不敢到那个地方，直到今天。那是数百年的无蚊蝇区，四害问题让康熙的一泡尿彻底解决了，这当然是传说。

淮安市开辟了康熙水上游览线，里运河水道恢复了 5 公里，这 5 公里的古代水利设施密集度既高种类又多。水道的上游是韩信故里，下游是楚州区的河下镇。进楚州区，感觉已是地道的江南了，街巷充满江南古意。

### 水上长城高家堰

洪泽湖是座悬湖。当地人说，洪泽湖和清江浦楼一样高。洪泽湖大堤上中间是公路，两旁植树造林，林带成城。县城与湖之间的落差并不是很显眼，因为有大堤遮挡水面。大堤距湖面至少有百十米的距离，烟树迷蒙中看不到湖面的，堤下的林田水网却看得清楚，那是极美的田园画。水渠里、畦田里的水闪烁跳跃着银光，田边青枝翠冠的柏林像一道道秀嶂，偶尔有野鸡飞过。康熙爷南巡的主要原因是为黄淮水患和漕运。在淮安，走到哪儿都会听到人们说康熙把六个字刻在柱子上："三藩、漕运、台湾"。康熙十九年，在康熙二十八岁时他轻车简从奔江南而来，高家堰的防洪大堤是他的兴奋点，情况很不美妙。那时黄河全线流经苏北，黄河、淮河、运河三水交汇在淮安地区。正逢水灾，他在淮安看到的是淹掉了房舍农田的泱泱大泽。为治水，他四下江南终于有了成果，治水的方案都是由他亲自乘小舟深入调查研究后拍板定音的。他错信过大臣们攻击治水有功的官员，又经亲自调查为他平了反。只可惜，这位治水英雄未能再上任便死去了。

高家堰是长方青石垒砌的堤坝，壮观之极，被称为千年水上长城。堤坝能修出卧龙般的气势还真没有见过。条石缝中有修堤的年代和修堤者的名字。高家堰长堤起修于东汉建安五年（公元 201 年）到康熙十六年（公元 1677 年）增扩到成为世界上最长最宽的石堰，全长 70.4 公里。洪泽湖边有老子山温泉山庄。老子山坐落在淮河入湖口，相传是老子炼丹的地方。大量的亭台楼阁、寺庙古迹毁于战乱，迄今只存炼丹台、仙人洞、青牛迹、大王庙、凤凰墩等古迹。温泉山庄不是徒有虚名，温泉游泳场和二十几种类型的温泉池中喷涌的是地道的温泉水，温泉水竟来自洪泽湖湖底，温泉大棚内营造了一座热带雨林，麻石小路旁的那些只有十几平米的小温泉池都有很好听的名字：美容花浴、勿忘我浴、康乃馨浴、紫丹参浴、薰衣草浴之类。名儿当然不是随便取的，水池中各配各的中草药，各有各的健身功能。进了"热带雨林"游客是轻易不想出来的，温泉游，立体喷淋水疗、药浴、泥浴，每种都想感受感受。山庄中还有成片的别墅式客房。湖边的船上渔家开着水上餐厅。

**进出淮安**

淮安有 3 个火车站，淮安北站、南站（楚州站），居中的是淮安火车站。新长铁路经过这里。过境的公路有京沪高速、宁连高速、205 国道。乘火车，乘长途公交车，都可以进出淮安。

食宿：淮安不是热点旅游区，住宿不成问题。饮食方面：淮扬菜由这里发源，连大众菜都烧得细致精美。平桥豆腐、博里羊肉、钦工肉元、朱桥甲鱼都是这里的名菜。这里还有"抗金菜"蒲菜，典故出自梁红玉抗金兵，是当时的活命菜吧，它遍生在水塘的污泥里，出淤泥而不染，现在已是野菜精做了。

**线路提示**

淮安的运河游，主要是清江浦楼两则，从运河文化广场到里运河码头的这一段，可以乘游船，可以步行。景点有广场、水闸、御亭、南船北马碑、沙洲、清江浦楼，两岸还有清宴园，楚秀园，清真寺、慈云禅寺、清江文庙等等。可以安排一日的游程，也可以安排 2 日。里运河的这一段，交通是比较方便的，至少打的也花不了多少钱。

淮安是值得住下来好好玩玩逛逛的。至少，在楚州区找座临水的小楼餐馆，坐在楼上小包间里，一边品尝平民化了的淮扬菜，一边欣赏窗外之景。楚州区是国家历史文化名城，名人故居集中在那一片儿。周恩来总理的故居和纪念馆也在那边。述说线路，可以分解、分类为运河游、名人故里游、红色之旅，但游人在淮安安排游程和日程是不可以这样分的，怎么方便怎么安排。主要的游览，应放在楚州区。时间并不一定就需要多长，它们的距离都很近，一天蹓跶着就能逛不少。淮安市区的全部游程，安排三天就足够了。

接下来的游程应该是洪泽湖了。游洪泽湖没有车是很麻烦的。淮安到洪泽县有车，洪泽县到洪泽湖的主要游览区也有车，印象是，不是太方便。打的，就有个值不值的问题了。看湖很容易，县城就在洪泽湖边儿上，走也走到了。但，仅看看湖水有什么意思？洪泽湖大堤、三河闸水利风景区、洪泽湖浴场、老子山、朱坝活鱼锅贴城总得选一处去看看去玩玩吧？老子山有温泉，可在船上餐厅吃河鲜、湖鲜，泡泡温泉，晚上住在那里。

淮安还有在水下淹了400年后露出水面的明祖陵，而被淹的泗州城仍在水下。

淮安市旅游部门推荐有一至三日游旅游线。

旅行社线路安排的特点：一是快节奏，景点密；二是基本关照了方方面面，差不多的景点都有了；三是方便，省心。但正是景区景点的游览日程安排得太密，有被撵着打狼的感觉。建议淮安市区自助游，淮安郊区县市随旅行社走。当然需要重新调整线路。

## 微山湖

运河过了淮安，朝两个方向运行，一个方向是折向西南而后西北，朝开封郑州洛阳那个方向。这是隋炀帝时期的那条运河水道吧？但现在，它似乎已从视界里消失了。元代的京师已不在禹分九州的中州大地上，它在大都，忽必烈疏浚修通的运河北方的终点是大都城，这条运河水道从淮安、宿迁、邳州、徐州、济宁、聊城、德州一路北上到天津，然后向西北抵北京。

美丽的微山湖

过了徐州，大运河就进入山东地界了，在山东地界，它经过了4个城市：枣庄、济宁、聊城、德州。在枣庄市，京杭大运河台儿庄运河段，是全运河线唯一的一段完全东西走向的运河。台儿庄因台儿庄大战而有名，中国军队于 1938 年击溃了侵华日军第 5、第 10 两个精锐师团的主力，歼灭日军 1 万余人，振奋了全民族的抗战情绪。台儿庄建了台儿庄大战纪念馆，对运河来说，它造就了台儿庄的明清古街和民居，是北方运河边难得一见的文化遗存。在台儿庄古运河旅游区内，有重建的老火车站、修复的中正门、历史遗存下来的清真古寺和新开辟的月河公园及贺敬之文学馆。游人更关心的则是渗透在老店铺老房子老街道中的老市井文化。枣庄市是铁道游击队的活动区域，外地人知道枣庄也多是通过描写铁道游击队的小说和电影、电视连续剧。人们不知道的是天下第一崮在枣庄市。崮是鲁南特有的地貌，为四周陡峭险峻而中间却平平坦坦的一种山。鲁南 72 崮，枣庄抱犊崮为 72 崮之首，抱犊崮巢云观附近的厚壳树、桃源仙境景区的"泻月浸云"都是属于难得一见的自然奇观。所谓泻月，是夜晚的月光照在崖壁上一块高近 20 米、宽约 10 米的巨大钟乳石上，石上飞瀑如月光自天而泻，水汽蒸腾，如雾如云。

济宁的微山湖是京杭大运河参与造就出来的。鲁西平原下沉，放荡不羁的黄河改道，大运河的开凿，诸种因素促成了微山县域内的这一片大湖，此湖由四湖组成，昭阳、独山、南阳、微山统称微山湖，水域面积 1260 平方公里，南北长 150 余公里，是北方最大的淡水湖。京杭大运河穿湖而过，纵贯南北，在这里形成特有的湖中河，促生出一个又一个古镇。而位于鲁西南的东平湖则是黄河、大汶河、大运河三大水系的交汇地。此湖早已有之，是黄淮的分界线，是北京走水陆到杭州的必经之地，也是众人皆知的宋代梁山好汉和隋代瓦岗军的革命根据地。也就是说它是我们平时所说的水泊梁山。

水泊梁山早已开发成旅游区。黑风口是梁山第一险关，两侧悬崖峭壁，风大风急，建有黑风亭和立有不是永远至少也是很长一个时期都要为梁山站岗放哨的李逵像。梁山上的水浒前寨、后寨、宋江井、忠义堂、点将台、跑马场、问礼堂、快活林等等已很难说清哪个是在真实的历史遗迹上重建的，哪个是照书杜撰出来的了。此地有山叫梁山，梁山下有水泊这就足够了。大运河不会告诉你他能见证什么否定什么。本就是根据史实妙笔生花编排出来的一部书和书中那些荡气回肠的故事，还真那么较真寻找验证是否留有当年遗迹、遗迹是真是假？

北方的水乡风貌与南方有相似处，譬如有拖船拖着的一船一船连在一起的"水上列车"，譬如湖镇人家出门就用船，无船难行路。但总体上北方就是北方，湖上建起的水街与南方水乡的水街相比各路，楼台少有细巧之姿，运河水到这里也大变了性情。

### 进出济宁、枣庄

济宁有嘉祥机场，有固定航班飞往北京、上海、广州、青岛、杭州等主要城市。济宁火车站在市区南部，京沪、京九铁路从济宁穿过纵贯南北，东西向有兖济、新兖、兖石公路。

京沪铁路纵穿枣庄西路。枣庄有到上海的直快列车。

济宁有汽车南站、北站。枣庄有长途汽车总站。

住宿：济宁有四星级酒店圣地酒店，在昊泰闸路。二星级太白酒楼在 327 国道 117 号。枣庄解放北路的枣庄大酒店是三星级。

风味美食

济宁盛孔府宴、孔府酒、孔府糕点。微山湖风味名菜有含羞鱼球、八宝甲鱼、原色虾仁等。

枣庄的滕州大煎饼、山亭羊肉汤、台儿庄张家狗肉比较出名。

### 线路提示

济宁是山东的历史文化名城之一。著名的水泊梁山、微山湖都在济宁。济宁和枣庄的运河旅游区，最有看点的，还是枣庄，枣庄的运河游览区就在台儿庄，属于市区，交通方便，适合家庭旅游者，除运河，也有一些景点可看。不要对古迹和古镇市井风情抱有太大期望，和江南的文化积累是很难比的。济宁的真正看点是孔孟文化，那又是南方文化望尘莫及的了。微山湖，夏季带孩子去坐坐船，赏赏野荷花，尝尝湖鲜，还是蛮有意思的。水泊梁山值得一游，会是一次有益的精神之旅。水浒文化为什么诞生在这里？这个谜的求解过程就是一次趣味横生的旅游过程。

# 聊城

大运河是在张秋与黄河分手的吗？张秋镇的镇所不在黄河的河道旁，大运河与黄河分手的地方在 1:67 万的地图上都看不到地名，那已是聊城境了，之前两河并行了一段，擦着泰安与河南的交界带，应该是运河借用了黄河的河道，至少 20 公里的样子甩手北去，奔阿城、张炉集、尚店而后奔临清，出聊城市。不过，事实上这图和人们看到的是不大一样的。人们在聊城城里看到了运河。运河也曾有多条河道？聊城在元、明、清三朝都称东昌，东昌在古运河的历程中和历史的进程中都占有重要的位置，它的地理位置太重要了，是"运河之咽喉，大都之肘腋"。文化底蕴丰厚，古典名著《水浒传》《金瓶梅词话》《三国演义》《老残游记》《聊斋志异》中的许多故事都以这里为背景展开，而且历代名人辈出，灿若星辰，武训也出生在这里。还有，它是一座水城，而且至今保存着水城的风貌。"上有天堂，下有苏杭，过了济宁，便是东昌。"过去人们把它看作是北方的苏杭。

聊城

这座水城很有意思：城包湖，湖包城，新城包着东昌湖，东昌湖包着一座一平方公里的历史老城。

境内河湖相连，水水相通。城在水中，水在城中。被新城包着的东昌湖水域面积达 5 平方公里。不说这奇异的水城格局，就说这城内湖中老城本身就是一部历史文化的杰作，更甭提运河岸畔的那些人文荟萃的文化古迹了。

老城中心是光岳楼，此楼就是荟萃了几代的文化和建筑艺术的杰作。

光岳楼是过街楼，街是十字形的，四周原有城，现在城没了，换成了桥。从东券门旁的小门辗转几十级台阶，上到高大方台的台顶，再从台顶入楼，直上到第四层，从顶层的每个窗口向外望，就能望尽老城街区和街头卧水拱脊的汉白玉石桥。四桥并不一样长，湖面窄的是短桥，湖面宽的是长桥，湖外才是新城。老城十字街是很规整的，房子也都低矮，与遍布着恣肆地在云空中抢夺空间的高大建筑群落的新城区形成有趣的对比。

当地人是很在意光岳楼的，那是他们的骄傲。说，光岳楼与岳阳楼、黄鹤楼、滕王阁等齐名。古楼的传世，借助了文人骚客的千古名篇，乾隆有"登光岳楼即再叠旧韵二首""三叠旧作韵二首"。乾隆下江南，屡到这里，为他，或遵从他的旨意，楼重修过，还新添了一些建筑。康熙、乾隆除了诗还为它题过额匾，只可惜，在历史的文化传承中有根深蒂固的草根心态做支撑，皇帝的诗大抵是他们孤芳自赏的，并未在民间广为流传，流传的是常遇春的屠城令。运河上，古人的仗好在东昌这地面上打。元朝末年，明大将军常遇春北伐，在东昌附近与元军激战，入城后，见各家门前各悬一块"欢迎明军"的木牌，再细看，背面则写着"欢迎元军"。常遇春大怒，使得偌大的东昌府几无人烟。此后的东昌人，大抵是从山西洪洞县移民来的。建光岳楼是明洪武七年以后的事，楼上有钟，建楼一为望敌，二为示警。朱棣的靖难军，曾败在东昌，血泊中不知横陈了多少将士的尸体。而兵戈在东昌频仍，皆因大运河给它带来的重要地位。毛泽东主席 1958 年巡视山东，说过一句话："汶河分流南北，北会黄河，南入江苏，七分朝天子，三分下江南。"指的就是元代和明代的山东运河工程。旧时的经济是追着水发展的，就像今天追着铁路、公路发展一样。聊城既然是大运河山东段的必经之地，也就因水而利而繁荣，成为古运河上九大重要商埠之一。

山陕会馆，就是这繁荣的见证。

山陕会馆紧临着运河。

山陕会馆由山门、过楼、戏楼、夹楼、钟鼓二楼、南北看楼、南北碑亭、三大殿、春秋阁、望楼、游廊、南北跨院等多种建筑形式组合成为一个建筑群落，大布局上，它该疏的疏，该密的密，紧凑处，不觉塞堵郁闭，疏阔处不觉空荡散乱，高低错落，大小相继，空间切割张弛有度，细节的设置、装饰刻画更是登峰造极。几乎没有部件不求装饰，没有构架不求精巧、新奇，戏楼顶部的挑角，一反古建的常规，不是 4 个，而是东北东南各伸出两个，西北西南各伸出三个，形成的翼角，看去像凤凰展翅争飞，出奇斗胜，正殿上方的额枋也就一尺见方的木枋吧，数不清雕了多少人物，跟立体的连环画似的，一个故事接一个故事，一组人物接一组人物，什么老子和八仙，什么《神仙传》，《行孝图》，精细到不要说构思和雕刻，就连看个大概，也要花些功夫才行，而这样的木雕，殿后还有一组。

山陕会馆，即是同乡俱乐部、联谊会交际所，也是庙，供的是山西人的乡党关羽。关羽神像，不是赤脸，而是金脸。塑金脸关公，是家乡人要还关公庐山真面目而已。

山陕会馆外的运河河道已很窄。这条河已被称为遗址，衰落了至少百十多年。运河衰落，运河经济和文化也渐渐黯然失色。山陕会馆是运河繁荣时建起来的，聊城吸引来不少山西陕西的大小商人，最繁荣的时候是清康乾年代，两帝下江南都从这里过，也在这里驻跸，运河两岸的历史遗迹以原貌留存至今的只有光岳楼和山陕会馆。最可惜的是在清代知名度甚高的海源阁藏书楼已湮灭在历史风尘中，现今所见是后建的。海源阁藏书楼也是聊城运河文化的一个典型代表。江南河道总督杨以增，利用主管河道之便，不是搜刮金钱美女奇珍异宝，而是搜刮图书。图书散佚中，有一批被宋子文从天津盐业银行赎出，赎金是 20 亿法币，显见这藏书的名贵。1972 年，毛泽东主席送了一套《楚辞集注》给日本首相田中角荣，就是以海源阁藏书版本影印的。

聊城为来到这里的旅游者规划开设了两条专题旅游线，一条是上面所述的运河文化旅游线，一条是《水浒》文化旅游线。

阳谷县在聊城，是武大郎卖烧饼与潘金莲居家过日子的地方；是武松打虎成了英雄，在衙门里当了官差，碰到哥哥，住在哥哥家，让潘金莲心猿意马想入非非的地方。阳谷人说，清河县是阳谷县的乔装版。阳谷是产生《水浒》中武松这个人物的地方，也是产生西门庆这个人物的地方。《水浒》中西门庆、武松、潘金莲、武大郎的故事又衍生出了一部《金瓶梅词话》，从此中国文坛就热闹了起来，英雄的武松，邪恶的西门庆，可怜的武大郎，反面的、正面的潘金莲，沸沸扬扬，闹到今天，一而再再而三地肥着一些影视、影像公司。

阳谷县距东昌府甚近，两地紧邻，驱车半个多小时 40 分钟。

景阳冈武松打虎是真人真事。

景阳冈处有实物证明历史上武松打虎确有其事的是一块石碑。石碑的仿制品立在打虎处，真迹则立在新建的武松庙中。据说，最早，这石碑是被景阳冈村的一位老乡挖猪圈时起出来的，这老乡拿碑没当回事，也没法当回事，碑正面的"武松打虎处"五个字的行草体书刻"武"字和"虎"字写法另类，而碑背部的文字则多已模糊不清，会读古文的都读不成句子，何况一老乡。这位老乡看中了它的实用价值，把它放在院门外当歇脚用的了。老乡的家临街，当旅游意识开始萌动的时候有心人注意到它才发现了这是块对阳谷县意义重大的至宝。1988 年，有位金石书法专家看了这块碑，从"武"和"虎"字的写法上断定是宋时的碑，因为宋人才那么写。后人熟悉宋人写法的也有仿宋而书的可能性，据此就说它是宋碑，而且是南宋碑，难以服人。但碑上"大都"之类的字迹说明它至少是元代时的文物。这碑不说明别的，只说明在《水浒》成书以前就有武松其人其事。这就足够了！阳谷之行，不再只是追溯文人虚幻世界中的人物，文学名著的根是植在真实的社会生活土壤中的，而且有真实的人物为蓝本。

游人到景阳冈来，能看到很多东西：山门、三碗不过冈酒铺、卧虎石、乱树林、碑林、猎人小屋、武松庙，还有养在笼子里的真老虎。所有的木瓦结构建筑都做得很旧，林也乱乱的荒荒的，再现了一种远逝的氛围，吊古能吊出一种滋味来。

### 进出聊城

京九铁路和邯济铁路交会于聊城。聊城市内有多路公交车直达火车站。走高速路，济南到聊城一个小时，青岛到聊城 4 个小时。聊城有发往周边各城市的长途车。

食宿：火车站周围宾馆旅馆颇多，价格也不贵。这座城市不大。

美味属鲁西菜，口味浓香醇厚，突出酱香味、醋香味、椒香味儿，特色菜有济美酱菜、王寨驴肉、聊城呱嗒、托板豆腐、魏氏熏鸡。

特别推荐的是武大郎烧饼。饼小，暄软，夹咸菜最香，不易买到，大宾馆里才有。

### 线路提示

进聊城，到火车站后，就近安排住宿，就近逛景点。东昌湖离火车站不远，2 站地，紧贴路边就是公园，湖水很清，水面辽阔。

逛运河，要么是走，要么找辆私家三轮，从唐代古槐开始逛起。三轮车师傅撑破胆，说出来的价，都让你不好意思跟人家去砍，聊城人很朴实。打的，满城跑也花不了几个钱，全家人出行，打的比坐公交车还便宜。

日程安排：在聊城2天就够，登光岳楼、走运河，参观山陕会馆，连同东昌湖，一天足可以了。第二天去阳谷，看武松打虎的那个景阳冈，进阳谷县城阳谷镇，与武大郎、潘金莲聊聊天，在水浒和金瓶梅文化旅游区这典型的人造景园里转一转，一天也够了，长时间逗留在聊城没有意义。出聊城最好不要原路返回，坐长途车，奔曲阜，或者奔泰山。

聊城、曲阜、泰山是条很不错的旅游线。

# 天津
·

天津，是古运河漕运催生出来的城市，是中国唯一有生日的城市。这座城市很哏儿。在天津，很难找到一条正南正北的街，上街打听道，问东西南北那才找错了地方。天津人说话的口音，既不靠河北也不靠北京，独一味儿。话说出来音儿绝不平直寡淡，像说唱，有旋律感，但不委婉，有点冲，一打听，嘿，是600年前安徽宿州那边的口音。朱棣的功劳，他发动靖难之役，屯在天津卫的兵，全是宿州人。天津人爱说相声，也爱听相声，相声产在北京，但天津的相声却比北京根底厚，语言的功能得到了充分展示和发挥。细想想，天津其实没什么可玩的，狗不理、大麻花找天津，至于逛景，和北京比差远了。可北京人还挺爱往那儿跑，不知吸引北京人的究竟是什么？

## 五大道，姿态万千的小洋楼

五大道是承载着多元文化底蕴的历史名城天津的精彩，它是天津文化的陈年佳酿，时间越久，越散发出历史的馨香。

不说不知道，别看五大道一片连一片的西洋房子，在历史上，一是这里住着的外国人少而又少，大部分是中国人；其二是这些中国人大都是房主，是他们掏钱盖的房子，在盖的时候往往按自己的意愿指指点点，不管西洋人有什么规矩，自己那点心思一定要反映出来，中国人的文化观念渗透进房子里，把外国人的建筑模式给搅和得不伦不类，有点像吃自助餐，一大溜的西洋菜、中国菜，拣自己喜欢的往盘子里放，拣出来的这盘菜丰盛而又有个性，是盘杂合菜。

五大道地区是历史上英国人的租界区，叫界外推广界，在这里盖房子要盖西洋房，这是规定，至于盖什么样的西洋房，没人限制，也是给政策。于是就有了哥特式的、拜占庭式的、伊斯兰式的、星月式的、希克式的；英国的、法国的、德国的、意大利的、日本的、俄国的、印度的、西班牙的，五花八门。细节上，往往又是中国的，中国的吉祥物、动物、植物、器物、符物，按主人的要求装饰上去，有的还不满足，在西式房的大屋顶上盖中国建筑小品，如八角凉亭，非常富有挑战精神。大理道48号北洋政府江西督军陈光远的旧居就是这种。名太监小德张的房子，后来的庆王府，民族味儿就更浓了。

天津

五大道指的是成都道、重庆道、常德道、大理道、睦南道、马场道。五只是个约数，而且不是历史的称谓，是20世纪60年代以后，房管部门为对这一片历史租界区的小洋楼统称起来方便才用的。它历史上是富人居住区，一部分是前清遗老遗少，一部分是北洋寓公。政局大动荡，今天你是总统，明天总统也许就换别人了，下了野的，跑这儿来住，躲进洋房成一统。敌对的派别，不少还都是邻居，说开战，两边的军队打得你死我活，血肉横飞，最后不管谁胜谁败，回到家，打个电话，俩人又一块儿坐着下棋了。最早的海归派，海外功成名就的人也有不少住这儿。像马连良这样的社会名流，有100多人。医学界的，中国第一批留洋的西医人才，是北洋派；在日本占领北京后，随协和医院迁到天津来的，是协和派；9·18事变后不满日本统治的东北的一批欧美留学回来的，集中在河沿，组成了河沿派。

清朝末代总管太监小德张的房子在重庆道，外观是西方特色，但房子的布局是中国传统的四合院式，是典型的中西合璧式洋楼。

马场道路边，天津财经大学分院的操场边上，有一幢望远镜式的建筑，红色的墙体，白色的阳台，在绿树的掩映下，显得静谧安详，若在晨曦中还会有几分神秘的色彩。用军用设备作为楼房造型的建筑在天津绝无仅有。原来的主人叫刘冠雄，出洋到英国学习，回国入北洋舰队，参加了那场屈辱的甲午中日战争，战争的惨败，成了刘冠雄心口上无法愈合的伤痛，当他定居在天津时，按照他的意图，建起了象征海军实力的三幢建筑，分别为巡洋舰造型、航空母舰造型和望远镜造型，以此为寄托，希望中国能够成为一个海上的强国。

东陵大盗孙殿英的房子是睦南道20号，巴洛克建筑风格。这是孙殿英为二姨太买的房子。据说这位二姨太戴着孙殿英从老佛爷坟里盗来的宝珠招摇，一下子就被各路追踪东陵被盗宝物的江湖大盗盯住了，差点惹来杀身之祸。为此，孙殿英才在这儿买了房子，让她避避风头。

### 海河边的意大利

历史用近百年时间在天津幽了一默。

清光绪二十八年（公元1902年），意大利小股部队持火枪火炮迫使清政府签订《天津意国租界章程合同》，在海河北岸划定意租界771亩，此后，在这片土地上形成了独特的意大利风格建筑群。

天津人会很感激在意租界里握有重权的中尉青年军官费洛梯，他被任命为意大利驻天津的领事和租界的行政委员，他强调租界人文景观的个性、艺术性和实用性的完美结合，租界内要按照本国建筑风格进行建设，而且楼房的图纸不准重复使用。这种强制性措施，使崛起的意式建筑异彩纷呈。

当年的侵略者没有想到会给21世纪的天津留下这样一笔根本无法计算的文化财富。天津人终于发现，天津并不是旅游资源匮乏的城市，它完全有实力有资本与各大旅游城市竞争。

从望海楼天主教教堂开始意租界小洋楼之旅。天津的异国小洋楼一部分是沿解放路展开的办公区。解放路曾是租界的中心，由此向南贯穿着法、英、美、德四国租界，这一带的洋楼多为早期租界各国在天津开设的行政、金融、贸易、新闻通讯机构和一些旅店及娱乐设施。还有一部分是靠近解放路一带和河东马可·波罗广场周围的最早小洋楼住宅区。意小洋楼主要分布在马可·波罗广场。

望海楼天主教教堂孤零零地耸立在海河东岸，砖木结构，青灰色的墙体，外表素雅凝重，但极重形体的丰富性和细节的装饰性，细品能品出很多味道。

从望海楼天主教教堂往南走，紧贴着海河，能看到原奥匈帝国领事馆、北洋政府总理冯国璋旧居和袁世凯的小白楼。

袁世凯的小白楼被称为怪楼，它的怪，不是来自它的造型而是来自它的设施。小白楼门廊上斜向海河的八角塔楼是请了风水先生专门设计的，六面窗哪一面打开，都可以看到海河里的潮起潮落。袁世凯要任民国大总统时，渤海的大潮可以通过海河直推过来，从窗里望出去就像水奔腾着喧闹着从窗口向这八角屋里流。据说水主财，此楼是喻财神爷源源不断地从四面八方把财给袁家送进来。仅凭这个八角楼还不能说是怪，怪的是楼里的那些门。那些门通着屋子的就是实实在在的门，有些门推开来，里面却是面积不大的一个小墙洞。这些门中还有一个门，可通到墙内的旋梯，从旋梯能下到地下室，也可以上到三楼平台，平台的凉亭旁设有斜楼梯直通后花园。也就是说楼内各层的门是个外形一样的迷魂阵，外人根本摸不清怎么回事，遇到紧急情况，袁世凯躲进去，很难找到他，而他可以轻松自如地逃离家门。政敌太多，世道太乱，一个大总统连在家里待着都不得安宁，如惊弓之鸟随时准备逃身。这座楼是德式的，建了10年，由袁世凯出资，却未能住上，最先住在这楼里的也姓袁，不过他是袁世凯的高级打工仔，负责监督这项工程的。马可·波罗广场是经地震破坏后重修过的，周围七座花园式小楼，每栋楼外侧都挑起一个角亭，这些角亭很俏，轻快，活泼，亭檐出檐深远，亭柱秀颖，柱间的造型顾长，形状不一。广场是圆形的，中间有喷水花池，池中耸着秀拔高巍的纪念柱，柱顶立着女神石雕。七座花园房众星捧月一样围着中心纪念柱，有人说它们像北斗七星。走进这小广场的感觉非常好，这是一种建筑艺术美所营造的环境美激发出来的。天津人很喜欢这个小广场，把它变成了一个聚会休闲场所。

这片洋楼住宅区，住过很多历史名人和文化名人，曹禺故居就在这里，他写出了《日出》《雷雨》。大家都以为《日出》《雷雨》是说上海的事，其实纯粹是天津豪门望族的故事。梁启超的故居离马可·波罗广场不远，有两座楼，现在这里是梁启超纪念馆，两楼中间塑了梁启超像，每日开放。

鞍山道59号和70号，是末代皇帝溥仪最后的行宫张园和静园。

### 天津"华尔街"

出天津火车站，海河横亘在面前。最吸引人目光的，是那写满历史沧桑的解放桥。由于这解放桥是上世纪初由法国人建造的，所以天津的许多老人都把它称作"法国桥"。

过了解放桥，就进入被誉为天津"华尔街"的解放路金融一条街了。这条马路，比解放桥还早，已经有一百多年的历史了。义和团运动时，著名的"攻打紫竹林战役"就发生在这里。解放路的名字是新中国成立后才改的。抗战胜利时，在这条大街上，举行了日本华北驻屯军向国民政府投降的受降仪式；天津解放时，欢呼胜利的天津人民唱着"解放区的天，是晴朗的天"也是沿着这条马路穿过解放桥走向庆祝天津解放大会的会场的。

解放北路西北起解放桥，东南至徐州道接解放南路，长2229米。长期以来，这条街是外国银行集中地。从解放桥到营口道为法租界"大法国路"，从营口道到徐州道为英租界"维多利亚路"，从徐州道到琼州道为德租界"威尔逊路"。英国汇丰银行（今中国银行天津分行）率先在这里破土兴建，法、美、德、意、日、俄等紧随其后。

这里云集的金融建筑，虽外形各异，但整体风格采用西洋古典文艺复兴手法，表现出庄严、稳重的氛围。

在这解放路上，还有一座酒店，就是建于19世纪80年代的"利顺德大酒店"。中国近代史上的许多著名人物都曾在此下榻，其中就有孙中山、张学良等。据说就连美国的一任总统胡佛，都在此住过，不过那时他还只是一个工程技术人员。

新中国成立以后，特别是改革开放后，解放路又恢复了金融一条街的功能，我国各商业大银行的天津分行差不多都在此办公。

### 文化街里的天津味儿

天后宫在古文化街里，位置居中，这条仿古街很能调动情绪，它不仅营造了一种氛围，仿佛你是在明清时代漫步，而且几家店铺门前堆摊儿打折的东西，让你觉得这里所有店铺里的玩意儿都是很便宜的。

天后宫所在的三岔河口地区是天津市的发祥地。元朝大兴漕运，南运河成为元、明、清三代南粮北运的重要通道，三岔河口也成为著名的转运枢纽，人烟日盛，商贾云集，逐渐繁华，所以向有"先有三岔口，后有天津卫"之说。

但是三岔河口地区的商业繁荣主要得益于妈祖文化。天津的天后宫建于元泰定三年（公元 1326 年），从修建时间和规模上看仅次于福建莆田天后宫（建于宋代），位居全国第二。天后宫是天津卫民俗文化的体现，因为有了漕运的兴盛，因为有了妈祖，天后宫形成了独特的文化特色。从早期的海员聚集地，到后来的平民买卖场，天后宫一带体现了最天津卫的民俗文化。

妈祖在天津被叫成娘娘，天后娘娘什么都庇护，香火旺盛。宫中一面墙上，有一幅用小瓷砖拼起来的巨幅壁画，那幅壁画用散点透视法勾画出天后宫和天后宫前戏楼广场、戏楼两侧街道、市巷祭祀膜拜天后、开庙会闹社火的繁盛景象。

这座天后宫，比天津卫还要早出二百年，而且这座宫庙和宫里娘娘还是全国第一个也是唯一一个受到皇帝敕封的。天后娘娘被忽必烈敕封是至元十五年，即公元 1278 年。之前 4 年，在草原大漠孕育出来的最骁勇的骑士民族替代了另一个马背上的民族，在有着 2 千多年城市文明史的古老城市燕京安家落户了，并比前朝更进了一步，把陪都变成了全国的政治中心。那时的三岔河口，已经是很热闹的大码头，它"连樯集万艘"不是一日之功。忽必烈比前代的任何皇帝都重视水，都重视漕运。他吃的米太贵了，一石米要加二石的运费，就因为水路不畅，海上走又远，风险又大，内陆水上走，大运河已多处淤塞。为江南大米，他要鼓励漕工，拢住漕工的心。让他们甘愿在海上冒险，就要迎合他们的心思，敬他们崇拜的神——妈祖，同时寻觅人才，开通淤塞的大运河。郭守敬应时应世地出现了，那是至元十九年的事。至元十五年，得先解眼前之急，大米要从三岔河口走运河到通州。三岔河口是到大都河道的起点。

天后宫因水而来，水兴了庙，庙又兴市，吃的穿的用的都要通过市来交换，皇上敕封了庙和娘娘后，这里人气更旺。天后宫天后娘娘促成了宫南市宫北市，市又兴街，有了宫南街宫北街。庙市变为常市，这就是现今天津文化街的历史。宫南宫北街就在文化街的位置上，到文化街和天后宫一看布局就知道。这里是天津第一街。街又兴镇兴城。大明王朝的朱棣就是看中了这里的人气，他要从这里乘船南下，乘船东征，乘船回京。天子渡津之后出现了天津卫，而且军事、政治、经济功能一肩挑。朱棣钦定了天津卫的生日。文化街外玉皇阁隔河相望的望海楼天主教堂是在崇禧观旧址上建起来的，崇禧观、望海寺、望海楼是天津三岔口颇值得炫耀的民族特色建筑，也是三岔河口的地标性建筑。三岔河口是南运河、北运河与海河的交汇口。

天津另一处民俗风情繁盛之地在鼓楼和广东会馆。

鼓楼东侧徐家大院利用徐家老房设了老城博物馆，靠募捐专门收集天津老城和与老城生活相关的旧物，残缺的石狮，各类的门墩、砖雕、木雕已有不少。鼓楼是复建的，那是老城中心的一个标志，鼓楼前后配套复建了一条老街，从那雕梁画栋的楼堂馆舍中可以体味到悠悠的古韵。

天津老城城墙和与城相关的建筑已杳无踪迹，只有鼓楼东南侧的广东会馆是旧宅，马头墙显出老宅的南国特色。现在保存下来的广东会馆，只有一个大戏楼是最值得一赏的。

### 杨柳青，运河带来繁荣吉祥

被称为农耕时代"老百姓墙上电视"的木版年画，是杨柳青的第一古董。它像一倔倔的老爷子死不肯与时俱进。这正是它的长处。早在明朝崇祯年间，天津西郊杨柳青镇就以生产年画驰名，到了清乾隆、嘉庆年间更是达到了鼎盛时期。在中国北方的大部分地区，都曾经贴过杨柳青年画，就连深宫禁地紫禁城也不例外。

杨柳青是年画之乡。到杨柳青看年画，勾起的不只是一种把蜜洒在了心页子上的怀旧情绪，它还是对历史和古老民俗的一次拜访。

杨柳青年画的发展与兴盛，与运河的疏浚有很大关系。

运河河道从杨柳青镇弯过，河面不宽，两岸修得颇为齐整，而且被护持了起来。它就在石家大院正门的南面，与石家大院隔着一条马路。石家大院早几年做过杨柳青年画馆，现在搬迁了，搬到了安家大院的祠堂里。

　　杨柳青既然是坐落在运河旁的小镇，就不能不从疏浚的运河中获益。明代杨柳青变得喧闹，变得繁荣，庙宇多起来，庙市多起来，漕运船公和过往的商客多起来，以往只限于当地用的庙神木版画更加年画化，且变得紧俏起来，有了更大的需求，更大的市场，它可以通过水运向外批发了，于是出现了组织生产和销售的画庄，画庄开到了北京、天津，开到了所能到达的各大城市，供不应求的年画刺激着杨柳青人都纷纷效法，能开画庄的人开画庄，能学年画的人学年画，到了清乾隆嘉庆年间，杨柳青年画的创作、制作、销售已遍及杨柳青一镇三十六村，"家家点染，户户丹青"。

　　从运河中受益的还有石家。

**杨柳青年画**

　　先说一个故事。在北京通州运河边上，姓石的漕工听到一女子在哭，哭得很伤心，哭得很无奈。老石动了恻隐之心，给了姑娘点钱，说去买点吃的吧，也都是苦命人，我也帮不了你什么。姑娘止泪，问：能带我走吗？老石说，我带你走又能怎么样，自己还养活不了自己呢。姑娘就又哭，哭得更伤心，悲痛欲绝。哭得老石没了办法，说看来你是遭了大难了，上船吧，上船再说。老石把姑娘带到了杨柳青。姑娘身上是背了一个包袱的，到了石家，看石家真的是穷得叮当响，吃了上顿没下顿的，可是怎么穷都有姑娘口饭吃。过了不算短的日子，一天姑娘突然拿出了一堆金银珠宝，说，我看你家是好人家，也不打算走了，就赖在你家了。这钱，拿去买漕船吧，有了自己的漕船，日子就好过了。老石惊呆了，也吓坏了。她怎么这么有钱？再想想，她的言行举止，行为做派，都透着大户人家的气质，就不像是穷苦家的人。能告诉我怎么回事吗？别问，钱你放心地去花，不够我还有。不问就不问，老石家从此一步步发迹，盖房子置地，石家大院，最气派时，占了半个杨柳青。姑娘嫁给了石家，临死都没说是怎么回事。这是早先的版本。和珅题材的电视剧多了以后，有了另一个版本，逃难姑娘的身份明朗了，她是和珅家的丫鬟，乾隆爷即将咽气时，和珅知道自己命将不保，收拾了些金银珠宝，散给下人，让他们去投亲靠友。这个丫头刚离开和府，抄家的兵丁就到了，她是找了在公主家当差的姐姐，坐了公主的轿子才逃出来的，一逃逃到了通州运河边。

不管传说有多大水分，这个后来被称为石家奶奶的人物是有的，靠运河漕运发家兴建的石家大院是真实存在的。石家拥有大片的土地、银庄、当铺、布庄、酱菜园，在镇中街心建起几万平方米有数百间房屋的建筑群。凡高墙大院的人大都姓"石"。据说石家的主人石万成因拥有万顷良田，人送外号石万顷。在道光元年，皇上下了道圣旨，老百姓拥地不许超过20万亩，皇帝觉得超过20万亩地的家庭容易造反。于是，石家四个孙子分家，长门福善堂、二门正廉堂、三门天锡堂、四门尊美堂。石家大院中，"尊美堂"最为经典，有着"津西第一家"和"华北第一宅"的说法，保留也最完整，算是天津民宅的代表作。迎门楼，有三级台阶，寓意连升三级。迎门有道影壁，影壁下，放着一颗硕大的玉雕大白菜。玉，本身就被视为吉祥的镇宅之物，白菜——佰财，借谐音以寓财运亨通，财源广进。院里三道门，头一门，两条大梁，挑起房盖，两根不触地在半空悬着的柱子，柱头包花，叫含苞待放，就是垂花门。进垂花门，管一年，保四季平安；二道门，门额上雕9只仙鹤，一只仙鹤寓意增寿命12年，9只108岁，过此门，管一辈儿，一代长寿。从明面看，这块木雕，雕的是鹤，从后面看，雕的则是方眼铜钱。长寿还不行，还要有钱，叫一代长寿总有钱。第三道门，莲花开败了，结莲蓬。刻莲蓬，子满莲蓬。自己这一辈长寿有钱还不行，还要多子多福，代代相传。三道门，三层意思，层层递进。

**进出天津**

天津滨海国际机场距天津市区 13 公里。乘火车进出天津比乘飞机方便，天津有开往北京、石家庄、上海、广州、南京、西安、杭州、哈尔滨、满洲里、香港九龙的列车，抵达的城市 40 多个。此外，还有城际高速列车往返于北京南站至天津站之间，每天班次很多。

北京赵公口长途汽车站每天有豪华大巴发往天津、塘沽。

天津天环客运站、天津东站、东北角长途汽车站都有豪华大巴开往北京。

市内交通：地铁：一号钱，北辰区刘园——津南区双林。

轻轨：天津——塘沽，起自市区中山门，终点滨海新区、第八大街等。抵塘沽 40 分钟。

观光巴士：平津战役纪念馆、古文化街、文庙、食品街、旅馆街、名人故居、历史博物馆。

一些酒店出租自行车。

住宿：一般家庭在旅馆一条街租房比较合适，临食品街，距文化街也不远。

风味美食：

小吃三绝：狗不理包子、十八街桂发祥麻花、耳朵眼炸糕。

特色小吃：果仁张、蹦豆张、棒槌果子、京东肉饼、石头门坎素包、恩发德蒸饺、马记茶汤、明顺斋烧饼。

著名小吃街：南市食品街、十月美食街。

购物街：东马路古文化街、沈阳道古物市场、北大关估衣街、塘沽洋货市场。

听相声的地方：中华曲苑（和平路 72 号）、谦祥益戬茗阁茶园（大胡同商业街）、燕乐茶社（南市荣吉大街 64 号）。

**线路提示**

到天津城区就这么几件事有意思：1. 逛小洋楼，名人故居；2. 逛古文化街、古物市场；3. 逛食品市场听天津相声吃狗不理包子；4. 到能吃的博物馆吃大餐吃涮羊肉吃收藏文化；5. 冬季海河上看冰钓。这些事若是在冬季去两天也就办了，都是捎带手。小洋楼全逛逛不过来的，三天都逛不过来，太多了。望海楼教堂那，背着教堂，顺着海河，向前走不多远就到了袁世凯的怪楼，周围好几处洋楼，向左手拐，两三条巷子就是意大利风情洋楼区，马可·波罗广场，梁启超的饮冰室也在那一带。顺海河走到解放大桥，天津的华尔街过桥就是。望海楼隔桥是古文化街，那儿是过去的三岔河口，玉皇阁斜对着望海楼，往里是古文化街，天后宫在街里，文庙离得也不远。鼓楼、广东会馆再往西去就到。古文化街里，喝奶茶、买泥人张的泥塑、买蹦豆、买天津桂发祥大麻花小麻花、听相声、看民俗展览，一勺烩了。看天津人冰钓，下海河就是冰钓场。夏天，乘游船，走海河这一段，从三岔口到大光明桥。天津可逛的地方比较集中。想细逛，多待两天就是了。多待两天逛全了也不可能，都是意思意思。

带孩子，一定要去一趟塘沽。渤海儿童乐园是迪斯尼式大型游乐场所。海滨公园有300余只珍禽。海门园有大型音乐喷泉。塘沽海滨度假区，人工海滨浴场、水上飞机、海上滑梯、驴驹河渔村赶海、出海打鱼、看海上日出，是孩子们和大人各得其乐的地方。

最应该去一趟的地方，是国际游乐港参观基辅号航母。虽然门票贵点，但大人孩子毕竟是见了航空母舰了。塘沽的洋货市场，也很值得逛一逛。论玩，在塘沽比在市区开心，把自己和家人交代在那儿两三天，不算什么。

北京通常是一日游或两日游天津，自驾车去，一两个小时到天津，再有一个小时到塘沽。一次游不够，过个把月或几个月再来一趟也就齐了。

自助游塘沽，交通是很方便的。从天津东站乘公交车转一次车就可到基辅号航母所在的天津国际游乐港。天津有去塘沽海滨度假村的旅游专线车。再说城铁是到塘沽的，从塘沽到哪个地方去，公交车不通车的地方打个的也过去了。

运河之旅，一是北运河水利风景区，全程13公里，从市区北洋桥到屈家店沿途10个码头，4个主题公园：滦水园、北洋园、御河园、娱乐园。这是水文化之河，也是过去的古御河。二是杨柳青镇，坐公交车就可到达，看年画买年画、逛石家大院、古镇风情、安家大院，还有杨柳青森林公园。

远途的游客游市区住市区，游塘沽住塘沽。每个地方安排两天的游程，共4天。到杨柳青只是逛逛，当天回天津就行。若碰不上石家大院里的演出，逛大半天时间足够了。

自驾车出游的，建议到天津东南沿海的古海岸遗址看看，那里有贝壳堤牡蛎滩，是世界上迄今发现的规模最大、分布最广、序列最清晰的古海岸遗迹。

## 通州

大运河离开了天津三岔河口，走向了北京的通州，也就走向了它的生命最后旅程。通州是大运河生命四季风景落下帷幕的地方。通州人却称运河口为运河源。也对，没有京师也就没有京杭大运河。通州人说，长城、运河两条龙，组成中国巨大的人字，人字的巨撇巨捺都交会于北京，巨捺的河龙起笔处在京门通州。

通州，漕运通济之地，大运河的最北端。历代只要北京的地面上有皇帝，皇帝的运粮船、物资船，都要在通州会集，或向海洋走，向南走，或进入京城。元代则是要抵达城里的海子，即什刹海的。元代的什刹海（那时叫积水潭）是运最北的漕运大港。到了明代，就不准船进城了，往来运河之船都在通州聚集。

**大运河源头**

通州最繁盛时期的运河风景，已见不到了，皇家的漕运早已退出了历史舞台，"舟楫之胜，可敌长城之雄"，"不见潞河之舟楫，则不识帝都之壮也"，"自通州至皇城四十里，铺石为梁，铁轮相搏，车声益壮，令人心震荡不宁"，已是消失的风景，但遗迹遗痕还是找得到的，逛景，应分两部分，一部分是新打造的运河文化风景，主要在通州，一部分是历史遗存，在通州和什刹海。

通州人觉醒了，认识到了运河文化在旅游中的意义，开发了运河公园，位于通州区北运河两岸，北起运河源水岛南端，南至六环路，西起滨河西路，东至北运河防洪堤，由运河文化广场、运河奥体公园、生态公园三大部分组成，是一个大型的绿色生态公园，集休闲娱乐教育、体育竞技健身、水上游乐观光为一体，是目前京东面积最大的公益性城市公园。公园内，沿河设有运河 17 城市亲水平台，平台石上雕有沿岸 17 城市与运河有关代表人物及故事的图案；有三大主题雕塑：蛟龙祠、路河帆影、跃鱼广场。无论是图腾还是历史的投影，还是精神的象征，都是依托在历史文化这一背景下的，体现了传承下的积极进取。公园内滨河道分景观步道和滨水步道，此外还有生态湿地栈道，可观赏运河和运河生态风光。运河公园疏通了 9 公里的水道，可行中型以下的游船。运河广场建造了牌坊、帆型灯、千步步道、运河仿古钟、文化石等景观。除此之外，通州还有运河码头，那是根据通州作家王梓夫创作的历史小说《漕运码头》改编的电视连续剧留下的外景地，位于通州区潞城镇大营村运河东岸，可凭此一窥通州漕运码头的历史旧貌。大营村紧傍运河，原来就有码头，水面宽阔，村里家家住上了别墅式小楼，庭院街巷花园化，已是新型农村的代表。

京门通州运河已是创意的新运河。运河两岸和运河流域已是创新的新生活。

追踪历史旧影，可到通州的千古名塔燃灯塔、北京城东的皇家粮仓、城区北海公园北侧的什刹海。把什刹海周边的建筑借想象还原为浩荡的苇塘水荡，那就是历史原貌了。旧通惠河河道，过去一头连通通州大运河，一头到什刹海，现在则已是繁华的市区。它的另一个名称是里运河。

### 进出通州

北京城区有轻轨和多路公交车可到通州。

食宿：到通州旅游住在北京就可以，因为很近。通州星级宾馆酒店至少有十几家，旅馆招待所更多。尤其是大营村，家庭民俗旅游户甚多，又守着运河漕运码头，住通州，那里是首选。

通州的菜和北京市区差别不大，相比之下便宜些。京东肉饼是那里的特色小吃。那里的鹿肉菜在北京不多见。

**线路提示**

　　北京通州的运河之旅，凡值得一逛的景区景点，除燃灯塔、萧太后河畔的张湾残城、河上古桥、通州城西八里桥等景点外，都是新开发的，它像全程运河之旅的文化概览。欲寻旧景，那将是一个艰难的旅程，而且要深通通州运河文化才成。逛完通州运河新景之后，最好再走走北京的什刹海。什刹海是大众的，平民的，运河的漕船在元代是要开到这里的。现在漕船虽然没有了，但北京的老三轮在这里遍街都是。水上夏日可赏荷，夜间赏月赏湖景，日常里坐三轮、串胡同，足以让你体验地道的京味儿。如今，这里已是北京旅游的一大热点。

旅游大百科

# 游遍世界

赵然⊙主编

线装书局

# 导读

旅行可以让您走入一个新鲜的环境，遇见陌生的人，经历全新的事情，体验全新的心情。一个真正看重自己、不愿意虚度一生的人，不会仅仅只盯着眼前那一块地方，更不会将自己永远局限在那个有限的空间里。他会对世界充满了好奇，愿意走出去寻求生命历程中从未有过的、奇异的、陌生的体验。如果您也愿意开始一段体验全新心情的旅程，那么本篇"游遍世界"就是一部能指引您进入陌生世界的"向导"。您可以跟随我们精心编排的线路，从亚洲开始，一路走过欧洲、非洲、大洋洲，最后到美洲，游历全球五十多个国家（不含中国）的一百多个旅游城市，从上千处世界著名的景观中体验欧洲的浪漫、美洲的热情、非洲的神秘……这些国家中大部分已经成为中国游客的旅游目的地并且部分国家已经正式向中国公民开放。翻开本篇，让您的思绪随着它一同前行，环游世界，怡情山水，悠然自得，感天地造物之神奇，叹人类文明之精深，找寻我们对故土、对自身文化和对我们自己更深的感悟……

# 第一章　出境旅游的安全常识

### 认清三类出境游

办理因私护照和签证需要一定时间，且节假日出境游正逢旺季，机位紧张，不一定有票。如何选择出境游线路？目前旅行社开辟的线路大致分三种类型：

经典线：这些线路是旅行社长期以来一直在经营、推广的路线，相对而言比较成熟，价格适中，特别适合没有去过境外的游客，如新马泰港澳 15 日游、泰港澳 10 日游等。经典线的缺陷是行程排得很满，游客的自由度不大。

特惠线：这种线路是旅行社用以招徕更多客人的线路，出于各种原因，如航班安排、新线开通等，机票价格便宜，适合大众游客。特惠线的缺陷是游客的自由度不大。

休闲线：这种线路的安排是景点较少，行程较轻松，针对性强，如专门的滑雪、温泉线路，让人有休闲浪漫之感。休闲线适合又想玩又想少受旅行团拘束的年轻人，也适合那些以放松心情为主、游览观光为辅的客人。缺点是花费比较高，因为途中所有休闲项目的花费全部自理，有充裕的时间逛街，个人消费也会增加。游客可根据自己情况决定，价格高的万元左右，如新马泰港澳 15 天，低的三五千元，如韩国或东南亚短线游。

### 出境旅游十个提醒

你是第一次出国旅游吗？那就看看下面的忠告，记住了，或许你的旅行会方便许多。

1. 准备好行装

出门在外，尤其是到外国旅游，早些拟出一个单子，写出要带的东西，然后一一对照，可以避免出发前临时忙乱。如果到东南亚旅游，可别忘了，那里永远都是夏天，你的夏季衣服一定别忘了带。我们很多人在国内住过饭店，就以为国外的饭店啥都有，不用准备，这就错了。东南亚国家的多数饭店，别管多高档次，牙具、拖鞋都不给你预备，如果你忘记带，小事也能让你很尴尬。

### 2. 带好必备的药品

旅行当中带些必备的药品，是聪明的办法。谁能保证自己旅行途中不生病呢？一旦身体不适，身边的小药就能救大急。国旅总社的"健康老人世界游踪"团发给客人的保健药盒，其中的几种药可以说就是旅游者应该在行囊中必备的药：感冒通、乘晕宁、息思敏、黄连素、创可贴等，心脏病人还千万别忘了带硝酸甘油！另外，可能的话，带一支体温表也不算多余。

### 3. 了解外国的民俗民风和规矩

泰国的小孩的头摸不得，印度的小孩你抱不得。像这些异国他乡的规矩，在到人家国家旅游的时候，你还真应当了解一些。否则，人家并不会因为你是外国人，就不责怪你。比如到泰国，你去之前一定要弄清楚一些习俗：进入寺庙要脱鞋，女士见到僧侣要避让，游览大皇宫女士不能穿短裙和凉鞋。有不良卫生习惯的人千万要当心，在新加坡街头随地吐痰、乱扔废物，高额的罚款会让你脑袋大一圈。

### 4. 拿一张饭店的卡片

到语言不通的国家去旅行，一到饭店，先在总台拿一张饭店的卡片。干吗使？用处可大了。卡片上有饭店的地址、电话，你可以给司机看，立刻就会化险为夷。曾有客人在泰国不拿卡片半夜还找不到饭店，最后满脸忧伤让警车送回来。因而，拿卡片事虽小，但能保证你的出行顺利。

### 5. 了解饭店房间里的付费情况

饭店房间里什么东西可用，什么东西不可用，这可要先请导游帮忙问好。房间里有些电视节目看了是要付费的，冰箱里的东西用过后多数也要付费。东南亚的饭店房间里一般没有热水，冰箱里有两瓶矿泉水是可以用来解渴的，如果你不知道，也是一种浪费。

### 6. 贵重物品存放总台保险柜

你的贵重物品，在外出时存放在饭店总台的保险柜中比放在房间里保险。一般饭店的总台都有这种保险柜，免费给客人存放贵重物品。钥匙由饭店留一把，你自个拿一把。顺便说一句，外国的饭店很多都有规定，你的贵重物品如果在房间里丢失，他们并不负责赔偿。

### 7. 购物时要慎重

假冒伪劣产品，并不只是中国才有。你在东南亚一些国家购物，一样会碰到。选购金银首饰、宝石制品等高价商品，不能只听信商家可退、可换的承诺，一定要想好了再买。为帮客人退货折腾几回仍办不妥的事情，好多旅行社都遇到过。

8. 身上带钱要适量

在国外单独上街，你身上带的钱一定要适量。因为中国人多不用信用卡、旅行支票等支付手段，总爱带大量现金在身，所以，国外有些强盗专门打劫中国人。身上一分钱不带也不好，在一些治安不好的城市，为保安全，无论如何你也应带上20美金的保命钱在身。

9. 选择一家服务好、信誉佳的旅行社很重要

中国公民目前出国旅游一般是选择旅行社团队的方式，因此找一家服务好、质量优的旅行社就是至关重要的。现在北京合法做出国游生意的旅行社有国旅总社等几十家，服务与质量就由你来挑选了。

10. 千万别忘了护照、机票

参加团队旅游时，领队在其他国家会帮你保管护照。但在香港，可能警官会在街头查验护照，所以护照你还是要自己保存随身携带。机票也得妥善保管。如果你匆匆忙忙赶到机场，忽然发现机票没带，恐怕那就笑不出来了。

### 出国旅游手续常识

1. 护照简办的小窍门

出国旅游首先要办护照，因为任何国家都不允许没有护照的人进入其国境。各国对护照的检验也较严格，防止持有过期、失效甚至伪造护照的人进入该国。出国旅游申请护照由公安部授权的有关机关办理，拿到护照后，应该查姓名、出生年月、地点是否填写正确，并在签字格上签名。护照的有效期，一般为五年，期满得办理延长手续。出国办护照较麻烦，随团出国旅游，简办护照的办法最好委托旅行社去办。

2. 护照需妥善保管

出国前要凭护照办理所去国家和中途停经国家的签证，凭护照购买国际航班机票和车船票等，在国外要凭护照住旅馆，办理居留手续等，所以，护照必须妥善保管，不得涂改，不得污损，严防丢失。

3. 签证须知

签证是一国官方机构对本国和外国公民出入国境或在本国停留、居住的许可证明，签证均做在护照或其他身份证上。

4. 签证和过路签证的规定

各国签证的内容大体相同，都规定有效期和居留期限等。如前往某国的入出境签证有效期为半年，居留期限为一个月，入出境一次，那就是说在有效期半年内可入境并可逗留一个月。如超过一个月，则应向有关单位再办理延长签证的手续。

过路签证规定有效期为一个月，过境地逗留时间限三天，其规定是在有效期间的任何时间均可入、出该国国境，但只能逗留三天。

另外，我国同朝鲜、罗马尼亚、南斯拉夫等国，因有协议，对持有外交、公务和因公普通护照的人员均免签证。

**5. 黄皮书是预防接种书**

为防止国际间某些传染病的流行，各国都对外国人进入本国国境所需某些接种做出规定。主要有种牛痘、防霍乱和防黄热病接种等。牛痘初种后八日，复种后当日起三年内有效。预防霍乱自接种后六日起，六个月内有效。预防黄热病自接种后十日起，九年内有效。但不同国家需接种的疫苗也不同，所以，出国旅游办理接种手续前，应做必要的了解。

**6. 预购机票的捷径**

出国旅游前，应根据实际情况，选择方便、经济、合理的路线，各国航空公司均给长途旅客24小时以内转机提供食宿方面的方便，因此在选择换乘飞机的时间、地点时，要考虑这一因素。购买机票，可通过旅行社代办，也可直接到所乘班机的航空公司的营业处购买。购买机票时，要确认机座号、飞机班次、日期、途径城市、到达城市是否正确，座位确认后才可乘飞机。机票不能转让。

**7. 乘飞机行李重量规定**

乘飞机一般可免费托运行李20公斤，头等舱可托运30公斤，有少数航空公司规定可放宽至30公斤，行李超重部分要付费，所以准备行李以不超重为好，行李箱最好用轻便牢固的旅行箱，不怕碰压，便于搬运，箱上要有明显标记，写上中文姓名和到达地点等。集团旅游，可用统一标记，以便识别。

**8. 托运行李省钱的小窍门**

如有过多过大的行李、物品、仪器等，除随身托运外，为了省钱，可提前托运，运费较一般航运便宜。

**9. 出国旅游注意该国天气预报**

出国旅游通常要新置衣服，备什么样的服装，应先了解所去国家的气候情况、风俗习惯而后定，否则带多是累赘，带少了很狼狈。

**10. 出国旅游应了解入境手续**

每个国家对入境旅客都要进行严格的检查，办理这些手续的部门一般设在口岸、出入境地点，如机场车站或码头等。

入境检查有边防检查，入出境者要填入出境卡片，检查护照和签证，验毕加盖入出境验讫章。海关检查主要是填写携带物品申报单，海关检查旅游者的行李物品是否违规和有无违禁品，有的国家还要填写外币申报单，出境时还要核查。安全检查主要禁止携带武器、凶器、爆炸物和剧毒物等，检查有过安全门、磁性探测器近身检查、开包检查、搜身等。

检疫、交验黄皮书，对未接种的旅客会采取隔离，强制接种等措施。

11. 去欧洲旅行省钱的小窍门

欧洲住宿十分昂贵，如果你去欧洲旅游，可找青年旅舍，价格便宜，且发电子邮件方便。因为是年轻人开店，气氛活跃，节目很多，另外还可找民居，欧洲公民很多与旅行社有联系，民居旅馆价格便宜，且可融入民间，体味欧洲风土人情。欧洲的胶卷和电池价格不菲，你出游欧洲，千万带足胶卷和电池，这样才能带回所见的美丽风光而不致留下遗憾。

12. 去欧洲旅行必带长裤

欧洲有许多金碧辉煌、别有风情的教堂建筑，但它拒绝穿短裤和裙子的人们入内，因此，去欧洲即使是盛夏，你也必须带上一条长裤，否则，你会无法观赏优美绝伦的教会建筑。

### 出境旅行可直接兑换外汇

境内居民通过旅行社组团出境旅游，都有资格通过旅行社或在银行兑换外汇。

根据我国现行外汇管理政策，境内居民外出旅游，可由旅行社集体办理兑换外汇手续。其兑换标准为：赴香港、澳门地区可兑换1000美元的等值外汇；赴香港、澳门地区以外的国家和地区可兑换2000美元的等值外汇。

虽有上述政策，但由于多数居民参团出境旅游用汇情况尚未规范，部分游客因不了解外汇政策，对自己可以直接在银行兑换外币的政策根本不知道，致使应得权利轻易放弃。而部分旅行社的营业部、代办点等分支机构代理游客兑换外币过程中，存在截留部分游客外汇的现象。

### 出境旅游，你该如何付小费

在很多国家和地区，付小费是对从事服务性工作人员的一种正常的付费方式，小费是他们维持正常生活的一项重要收入。客人付小费，代表客人对服务人员劳动的尊重和肯定。

一般情况下，客人按明码标价的10%~15%作为小费比较合适，不同国家和地区，小费金额也不同。比如，游客向导游和司机付小费，在德国为4欧元、在美国为5美元、在中国香港为30元港币。

付小费的方式还有一些讲究：当面付小费时最忌付硬币，因为这可能被理解为施舍；给导游、司机的小费，要由旅游团成员一起交齐后放到信封里，让游客代表当众给他们；给打扫房间的服务生的小费，要在退房离开时放在房间显眼的位置，忌放在枕头下，那样会被服务生误解为是客人忘带走了；若当面付小费给行李员，最好是与他握手表示感谢的同时将小费暗地给他。

### 出入境要办哪些手续

任何国家对出入境旅客均实行严格的检查手续。办理这些手续的部门一般设在旅客出入境地点，如机场、车站、码头等。出入境手续包括：

1. 边防检查。很多国家由移民局负责，主要是填写入出境登记卡片（有时在飞机上填写）、交验护照、检查签证等。有些国家免办过境签证，并允许旅客出机场到市内参观，只是将护照留在边防，领取过境卡片，返回时再换回。

2. 海关检查。一般仅询问一下有否需申报的物品，或填写旅客携带物品出入境申报单。必要时海关有权开箱检查所带物品。持外交护照者一般可免验。各国对出入境物品管理规定不一，一般烟、酒等物品按限额放行。文物、武器、当地货币、毒品、动植物等为违禁品，非经特许不得出入国境。

3. 安全检查。近年来由于劫持飞机事件时有发生，因此，各国对登机的旅客，一般都要进行一定的安全检查，主要是禁止携带武器、凶器、爆炸物等。检查方式包括搜身、过安全门、用磁性探测器检查、红外线透视等。

4. 检疫。交验黄皮书，即预防接种证书。有些国家有时免验。为防止国际间某些传染病的流行，各国都有到本国旅行需进行某种预防接种的规定，如种牛痘、防霍乱、防黄热病的接种等。根据疫情的分布，不同地区、不同时期对预防接种要求不同，办理接种手续前应作了解。各省、市、自治区卫生防疫站负责接种并发给黄皮书。

### 如何办理因私护照

公民因私出国，30 天内才能办完护照的规定已改为 15 天；如果出国治病、奔丧、探望危重病人等，还可急事急办，五个工作日内即可完成办理出国的各项手续。这是公安部向全国公安机关下发的《中华人民共和国普通护照审批、签发管理规范》中的规定。这一新规范的实施，再次简化了公民办理因私出国的手续。

新规范除要求公安机关对出国参加紧急商务活动、出国留学、开学时间临近，公派出国留学，前往国入境许可证或签证有效期即将届满及公安机关认为确属紧急的其他情况的出国人员急事急办，在五个工作日内完成办理出国的各项手续外，还可在申请人自愿的情况下，通过邮政特快专递的方式为其寄送护照。

新规范同时规定，归侨、侨眷、60 岁以上的公民，随父母或监护人出国的未满

16周岁的公民及出国探望配偶、父母、子女的申请人，可免交亲友在国外的居住证明。人户分离、在外打工的三资企业和混合所有制企业的中方雇员，在暂住地居住一年以上的，可在暂住地办理出国商务手续。另外，新规范对公民出国旅游的手续办理也做出相应简化：公民只需向公安机关提交有权组团旅行社出具的发票或申请人本人在国内银行4000美元以上或其他等值国际流通货币的外汇存款证明即可。

申办手续：凭居民身份证、户口簿或其他户籍证明到公安机关领取一式二份"公民因私事出国（境）申请审批表"，按要求逐项仔细填写，贴上本人近期正面免冠照片（规格：小二寸）请单位签署意见、加盖公章。

准备好与出境事由相应的证明，申请出国探亲访友的，须提交亲友寄来的邀请信和邀请人在前往国的居住证明；或在中国银行存入4000美元，由银行开具存款证明也可以办理。

将居民身份证、户口簿或其他户籍证明做一份复印件。

带上填好的审批表、两张小两寸规格的照片、邀请信（或银行存款证明）、居民身份证、户口簿或其他户籍证明（交验原件、复印件存档），到公安机关交验，待批复。一般20个工作日后，被批准的人到申办地点可领到护照，未被批准的人也将得到通知。因私护照的有效期为5年，可延期两次，每次不超过5年。

收费标准：申请手续费5元人民币，工本费100元；护照延期或加注，每人次20元。

### 过海关注意事项

据国际旅行社有关人士介绍，过海关时应注意以下问题：

1. 出入境中国口岸注意事项

（1）按接待人员安排，排队依次过海关柜台；过关后将身份证等证件收好，因境外只需要护照，身份证不再使用。

（2）有申报物的客人须填申报单，填妥后，有一联需自己保存，待入境时交回海关。

（3）过关不可替陌生人带物品，以免违禁品等非法物品出入境，给自己带来不必要的麻烦。

2. 入出境外国口岸注意事项

（1）填写所赴国"人（出）境卡"及"申报单"，一般旅行社在客人出境前已代客人填好。

（2）抵达目的地后，按通道所示至海关，持本人护照，填好人出境卡及过境签证。

（3）过关后，按屏幕显示的航班号，提取行李后，持"申报单"过无申报柜台（绿色通道）入境。入境后走"团体出口"与该团取得联系。

（4）旅行结束后离开该国时，持本人护照、出境卡及登机卡过海关。

**出国旅游购物指南**

旅游购物是人们旅游的目的之一，当你有机会到世界各地去旅游时，一定会购买当地最有代表性的物品，留作纪念。世界各地有自己的特产和有代表性的物品，花不多的钱买上几件，会给你留下许多旅游的美好回忆。以下指南供参考。

1. 亚洲

日本：和服、时装、手袋、磁性项链。

韩国：人参、皮衣、玩具。

菲律宾：银器、首饰、木刻、手工艺、芒果干。

泰国：鳄鱼肉、海味、椰子糖、牛肉干、猪肉干。

新加坡：鸡肉干、祛风油。

马来西亚：风筝、蜡染、豆蔻油、榴莲膏。

印度尼西亚：海产、燕窝、木刻、印花、牛皮。

印度：宝石、地毯。

2. 欧洲

英国：伦敦机场的古玩、陶器、绒布料。

荷兰：阿姆斯特丹的花种市场、陶瓷、钻石、木屐。

梵蒂冈：在圣彼德大教堂侧的邮政车购纪念邮票、圣物、银市。

意大利：在罗马西班牙广场购皮衣、时装、皮鞋、丝绸。

德国：啤酒杯、木刻、相机配件、孖人牌剪刀。

比利时：在布鲁塞尔广场购精美手织花边、钻石、挂毯。

法国：在巴黎歌剧院附近的一二区购香水、化妆品、酒类、时装。

捷克：水晶、玻璃、皮衣。

瑞士：钟表、十字牌军用刀、音乐盒、巧克力、玩具。

奥地利：装饰木刻、皮革制品、水晶、手制布料。

3. 大洋洲

澳大利亚：袋鼠玩具、鲍鱼干、树熊玩具。

新西兰：雕刻、羊毛制品。

4. 北美洲

美国：花旗参、急冻海产、急冻龙虾片、纪念品。

夏威夷：夏威夷草帽、贝壳、木刻品、项链。

加拿大：急冻三文鱼、皮衣、多伦多的木刻、温哥华印第安人工艺品。

### 申请欧洲签证须知

1. 有效期六个月以上的个人护照。

2. 护照照片 10 张。

3. 申请人的身份证，全家户口本的复印件及家庭成员情况（配偶、父母、子女等）。

4. 家庭地址及联系电话。

5. 所在单位的营业执照复印件及本人名片两张。

6. 个人存款证明。

7. 所在单位出具的有法人代表签字并加盖公章的担保信，中英文各一份。

内容如下：被担保人的姓名、职务、薪金额，被担保人的出境旅行时间。担保人保证被担保人在境外遵纪守法，按期回国，不滞留。注明旅行费用承担人。注明担保单位之中英文名称、地址、电话传真等。担保信务必用担保单位正式有抬头的公文纸，并由法人签字后加盖公章。

### 旅欧小常识

1. 火车站

欧洲火车站一般为开放式，旅客可随便进出车站及随时乘车，站台上无人检票。待火车开动后，列车员方在车上检票。若无票，可以现补票，费用不变。车站内既有人工售票口也有自动售票机，还有餐厅、商店、洗手间、行李房及旅客问讯处等，有的火车站还有淋浴室，对自助旅客非常方便。

游客若有疑问，可到问讯处询问。他们可以告诉你要去的地方及出发时间，还会给你一个计算机打出的纸条，上面有车次、开车时间、站台号、到达时间；若需换车，还有应换车车站名称、车次等，一目了然。

车站内的行李部分为大件行李部和自动储物箱。自动储物箱的价格很便宜，德国为 4 马克/24 小时，荷兰为 4 盾/24 小时，法国尼斯为 15 法郎/72 小时，比利时为 60 比利时法郎/24 小时，卢森堡为 60 比利时法郎/24 小时。旅客可以在下火车后，先把行李、背包存起来，轻装游览，待临上火车时，再取出来，此方法最适合自助旅游者。应注意的是，在法国乘火车则需在站台上的自动检票机上检票。

2. 欧洲火车的种类

国内各城市之间的火车①IC（Inter City）指连接国内的大城市，相当于快车。

白天旅行坐此车可节省时间。②DE 为国有铁路列车，相当于慢车。对于想节省费用的旅客坐此车最好。

国际列车①TEE（Trains Europe Express）指欧洲国际快车，连接各国际城市，适用于跨国旅行。②IIC（InternationalInterCity）国际主要城市特快车。③TGV 专指法国高速列车（俗称子弹头列车）。

慢车及郊区车：①Nahvetkehr 简称 N，为远郊列车。②Eilzug 简称 E，为普通快车。③D-Schnellzug 简称 D，为特快列车。到同一目的地，乘 DE 车票较便宜，而乘 IC、TEE、IIC、TGV 车票则较贵。

如何看火车时间表？若外语不太好，又想快速查询，可以用此方法：在火车站内均有火车时刻表，一般来说，黄色纸代表离境列车的时间、车次；白色纸代表入境列车的时间、车次。在时刻表上均标有列车停靠的站台号。

在乘车时应注意：欧洲的火车有一个特点，即不是每列火车的车厢都去一个地方，也可能是同方向，但是不同的终点站。故在上车时，应看清车厢外标出的行驶终点站。特别是在乘夜车时，应更该注意。如需在火车里过夜，将座位扶手朝上搬，这样就变成一个沙发床，用个小包垫在枕头下面（或用小包当枕头），身上再盖件衣服，大大方方地睡觉，非常舒服。若怕半夜东西被偷，可在列车员检票后，用自备的弹簧锁将包厢门锁住。

在欧洲各国之间来往，如同在一个国家不同省之间一样，列车员只看一下火车证，护照都不看。

3. 自助旅行者的饮食

欧洲的食品较贵，如何能吃好、吃饱且又经济，为旅游者最关心的问题。下面介绍一些经验。

国外中餐馆的价格均较当地食品价格贵，故到中餐馆吃饭不合算。有的人认为麦当劳便宜，其实不然。一整套餐约 8 个荷兰盾，其中只有一个汉堡包。对于我们来说，既吃不饱，吃后胃又不舒服，故不能经常食用。

在荷兰，对于吃肉的男士，阿拉伯人卖的土耳其卡巴很好（相当于北京的烧饼夹肉），6 荷兰盾一个，若一次吃两个，下顿就不必吃了。小摊上卖的炸薯条，3.5荷兰盾一包、烧鸡腿 2 荷兰盾一份。意大利的比萨饼 4~6 荷兰盾一牙儿（一牙儿足够一人吃）。如想吃大菜，可到餐馆。基本都供应旅游套餐（此餐特为旅游者配制），很实惠，且有荷兰特色，19.5荷兰盾一份。超市的食品比小店及火车站内的要便宜三分之一，故可到超市买一些饮料、面包和香肠。欧洲的牛奶及啤酒、葡萄酒均很便宜，能喝酒的，可以用它当饮料。女士可以吃沙拉、比萨、奶油蛋糕、水果等。还可以带一些方便食品，到青年旅馆内自己煮着吃。荷兰的奶制品特别是奶酪非常有名。

德国的香肠举世闻名，特别是法兰克福香肠，到处都有卖的，其吃法为将其炸或煮后，加在圆形面包中，并在上面抹上芥末酱。非常好吃且不贵，半只鸡+炒米饭+饮料仅为10马克，一个人绝对吃不了。一些食品摊卖的牛肉饼配土豆也是又经济又实惠，约四至五马克。超市的食品也很便宜。德国的特色菜除法兰克福香肠外，还有酸白菜、烤猪肘。

法国面包举世闻名，买刚出炉的整条长棍面包，趁热吃，非常香松可口。在大商场旁边也有阿拉伯人卖的卡巴，把一个牛舌形的火烧从中间切开，并涂上特制的辣酱，从炉子上烧好的大串羊、鸡中片下一些肉，放在中间夹着，再附一些炸薯条，用纸包给你，这就是卡巴，每个22法郎，非常好吃。饭量小的人，中午吃一个，晚上都不饿。

4. 欧洲风俗小常识

在欧洲的普通餐馆内吃饭，无须给小费。

欧洲的公共厕所多是收费的，应随身携带一些硬币。

参观教堂时，不要在里边吃东西及喝水。

星期日，城市内大型商场基本上不开门，只有一些小店开门，但价格较高。如到饭店进餐，一定让侍者引导座位，不要见有空桌就座。

在水果摊上买水果时，尽量不要自己用手拿，否则卖主会不高兴（在超市则例外）。

欧洲商店内零售食品（如肉、肠、沙拉等）的单价是以100克为单位，而不是我国通常使用的500克。

在公共场合尽量不要吸烟，不要大声说话。从别人面前通过时，要面对而不要背对人。

发生了交通事故或人身受到伤害时，不要轻易向对方说"对不起"，否则等于承认错误在自己一方。

在欧洲，一般人对陌生人的询问均会热心回答，很有礼貌，有的还会开车亲自送你去。

欧洲大的百货商场不能讨价还价。

国外的胶卷价格比国内要贵，例如24张200锭的科尼卡胶卷要4个~5个马克，合20元~30元一卷。

在商店，若不想买杂志，则不要随便翻阅。

有的商店虽然不大，但也不能边吃东西边逛，一般店主会在门外写上店内不能吃东西，在进门前应看一下。

5. 如何使用自动储物箱

一般分为两种:

(1) 用一次性自动储物箱的开启办法:①打开空的储物箱,放入包后,关门;②旁边的一个荧光屏上则打出所需的钱数;③将钱(硬币)投入孔内,会听到一声响,表示门已锁好;④从出孔内打出一张硬纸板;⑤再开启时,按箭头方向插入,门即自动开启。注意:若无硬币时,可在自动换钱机换钱。将纸币插入机上的入孔,选择你想要的硬币种类,并按相应的钮,想要的硬币就会自动出来。

(2) 打出密码纸条同前几项操作程序均一样,只是最后给出的是一张计算机打印的纸条,上边有密码号。开启时,输入此号码即可,旅客在保存好纸条的同时,还应该将此号码重新记录一遍,放在其他地方,以免将纸条不慎遗失,造成麻烦。

6. 如何上厕所

西欧各国的厕所标记不以 WC 表示,而以 TOILET 表示。初到国外,有时不知道在哪里上厕所。一般来说,一些快餐店,如:麦当劳、肯德基、比萨饼店等,或咖啡厅、大型商店、饭店等都有厕所,但有的要收费,费用相当于 2.5 元~5 元人民币一次。麦当劳里厕所基本不收费,且好找,游客可以充分利用。但要注意上厕所时,不要采用蹲式方式,以免造成不必要的麻烦。

7. 旅行支票

出国者带的货币一般以美元为主。带大量现金,虽使用起来较方便,但就怕失窃。因此最好是带少量现金,其余用旅行支票,常用的有美国运通(America Express)、托马斯库克(Thomas Cook)等。

(1) 购买:在中国银行北京分行(东二环路亚太大厦旁边)内有售,购买时需带护照、身份证及美金,手续费为所卖币种的4%。

(2) 使用:买到支票后,须当着银行职员的面,在每张支票的指定地方签名(应与在其护照上的亲笔签名一致)。到银行兑换现金时,出示护照,当着银行职员的面在支票指定栏处签名,也要与原签名完全一致才行。

(3) 如何防失窃:将所购得的支票号记下来,一份放在家中,一份随身携带。每兑换一张后,记录下兑换的地点及金额。若支票遗失或被窃,及时向当地的支票兑换处报失,可以重新补领。

(4) 如何退支票:若支票未用完,还可到银行换回同种货币的现金,但须支付0.75%的手续费。

(5) 在国外使用时应注意:

①在美国,运通美金支票可和现金一样使用,在欧洲则须到兑换处换成现金才能使用。

②旅行支票的汇率比现金要高。

③在兑换时，多数地方还要收手续费。

④西方为自由汇率，每个国家、城市、银行，甚至同一银行的不同支行的汇率及手续费均不一样。一般来说，机场、火车站、宾馆兑换处的汇率低、手续费高；大的银行或运通兑换处的汇率高、手续费低。荷兰一些小的兑换处写在外边显眼处的汇率为买入价，较高，使人误认为是卖出价；有的只用当地文字表示，不用百分数，游客容易误解。最简单的办法是不看汇率，直接问 100 美元能得到多少当地货币，多比几家。

### 希腊旅游实用信息

进入希腊海关时应该注意，如果携带超过 200 美金或等值的外币现金，都要在海关入境处依法申报。

到希腊，方便的交通，便利的服务，会使你有宾至如归的感觉。从雅典奥林匹克机场去市中心可以坐 091 路公共汽车，车票 200 德拉克马（希腊货币）。希腊的公共电、汽车是乘车前买票，售票场所是书报亭和车站，可以一次买几张，在市区的公共汽车上是通用的。根据线路不同，公共电、汽车平均每 10 分钟~30 分钟一辆。希腊的公共汽车都很破旧，坐着不舒服。电力火车是最快的交通工具，每 5 分钟一列，从皮拉鲁斯（Piraeus）到基菲萨（Kifisia），途经奥蒙那（Omonia）和雅典市中心。最便捷的交通工具应该是出租车，如果从机场到雅典市中心，将近十公里，车费一般为两三千德拉克马。这些车顶上标有"TAXI"字样的黄颜色出租车，可以把你送到市中心或其他任何地方。不过，如果你是夜间乘出租车，那么费用就要贵一倍以上，若不幸遇到个别"宰人"的司机，花钱就更多了。

雅典还有许多汽车租赁公司，自己租一辆车兜风，周游希腊，非常方便。如果人多，也可以租面包车或其他较大的车辆。租车费用一般为 5 万德拉克马/天（面包车）和 7.5 万德拉克马/天（小轿车）。在希腊旅游，最省钱的方法是乘坐前往各个景点的专车，你只要和下榻旅馆的服务员联系一下，手续就能办妥。爱琴海上岛屿星罗棋布，从雅典数个港口起航的游船会把你带到各岛游览。一日多岛游的旅游项目很多，旅馆可以代订船票。

希腊的服务业比较发达，银行也很多，银行的办公时间一般为 9：00~14：00。你想兑换当地货币，得拿上美元等硬通货和护照。汇率每天都变，要查询当日汇率，可以给希腊国家银行打电话：3341000。所有主要的国际银行在雅典都有分行。需要提醒的是，最好不要在饭店或和私人兑换，以免吃亏。

希腊的旅馆分为 A、B、C、D、E 五个档次，由希腊国家旅游部门批准的收费

出境旅游的安全常识

标准都挂在旅馆房间的门后。

希腊商业发达，购物方便。旅游景点的商店标价都很高，游客得会砍价，熟悉行情的人往往能用不到标价 2/3 的价钱买下那些精美的工艺品。

在希腊，有一种特殊的警察叫旅游警察。他们与普通警察有同样的权利，而任务则是尽可能帮助游客。他们都会讲外语。旅游警察的制服肩章上有"TouristPolice"字样。

希腊货币德拉克马硬币的面值有 10（银）、20、50 和 200（铜）；纸币有 500（绿）、1000（棕）、5000（蓝）、10000（紫）。

### 赴俄罗斯旅游注意事项

办理出境要求：

每人 8 张蓝底 2 寸免冠照片，单位空白介绍信一张，本人身份证原件及复印件，自带洗漱用品（牙具、拖鞋等）。

1. 吃：在俄用西餐，每人一份，分别为沙拉、汤、热菜、茶，主食为面包，不习惯者可随身携带方便面、榨菜和少量水果等，考虑到路途遥远，每人最好备矿泉水以便途中饮用。正餐由俄方适当安排中餐。

2. 住：住宾馆双人间，房间内有沙发、小桌、凉水杯。无拖鞋、暖水瓶，无个人洗漱用品，饮用热水由楼层服务员供应，可用自备水杯取水。因海参崴淡水源及能源紧张加之全市统一供应热水，故经常有洗澡用热水停供现象发生。

3. 行：全体统一行动，观光游览，集体乘车旅游（日本或南韩中、大巴）。

4. 购物：在俄罗斯可根据个人需要选购商品，但不要购买俄海关限制出境的商品，如邮票、证券、字画、金银、电器及第三国商品等，卢布可在国内按比例兑换。

5. 报关：中国海关规定，大宗美元、人民币、高档照相机、摄像机携带必须报关，手机、传呼机严禁出境。俄方海关规定：人民币超过 4000 元，美元超过 500 元，卢布超过 100 万元携带出入境必须报关，过关时必须将钱款取出向检查员说明，如需报关要填写报关单，藏钱者一经发现予以没收。

6. 安全：出境游为一项集体活动，如确需分团活动，经领队批准，必须有 4 人 ~5 人同行，遇问题及时通知领队，公共场所注意随身行李及钱物以免被窃，住宾馆请勿单独外出活动，并请锁好房门，因公路上车速很快，过路时请注意来往车辆。护照、卫检证等出入境证件请妥善保管，以备检查，禁止随地吐痰、扔垃圾，如被警察发现，将处以罚款。

7. 其他：旅游期间如发生问题，请及时与领队或旅行社随团翻译联系，以便及时解决。

以上事项如有变化，以导游通知为准。

### 申请美国签证须知

1. 申请人须有正当职业，较好经济条件，一定职务级别或职称，年龄原则上需 35 岁以上，没有滞留美国倾向。

2. 如实填写申请表格一式两份，包括个人职务、职业，本人及单位负责人的姓名和电话（要求准确），领事馆会以电话访问核对进行抽查。

3. 如申请人是法人代表，请提供企业法人营业执照。

4. 如属自费旅游，请介绍其个人经济来源、经济状况，并提供证明文件（如房契、存折等）。

5. 提供真实名片二张。

6. 申请人护照正本（半年以上有效），二寸护照相片 8 张。

7. 申请人户口本、身份证复印件各两份。

8. 申请人提交所在单位担保信，需用单位抬头公文信笺，加盖单位公章和负责人签名。

9. 根据申请人情况酌情收取担保金人民币五万元，跟团按期返回后如数退回。

### 申请日本签证须知

1. 因私护照正本（有效期半年以上）。

2. 本人工作单位名称、地址、电话及营业执照复印件。

3. 填写日本入境签证申请书一式两份。

4. 日本邀请单位出具的"保证书"一式五份（一份原件，四份复印件）。

5. 大一寸照片九张。

6. 申请人需交一定金额担保金，回国后凭护照及收据退还。

7. 申请者需所在单位出具担保函，内容除了担保准时回国及不违反日本国法律外，还须写明如有违反，担保单位需负担必需的费用及有关责任。

### 日本旅游的十大注意事项

1. 不要忘了脱鞋

在日本，入乡随俗，无论是进入宾馆的房间，还是到日本人的家里做客，或是进会议室、办公室，总之，只要是进屋就要换拖鞋，有时还要换两遍拖鞋。换拖鞋的习俗在日本不容违犯，进屋前千万不要忘了脱鞋。

## 2. 出门千万要带伞

出门要带伞。日本是海洋性气候，晴雨不定，带上一把伞有备无患。旅游就带折叠伞，但是，公干、探亲就最好带长把绅士伞。因为在日本，多数商店门前，甚至私家住宅门旁，都有一个伞筐，把长的伞可以立在筐内，而折叠伞是不能放入伞筐中的。

## 3. 花钱不用给小费

日本和许多亚洲国家一样，没有给小费的习惯。因为大饭店、大餐厅的账单之中，已加上了 10%~15% 的服务费。而出租车如无特别的服务，也没有给小费的必要。就是在美容院、理发馆、酒吧及夜总会等地消费，也都无须付小费。

## 4. 渴了就喝自来水

日本的自来水是可以直接饮用的。车站及大型公共场所都有自来水喷水口，大饭店、大餐厅都备有矿泉水供客人饮用。

## 5. 自带手机没法用

去日本不必带手机。因制式不同，自带手机在那里根本没法用。另外，日本的电压为 110 伏特，（主要是两脚扁插头）所以，自带的相机、录像机等电池充电器如不是 110 伏~240 伏兼容的，也无法使用。

## 6. 买什么不买什么

日本免税店里的小型家用电器质量非常好，价格也很便宜，带些回来馈赠亲朋又大方又实惠。买小件精品玩具，衣服、鞋等也不合算，大多是中国制造，而且贵得惊人。此外，日本的胶卷和相机专用锂电池也比国内贵，出国时可多带一些。日本的百货公司和商店在晚上七点左右关门，（只有极少数开到九点）所以想在晚上逛商场采购几乎不可能。

## 7. 地铁方便又便宜

如果想在日本自己逛街，最好坐地铁，因为它最便宜。日本地铁交通十分发达，地铁线路密如蛛网，地铁站直通高楼底层，出行选择的余地很大。日本的消费很高，出租车当然也很贵，如果自己出钱的话，还是坐地铁为好。另外，旅游住酒店，你不会日文，自己出来逛街，最好带一张酒店的名片，方便万一迷路可以搭车回来。

## 8. 兑换货币不方便

在日本，兑换货币须在外币兑换银行或其他合法的货币兑换场所。此外，还须出示自己的护照。但日本银行兑换业务只在上午 9：00 到下午 3：00 间进行。而且星期六、日及主要假日，银行还全天休息。所以一般只能在饭店里换钱，但要比银行兑换稍贵一些。

## 9. 打电话

红色及粉红色电话，适用于打日本国内电话，只接受 10 日元硬币（10 元 3 分钟），绿色及金黄色电话，可以打国际长途，接受电话卡或 10 元或 100 日元硬币。当然最好是买个 IP 电话卡了。

10. 自己准备的物品

日本酒店房间内很少有牙刷、牙膏，拖鞋最好自备，旅程中就餐很难准时，由于日本当地生活指数较高，最好自备一些零食，以便饥饿时有东西吃。如春天去最好戴口罩，如果是冬天下雪还要戴墨镜、帽子，勿穿高跟鞋，日本温泉多，要享用，最好自带相关用品。

## 赴东南亚及香港旅游购物注意事项

首先，参团旅游并非价格越低越好，游客要理智消费，不要掉入低价位、低品质的消费陷阱；其次，坚持购物自愿原则，旅行社和导游都不得强迫旅游者购物。购物活动（包括地点和次数）应在行程计划中明示。行程计划安排之外的购物活动，旅游者有权拒绝参加。在非旅行社安排的购物场所购物，发生品质、价格等问题，责任由购物者自负；第三，不要轻信当地导游出示的供游客选择的所谓该地旅游部门推荐的"自费项目表"，参加自费项目时不要违法。"人体气功""金丝猫""夜巴黎""鸳鸯浴"等低俗的表演，不仅违反中国法律，同时也违反所在国的法律，凡自行参与这些活动造成的任何后果都由自己负责。

内地人游香港，购物是一项主要活动，在香港购物要注意以下问题：

一是多比价格。购物前要多走多比。百货公司及连锁店的商品明码标价，露天摊点和街边小店则要当场议定价格。

二是购买高档商品要有备而来。许多人到香港喜欢购买金银首饰、高档手表和名贵药材。最好先了解一下这些商品的价位、款式、成色和计量方法。

三是防水货。水货的价格一般较低，但总代理并不为这些商品提供保修服务，且不能带出海关。

四是核查单据。付款前，确保交易时把售货员的口头承诺都清楚列明在发票上。如黄金的成色、重量和当日金价、珠宝的等级和重量。

五是检查商品。确保货品完好无损，配件齐全。特别注意提货时防止货品调包。

六是享受百分百退货保障。香港旅游业议会属下所有旅行社会员均承诺参与"百分百退款计划"。游客在旅行团安排的购物活动中消费，如有不满，可于购货起 14 天内办理全额退款手续，但需保证货品未经使用和包装完整。

香港消费者委员会投诉热线：00852—29292222

香港旅游业议会电话：00852—28070707

### 赴澳门旅游须知

内地游客赴澳门旅游时，需办理特别通行证。如有亲戚为澳门居民，可到公安部门办理因私赴澳门特别通行证。一般游客赴澳门旅游，必须经当地具备出境游经营权的旅行社出具有关证明，方可持证前往公安部门办理特别通行证。旅行社一般都要收取一定的手续费。参加旅行团所需资料包括：游客身份证、户口簿复印件各一份、彩色光面大一寸近照四张，填写一份申请表。一般需提前四个工作日到旅行社办理手续。凡批准去香港、澳门定居的，发给《前往港澳通行证》，批准短期去香港、澳门的，发给《来往港澳通行证》。

### 非洲旅游的十一个禁忌

1. 打招呼的方式

非洲流行的招呼方式——举起右手、手掌向着对方，表示"我的手并没有握石头。"显然，它是在表明"没有武器"。这一种自古在世界各地被普遍采用，只不过样式稍微不同而已，它可以说是友好的象征。

2. negro 和 black 是禁句

美国黑人对 Black 一词并没有抗拒心理。可是，一听到有人呼他：Negro（黑人之意，尤其指原籍非洲，被贩卖到美国做奴隶的黑人及其子孙），就勃然大怒。

非洲人对 Negro、Black 二词不但有抗拒心理，而且不承认它的含意。强调肤色不同，在非洲是最大的禁忌。

称呼非洲人，最好照他们的国籍来称呼。非洲人一般说来国家意识相当强烈，直呼其国名，他们听来就很受用。

3. African 的称呼有特定对象

称非洲黑人为 African 可犯了严重的错误。在非洲，所谓的 African 并非泛指所有非洲人，而是指特定的一群人，那就是南非共和国荷裔白人。因此，那些非洲土著，碰到别人称他们为 African，就露骨地表示厌恶。

4. 莫拍落后镜头

任何国家都有肮脏不堪、穷人群集的地区，美国亦不例外。

你若在那些脏乱地区兴致勃勃的拍照，跟你同行的当地人就会提出抗议，甚至不肯当你的向导。

发展中国家的人民自尊心很强，这是身为观光客务必认清的事实。一见落后的景象就想拍照留念，这无异在找人家的碴儿，如此欠考虑的行为，还是不作为妙。

5. 莫瞪着眼看对方

古时候的埃塞俄比亚，侍者是背对主人（或客人）来服务的。

埃塞俄比亚有个迷信，那就是有人瞪你看时，被瞪看的人不是灾祸必至，就是死神要找上他。

在这个国家，跟当地人交谈或碰面的时候，可不能目不转睛地瞪着对方，这么做，对方一定大感不悦。

6. 用力握手是善意的表示

在非洲，握手时如果握得有气无力，被称为礼貌不周；握手有气无力，表示虚与委蛇，毫无诚心，他们会生气的。

尤其在阿尔及利亚，握手是愈用力愈受尊敬。他们认为，用力的程度跟对方好意的程度是成正比的，最好握得他们手都感到麻木叫痛。

7. 女性只限于逛店购物

在阿尔及利亚，禁止女性独行，只有逛店购物的时候，才可以独自行动。

他们认为，一个女人独自乱走，是一种丧失品格的行为，身为淑女，绝不能干这种事。当然，她们想独自进入餐厅、戏院也是免谈。

8. 从事狩猎旅行时要严守规定

想要进行狩猎旅行，东非可谓是最理想的地方。

狩猎旅行的禁忌颇多：

（1）不能叽叽喳喳说话。因为，动物的听觉敏锐异常。

（2）不能任意走出车外。你以为安全无虑，其实，旁边就有猛兽在虎视眈眈，你却不知道。

（3）不能任意点火，有人曾经点烟之后，把火柴随意一丢，引起一场森林大火。

9. 留下一点点

在尼日利亚的西部地方，有个特别的吃饭方式，不能吃得一物不剩，客人至少要留一片东西在碟子上。

更怪的是，他们把那一片东西留到第二天，才将它丢入垃圾箱。他们相信圣灵会来吃那一片东西。

在这个国家，旅客千万不能为了菜的美味可口，把碟子上的肉或汤吃得一干二净。

10. 斗篷、白衣可以避险

在阿尔及利亚和几内亚，常常可以看到穿古时候那种白衣和斗篷的女性。这些白衣、斗篷，是贞节、纯洁的象征。对这一身打扮的女性，无不敬重有加，就是说，视她们为值得尊敬的女性。

女性观光客如果以这种打扮到处走动，保证畅行无阻，又不会遭到任何危险。

11. 镜头如枪口

非洲人普遍认为相机对准某物拍下镜头，某物的"精气"就给吸收殆尽，此事是非同小可。人、房屋、家畜一律不准拍摄。

观光客如想拍摄，之前最好向对方先打个招呼，获得同意之后再行动，以免被投石、被吊或挨一顿揍。

# 第二章　亚洲游

## 日本

日本的国名含义为"日出之国"，又有"樱花之国"的称号。日本隔东海、黄海、日本海与中国、朝鲜、韩国、俄罗斯相望。日本列岛由北海道、本州、四国、九州4个大岛和其他6800多个小岛组成。

日本广岛风光

# 东京

东京是日本的首都。它位于本州关东平原南端，东南濒临东京湾，通连太平洋。是日本最大的工业城市，日本的商业、金融中心，全国主要的公司都集中于此，工业产值居全国第一位。东京也是世界上物价水平最高的城市。日本全国的交通网以东京为中心，而许多电车线与地下铁道线又纵横市内，因而外来游客盛赞东京交通的便利与舒适。

## 东京塔

东京塔是东京的象征，凡是到东京的游人，都以登东京塔为一大乐事。高耸入云的东京塔矗立在东京港区芝公园内，塔高 333 米，巍峨雄伟，比著名的巴黎埃菲尔铁塔还高 13 米。塔身漆成橘红和白色相间，十分醒目。从大楼底层到瞭望台，乘电梯只需 1 分钟，若徒步则需攀登 563 级阶梯。整座塔花了一年半的时间才建成，共使用了 4000 吨钢材。塔的上部是整个建筑物的心脏，对外发送无线电波，为 NHK（日本广播协会的缩写）日本电视网、东京放送、朝日电视、富士电视、十二台等电视台的 7 个频道传送节目。在塔的 150 米处及 250 米处各设有一个特别瞭望台，登台远眺，东京全城美景尽收眼底，西边美丽的富士山也清晰地映入眼帘。入夜，塔身上的装饰灯骤然齐明，在夜空中构成一幅绚丽多彩的景观。

## 东京国立博物馆

东京国立博物馆位于东京台东区上野公园附近，是日本最大的博物馆。它由一幢日本民族式双层楼房和左侧的东洋馆、右侧的表庆馆以及大门旁的法隆寺宝物馆构成，共有 43 个展厅。馆内收藏了十几万件日本历史文物和美术珍品。展品分为雕刻、染织、金工、武具、刀剑、陶瓷、建筑、绘画、漆工、书道等类别，反映了日本社会各个时期的文化艺术和人民生活概貌。

## 明治神宫

明治神宫位于东京涩谷区，是为供奉明治天皇及昭宪皇太后而修建的。神宫"二战"时被焚，后按原样重建。神宫内有南、北、西 3 条参拜甬道，从南面正道ty 内，道路两旁古树参天、野鸟飞鸣。入内后有为昭宪皇太后特辟的御苑，苑内有各色花卉，特别是御苑南池旁的菖蒲田，每年的 6 月中旬，大片菖蒲竞相开放，成为神宫一大景致。宫内的殿堂都用桧木建成，雕梁画栋皆谨严华美，很值得观赏。

## 皇宫及东御苑

皇宫位于东京中心千代田区，是日本天皇的起居之地。其中正殿是整个宫殿的中心，皇室的主要活动和外交礼仪都在正殿的"松之阁"举行，长和殿是天皇接受群众朝贺的地方，丰明殿内有大宴会场，常御殿为天皇内宫。此外，宫内还有花荫亭、观瀑亭、霜锦亭、茶室、皇灵殿、宝殿、神殿、旧御府图书馆，等等。皇宫前是开阔的广场，在江户时代曾是大名（即诸侯）的居地，现为国民公园。在皇宫的东部是东御苑，它是江户城遗迹的史迹公园。内有旧江户城的正门——大手门，皇后的音乐堂"桃华乐堂"以及3层城楼的"富士见橹"。因为它无论从哪个方向看去都呈同一姿态，故也叫它"八方正面城楼"。园内到处是和式庭园，雅致幽静。

## 银座

银座是东京最有名的购物天堂，它与美国纽约的第五大道和法国巴黎的香榭丽舍齐名，是东京最繁华的地方。这里以前曾是一片大海，自德川幕府填海至今已有400多年的历史。当时这里是铸造银币的"新座替町"，1870年改称银座。银座北起京桥，南到新桥，长约2千米，从南到北被分为八段（日语叫丁目），因此又称银座八丁。世界各地一流的百货公司、服装商店及料理店都集中于此。大概有4家大百货公司、500家专业商店、20多家旅馆、1600家酒吧及舞厅、30多家剧院和100多家画廊。每到节假日，银座附近的马路禁止通行，成为一条步行街，人们可以欣赏着各式橱窗慢慢散步，这也成为旅游东京的一大乐趣。

## 浅草寺

浅草曾经是江户时代的商业中心，它位于东京的东部，是东京有代表性的古老传统地区，曾经商贾如云，一度繁荣昌盛。时至今日，浅草仍充满着人情味，作为代表古江户文化的一个缩影和旅游胜地，迎接来自日本及世界各地的游客。人们只有在这里，才可以感受到一些古代江户的气息和乐趣。

浅草有东京最古老的寺院浅草寺，寺庙始建于6世纪。浅草寺的正式名称为金龙山浅草寺，它是圣观音宗的总本山，寺内的浅草观音全日本闻名。浅草寺的正门，左有雷神，右有风神，名为风神雷神门，但东京人一般称它为雷门。大门中央悬挂着一个巨大的灯笼，直径4米，重600千克，上面写着"雷门"两个大字。相传，在推古天皇36年，有两个渔民在宫户川捕鱼，捞起了一座高5.5厘米的金观音像，附近人家就集资修建了一座庙宇供奉这尊佛像，这就是浅草寺的前身。后数次被毁，到江户时期，德川家康重建浅草寺，使它变成一座大寺院。

### 东京迪士尼乐园

东京迪士尼乐园位于东京近郊千叶县，乐园集历史知识、童话故事、自然风光和现代科学于一体，寓知识于娱乐，力求各个年龄层次的人都能在此找到乐趣。乐园以童话《灰姑娘》中的古老城堡为中心分成"西部世界""冒险世界""奇异世界""世界市场""明日世界"5个部分。

### 富士山

富士山是一座火山，位于本州中南部，东距东京约80千米。山顶上的两个火山口形成了两个美丽的火山湖，山麓处还有火山喷发后留下的千姿百态的山洞。富士山北麓有富士五湖，湖光山色十分宜人；南麓是一片辽阔的高原牧场，绿草如茵，牛羊成群。

# 大阪

大阪坐落于本州岛的南端，是日本第二大港口城市，关西地区重镇，日本东西的交通枢纽。公元1532年丰臣秀吉兴建的大阪城至今仍是日本第一名城。大阪市街熙来攘往，是购物者的天堂，百货名店云集。由于大阪是国际班机的降落地点，大阪更成为外来旅客必到的一站。大部分的火车均在北大阪的三大车站停靠。同时，大阪拥有日本最壮观的行人潮，除了人潮，大阪拥有多项第一，大阪的下水道普及率全国第一、地下街道的广度全国第一。

### 大阪城

大阪城是大阪的象征。它位于大阪的东区，为日本战国时期三大将军之一的丰臣秀吉所建；他在统一了群雄割据的日本后，为了加强对全国的控制，特建此城堡。他命令全国的诸侯都要参与建造工程，许多护城河及城郭用的石块都是各地诸侯捐献的，并且在3年内动用了数十万名劳工才辛苦建成。大阪城外12千米长的石墙，大约共用了50万块石块。整个大阪城的结构分为内城、中城与外城，虽然屡经战乱，但内外两道护城河及两道高大的石墙仍然保存完好。大阪城的大手门及多门箭楼被指定为重要的文化遗产。大手门在大阪城的西侧，从大手门公园越过"外崛"就可看到。它是由铁板做成的，庄严厚重。而北面距离稍远的干橹，则是大阪城内最古老的建筑物。在城的左面有一个厚达两米的石壁所修筑成的火药库，内藏军火。

## 天守阁

天守阁是大阪城的主楼，现在的建筑是 1931 年重建的一座钢筋水泥建筑，为仿照丰臣时代的天守阁而建。天守阁高 39.8 米，建在高 13 米的天守台上，共分为 8 层楼，最上面一层楼可以眺望大阪市景。其他的楼层则展示了包括各种武器、丰臣秀吉的木像、书简以及当年作战的地图等物品。除此之外还以电视配合投影的方式描绘了丰臣秀吉的一生，从中你可以看到丰臣如何由一介平民成为不可一世的英雄，这里是了解这位战国时代枭雄的最佳地点。

## 难波宫迹

难波宫迹因充满了谜一样的传说，一度被称为"幻之宫"，直到后来在这里出土了一批文物后，才逐渐使大家看清这座位于大阪城南方的宫迹全貌。难波宫迹东西长 500 米，南北 700 米，为天武、圣德两朝的复合遗迹，而孝德朝宫迹也被推定可能与天武朝遗迹为同一地方，目前此地已成为史迹公园，开放供人游览。

## 道顿堀

道顿堀是沿着道顿堀川南岸的一大繁华街区，这里灿烂的霓虹灯和 17 世纪的气氛交织在一起，是大阪人最喜欢的地方。这里有饮食店、电影院，还有上演木偶戏的"文乐座"和表演大众曲艺——"寄席"等传统艺术的剧场。在护城河两岸布置了许多花坛和喷泉，建立起一个很好的市区自然环境，使游客和市民乐于光顾这里。道顿堀川两岸的室外广告和霓虹灯连成了一片，每到夜晚，灯光装饰的招牌、霓虹灯光和道顿堀川水面上的反射光交相辉映，把城市点缀得更加华丽漂亮。从道顿堀川沿岸通往南边的一条道上有座建于 17 世纪的法善寺，寺前挂着灯笼，黄昏时分总会染上一层淡淡的橘黄色。法善寺前那条路由石板铺成，路边一些房屋有着漂亮的格子门，散发着沉稳宁静的气氛，不禁让人追缅 17 世纪江户时代的风情。道顿堀作为大阪的代表地区常常在国内外的电影中亮相。

## 中之岛

中之岛是大阪市政府的集中所在地，也是摩天楼群中的绿洲。中之岛被自东向西流经大阪市中部的堂岛川和土佐堀川夹在其中，这里除市行政大楼、银行、报社外，还集中了公园、美术馆、图书馆、公会堂等各种文化设施。中之岛公园是大阪最早建成的公园，公园内林木茂盛，绿茵铺地，成了大楼林立的街区中的一块绿洲。沿河的散步道为市民提供了一个在河风吹拂下轻松散步的场所。公园内还有玫瑰园，在这里可以观赏到从世界各地收集来的各种玫瑰。

### 仁德天皇陵

位于大阪西北部，建于公元 5 世纪初。陵墓前方后圆，全长为 486 米，高 36 米，包括 3 条宽阔的护陵壕在内，总面积为 46.4 万平方米。仁德天皇陵是日本最高大的陵墓。棺里的随葬品有当时日本皇族才拥有的铜镜、玉器等，还有日本武士金刀和各种名贵首饰，而其中最有研究价值的是用黏土烧制而成的战马、舞女、帆船等。此陵的建造和随葬品的制作，运用了不少中国的建筑和制作技术。

### 海洋馆

日本大阪海洋馆位于大阪港，是世界上最大规模的水族馆。它是完全自动控制、用新型材料建造的海洋馆，并且通过巧妙的纵深设计，完全模拟了海洋的整体形态，海水可以自我循环、再生，是集各类高新技术于一体的现代化展览馆。与一般游览性质的海洋馆不同，此海洋馆主要以海洋环境保护为主题，让参观客人全面了解海洋整体的变化，配以详细、有趣的解说，具有很好的教育意义。

# 京都

京都位于本州岛中西部，坐落在京都盆地北部，具有浓郁的日本风情，是日本人心灵的故乡。日本纺织物、陶瓷器、漆器、染织物等传统工艺品都在这里生产。同时，它又是日本花道、茶道的繁盛之地，被称为"真正的日本"。京都也是接受日本文化熏陶的好地方，游客可以在这里学习日本烹调技术、日本戏剧、茶道和插花等。在京都，游客还可以感受到浓郁的地方乡土风情，这里每年都会举行许多的节日，最为热闹的是祇园节和时代节。到京都旅游的最佳时间是春秋两季。

### 平安神宫

平安神宫是日本三大神宫中最为宏伟的一座，它是 1895 年明治天皇为了纪念桓武天皇将日本国都由奈良迁往京都 1100 周年而建。平安神宫位于京都城左京区，面积约 3.3 万平方米，是明治时代庭园建筑的代表。整个神宫按京都 5/8 缩图设计，其社殿仿平安皇宫正厅朝堂建筑，只是小了许多。正门应天门为二层建筑，碧瓦丹柱，两端屋脊上有金色的鱼尾形装饰。正面的太极殿高 17 米，殿内有白色的墙壁和 52 根红圆柱，与青铜吊灯笼相互衬托。在绿色和朱色相映的主殿后面有白虎池、苍龙池和栖凤池以及四座庭园。园内还保留着日本在京都最早铺设的电车轨道。每年 10 月 22 日，这里都会举行京都三大祭祀之一的时代祭。游览平安神宫的最佳时间是 4 月樱花盛开的时节。

## 京都御所

御所就是皇宫，习惯上也叫它故宫。京都御所最早建于公元 794 年，后历经数次战火而焚毁，经过几番重修，今天所看到的京都御所是 1855 年的建筑。全御所面积约 11 万平方米，南北长 445 米、东西宽 250 米。御所的正殿叫紫宸殿，是天皇加冕和临朝议事之地，大正、昭和两代天皇的即位大典都在此举行。紫宸殿的建筑宽敞高大，古色古香。殿顶用桧树皮盖成，檐边的厚度高盈一尺。中央设有"高御座"，右后方设有"御帐台"，是天皇和皇后的宝座。在紫宸殿的西北还有清凉殿、御学问所等，东北有常御殿和春兴殿等。其中，清凉殿是天皇日常居住的地方，御学问所则是天皇的御书房，常御殿是天皇的住处，春兴殿为天皇即位之用。虽然天皇的御所已经移到东京，但是至今皇室一些重要的祭典和活动仍在这里举行。

## 金阁寺

金阁寺位于京都北部，原来是足利义满将军的山庄，后改为禅寺，因为建筑物外面包有金箔，故名金阁寺。它是 3 层的楼阁，第一层为法水院；第二层为潮音洞，供奉着观音；第三层是正方形的佛堂，供奉着 3 尊弥陀佛。寺前是以镜湖池为中心的庭园，身影华丽的金阁倒映在镜湖池中的景观是京都的代表性景观。

## 西本愿寺

当年，亲鸾上人的女儿将亲鸾的遗体迁至东山大谷，始为西本愿寺。公元 1591 年，丰臣秀吉捐款移至现地。按照伏见城遗迹建造的书院和唐门都是国宝。大书院内有虎溪自园和日本最古老的能舞台。

## 东本愿寺

从京都车站向北步行 10 分钟即可抵达东本愿寺，这是京都最大的木造大寺院。寺周围环绕水渠，东西的山门是大师堂正门，非常壮丽。东本愿寺的拂尘日是世界上最浩大的清扫场面。从上午七时起，数百名义工开始清扫榻榻米，擦拭柱子与台阶，刷掉一年积累下来的尘埃。

### 三十三间堂

位于京都城东山区。公元 1164 年，后白河法皇令平清盛建造三十三间堂。堂内以 11 面千手观音的坐像为中心，置有 1001 座千手观音的坐像。两旁有 28 座风、雷等神的立像。每年 1 月 15 日在此举行射箭仪式。

### 醍醐寺

醍醐寺位于京都城伏见区，拥有京都最古老的木结构建筑——五重塔等众多的国宝。在这里，每年 4 月的第二个星期日有"太阁花见行列"，再现当年丰臣秀吉举办赏花会的盛况。

### 清水寺

清水寺位于京都东山上，建于公元 798 年，是唐玄奘在日本的第一个弟子慈恩大师创建的，后几次被毁，又几次重建，现存的大部分建筑建于 1633 年。清水寺为栋梁结构式寺院。正殿宽 19 米，进深 16 米，大殿前为悬空的"清水舞台"，由 139 根高数十米的大圆木支撑，气势雄伟。从舞台放眼望去，大半个京都的景色都可以尽收眼底。如果天气晴朗，还可以远眺日本的第二大城——大阪。寺院建筑气势宏伟，结构巧妙，未用一根钉子。清水寺正殿旁有一山泉，称为音羽瀑布，流水清冽，终年不断，被列为日本十大名水之首，清水寺因此而得名。清水意为"纯水"，据说饮下寺外崖下音羽瀑布的水就可有求必应，所以，许多游客到了此地，都会争饮一瓢瀑布清泉。清水寺的观音道场在关西的 36 个观音灵场中占第 16 位，寺内收藏着 30 多幅信徒奉献的绘画匾额，其中有的已有 340 多年的历史。它们是研究日本贸易史、风俗史以及美术史的宝贵资料，均由政府定为重点文物。

### 桂离宫

桂离宫位于京都城西京区，以庭园和日本式建筑而闻名于世。它建于 1620 年，经过 35 年建成，面积为 6.94 万平方米。庭园的中央为池塘，上有大小的岛屿，书院和茶亭相邻而立，整洁幽静。参观需预约。

### 银阁寺

银阁寺位于京都左京区。寺内建筑大体是按照金阁寺的造型营建，其中银阁和东求堂都是国宝，为室町时代建筑。银阁即观音堂，外墙只涂白漆，是佛寺和住宅相结合的书院式建筑。东求堂是日本较早的四叠半茶室，园内的向月台和银沙滩与中国西湖风景相仿，为赏月的好地方。

## 岚山

位于京都西郊的岚山。海拔 375 米，以春天的樱花和秋天的枫叶而闻名。东南不远处有桂离宫。岚山下还有周恩来总理纪念诗碑，是日本人民为缅怀周总理为中日友好事业做出的丰功伟绩而建立的。长 154 米的渡月桥架设在保津川上，成为岚山的象征。大堰川绕岚山脚下潺潺流过，两岸山上松柏青葱茂密，山下竹林片片。

### 天龙寺

天龙寺是足利尊氏将军为供养醍醐天皇而建的。寺院位于岚山渡月桥畔。寺内的庭园借龟山和岚山之景，将贵族文化的优雅和禅宗的玄妙融为一体，是国家特别的历史遗迹。

### 东福寺

东福寺位于京都东山区，内有通天桥，通天桥是观赏红叶的景区。东福寺是京都最大的禅寺。全寺有 25 座塔，现存最古老的山门是国家级珍贵文物。山门东侧的东司是日本唯一定为重要文化遗产的厕所。

### 龙安寺

龙安寺是东西走向的长方形庭园，是世界文化遗产。寺中铺以白沙，配有 15 块大小不同的石头，是著名的枯山水庭园。石头放置奇特，不管从哪个角度看，均有一块石头隐身不见。寺内传授知足常乐的禅教。

### 京都铁塔

京都铁塔位于京都车站附近，呈蜡烛状，是眺望京都的好场所。塔高约 131 米，在高 100 米处设有观望室，可容纳 400 人参观。现在，京都铁塔已经成为京都大门口的象征性建筑，从这里眺望京都的夜景，别有一番情趣。

## 名古屋

名古屋是爱知县首府，是仅次于东京、大阪和横滨的第四大城市。它位于本州中西部，濒临伊势湾。由于该市介于首都东京和古都京都之间，故也有"中京"之称。名古屋的规划很好，游客很容易认识道路。市内有许多铁路干线和公路干线通过，旅游业较为发达。名古屋有众多的娱乐中心、购物中心、博物馆、会议中心，是一个充满了活力的城市。

### 名古屋城堡

名古屋城堡位于名古屋市中区，是名古屋的象征，也是旅游者到达名古屋的第一站。名古屋城堡建于 1612 年，是德川家康为儿子所建的居城。城堡位于市区北部，东西长约 330 米，由巨石砌成两重城垣，内外护城壕环绕，整座建筑集当时建筑技术的精华，以豪壮坚固闻名天下。城堡在"二战"时被毁，后于 1959 年重建。城堡内的主要建筑为大天守阁，雄踞在内城的西北角，高 36 米，为城郭之最高据点。它外观为 5 层，内部为 7 层，顶上有一只镀金的海豚，内部 1 层~6 层为文物图片展览室，介绍名古屋城堡建造前后的历史。

### 名古屋电视塔

名古屋电视塔的展望台高达 100 米，可以观赏名古屋全貌。白天铁塔并不引人注目，但当夜幕降临时，强光把塔身照得金光闪闪，成为名古屋的典型景观。

### 热田神宫

神宫珍藏了日本三大神器之一"草薙剑"，自古受到皇族崇敬。相传日本武尊在东征归途中带来此剑，后由武尊之妃宫簧媛将此剑供奉于热田，因而始建热田神宫，这就是热田神宫的来历。神宫内的宝物馆，收藏着国宝及各种文物共 3000 件。神宫附近的白鸟古坟为武尊的陵墓，断夫山古坟是宫簧媛之墓。

### 明治村

位于犬山市的东南部，八鹿池西岸丘陵。明治时代是日本接受西方文化并将其融入传统日本文化的激烈碰撞时期，也是日本吸收外来先进文化，进入近代文明，社会经济飞速发展的阶段。明治村既汇集了 57 幢从日本各地移筑、重建的具有历史背景的建筑物，还有蒸汽火车、有轨电车等，充满了那个时代所独有的特质和氛围，是了解日本近代文化和社会生活的好去处。

### 德川美术馆

德川美术馆位于东山监狱附近，主要收藏了德川家康的许多遗物，有 1 万多件德川家康传下来的"大名道具"，主要是武士用具、剑、盔甲、戏服、茶会用具、文房用品，等等。这里还收藏着称得上是国宝的《源氏物语》绘卷。美术馆还介绍了日本的文化艺术历史。

### 濑户大桥

1988 年 4 月 10 日，当时日本最大的工程濑户大桥通车，第一次把本州和四国用铁路连接起来。人们可以乘火车迅速地从寒如西伯利亚的北海道穿过本州，抵达亚热带气候的九州港口和南方四国岛上香火鼎盛的庙宇，这座新桥横跨濑户内海——世界上最美的水面之一。这座收费桥始于本州岛的仓敷，终于四国的坂出，仪态万方地横跨 5 个小岛，总长 12 千米，更精确地说，它是几座连在一起的桥，因为它连接了 3 座悬索桥、两座斜拉桥、一座桁架桥和 5 座高架桥。两座斜拉桥各长 792 米，居世界之最。悬索桥中最长的南桥主跨度为 1100 米，是世界上第五长的悬索桥。桥两端的钢搭高 194 米，比大金字塔高得多，相当于埃菲尔铁塔的 2/3 高度。建桥所用的钢索可绕地球 3 圈。涨潮时，桥身高出水面 65 米，可以让客轮和油海轮畅通无阻。入夜时分，游人可以从游轮上就近观看大桥的风姿，而大桥上红、白、青色的灯光则使得大桥更加迷人。

## 其他景点

### 兴正寺

兴正寺是佛教真言宗智山派的寺院。寺内的大须文库和根本寺、醍醐寺是日本三大经藏所在地。内藏有《古事记》等 4 件国宝和 37 件主要文物，大多是佛经和古籍。每月 18 日、28 日都有古董集市，游客可以淘点货品。

### 札幌

札幌位于西狩平原西缘，是日本第五大城市，同时也是日本著名的旅游城市。札幌市的街道设计呈扇面形，林荫大道交叉处均为直角。札幌也是北海道的文化中心，这里聚集了日本许多著名的大学，如北海道大学、北海道艺术大学、札幌医科大学等，还有近代美术馆、札幌雕刻美术馆等文化设施。札幌四季分明，最高气温 31.9℃，最低气温-14.4℃。夏天，这里是日本比较凉爽的避暑胜地。

### 法隆寺地区的佛教建筑

法隆寺是日本最古老的木构建筑物，为佛教圣德宗总寺院。它位于奈良县西北的生驹郡斑鸠町。推古天皇十五年（公元 607 年）由圣德太子创建，建筑的布局、结构深受中国南北朝建筑的影响。寺院分东西两院，西院的金堂内供奉着 3 尊释迦佛铜像和药师如来像，是日本最古老的佛像。四周原有诸佛净土图、飞天等壁画，可惜在 1949 年的大火中被烧残。金堂西侧的五重塔是日本最古老的佛塔，塔内有涅槃图等塑像，为斑鸠时代的作品。塔后有重建于平安后期的大讲堂。东院以梦殿为中心，梦殿是日本最古老的八角形建筑，殿内有救世观音像。

### 屋久岛

屋久岛位于古北区和远东生物区的交会点。该岛拥有丰富的植物群，大约有1900 种类和亚种类，包括古老的杉树样本（日本杉），该地区另一独特之处是它拥有气候温和的古代森林遗迹。屋久岛最为典型的自然景观要属古屋久杉树，树龄均超过 1000 年，其中一些树木的直径达到 5 米。从生态学和形态学上来说，屋久岛包括了世界上最宝贵的自然林地，而且它还是濒临灭绝鸟类的家园。

### 姬路城

位于兵库县姬路市姬山上。姬路城城堡外形好似一只高雅的白鹭，所以又称"白鹭城"，是日本现存的古代城堡中规模最宏大，风格最典雅的一座代表性城堡。城堡的结构严密，固若金汤，它的三重螺旋形战略防御工事包括外部、中部和内部壕沟。姬路城城堡是 17 世纪早期建筑保存最为完好的典范。包括主要城堡主楼的 8座建筑被视为国宝。保存完好的建筑物和外围工事在给世人展示了伟大遗产的同时，又体现了日本城堡建筑的精致和战略防御技能。

### 神户湾

神户湾目前是日本的国际化港口，同时也是大型的休闲旅游场所。温暖湿润的海风吹拂着轻松愉快的人们，这里没有日本大都市里常见的步履匆匆的人流，有的只是一派怡然自在的氛围，深受日本年轻人的喜爱。登上六甲山观看神户湾的夜景，摆脱城市旅游的喧嚣，是游览神户的一大享受。

### 人工岛

人工岛顾名思义是由人工建造的小岛。它位于神户市以南约 3 千米、水深 12

米的海面上，与神户市通过一座长 300 米、宽 14 米的双层大桥相连。神户人工岛是目前世界上规模较大的海上城市之一，自 1966 年开工，历时 15 年完成，削平了神户西部的两座山峰，将 8000 万立方米的土石填入海中。该岛呈长方形，东西长3000 米，南北宽 2000 米，总面积 436 万平方米。目前岛上居民有 2 万人，各种设施齐全，有国际饭店、旅馆、商店、博物馆、岛内游泳场、医院、学校及 3 个公园，还有休闲娱乐场和 6000 套住宅，是一个名副其实的海上城市。

# 韩国

韩国位于亚洲大陆东北，朝鲜半岛的南半部。北部以北纬 38°线为界与朝鲜民主主义人民共和国相分，东南部隔朝鲜海峡与日本相望，西临黄海，东濒日本海，西面与中国山东省隔海相望。现为新兴的工业化国家，旅游业发达。

# 首尔

首尔位于朝鲜半岛的中心，自朝鲜时代（1392 年~1910 年）至今约 600 年间，首尔一直是韩国的首都。朝鲜时代的首尔被称为"汉阳"，日本占领期改名为汉城。首尔是韩国的经济、政治、文化中心，以汉江为界分为南北两部分。北部是首尔的历史文化中心，而南部的商务气息则相对更浓郁。首尔曾举办过 1986 年亚运会、1988 年奥运会及 2002 年世界杯的赛事，是一座现代化的国际都市。首尔市内有许多的观光景点值得游客一看。

## 韩国景福宫

景福宫位于世宗路北端，是首尔规模最大、最古老的宫殿之一。是韩国封建社会后期的政治中心。景福宫最雄伟壮丽的宫殿是勤政殿，西北边有庆会楼，香远亭坐落于荷塘中央，王室每逢喜事常在此亭设宴庆贺。景福宫拥有庄严华丽的大门、雕梁画栋的内宫、琳琅满目的陈设。此宫共有四门，南门叫光化门，韩国动乱时期曾遭全毁，重修后的光化门的门匾，据称是韩国唯一用韩文写成的门匾。

### 昌德宫

位于钟路区卧龙洞 1 号，现在的昌德宫是 1611 年重建的，是朝鲜故宫中维护最完善的建筑，保持着王朝旧日的格调。其正门"敦化门"是侥幸未被烧毁的木造建筑。故宫内有仁政殿，呈现宫廷富贵气象的大造殿，有显示朝鲜王朝时代人工造景艺术精华的秘苑；周围有苍郁密集的森林、溪谷、池塘、小川互相陪衬着。

### 昌庆宫

昌庆宫位于昌德宫的东面，是韩国第三处古老的王宫。壬辰之乱毁了大部分的建筑，后来修复重建。从幸免于灾的弘化门与正殿明正殿可以想象当时的建筑艺术之壮丽。虽位于昌德宫侧，但二者互不相通。

### 爱宝乐园

在首尔近郊充满悠闲情调的京畿道，有着综合性的游乐场所——爱宝乐园，它送给人类无尽快乐与幻想，充满着惊险与刺激，诗情与浪漫。有具备 40 多种游乐设施的游乐世界，此外还有自然野生动物园等。

### 兴仁之门

兴仁之门位于首尔火车站附近的南大门路，是首尔古城门的东大门，是朝鲜王朝的遗物，采用高丽王朝的建筑特色。政府将其定为"宝物第一号"。

### 乐天世界

位于首尔松城区蚕室洞，是世界上最大的室内娱乐中心，除"乐天世界探险"和湖上的"魔术岛"外，还有民俗馆、室内游泳池、室内溜冰场、保龄球场、会员制的运动俱乐部、百货公司、超级市场、购物中心、大饭店、电影院等，是汇合娱乐与文化的超大型娱乐城。

### 汉城塔

汉城塔位于市中心的龙山洞，是都市人消除压力的好地方。这里除了可以观赏自然风景外，还特意为青少年准备了常设展示场。此外，这里还有 360°回转餐厅、快餐店、咖啡厅、酒屋等为游客提供休憩的好去处。

### 水原华城

水原原称"水源"。古代这里是首尔防卫四镇之一，城墙建于 1776 年~1800 年的崇周王时代。水原周围的防御工事十分坚固，城堡的城墙长约 6000 米，共设有 4 座城门，还装备了炮台。城墙最早被称为"华城"，于 1794 年开始修建，1796 年完工。无论是设计，还是施工，水原华城都称得上是朝鲜古代城墙建筑中最杰出的代表。城堡共有 48 个军事设施，这些设施的设计也非常精妙。除此之外，它还是当时世界上设计最科学的城堡，被称为"城堡之花"。

### 韩国民俗村

从首尔驱车向南约半小时可到达展现古代大韩民族生活的韩国民俗村，该村建于 1973 年。目前它几乎包容了过去的岁月中韩国独具特色的一切事物的各个方面。在村广场上，可以定时看到走绳索、婚礼或葬礼仪式表演、放风筝比赛，以及民族舞蹈队的表演。此外，还可以看到铁匠、木匠、陶瓷匠和乐器制造工匠在他们的店铺里工作的情景。

### 韩国之家

曾是日本伊藤博文 1906 年任殖民地朝鲜统监时的官邸，现已改建成韩国最大规模的纯古典韩式木造建筑物。正堂采用李朝时代"雨班"的屋顶样式，而屋内的间格则仿照王妃的御殿——景福宫慈庆殿的建筑风格，还有韩国独特的"温突"暖气式房间等。

### 奥林匹克公园

奥林匹克公园由百济王朝初期修建的梦村土城及护城壕、5 个赛场、奥运会纪念造型艺术作品、世界五大雕刻公园之一的奥林匹克雕刻公园组成。在此，可以重新感受当年举办奥运会时的感动。

# 釜山

釜山位于朝鲜半岛的南部。新罗时期，釜山称"东莱"，后建"釜山镇"。釜山是韩国的第二大城市，是一个天然良港。釜山永远是奔波沸腾的，这里，船只浮游，海洋波光粼粼，名刹比比皆是。釜山是朝鲜半岛最大的国际港口，主要的名胜有东莱焚鱼寺、太宗台。它有韩国最有名的海水浴场——海云台。釜山有公园、浴场等 50 多处。近海的影岛是游人不可不去的风光区，岛上有一处陡险异常的悬崖。立于崖顶俯瞰，美不胜收的朝鲜海峡尽收眼底。釜山文化教育发达，高等院校林立。

### 太宗台

太宗台位于影岛南端，周围自然环境优美，松林和山茶树郁郁葱葱，悬崖峭壁连绵不绝，与釜山近海中的五六岛构成了一幅绝妙的风景画。游客来此旅游尤其不能错过乘游艇眺望海岸和银白色的灯塔。

### 梵鱼寺

位于釜山北面金井山山麓，建于公元 7 世纪末，堪称釜山第一古庙，为禅宗总枢。原有 36 座规模庞大的寺庙，后不幸于壬辰倭乱时期遭毁。1717 年重建，其中大雄殿造得十分精致华丽，堪称朝鲜时代建筑的精华。寺内至今还保留着 7 座殿阁、2 座阁楼、3 扇巨门、11 座净修庵及最初建造的三层石塔等众多历史古迹。大雄殿和三层石塔已被列为韩国的国宝。

### 通度寺

是韩国三大名刹之一。位于葱郁的林中，有大小建筑 70 余处，文物丰富，风景十分优美。1592 年日寇入侵朝鲜时，通度寺被焚毁。后于 1601 年和 1641 年两次重建。如今该寺仍保存着 35 座古代建筑，其中有大雄殿、不二门及具有 1300 多年历史的大光明殿的石刻浮雕等。

### 龙宫寺

龙宫寺是海水观音的道场。位于面海靠山的绝壁之上，风景如画。游客要经过 108 级台阶才能到达给人以龙宫般神秘感受的龙宫寺。

### 三光寺

三光寺位于白杨山的半山腰上，是传播佛教精神的中心地。寺庙规模很大，建筑简洁、优雅，丹青华丽、美观。整个寺庙由大雄宝殿、止观殿、梵钟阁、舍利塔、法华三昧堂等建筑构成。

### 金井山

金井山是个护国之山，在此建有国内最大的金井山城。金井山城为了抵御经由洛东江入侵的倭寇，建立了东西南北 4 个城门。金井山山势不算险峻，但处处都有郁郁葱葱的森林与山谷，涌流着明净的水，因花岗岩激烈的风化而形成绝妙的悬崖绝壁，成了釜山之名山。金井山有 14 个山泉，供登山者解渴，并作为部分居民的食用水。另外，金井山有众多的树木和飞禽走兽，可谓动植物的乐园。

### 海云台

海云台位于釜山市海云台区，是韩国最有名的海水浴场，景色秀丽，列为韩国八大景色之一。每逢夏令季节，来此避暑的游客络绎不绝。当夜幕降临时，海滩上又出现另一番景象，各种风味小吃摊点成了海边"主角"，排成长蛇阵，供游客品尝。而在夜色中观沧海，看穿梭而过的船灯渔火，则又有一番别样的情趣。

### 釜谷温泉

堪称韩国温泉之冠，是一座综合休养场所，设有室内游泳池、动植物园及大饭店的文艺舞台等。游客可由釜山西部公共汽车站乘车前往。

# 济州岛

位于朝鲜半岛的西南海上。有东方夏威夷和蜜月岛之称的济州岛是韩国自然风景的精华之地，全年气候温和。岛上花繁叶茂，景色秀丽，远看像一个凸起的大花篮。古代这里曾是名谓"耽罗国"的独立国家，因而岛上保留着独特的风俗习惯、方言与文化，岛上观光多靠步行，游客最好准备轻便的服装和便鞋。

### 比雷莫洞窟

比雷莫洞窟是在济州岛发现的旧石器遗迹。该洞窟为熔岩洞窟，总长 1.1749 万米，由主洞窟及数个分支洞窟所组成。

### 万丈窟

万丈窟是由汉拿山喷出的火山熔岩形成的熔岩洞窟，其规模位居世界第一。总长度为 13.4 千米，洞宽 13 米，高 15 米，洞里生存着蝙蝠及各种稀有生物，学术价值很高。但开放给观光游客观赏的范围大约只有 1 千米。洞内游览往返约需 1 小时，黑暗的洞窟倍增神秘之感。

## 济州民俗村

走在济州民俗村的林中小路，会让你产生坐时间机器回到过去的错觉。济州民俗村真实地再现了 19 世纪 90 年代济州的村庄和生活风俗。

## 三姓穴

三姓穴，位于济州岛民俗自然史博物馆附近，据说是 3 位神仙高乙那、良乙那及夫乙那出生的洞穴，但现今所存的，只有一片老松围绕的低洼地带和刻有三姓穴的石碑而已。传说太古时代，三姓穴的土窟中诞生了这 3 位神仙，3 位神仙从碧浪园带来农作物的种子和家畜，各娶了一位外姓女子为妻，繁衍子孙，也就是现在济州岛上高、梁（良）、夫 3 个姓氏的后裔。

## 龙头岩

位于济州市龙潭洞海边。龙头岩的来历有一个美丽的传说：相传很久以前，龙王的四太子来到汉拿山偷挖不老草，激怒了汉拿山神，用箭射之，龙四太子中箭而亡。他的身体落入海中，只有头还浮在海面上，这便是龙头岩。龙头岩是济州岛之行的第一站。它屹立于波涛澎湃的海岸边。是由汉拿山火山口喷出的熔岩在海上凝结而成，顶部宛如仰天长啸的龙头。

## 西归浦

西归浦位于济州岛南端，是韩国最大最美的岛，美丽的海滩和壮观的火山喷口足以让观光旅游者陶醉于此。这里四季变化分明。春天，美丽的油菜花满岛盛开；秋日，枫叶如火，层林尽染。这里还拥有各种鱼类以及珊瑚礁等丰富的水中资源。除此之外，岛上观光休闲设施齐备，也是很有名的新婚旅游胜地。

# 庆州

庆州位于首尔东南约 370 千米的地方。庆州古城的周围散布着王室的陵墓、古庙遗址以及城堡的残垣断壁。游客可以看到韩国早期佛教遗产中许多独具特色的雕刻艺术品，所以人们称庆州是"无围墙的博物馆"。庆州的街道每个角落都会看到古坟公园。其中从天马冢出土了1万多件古董，均由博物馆收藏。此外，庆州还有佛国寺、石窟庵、芬皇寺塔、五陵以及普门湖游乐区等旅游景点。

### 庆州南山

南山不仅拥有极丰富的自然景观，而且处处浸透着新罗灿烂的历史芬芳。南山有40多个溪谷，在这些溪谷内有106处寺庙遗址，78尊佛像和61座石塔，形成了一个露天博物馆。传说中的新罗开国君王朴赫居世降生的水井就在南山脚下。新罗从开国初期就把南山视为圣地。

### 佛国寺

佛国寺位于庆尚北疲道东南吐含山坡，被誉为韩国最精美的佛寺，以其完美的新罗建筑艺术和寺院内许多极其珍贵的佛教国宝而闻名于世。佛国寺背依青山，碧溪穿流，林木茂密，景色秀丽。殿堂建立在高高的台基上，寺内多宝塔和释迦塔是新罗时期宝塔中最精美的，曾经使佛国寺当时成为最流行的"双塔"格局的典型。

### 石窟庵

出佛国寺，沿着一条蜿蜒曲折的山路，穿过一片景色优美的树林，可以抵达石窟庵。石窟庵是唯一从自然巨石凿成的石窟内建成的佛寺。庵内由前室和后室两部分组成，中间有一条扇状走廊相连接。后室为主殿，拱形殿堂直径6.85米，大殿中央供奉着释迦牟尼佛像，整座佛像雕工庄重，线条流畅，充分展示出新罗文化的博大精深。早上旭日升起，阳光会把整个石窟照得通体明亮。

### 庆州国立博物馆

凡是对新罗王国的艺术和文化感兴趣的游客都可以在这里找到历史的遗迹。博物馆收集的物品已经增加到大约1.2万件。馆内有在它附近挖掘到的许多青铜器，以及新罗时代的遗迹。博物馆的场地上到处陈列着佛教艺术品，其中包括佛像、宝塔和佛塔的部分构件，以及其他许多石器遗物。场地上的一个亭子里挂着韩国最大的圣德大王钟。

### 古坟公园

位于庆州火车站附近，公园内除天马冢之外，以7座巨大的新罗王陵为中心，周围遍布23座古坟。游客迈步行走在松林间的小径上可发现半月形的陵墓排成一列，宛若波浪起伏。天马冢已被挖掘，可供游客参观，从中共出土了 1.2 万余件陪葬品，目前都陈列在庆州博物馆内。

### 瞻星台

位于庆州火车站附近，建于公元 634 年，由 366 块石块堆砌而成。据称是东方最早的天文台，据推测，当时是借助底部的水镜与窗户映入的光线来观测天文气象，由星象来判定国事与稼穑。瞻星台距庆州火车站和古坟公园都很近，步行只需 5 分钟。

## 其他景点

### 海印寺大藏经版木及版库

修多罗藏位于海印寺的大寂光殿后，它的北面并立着法宝殿的两座藏经版殿，东西两侧还有寺刊版库。殿内的基石上竖着大圆柱，柱上架梁。中央的大柱子与窗边的柱子间，是收藏经版的木架子。架子分 5 层，每层都横放着双层经版。殿内地面是用木炭、石灰和盐等材料填成的。这里的窗户也很特殊，朝南的窗户上小下大，朝北的则相反。据说，这种特殊的结构可以调节殿内的湿度和温度。版木的正反两面都刻有经文，每行 14 字，每面 23 行。版木上刻有经典名称、卷数及匣号等内容。版木的正反两面还涂了一层薄漆。为防止板面扭曲变形，版木四角还包上了铜。

### 松广寺

松广寺地处曹溪山密林中，是韩国三大寺庙中气氛最为宁静的寺庙。以栽培三国时代 16 位国师而享有盛名，直至今日包括外国人在内的修道僧仍然很多。寺院扩建于 12 世纪初，跨于清流之上的三清桥与大雄殿后方的石井等，与大自然极为调和。这里还收藏有韩国的大量国宝和重要的文化遗产，可谓古代文化遗产极多的寺院。

### 鸡龙山国家公园

鸡龙山海拔 800 多米，由十余座山峰相连，形状如同鸡冠，因而得名。山麓之间有龙门、隐仙二处瀑布及多处古寺，每逢秋来，通往各寺庙的山径为红叶所覆盖，红叶漫漫，景致宜人。

# 柬埔寨

柬埔寨位于东南亚中南半岛南部，北界老挝，西北部与泰国为邻，东和东南部与越南接壤，西南濒泰国湾。海岸线长460千米。柬埔寨的历史可追溯到三四千年以前，但是柬埔寨最强盛时期还是公元9世纪至14世纪的吴哥王朝，创造了举世闻名的吴哥文明。

## 金边

位于湄公河、洞里萨河、巴沙河和前江的汇合处。金边市的名称意为"彭女士之山"。自公元1434年波尼亚特王在此兴建王宫后，便一直是柬埔寨的首都。金边是柬埔寨的政治、经济、文化、交通和旅游中心。1970年以前的施亚努执政时代，因受法国殖民影响，所以产生了以王宫为中心的柬埔寨区、以钟形塔为中心的欧洲区、以中央市为中心的中国区等划分。目前的行政区划则分为4个城区和3个郊区。

### 王宫

金边的王宫建于1886年，包含国王的住所在内共有20余处建筑，里面有一座最大的王室大厅建筑，长100米，宽30米，是1919年由施亚努国王改建的。据说，大厅内的宝物有80%已被波布政权破坏。由于目前仍有王室家属住在里面，因此并不对外开放。

### 塔山

"先有塔山，后有金边"，塔山是金边的象征。凡是到金边游玩的人，都喜欢到塔山一游。山顶上有塔寺，有大约30米高的佛塔，塔尖直刺苍穹，宏伟壮丽。站在此顶上可以俯瞰金边，把全市景色尽收眼底。山的周围林木繁茂，花草铺地，俨然是一个十分美丽的花园。在攀登塔山的道路两旁的扶手上，都装饰着吴哥式的精美石雕，显示了拥有悠久历史的柬埔寨人民的才华和智慧。

### 柬埔寨王城

从塔山向东面约 2 千米的地方，是柬埔寨王城及博物馆所在地。王城建筑金碧辉煌，房屋带有斗拱飞檐。王城由会议宫、王座宫、宝物殿、舞乐殿及绿玉寺等建筑群组成，其中以绿玉寺最为华丽。

### 柬埔寨国立博物馆

这是一幢砖红色的古典庙宇式的建筑，建于 1913 年，内有 4 座中庭，馆藏相当丰富，收藏以佛教文物、传统手工艺品、雕刻等艺术品为主。

### 绿玉寺

绿玉寺位于王城北面，又称为银宫，地面是用近 5000 块镂花银砖铺砌而成，那些大大小小的金佛，全部用黄金铸成，雕刻极为精美。绿玉寺得名，是因为寺内有一座半米高、用整块翡翠雕成的绿玉佛，晶莹含润，价值连城，是柬埔寨最珍贵的文物之一。

### 中央市场

在金边市中心，有着一座圆弧形、黄色外观的奇特建筑——散发着浓浓的欧洲风味、外形独特的中央市场，楼底甚高，远看有如一座歌剧院。柬埔寨的物价较低，来到这个最大最集中的市场，游客可以尽情地购物一番，喜欢讲价的游客，不妨考验一下自己的"实力"。

### 监狱博物馆

博物馆曾是学校的建筑物，在波布政权时期，被当作监狱使用。为数众多的人在此被拷问或处以极刑。受极刑的人数，据估计约为 1.45 万人，其中包括 2000 名孩童。博物馆由 4 幢建筑物连成，将教室改为独立或集体的囚房，展示拷问或逼供时使用的道具及牺牲者的遗物，也有入狱时及处刑后所拍摄的照片、拷问或处死情景的绘画，等等，令人不忍卒睹。

### 两万人被屠杀的现场

金边由市内往西南约 15 千米处，就是在 1975 年~1978 年间 2 万人被屠杀的现场。被拘留在监狱里的人，当初就是被送到此处用棍棒处以极刑。1988 年，建塔安置挖到的近 900 个头盖骨，附近尚有许多遗骨未被挖出。四散的骨片及衣服碎片，仿佛诉说着当时的惨状。

### 银阁寺

银阁寺是一座由 5000 片共 6 吨重的银瓦覆顶的佛庙，里面的地板也是纯银制，因而称为银阁。寺内收藏了一些重要的柬埔寨文化遗产，包括佛陀的雕像。模仿泰国的玉佛寺，银阁寺内供奉了一座被认为是全东南亚最具影响力的玉佛。而全寺最名贵的，要算是由国王诺尔丹所建的一尊重 90 千克，镶有 9584 颗钻石的金佛了。

### 吴哥城

作为吴哥王朝首都的吴哥城，从公元 9 世纪起便开始建造了。由于外族的入侵，它曾一再毁于战火。今天所见到的吴哥城是耶跋摩七世（1181 年~1215 年）时期的遗迹。吴哥城是一个完整的正方形，城墙高约 7 米，厚 6 米，全为石墙，城门也用巨石砌成。城中央的主体建筑是戎殿，远望像一座小山，其实是由 50 多座浮屠构成，塔的顶部都雕有象征国王的巨大的四面佛，他们在塔尖微笑着俯瞰四周，象征着王权至上和佛教神圣。不管您站在哪个位置，都能看到高高在上的佛像，感受到他们潜在的威慑力，令人不由得肃然起敬。

### 吴哥古迹

位于暹粒省，距金边 240 千米。时间和空间交汇在这个密林的吴哥古城中。它的每个设计都是为了体现神性。置身于吴哥窟的佛像间，已经分不清自己究竟是站在神的领地还是人的空间。吴哥窟最初是为敬奉印度教神灵所建，今天已演变为佛教寺庙。在方形广场的四个角上，各有一座石塔，而广场中央矗立着一座更高的石塔，象征神话中的圣山。无论印度教还是佛教信徒都相信，中间这个神圣的所在就是宇宙的中心。吴哥窟建在 3 层台阶的地基上，每层台基四周都有石雕回廊，浮雕大多取材于印度著名史诗《摩诃婆罗多》与《罗摩衍那》的神话故事。寺庙中央大道两旁是七头蛇形栏杆，柬埔寨传说中，七头蛇会带来风调雨顺。寺庙周围是护城河和水池，不是为了保护寺庙，而是为了通过水中的倒影，使寺庙显得更加神圣雄伟。吴哥窟大门向西开，喻示西方乃极乐世界。

### 女王宫

女王宫位于吴哥城东北 25 千米处，被誉为"吴哥古迹的明珠"，原名湿婆宫。

它坐西朝东，长 200 米，宽约 100 米，中心为 3 座并列的塔形神祠和左右对称的配殿。朱红色的塔祠建在一个 1 米多高的台基上，居中一座最高，约 10 米。女王宫内外有 3 层红沙石砌成的围墙。据说，当时柬埔寨信仰婆罗门教，教旨认为东方是太阳升起的地方，象征着兴旺昌盛、光明幸福。女王宫里奇秀幽深，巧夺天工的雕刻不愧为世界艺术宝库中的稀有之宝。

# 越南

位于中南半岛东部，北与中国接壤，西与老挝、柬埔寨交界，东面和南面临南海，西南紧靠泰国湾，扼太平洋与印度洋海上交通要道。越南地形南北狭长，如拉长的"s"形。海岸线长 3260 多千米。越南以农业为主，大米出口居世界前列。

# 河内

河内是越南的首都，位于越南民族发源地红河平原的中部，红河与墩河的汇流处。是越南最大的城市之一，辖区相当于越南的一个大省。河内是一个历史悠久的城市，不少街名还沿袭古老的名称。河内是一座百花春城，这里树木常青，鲜花盛开，湖泊众多，星罗棋布于市区内外。城市分为内城（市区）和外城（郊区），内城过去为禁城、皇城和京城所在地。河内的名胜古迹居越南之冠。

### 巴亭广场

巴亭广场位于市中心，还剑湖西北，广场长 320 米，宽近 100 米，可容纳一二十万人，是河内人民集会和节日活动的场所。这里有庄严的胡志明主席陵墓、胡志明博物馆和胡志明主席故居。数条林荫大道由广场向市区辐射，长 1000 米，宽 24 米的雄王路贯通广场。

### 还剑湖

位于河内市中心，被称为河内第一风景区。湖南北长 700 米，东西宽 200 米。湖中有玉山寺、龟塔。龟塔位于南部湖中龟丘上，碧波塔影，交相辉映。现在，塔上安装了照明设备，每逢节日，塔身被灯光照得通体辉煌，玲珑剔透，甚为美观。北部湖中的玉山寺，崇祀佛教和越南民间神祇，还展出 1960 年从此湖中捕获的一只巨龟的标本。朱红色木结构的旭桥将此寺与岸边相连通，桥头有耸立的笔塔，阮朝文人阮文超于山墙上题有两个行草体大字"福""禄"，还有各种汉文楹联题对，可见汉文化对越南的深远影响。

### 独柱寺

位于巴亭广场西南，是一个建在莲花池中的一根大柱上的木亭子，造型奇特，建于 1049 年。独柱寺为木结构的翘角古亭，形若盛开的莲花。1954 年法撤军时炸毁原寺，仅存石柱，现寺为 1955 年依原样重建的。

### 西湖

西湖位于河内市区的西北部，是河内的著名胜景，为河内第一大湖，素有"河内第一风景区"之称。西湖距著名的巴亭广场仅 200 米，面积 5 平方千米。环湖道路长达 17 千米，湖中最深处为 3.4 米。西湖附近的四种桃花最负盛名。每当桃花盛开季节，这里一片鲜红，游人络绎不绝。

### 镇国寺

西湖东面湖畔就是河内著名的古刹镇国寺。古刹坐落于状似半岛之地。寺与湖岸从前并不相连，1620 年黎神宗时，安阜、安光、竹安三村人民修筑固御堤，遂修土路把镇国寺和固御堤连接了起来。由于此地环境幽雅，景色瑰丽，后被封建统治者据为行宫，几经修建，成今天的规模。

### 金莲寺

金莲寺位于西湖的东侧，与镇国寺相隔不远。整座寺庙被绿树环绕，碧波荡漾，宛如浮在湖面上的小岛。寺内建筑有许多精致的雕刻，还有遗存的书法艺术。据民间记载，金莲寺是 12 世纪在原慈花宫的地基上建造的，当时名为栋龙寺。

### 美术博物馆

美术博物馆位于阮侯街 66 号。馆内收藏有不少价值连城的艺术品，包括越南少数民族及史前时代的遗物、17 世纪以后陆续完成的精美木刻佛像、东山铜鼓等越南艺术的代表作。

### 文庙

位于河内文庙街的文庙古建筑群是河内最重要的古迹之一。文庙坐北朝南，占地 2.6 万多平方米。文庙的大拜堂有一块康熙御书的"万世师表"汉字匾额。正殿内设有孔子供桌，两侧奉祀中越两国先儒。文庙以存有"进士碑"而闻名，现在河内文庙存有 82 块进士碑。据介绍，目前文庙的建筑大部分是 17 世纪黎朝的建筑。尽管经过多次重修，但文庙仍然保留着其古老的特色，保存着许多古老的文物。

### 玉壶寺

玉壶寺在文庙附近，始建于 1218 年。由于寺前有一古式酒壶形的土岗，而且土岗下有清澈的水池，故得名"玉壶寺"。16 世纪莫朝之后，庙宇由于年久失修和遭到破坏，几乎荡然无存。1935 年重新修复。

### 螺城

螺城位于河内市郊东英县，为红河流域古时最早出现的城市，因土城呈螺旋形而得名。城郭重重叠叠，共有 9 层，今仅存 3 层。内层呈日字形，周长 1650 米。中层周长 6500 米，城墙高 2 米，宽 15 米。3 层城郭周围均有壕沟环绕，宽 10 米～30 米。

## 胡志明市

从河内沿 1 号公路或统一铁路南行 1700 千米，就可以到达越南最大的城市胡志明市。胡志明市位于湄公河三角洲东北部，居西贡河右岸，南临南中国海，西、北两面分别同隆安省、西宁省接界，东面是小河、同奈两省。胡志明市不同于首都河内的建筑风格，市区内是一栋栋高大、整齐的现代化建筑。这里被称为"东方明珠"，是越南南方经济、文化、科技、旅游和国际贸易的中心。胡志明市气候温和，年平均气温为 27℃，全年几乎没有台风。

### 红教堂

红教堂是胡志明市最著名的地标，它是 1877 年所留下的古老建筑。这座教堂完全由红砖建造，建筑非常雄伟、壮丽，教堂外观的雕饰也很精美。在教堂前面的花园广场上，矗立着一座重达 4 吨的圣母玛利亚雕像，那是 1945 年罗马教会来访之后所送的。令人匪夷所思的是，圣母玛利亚的脚下竟踩着一条蛇！

### 大叻避暑胜地

大叻避暑胜地位于胡志明市东北面约 100 千米的林同高原，因海拔高，四周皆为山间盆地，气候凉爽（年均气温 18℃），成为越南有名的避暑胜地。大叻避暑胜地内百花争妍，绚丽多彩，山间多有瀑布，一幢幢法式别墅分布其间，吸引了众多的游人。

### 堤岸

胡志明市的华人约有 50 万，几乎都住在堤岸地区。此区的主要景点是可与编汤市场比拟的宾太市场，众多南北口味的中国餐厅也是堤岸地区吸引人之处。

### 编汤市场

1919 年开业以来，这个市场满足了当地居民的衣食需求，是胡志明市最大的市场，位于市中心。在这个巨大的建筑物里面，除了一般食品之外，还有许多稀有的南北杂货及日用品。市场生气蓬勃，从中可以看到胡志明市一般市民的生活景象。

### 古芝地道

在曾经经历战火洗礼的胡志明市区内，古芝地道是想要体验战争气氛的人应该去看的地方。古芝地道宽不及 80 厘米，里面伸手不见五指，在地底下纵横交叉。古芝地道是越军当年攻击美军的地下堡垒，曾让美军吃够了苦头。

# 其他景点

### 版约瀑布

版约瀑布是越南北方著名瀑布，位于越、中两国边界上，以归春河主河道为界。在越南一侧的，离高平省重庆县版约村较近，越南称之为版约瀑布。瀑布在中国一侧的，离广西壮族自治区大新县德天较近，中国名之为德天瀑布。归春河流到这里，河床陡降，其上端巨岩数块横卧河心，河水被分成 3 股，从 30 多米高处飞泻而下，形成雄伟壮丽的瀑布。瀑布犹如 3 条白练，凌空飞垂。近观，银花四溅，云雾蒸腾，山谷轰鸣。瀑布四周，绿草如茵，山花烂漫，林木茂盛。每年 6 月～10 月为观瀑最佳时节。

## 风牙洞

风牙洞在广平省布泽县山泽乡境内。洞深邃宽大，洞中套洞，比较著名的有天洞、水洞和浅洞。游人进洞，一般只能乘舟逆水从水洞进入。洞内景色奇妙，钟乳石光怪陆离。据传，游人在洞中，如遇地下发出隆隆响声，旋风呼啸，就应急速出洞，不然，洞内水位上升，转眼就能将洞口封闭，因此，古人以"风牙"命名此洞。

## 三海湖

北部山区高平省佐研县南亩乡的三海湖，也被称为"高原下龙湾"。从河内乘车北上，经太原、北淋、府通，然后拐向西北 40 多千米，就可以抵达三海湖。因为湖中间有两处十分狭窄的蜂腰，把三海湖分成为林海、滤海、连海 3 个既独立又相连的湖，这就是三海湖名称的由来。三海湖中分布着许多小岛，岛上建有小庙，还有气象站。三海湖四周，崖壁环抱，嶙峋山岩突伸入湖，形成许多奇特的岩洞。夏季，三海湖气候凉爽，是避暑的好地方。

## 下龙湾

在越南海防市吉婆岛以东，鸿基市以南，有一片神奇的海湾，在它 1500 平方千米的海面上，山岛林立，仪态万千，它就是被称为"海上桂林"的下龙湾。由于下龙湾中的小岛都是石灰岩的小山峰，且造型各异，景色优美，与桂林山水有异曲同工之妙，因此曾到过这里旅游的中国客人都亲切地称下龙湾为"海上桂林"。下龙湾有成千座石岛，岛上有许多山洞，可以互相贯通，并呈现不同的形状。无论任何季节，下龙湾都是一个迷人的旅游胜地。

## 顺化皇陵

顺化皇陵散布在香江东西两边的山岭上，共有 6 座，即嘉隆陵、明命陵、绍治陵、嗣德陵、同庆陵、启定陵。每座陵墓各占据一两个山头，建成陵园。园内有祭殿、碑亭、石人石兽、池塘等，周围高墙环绕，建筑和石阶两旁刻有大量精美的浮雕。

## 顺化古迹群

顺化，是越南历史古都，现在是平治天省省会。顺化古迹群位于越南中部的平治天省。顺化皇城，越名"夫内"，是阮氏王朝皇宫，也是越南现存最大且较为完整的古建筑群。1687 年奠定雏形，1805 年开始修建，历时数十年才建成现存规模。其建筑的样式，模仿北京的故宫，总面积 6 平方千米。皇城外围的部分称为京城，有周长 9000 多米的围墙，全部由砖砌而成，高约 8 米，厚 20 米，共有 10 处 16 米的城门，四周还有宽 22.8 米，深 4 米的护城河围绕。城内是皇城，皇城亦是方形，四周亦有护城河。顺化古迹群还有耀帝寺、慈潭寺、灵光寺等古代寺庙建筑和静心湖，南郊坛等名胜。

## 会安古城

位于越南中部，属广南省。在占婆王国时期，会安曾是一座港口，发展到 16 世纪，这里演变成一个东南亚最重要的贸易交流中心。18 世纪，由于越南国王们长期而激烈的权力之争，约束了发展，会安几乎废弃，到了最后，这座天然的港口终于淤塞。20 世纪 80 年代，联合国教科文组织对会安港进行了大规模的整修，使之焕发昔日的光彩。

## 美山寺庙

美山寺庙位于越南广南省维川县维富乡美山村，距会安 40 千米。美山是占婆王国最重要的圣地。这里曾有 70 多座建筑，但到了 15 世纪末，由于占婆王国迁都，美山圣地从此荒废。1937 年~1944 年，法国远东博物馆组织重修了这里的一些古塔。但在抗法、抗美两场战争后，这个历史遗址受到严重破坏。后来，越南文化通讯部决定将美山遗址确定为越南艺术建筑遗址，并对美山遗址进行修复。经过 10 多年的加固和修理，这个占婆王国艺术遗产得到重生，部分恢复了原貌，人们可以从这些残垣断壁中体会到当时占婆王国建筑艺术的精华。

## 丰芽—格邦国家公园

丰芽—格邦国家公园拥有独特的地形景观。国家公园拥有亚洲最古老的喀斯特地形，由一夹杂页岩和砂岩的不连续石灰岩层，以及片岩、花岗岩共同组成。由于易受剧烈地壳变动的影响，公园内形成了许多独特的自然奇景。

# 缅甸

缅甸被称为"万塔之邦"或"佛塔之国",是位于中南半岛西北面的佛教国家。东与老挝毗邻,东南与泰国接壤,北、东北和中国大陆交界,西与印度、孟加拉国为邻,西南濒孟加拉湾,南临安达曼海。海岸线长 3200 千米。

## 仰光

位于勃固尤玛的山脚下。仰光原称大衮,只是一个很小的城镇,主要因仰光大金塔而闻名。直到 1755 年国王雍笈牙赐名后才改称"仰光",缅语"战争结束"之意。仰光是一座充满浓郁东方民族色彩的现代化城市,街道多狭窄,现代化建筑与传统白尖顶、黑柏油漆的木屋交错排列,佛塔、寺庙遍布,到处是鲜花和常绿植物,市民多着色彩鲜艳的纱笼和拖鞋……这里少有大城市的喧嚣繁闹,令游客恍若进入一个清净的世界。仰光还是缅甸最大的城市。

### 仰光大金塔

位于仰光北部茵雅湖畔的圣山上。大金塔有一个美丽的来历:据佛教传说,释迦牟尼成佛后,为报答缅人曾赠蜜糕为食而回赠了 8 根头发。佛发被迎回缅甸后,忽显神力,自空中降下金砖,于是众人拾起金砖砌成了金塔。实际上金塔只是一座砖塔,经两千余年的修缮、扩建,成为今天的规模。

### 耶丽塔

耶丽塔位于仰光市南丁因叫坦的谟温江中,俗名水中塔。据说,孟族王突达那加出游锡兰岛时,锡兰王送他佛发及佛像 27 尊,放在金盒里,又在金盒外套了两层盒子,最后用 3 重大锁将盒子锁住。孟族王不知其中藏有何物,遂开斋布施,广请天下隐士,解答其中奥秘。隐士们建议内藏圣物,应建塔珍藏。孟族王遂筑此塔。

## 国家博物馆

国家博物馆位于 Pyay 路，馆内陈列着缅甸历代王朝的古物，其中最引人注目的是雍笈牙王朝的末代国王锡袍王高 8 米的"狮子椅"，它是缅甸木雕的代表性作品。该椅在 1886 年被英国带走，直到 1964 年缅甸尼温将军访问英国时才带回来，古物失而复得，更显珍贵。

## 摩直塘塔

摩直塘塔是缅甸著名佛塔，位于仰光码头附近。现存佛塔是 1949 年重建的，原塔建于 2000 多年前。摩直塘塔原名吉谛阿珊陀乌佛塔。"摩"意为"军官"，"直塘"意为"一千"。据说当年以僧耶他为首的印度佛教团把圣发和舍利子由印度送来本地时，曾由 1000 多名军官护送，以此得名。

## 曼德勒

曼德勒的巴利语名称为"罗陀那崩尼插都"，意为"多宝之城"。曼德勒坐落在缅甸中部平原的伊洛瓦底江东岸，背靠曼德勒山，气候干燥闷热，年最高气温达 45℃，有"火炉"之称。13 世纪蒲甘王朝灭亡后，缅族人在曼德勒一带建立起缅族王国。后经朝代的更替，1857 年贡榜王朝的国王明东王在此修筑曼德勒王城，作为缅甸的首都，直到 1885 年缅甸被英国所占领。在曼德勒旅游，有三个看点：一是佛教胜迹，二是古代文化，三是缅甸中部的田园风光。在曼德勒可以很方便地租到自行车——这是外国游客最喜欢的旅游交通工具。

### 曼德勒皇宫

曼德勒皇宫原为缅甸最后一个王朝贡榜王朝的皇宫，第二次世界大战时被火烧毁，后在原址进行重建。皇宫远没有北京的故宫大，但里面的建筑也很多，有皇帝上朝召见群臣的大殿、居室、嫔妃居住的一大片后宫，金瓦红墙，都是缅式风格，可惜都没有家具陈设。傍晚的夕阳，映照着古城的角楼，满天彩云，古城远山，树影婆娑，倒映在平静如镜的护城河水中，生成一幅宁静致远的美景。

### 曼德勒山

位于曼德勒城区东北部，旧称罗刹女山，是缅甸著名的佛教圣地。从山脚到山顶建有一条有遮顶的石梯级长廊，游客需脱鞋步行上山。沿路有不少寺庙，一共有八大佛寺，无数佛像。山顶更有一座辉煌的佛寺。从山顶俯瞰远近的山川河流，景色非常优美。

### 摩诃牟尼塔

摩诃牟尼塔在曼德勒城南，距离皇宫大约 500 米，是为了安置著名的摩诃牟尼佛像而建的。佛像为金属质地，端坐，高约 3.7 米。塔内墙上挂着许多长发，据说都是佛徒们许愿奉献的。离塔西门不远，有 6 尊铜像，3 尊狮子像，1 尊大象像，是与摩诃牟尼佛像同时从阿拉干迁至此处的。世界各地的虔诚佛教徒常来此朝圣。

### 明宫宝塔

明宫宝塔是缅甸未及完工的最大古塔遗址。位于曼德勒北约 11 千米。宝塔由缅甸孟云王亲自督工建造。塔高原定 150 米，塔基边长为 135 米，建塔时，石块遍涂溶蜡。当工程进行到 1/3 高度时，孟云王忽闻谣言："宝塔完成，国化灰尘"。孟云王信以为真，随即中止了建塔工程。在建塔之时，孟云王在塔中藏有大量宝物，后来塔身因地震而倒塌，残塔遗留至今。值得一看的是，佛塔北边有一口大钟，重80 吨，高 3.8 米，钟内可容 20 人，为世界第二大钟。

### 宾地牙石窟

石窟位于曼德勒以南约 200 千米的卡劳山城郊外的山峰上。从北部登上石窟洞口有 5000 多级台阶，如果从南面攀登有 2500 级。石窟洞为一个"大厅"，中间屹立着一座金光闪闪的佛塔，塔的周围有大大小小佛像组成的各种图案，据说佛像达800 尊，修建于 800 年前。

### 瑞西光塔

瑞西光塔位于缅甸中部名城蒲甘附近。古塔远离佛塔群，保存完好，是缅甸极负盛名的古塔。该塔建于 1059 年。塔为镀金实心金钟形建筑，全部采用圆柱形结构，高 40 多米，呈倒钵状，顶端尖耸。塔四边有寺庙，每座寺庙中供奉有佛陀立像。据历史记载，瑞西光塔内被认为藏有极为神圣的佛的遗物。每年在缅历葛宋月中要在这里举行佛节盛会。

### 阿南达庙

阿南达庙位于蒲甘城的东部，是整个蒲甘地区最优美的建筑，占地约百亩，呈正方形，以平衡和谐著称于世。在院子的中心是美丽的阿南达塔，塔座是印度式的正方形大佛窟，四面各有一门，门内是一尊高约 10 米的释迦立佛，佛像庄严，微微低头俯视着下方的芸芸众生。在塔座之上屹立着 70 多米高的塔身，显得端庄壮美。寺庙的西部有江佗王和高僧阿罗汉的等身塑像，跪于巨佛之前。

## 茵莱湖

茵莱湖长 22 千米，宽 10 千米，是缅甸主要的风景区。茵莱湖三面环山，处于盆地中间，湖面非常宽阔，湖水的颜色随天气的变化而变化。乘船游茵莱湖是主要的旅游项目，浩瀚的湖面上有集市、菜园、寺庙、学校、工厂、酒店等。

# 泰 国

泰国位于东南亚中南半岛的中南部。东南与柬埔寨相邻，东北与老挝交界，西和西北与缅甸接壤，疆域沿克拉地峡向南延伸至马来半岛，与马来西亚衔接，东南临泰国湾，西南濒安达曼海。海岸线长 2600 千米。

# 曼谷

曼谷位于湄南河河畔，坐落在湄南河三角洲之上，是泰国的政治、经济和文化中心，也是全国最大的工商业城市。湄南河从市区穿过，其分支纵横交错如同蛛网，所以曼谷又有"东方威尼斯"的美称。自 1782 年泰皇拉玛一世建都于此，曼谷就成了汇集整个泰国新旧生活方式的万花筒。200 多年的古都沧桑给曼谷留下众多的文化古迹，在曼谷的大街小巷，到处都可以看到五光十色的寺庙和僧院，故而又称其为"佛庙之都"。其中，玉佛寺和大王宫是曼谷最著名的。

## 大王宫

大王宫位于湄南河东，是泰国曼谷王朝一世王至八世王的王宫，也是曼谷市内最为壮观的古建筑群。它是拉玛一世 1782 年登基后，按照郑皇大城王朝皇宫蓝图重新建造的王宫。大王宫是泰国历史文化的象征。它以古暹罗独特建筑风格成为泰国建筑艺术精华。王宫各种守护神，取自各种图腾崇拜，富于想象力。此外，王宫内还保存有中国明代彩瓷、景泰蓝以及《三国演义》的彩绘，是泰中两国友好交往的见证。

### 玉佛寺

玉佛寺又称护国寺。位于大王宫东北角。始建于 1782 年，占大王宫面积的 1/4。是曼谷王宫供奉玉佛和举行宗教仪式的场所，也是泰国唯一没有和尚居住的佛寺。曼谷 400 多座寺庙中，以玉佛寺最为闻名，其主体建筑玉佛殿，厅堂高大，在 11 米高的镀金佛台上供奉着一尊价值连城的 66 厘米高的玉佛像。玉佛由一块纯翡翠制成，栩栩如生，被称为"翡翠玉佛"，该寺亦以此得名。传说在 2000 多年前，北印度雕刻家瓦斯内克得到一块宝玉，精心雕成佛像献给印度王太子。后来印度发生内战，太子抱着玉佛逃到斯里兰卡，死后交给僧侣携到柬埔寨，再辗转运到泰国。玉佛被供奉在正殿的金坛上，泰国国王每年随季为玉佛更换热季金缕衣、雨季金缕衣和凉季金缕衣，三季衣均用纯金制成，并缀有不同色彩和式样的宝石。寺庙有涂金的屋顶、镏金的佛塔、金碧辉煌的殿堂、五彩斑斓的壁画；寺内有玉佛殿、先王殿、佛骨殿、藏经阁、钟楼及金塔等；寺院周围还有约 1000 米长的壁画长廊，上面绘有 178 幅以印度古典文学《罗摩衍那》史诗为题材的精美彩色连环画。玉佛寺建筑宏伟堂皇，几乎集中了泰国各佛寺的特点和长处，是全国最大的寺庙，被誉为泰国佛教建筑、雕刻、绘画的艺术瑰宝。

## 卧佛寺

大王宫的南面就是卧佛寺。它建于 1793 年，占地 8 万多平方米。是曼谷最古老的寺院，同时又是曼谷市内最大的寺院建筑群。寺内供奉着一尊长 45 米、高 15 米的铁铸包金、镶有宝石的大卧佛，该寺以此而得名。卧佛寺的正殿为双层回廊所围绕，回廊上有 394 尊佛像，相当壮观。正殿的地基部分是由大理石铺成的，上面还有以印度教叙事诗为题材的描绘画，画的内容以释迦牟尼的一生为主题，将佛祖的生平诠释得淋漓尽致。在寺院大殿的廊柱上、壁上及碑亭中刻有很多碑文，这是拉玛三世想让卧佛寺成为民众求知的场所而特地搜集了许多国民须知的常识刻在石碑上，有建寺历史、佛史、药方、卫生、文学和风俗习惯等。人人皆可来求学，因此有人称卧佛寺为"泰国的第一间大学"。

## 水上市场

距离曼谷 80 千米。湄南河支流密布，加上曼谷的地势较低，河道纵横，舟楫如梭。过去，每天早上 6 点到 11 点，来自郊区的农民都会乘小舟，载着热带水果、蔬菜及其他农产品进入市区，汇集在河上，和岸上的游客做交易。而今，随着社会的发展，以前的许多沟渠已被填平成了马路。目前在曼谷可参观的水上市场仅有哇塞水上市场，但也被两岸不断增加的店铺所取代。现在只能看到不多的船只在进行交易，且大多做游客的生意，成为纯粹观光的水上市场。

## 国家博物馆

国家博物馆位于玉佛寺北侧。这里收藏了泰国各个时期的雕刻和古典艺术品，包括木偶和皮影戏用具、古代武器以及从古至今的工艺品。该馆建于 1874 年。馆内最引人入胜的是素可泰朝代和大城王朝时代的各种精致瑰丽的国王御用武器。皇室专用的御用船，亦有模型在馆内陈列。此外，馆内设有国立历史博物馆，详细讲述泰国自古至今的历史。

## 郑王寺

郑王寺位于湄南河西岸的吞武里。寺庙是为了纪念泰国华裔民族英雄郑信而建造。郑信曾率领军队驱逐入侵泰国的缅甸军队，恢复河山，建立了吞武里王朝，因此，深受泰国人民敬爱。郑王寺的主塔高 67 米，始建于 1842 年，是泰国最大的大乘舍利式塔。游客可沿着笔直的石级登上石塔。

郑王寺位于湄南河西岸泰国旧都吞武里，是中泰两国友好往来的历史见证。寺内一大景观是玉米芯形的巴壤塔，因塔外形呈倒 V 字形，所以有"泰国埃菲尔铁塔"之美称。塔由塔顶、塔身、塔基组成，按佛教教义设计，塔基周长 243 米，主塔是于 1809 年建的婆罗门式尖塔，高 75 米，塔顶直入云霄、壮丽秀美，是泰国最大的大乘舍利式塔。塔身都是用彩色瓷片、贝壳及玻璃等镶嵌的花卉图案或各种雕像装饰，工艺精巧，令人叹为观止；主塔周围还有 4 座小巴壤塔，象征四大部洲，每座小塔都有一尊菩萨像和描绘佛教历史的图案，5 座塔共同构成一组庞大而又美丽的塔群，因而该寺又被称为五塔寺。游客可沿着笔直的石级登上石塔。此外，寺内还有佛殿、佛堂、内有佛足印的四方殿、佛塔、王冠形尖顶的门楼、佛亭、高 6 米的巨魔雕塑、回廊、假山及中国石像等。

## 四面佛

四面佛位于爱侣湾凯悦大酒店的路角上，人称"有求必应"佛，是曼谷香火最旺的佛像之一。四面佛为印度婆罗门教三大神之一的大梵天王，有四面、八耳、八臂、八手，每手所持之物均有其深意。四面佛有四面的原因是因为四面佛刚正不阿，具有慈、悲、喜、舍之四梵心，无论求事业、爱情、发财、平安，皆能照顾到东西南北四方之世人及生灵。四面佛前每天游客云集，香火缭绕，人们用香烛、鲜花顺时针逐面朝拜，还愿的人则出资请泰国少女在佛像前跳传统的祭神舞，以谢神恩。

## 五世皇金柚木行宫

五世皇金柚木行宫位于曼谷郊区，世称云天石宫，始建于 1900 年，是全世界最大、质地最优良的金柚木建筑。行宫为泰国曼谷王朝第五世王朱拉隆功下令建造。从 1926 年起，宫殿被封闭，作为王室储藏室使用。它也是收藏历代泰皇御照和艺术品的博物馆，收藏有许多珠宝。1982 年，在庆祝曼谷王朝创建 200 周年时，第九世王王后认为这样一座举世无双的金柚木宫殿，长期封闭甚为可惜，就奏请泰王批准，对外界开放。

## 云石寺

云石寺位于曼谷市北的阿育陀耶路，又名"大理石寺"，拉玛五世时所建。寺内建有佛殿、藏经阁、长廊、楼阁、佛学院等建筑。其主院建筑全部由意大利输入的大理石建成，气派豪华，是泰国佛寺建筑中最富西方色彩风格的寺庙。游览云石寺的最佳时间是早上僧侣在佛寺内诵经的时候。

## 曼谷唐人街

曼谷唐人街在曼谷市区西部，是城区比较繁华的商业区，其规模及繁华程度，在东南亚各地的唐人街中，堪称魁首。这座名副其实的"中国城"，长约 2 千米，食品店、酒店、百货店、杂货店、鞋店、工艺品商店，比比皆是，但最多的是金店，门面虽不大，但装饰得富丽堂皇，据说曼谷金店的 70% 分布在唐人街。凡来曼谷的中国人都喜欢来此一游，外国人也因唐人街有中国名特产慕名而来。

## 北榄鳄鱼湖动物园

北榄鳄鱼湖动物园，是泰国著名游览胜地，世界最大的鳄鱼养殖场。离曼谷市区 10 千米，坐落在湄南河入海处的北榄府境内。渔产丰富的北榄海湾为鳄鱼提供了充足的饲料。动物园占地 3333 平方米，分池饲养着泰国以及世界各地的各种鳄鱼。园内可购到颇有特色的鳄鱼皮制品以及金属制的小鳄鱼等旅游商品，还可在此品尝到鳄鱼肉。

### 古城博物馆

古城博物馆位于泰国北榄府境内，是世界最大的露天博物馆。这是一座人造古城，荟萃了泰国各地历史上有代表性的建筑物，经过仿制，或原物搬迁而成，被游客誉为"泰国迪斯尼"。

## 清迈

清迈是泰国著名的历史文化古城，建于 1296 年。清迈作为兰那王朝的首都，到 1556 年，一直是泰国宗教、文化和商业中心，其所建城垣大多保存至今。今天的清迈以"美女和玫瑰"享誉天下，不仅是泰国北部政治、经济、文化教育中心，也是泰国第二大城市。它距曼谷 700 千米，位于海拔 300 米的高原盆地，四周群山环抱，清澈的滨河流经市区，气候凉爽，树木葱翠，景色旖旎，古迹众多，是东南亚著名的避暑旅游胜地。

### 清曼寺

清曼寺，又译昌挽寺，位于清迈市区北侧，旧城内的叻差帕其奈路。它建于 1300 年，是清迈最古老的庙宇，曾经是清迈建城者孟莱王的居所。寺内的释迦牟尼佛像和水晶雕像非常著名。寺中还有一座以大象雕刻为装饰的佛塔及一些古印度和斯里兰卡的佛窟。

### 契迪龙寺

契迪龙寺位于清迈旧市街南端，创建于 1411 年，又名"查里鲁安寺"，是清迈城中最为著名的一座寺院。寺内有一座宏大的四方形佛塔，始建于 15 世纪初，以后数次增建，高达 85.4 米，据说可远望千里。1545 年，清迈发生了一次大地震和一次大风灾，佛塔的尖顶一夜之间塌毁，露出塔内的金身佛像。

### 兰花园

兰花是泰国的国花，备受当地人重视，东北部的气候更适宜种植数千种的兰花。清迈的兰花园是泰国有名的兰花栽培基地和批发中心。这里兰花品种繁多，色彩缤纷绚丽，种植园内还有大型的蝴蝶兰培育基地。

## 马沙山谷

马沙山谷位于清迈以北约 14 千米处，有大象训练营、兰花培植场和马沙瀑布。大象训练营有大象杂技表演，游客亦可坐在大象背上的木椅上沿山谷走一回。大象训练营附近有一个瀑布公园，四周都是参天的巨木，一片原始森林的景象。

## 素贴山

素贴山位于清迈市南 6 千米处，海拔 900 多米，是清迈市的标志。当地华语称此山为"遇仙山"或"会仙山"，因山上有著名的素贴寺而闻名。山坡上开满五色玫瑰，山顶白云缭绕，风光秀丽。登临山顶，清迈市全景尽收眼底。

## 普屏宫

普屏宫，建在素贴山上，位于双龙寺沿路上行 4 千米处，是泰国国王和王后的避暑行宫。建于 1926 年。王宫为泰式建筑，每年 1 月~3 月，王室人员来此居住。平日宫外花园向游人开放。花园内草木葱郁，花木秀丽，种有玫瑰、鼠尾草和各种奇花异草。

## 培山苗族村

培山苗族村在素贴山后面，原为一苗族村，现已开辟成游览区。苗族村中的村民仍保留少数民族传统的服饰及生活习惯，部分苗人懂汉语普通话。村内有一少数民族博物馆，设在具有苗族特色的茅舍中，展出苗族人的服饰、农具和日用品。苗族是泰北现在的 6 种山地民族之一。泰北苗人以种田为生，其传统服装为黑色。

## 素可泰

素可泰位于泰国中原地带，距离曼谷 400 多千米。据泰国历史记载，公元 13 世纪，高棉（即现在的柬埔寨）吴哥王朝在这里建城，"泰国之父"兰甘亨大帝（素可泰王朝第三代君主）揭竿将他们赶走，统一暹罗，并创造泰文字，将素可泰定为首府，希望从此有个"幸福的黎明"（素可泰的泰文原意）。素可泰王朝的全盛时期，势力波及马来半岛，素可泰文化也深刻地影响了今日的泰国。素可泰分为新旧两个城区。游览区多集中在旧城区，离新城 12 千米。

### 素可泰历史名城及有关城镇

素可泰历史名城及有关城镇，1991 年被联合国教科文组织列入《世界遗产名录》。素可泰古城规模宏大，其中有玛哈泰寺庙、兰甘亨国家博物馆、拍銮故宫遗址等。现存 3 道围墙，长约 2.6 千米，宽约 2 千米，四面各有一座城门，古城内外原来集中了 193 处佛教古迹，包括一座皇宫、35 座寺庙及大量古塔、佛像、石碑等。经过 800 多年的历史变迁，风吹雨蚀，人为破坏，这座曾经显赫东南亚的古城现在已经变成一片废墟瓦砾。20 世纪 30 年代，泰国政府把素可泰列为重点保护文化遗产。经过多年的努力，素可泰古城终于重放光彩，城内 60 多处古建筑得到修复，85 处遗迹得到了发掘和保护。素可泰历史公园由于范围广，要进行比较详尽的游览，至少要花半天的时间。最省力的方法是在旧城入口处租辆自行车，悠闲地逐一寻幽探秘。

### 玛哈泰寺

玛哈泰寺位于素可泰古城的中央，四面有沟渠环绕，从印拉第王开始建造，直到 1345 年完成于李泰王时期，属于皇室宗庙。寺中原有 209 座塔，10 处僧院，但大部分都仅剩地基而已。目前还能辨别的主要有纯素可泰式的主塔，周围建有 4 座舍利佛式兼锡兰式小塔和 4 座高棉式小塔。主塔是一座上部呈含苞莲花状的纯素可泰式佛塔，这是李泰王时重建的，原来是一座高棉式佛塔，李泰王不想受高棉影响，遂把原来的高棉塔包起来，外面盖成纯素可泰式的佛塔，这种不破坏前人作品的例子在泰国时时可见，因为泰人相信破坏庙宇或佛像是对神不尊敬的，所以都是用把建筑物包起来或盖起来，外面再建新的这种方法，因此建筑物都会愈来愈"有容乃大"。玛哈泰寺中的另一个例子就是主塔前的主僧院前还有一个主僧院，这就是到了大城时期，大城国王为了遮住旧有的素可泰主僧院，在它的面前又盖了一座。

## 大城

大城是泰国的故都，位于首都曼谷以北 88 千米的湄南河畔。公元 1350 年以来，曾有 33 代君主在大城建都。大城原名为梵文"阿耸陀"，或称作"阿育陀耶"，意为金汤城池或不可破灭之城。大城市内河道纵横，桥梁密布，航运发达，城墙高厚，城内多王宫寺院等古迹，共有著名佛寺 7 座，其中以帕司山碧佛寺最为著名，相当于曼谷的玉佛寺，被联合国教科文组织誉为"吴哥窟第二"。

## 挽巴茵宫

挽巴茵宫是泰国宫殿最多的王宫，占地 13 万多平方米。最初是由大城王朝的巴塞通王在 17 世纪建造，因该宫与大城市区很近，故以后的历代皇帝都将其作为夏日的行宫，直至后来迁都曼谷，才因路程遥远而渐渐失去了皇室的喜爱。然而，到了拉玛四世时期，泰国开始使用汽船，皇室成员可方便地乘船沿湄南河到达该地，故又在旧址重建、扩建皇殿，使挽巴茵宫再度成为皇室的夏日行宫。挽巴茵宫的建筑荟萃东西方风格，有各式风格的古代宫殿，富丽堂皇、古色古香，其中最引人注目的是一座水上皇亭，是泰民族的建筑代表形式之一，每年都吸引不少游客慕名来访。宫内主要有 3 座宫殿：一座泰国式的，一座哥特式的和一座中国式的。其中，落成于 1889 年的天明殿为中国南方传统建筑式样的木结构建筑，是由泰国华人出资建造献给拉玛五世的，屋脊有双龙戏珠、丹凤朝阳等装饰。一楼有国王宝座，一楼到二楼除楼梯外，还有用人力拉的"电梯"；二楼有拉玛五世用过的中国式龙床和拉玛六世用过的中国式书桌，身穿中国清朝皇服的泰国国王肖像，中国明清两代的瓷器，中文书写的拉玛四世、五世及其皇后的灵位，以及中国古书等。此外，宫内有不少纪念碑，其中以"素南泰王后纪念碑"较闻名。该碑在一片水塘中间，置于高处，传说拉玛五世的妻子素南泰王后同她的 3 个孩子在船颠覆后，当时仆人没有把她们救出来，是因为他们不能去碰王后的身体。

## 佛统大佛塔

佛统大佛塔位于曼谷以西 80 千米处的佛统府，是泰国的一处佛教圣地。小城中遍布着佛寺佛塔，特别是一座世界著名的大金塔，吸引着世界各国的佛教徒和旅游者。"佛统"一词来自巴利文，意为"最早的城市"。

## 大金塔

大金塔意为"第一佛塔"。大金塔。建于佛统市中心，呈褐黄色，塔高 130 米，光是螺旋状的塔尖部分就高 40 米，圆形塔底直径 57 米。塔的底座是两层巨大的平台。在大金塔寺院里有一座博物馆，陈列着许多文物，证明佛统是佛教最早传入泰国的地方。

## 帕西桑伯特寺院

帕西桑伯特寺院是泰国历史上相当于曼谷玉佛寺的守护寺院。寺院始建于 1491 年，在 1500 年时寺内建造了高 16 米，重 171 千克的镀金佛像。佛像、寺院，在缅甸入侵时被毁。如今，寺院只留有埋藏 3 位国王遗骨的 3 座佛塔。

### 普吉岛

普吉岛是泰国南部的世外桃源，也是泰国最大的海岛。普吉岛现在已发展成亚洲最著名的观光胜地，是泰国唯一自成一府的岛屿，有"泰南珍珠"之称。岛屿被安达曼海的温暖海水所围绕，有美丽的海滩、奇形怪状的小岛、钟乳石洞、天然洞窟等自然景观，再加上沿岸海水清澈湛蓝，海底世界美不胜收，普吉岛也因此被称为"热带天堂"。

### 帕通海滩

帕通海滩是普吉岛具有代表性的海滩，那里的海湾深深凹进，风平浪静，是一个优良的海水浴场。它有众多的饭店、别墅、餐馆、购物中心和旅游纪念品商店。附近的邦古拉街是体验热闹夜生活的好去处，那里有许多露天酒吧。而拉图·提托街则有许多摊铺营业到深夜，热闹非凡。

### 卡隆海滩

卡隆海滩位于帕通海滩南面，较清静。那里大约有 20 家饭店旅馆等住宿设施。餐馆、超市和酒吧数量不多，喜欢安静的游客适合到这里来。

### 巴通海滩

巴通海滩位于普吉岛的西部，距市区 15 千米，被视为普吉岛上最重要的一处景点。海岸线长而弯，波平浪静，是个优良的海水浴场。海滩长达 4 千米，沙质细，海域清净。在沙滩上来一节泰式按摩，或是玩拖曳伞、水上摩托车、帆船、橡皮艇、沙滩排球都是不错的主意。沿着海滩边上，有许多一流的度假饭店、海鲜餐厅及露天的酒吧，洋伞和躺椅都是免费的。

### 攀牙湾

攀牙湾位于普吉岛北部 15 千米处，景色非常秀丽。这里石灰岩岛屿星罗棋布，怪石奇岩屹立，有的高达 300 米，有的像凸出海面的牛羊，有的形如驼峰、大海龟或狮子，所以有"小桂林"之称。其中最负盛名的是铁丁岛，又叫詹姆斯·邦德岛，因为 007 系列电影《金枪人》曾在此拍摄，这让它大出风头。在它的对面海上，矗立着一座似山非山、似石非石的海蚀物，约 10 层楼高，上宽下窄，表面披着翠绿的杂树，远望过去，宛如一颗绿油油的大白菜。这个特殊的景观，现在已成为普吉岛的天然标志。攀牙湾码头有一些贩卖纪念品的商店，有一种价格昂贵的珍珠鱼皮制成的皮包，不怕火，不怕水，上面有白色的颗粒，据说可以保平安。在攀牙湾充斥着红树林的河道上游览，更能体会攀牙湾的魅力。蜿蜒曲折的河道，河水清澈见底，两岸尽是棕榈树、橡树、绿竹和椰林等热带植物。沿途岸上有"隐士穴"，一个状如隐士的石笋，被人装上了白色的长胡须，肩上围着橘黄色的袈裟，手里还提着根手杖，许多人相信它有治病及预测彩票的神力。在一座悬崖峭壁底下有个崖洞，里面有玲珑剔透、光怪陆离的钟乳石。不远处有座山横亘在河中央，山的底部有个小洞，仅容一艘快艇通过，通过"穿心洞"后，在船只像要撞上一块石灰岩巨石时，却又轻巧地滑入洛德穴洞口。这里草木丛生，外面几乎看不出有个入口。

### 彼彼群岛

彼彼群岛位于泰国南部，离普吉市 180 千米，由彼莱和彼顿两岛组成，两岛之间夹着宽约 2 千米的海峡。彼莱岛四处是嶙峋怪石及悬崖峭壁，海面清澈如水晶，游人可乘专门观看珊瑚礁的玻璃底船观看海底五彩缤纷的珊瑚礁和奇形怪状的鱼类。彼顿岛面对部分海峡，好像被神斧一劈到底，矗立在海天之间，酷似中国山东半岛的蓬莱山，浪涛日夜拍击着赭、黄、黑三色相间、高达 400 多米的壁立石山。在该岛的悬崖峭壁间有一些巨大的石洞，相传石洞是海盗们的住所，故称为"海盗洞"。这里海水清澈湛蓝，黛翠山岩形态奇特，海滩细沙如银，珊瑚礁生趣盎然，游人可畅游碧波，可潜游海底世界，在鱼群陪随下，尽情欣赏多彩多姿的珊瑚和各种海洋生物。

# 其他景点

### 华欣

华欣是泰国西海岸著名避暑胜地，位于泰南中部巴蜀府，在首都曼谷以南约 230 千米。这里有狭长的、巨弓形海滩，细沙如雪。平坦清净的海滩西边是苍翠的山峦和小丘，东边则是蔚蓝色的大海，海景壮阔，有"泰国迈阿密"之称。其中以令杏海滩尤为著名。华欣建有不少现代化的巍峨建筑物和娱乐场所。

### 芭堤雅

芭堤雅位于首都曼谷东南 154 千米、印度半岛和马来半岛间的暹罗湾处，是一个近 10 万人的旅游不夜城。芭堤雅旅游区素以阳光、沙滩、海鲜名扬天下，被誉为"东方夏威夷"。每年有 200 次至 300 次国际会议在此召开，是泰国旅游业的重要支柱之一。

### 披迈石宫

披迈石宫位于呵叻市北约 60 千米处的披迈历史公园内。它是泰国最大、最华丽的土石建筑。石宫建于公元 968 年~1001 年间。当时的呵叻是高棉皇朝的一个郡府，来自高棉的能工巧匠精心修筑成了石宫，它完全是古时高棉族大乘佛教的建筑风格，是当时印度教徒和佛教徒举行宗教仪式的重要场所。披迈石宫全部建筑都由大小石块堆砌而成，各石块彼此相嵌，不用泥灰，也不用木料。石块上刻着一些神话人物，栩栩如生。

# 尼泊尔

尼泊尔素有"山国"之称，因盛产羊毛，又称为"羊毛之家"。属于南亚次大陆，位于喜马拉雅山脉中段南麓。东接锡金，南接印度，北与中国西藏接界。尼泊尔经济较为落后，是世界上最不发达的国家之一。但古老的宗教文化、精致的手工艺品和丰富多样的野生植物，吸引了大批国外游客。旅游者的拥入，为其带来可观的经济收入。乐观的尼泊尔人生活得逍遥自在。

## 加德满都

位于加德满都河谷西北部、巴格马提河和比兴提河交汇处。加德满都是以一幢三重檐的塔庙式建筑为中心而建造起来的城市。它是一座拥有 1000 多年历史的古老城市，以精美的建筑艺术、木石雕刻而成为尼泊尔古代文化的象征。尼泊尔历代王朝在这里修建了数目众多的宫殿、庙宇、宝塔等，在面积不到 7 平方千米的市中

尼泊尔风光

心有佛塔、庙宇250多座，全市有大小寺庙2700多座，真可谓"五步一庙、十步一庵"。因此，这座城市也被称为"寺庙之城"。加德满都四周群山环抱，到处苍松翠柏，阳光灿烂，素有"山中天堂"的美称。喜马拉雅这道天然屏障为城市遮挡了来自北方的寒风，城市南面迎着印度洋的暖流，得天独厚的地理环境，使这里年平均温度20℃左右，气候宜人，成为世界闻名的游览胜地。

### 加德满都佛寺

尼泊尔首都加德满都佛寺，位于加德满都城内，被称为加德满都最精美的佛寺之一，为塔式二重檐铜顶庙宇，亦名白玛琴德拉纳特庙。玛琴德拉纳特为观音化身之一。中国西藏所传佛教，有红观音、白观音之称，为密宗本尊定。中国的观音塑像自南北朝隋唐以来，多作女像，在其他国家不然，多为男身。此庙内多小塔和经轮。玛琴德拉纳特神像在内部小殿中，以镀金之门关锁。内部殿堂多此佛生平的雕塑和壁画，神态生动。佛教徒和印度教徒都尊信此神。

### 哈努曼多卡宫

位于城区中部旧城区，皇家广场前面，哈努曼多卡意为"猴神门"。哈努曼是古代神话中神通广大、扬善除恶的神猴，颇像中国西游记中的孙悟空。在这里，被视为正义的化身加以崇拜。猴神像立于宫门左侧高约2米的石墩上，头上罩着一顶朱红锦缎华盖，脸部终年蒙着一块朱纱。这座规模宏伟的建筑群，是经过历代国王不断增修扩建逐渐建成的，到沙阿王朝中期已拥有 35 个庭院和数十栋殿堂和庙宇。近百年来，几经沧桑，建筑或遭地震毁损，或改作他用。

## 比姆森塔

比姆森塔位于通迪凯尔广场附近，是以尼泊尔抗英民族英雄比姆·森·塔帕的名字命名的。比姆·森是一位坚决抗击外来侵略、维护民族独立的政治家。这是座圆柱形白塔，高约 60 米，共 9 层，像一根巨大的擎天玉柱直插蓝天。比姆森塔是加德满都最高的建筑，也是加德满都的标志。比姆森塔经受了两次强烈地震的考验，塔附近的房屋倒毁殆尽，而它却安然无恙。

## 博达哈大佛塔

位于市中心以东 8 千米处。这是一座"柴特亚"式的佛塔，在佛教国家的佛塔中这种建筑风格是比较独特的。它的规模比位于加德满都以西的斯瓦扬布纳特寺更大，占地甚广，为亚洲乃至世界最大的覆钵状半圆形佛塔建筑。整个佛塔及周围地区像一座小山城，房舍和佛塔之间形成一道环形院落。每年朝拜季节，不丹、锡金和中国西藏佛教徒都会来此朝拜。

## 纳拉扬希蒂宫

位于城中心，尼泊尔国王的宫廷。始建于 18 世纪 70 年代普里特维·纳拉扬·阿在位时期。初为首相官邸，1870 年始为王宫。宫殿色调淡黄暗红相间，结构别致。以高达数丈的银色镀锌铁栅栏为墙。王宫院内万木葱郁，时有白鹤栖息。

## 杜巴广场

位于城区中部旧城区，广场是观赏尼泊尔寺庙建筑的好地方。这里囊括了尼泊尔 16 世纪~19 世纪之间的古迹建筑，广场上总共有 50 座以上的寺庙和宫殿。广场区由三个分散的广场组成。在南面的是 Basantapur 广场。广场的主区在西面，那里聚集着许多寺庙。在东北部的是杜巴广场的副区，那里有皇宫旧址的入口。向东北方向延伸的一片开阔地带叫 Makhan 街，它曾经是加德满都的交通要道，现在已经成为一条很有名的步行街。

## 童女神庙

在杜巴广场附近，就是充满尼泊尔传统特色的童女神庙。庙中把一位不满 1 2

岁的童贞女孩敬奉为神，顶礼膜拜。童女神被看作印度教女神难近母的化身。公元1756年马拉王朝国王贾亚·普拉卡什·马拉为祈求难近母女神保佑，建立此庙。一年一度的湿婆之夜节是最盛大的全国性节日，即在此举行。

### 独木庙

位于城区巴桑特普尔以西，梵语中，它被称为加斯德满达普，意为"美丽的城市"，尼泊尔语为加德满都，意思是"独木庙"。两重檐的塔庙式建筑，高约20米，全用木料建成。据说它是古纳·卡马·德瓦国王用一棵树的木料所建。它原是作为过往香客和路人歇息过夜的公共房舍，后修筑为寺庙。

### 狮宫

这里是尼泊尔中央政府大厦，位于首都加德满都城区东南部，建于1902年。开始时只有400多间厅堂，数年后扩至成1700间的私人行宫。据说当时在亚洲各国，狮宫是最宏伟的大厦。拉纳家族统治时，这里为历代首相官邸，1951年改为王国政府所在地。大厦雄伟壮丽，气宇轩昂，有"尼泊尔的凡尔赛宫"之誉。尼泊尔的最高法院、广播电台、国家文史馆等重要机构也都设在狮宫大院之内。

### 斯瓦扬布纳特寺

斯瓦扬布纳特寺是一座圆佛塔，坐落在谷地里的猴山顶，高高在上默视四方，成为尼泊尔的象征之一。谷地以前是一个大湖，这小山就是湖中的一个小岛。寺庙建筑具有浓郁的古朴味道，民房的窗饰也很精细。寺庙、佛塔、铜饰等组合在一起，再加上成群的鸽子飞来飞去，成群的猴子蹦来蹦去，形成独特的景观。

### 通迪凯尔广场

位于市中心，通迪凯尔是"校场""演兵场"之意。广场南北长800米，东西宽260米。环境优美，芳草如茵，四周有1米多高的栏杆。广场已有200多年历史，过去常作操练军队之用。广场东西两侧，有两座装饰华美的高大彩门，为1975年比兰德拉国王加冕时修建，名加冕门。广场中央有检阅台和露天舞台，每逢重大节日在此集会、游行和阅兵。这里也是重要的外交活动场所，欢迎国宾的大会常在此举行。

### 奇特旺皇家国家公园

在喜马拉雅山脚下，奇特旺是德赖地区少数几个未被破坏的地区之一，在以前它一直延伸到印度和尼泊尔的山脉丘陵地带，并且拥有丰富的植物群和动物群。游客在这里能看到亚洲最后一群独角犀牛，同时这里也是孟加拉虎的最后避难所。奇特旺皇家国家公园曾是尼泊尔皇室和他们的贵宾狩猎的私人领地，1973 年它被联合国教科文组织列入《世界遗产名录》。奇特旺皇家国家公园占地 932 平方千米，奇特旺的植被基本是单一的盐质森林，覆盖面积达 60%。河水两岸的树林和野草错落相间，山上遍布松树和海枣树，最潮湿的山坡上生长着竹子。这里因水草丰美，森林茂密，珍稀动物很多，有野鹿、羚羊、猿猴、豹、野象及野猪等 36 种哺乳动物，还有 350 多种鸟类生活在园区。此外生存受到威胁的印度食鱼鳄、沼泽鳄、濒临灭绝的大蟒蛇，以及大型食草动物水鹿、印度野牛等也生活在这里。

# 巴德岗

位于加德满都河谷，西距加德满都 12 千米。巴德岗梵文意为"偏低者之城"。它和加德满都、帕坦同是加德满都谷地三座姊妹城。城市依山坡而筑，呈梯形。在李查维王朝时已为商业城镇。13 世纪初，马拉王朝定都于此，成为尼泊尔政治、文化中心。14 世纪下半叶亚克希亚·马拉国王执政时，修筑城墙，设岗楼和护城壕。15 世纪末至 18 世纪中期，马拉王朝分裂，巴德岗成为一个独立王国。巴德岗堪称是中世纪尼泊尔艺术和建筑艺术的发源地，有"露天博物馆"之美称。

## 尼亚塔波拉塔

位于巴德岗城内，也称作"五层塔"。相传帕廷德拉·玛拉国王曾亲自背运砖石，参加建造。尼亚塔波拉塔建在一座方形五层砖砌台基上，每层都有四方形塔檐向外伸展。台基正中五级石阶两旁自下而上，每一级的两边都有一对雕像，第一级是一对力士，第二级是一对巨象，第三级是一对狮子，第四级是一对狮鹫，第五级是一对女神。传说，每层雕像的神力比下一层的大 10 倍，一对力士之力也比常人大 10 倍。塔内供奉成就吉祥天女。塔庙画栋雕梁，反映了玛拉王朝后期建筑和雕刻艺术的高超水平。

## 巴德岗皇家广场

位于巴德岗城区中部，广场是巴克塔普尔最大的广场，四周全是形形色色的寺塔，令人应接不暇。这里有长达 500 年的马拉王朝的王宫，包括许多各具艺术特色的宫殿、庭院、寺庙、雕像等，被誉为"中世纪尼泊尔艺术的精华和宝库"。其中的金门和五十五窗宫，因其精美的铜铸和木雕艺术而闻名，是罕见的艺术珍品。皇家广场南面不远的古老尼泊尔建筑群当中有巴克塔普尔陶瓷工艺的制作中心。在这里，摆满了等待晒干的陶器半成品，还有陶瓷匠当街显露他们娴熟的手艺。

### 那罗衍金翅鸟庙

尼泊尔最古老的庙宇，位于巴德岗北郊 8 千米处的小山上，是尼泊尔塔式庙宇中最庄严的范例。那罗衍金翅鸟庙是座两层金顶寺庙。庙门左右石柱上安放着毗湿奴的标志：法圈和海螺壳。庙门和门楣为一块完整的巨型铜铸神像图案。庙内檐柱上布满精美木刻。庙中敬奉的神为毗湿奴（尼泊尔常称为那罗衍）与梵天，哈里·杜塔·瓦尔马国王将雪山女神的化身"无头者"也祀奉在内。庙中有很多精美的石刻和木雕，其中有那罗衍的人狮雕像；毗湿奴所骑的半人半鸟的金翅鸟加楼罗石雕，为公元 5 世纪的古老作品。庙内石刻碑铭是尼泊尔迄今发现的最古老的文字资料。

### 达塔特拉亚庙

位于达塔特拉亚广场的北侧，建于 1427 年，由马拉王朝国王所建。寺院最著名的是寺庙第二层向前突出的一间金顶阁楼。寺前有一对巨型石雕武士像。门前华表上有一雕刻精美的石鸟。达塔特拉亚庙是巴德岗重要的印度教寺庙之一，在其周围都是古老的尼泊尔建筑和小寺庙。

# 帕坦城

位于加德满都南 5 千米处。在尼泊尔语中，帕坦城是"商业城"的意思。帕坦城是座古城，建城时按佛教经轮形状设计，四面有城门 4 座，正中有覆式佛塔，城外东、南、西、北四方的圆墓状土丘上，各耸立佛塔一座。帕坦城内环境优美，草木葱茏，绿荫丛中掩映着一座座典雅别致的古代建筑，城中到处都是殿宇、石柱、神像，那些宫殿、庙宇的屋顶上都有金光闪闪的装饰品；据说共有 99 座带有金屋顶、雕着花木窗的宫殿式院子，而所有建筑物的柱子、门窗上都雕刻有神像、花鸟和神话故事，再配以红砖墙，使全城显得格外古朴。因此，帕坦城还有一个美丽的名字："一千个金屋顶之城"。

### 大觉寺佛塔

建于 14 世纪的帕坦大觉寺佛塔，是一座高峻奇丽的方塔形建筑，塔高 30 米，用 9000 块特别的巨型红色陶瓷砖砌成，每块陶砖上都刻有乔答摩佛像，所以大觉寺佛塔也叫"千佛塔"。这座塔庙是在 1934 年大地震后重新修复的，佛的数目已经没有原来那么多了，但是佛塔的整体造型还是那么优雅、端庄。

### 帕坦博物馆

位于王宫广场内的这一博物馆专门收集研究青铜雕像和宗教物品。它被认为是亚洲最好的博物馆之一。每天 9：00～17：00 开放。只在德赛因节和蒂哈尔节期间各闭馆 3 日。

### 帕坦皇家广场

帕坦皇家广场位于帕坦市内旧城中心，比加德满都的皇家广场更宽阔大气，广场上到处都有古代的王宫、寺庙和圣所，以其精美的雕刻著称。帕坦皇家广场由三个主要的乔克或称庭院组成。一进入广场，就能看到四周错综林立的庙宇，富丽堂皇的殿堂、佛堂、神像，雕工精美，气宇轩昂。清晨的阳光洒在金光灿灿的神塔佛像上，更加耀眼炫目，令人目不暇接。

### 帕坦皇宫

位于皇家广场西北，宫殿广场的整个东部都是帕坦皇宫。皇宫的一部分是在 14 世纪建成的，但主体建筑是在 17 世纪～18 世纪完成的。帕坦皇宫是尼泊尔最古老的皇宫，年代比加德满都和巴德岗的皇宫更久远。尽管在 1768 年和 1934 年受到战火的洗礼和大地震的破坏，但它仍然是整个谷地的建筑群中的佼佼者。

### 金庙

建于 12 世纪的金庙，是尼泊尔藏传佛教中历史最古老寺庙之一。住在附近的尼瓦人，男孩在满 12 岁之前，都要到这里当一个星期的小和尚，在院子角落的石头上剃度之后，踩着地上的莲花走到佛像前，在人和神之间充当使者。其中的一些人在成年之后还要再当一个月的大和尚。在他们看来，能够侍奉神灵不仅是荣誉，也是难得的福分。

# 其他景点

## 萨加玛塔国家公园

萨加玛塔国家公园位于尼泊尔喜马拉雅山区。尼泊尔人称珠穆朗玛峰为"萨加玛塔峰"，意思是"高达天庭的山峰"。萨加玛塔国家公园地处尼泊尔境内珠穆朗玛峰南坡，北部接壤我国西藏珠穆朗玛自然保护区。公园海拔从入口 2805 米至珠穆朗玛峰顶，属低纬高寒环境，受冰川侵蚀作用强烈。雪线高度在 5000 米左右。国家公园内尚有代表喇嘛教宁玛派的谢尔巴人文化的寺院庙宇。公园还以其典型性、多种珍稀濒危生物物种、脆弱的生态系统而具有很高的科学研究价值，在世界上成为极富魅力的国家公园和自然保护区。1979 年联合国教科文组织将萨加玛塔国家公园作为自然遗产，列入《世界遗产名录》。

## 释迦牟尼诞生她——兰毗尼

兰毗尼位于尼泊尔南部兰毗尼专区的鲁潘德希县，是佛教创始人释迦牟尼的诞生地，是世界各地佛教徒渴望朝拜的地方，也是当代佛教复兴的基地。兰毗尼花园面积 8 平方千米，佛教徒们也将其称为圣园。这里曾经有 3 座佛塔、2 个寺院和 3 座摩耶庙。在圣园周围，还有尼泊尔、日本、韩国、越南、泰国、缅甸等国援建的寺庙。

## 阿育王石拄

阿育王石柱位于兰毗尼内，是尼泊尔最早的佛教艺术遗品。相传公元前 249 年阿育王曾来这里朝拜，并在此建立了一根石柱。石柱现在高有 9 米，有 4 米埋藏在地下。石柱上刻有梵文铭文，原柱早已倒毁，现在的石柱是 1895 年修复的。公元 405 年，中国高僧玄奘曾到此瞻礼。离阿育王立的石柱不远处有一小池塘，据说是佛陀降生之后洗净的地方。

## 纳加尔廓

纳加尔廓位于加德满都东北方向 30 千米的山上，是一处山顶度假区，在天气晴朗时，可以从山顶清楚地看到 10 座世界最高峰中的 5 座。山顶上有许多的酒店，这些酒店都依山而建，造型别致，内饰精美。在山顶观看日出日落非常壮观。纳加尔廓距加德满都较近，一般可以在凌晨或傍晚时分坐车前往。

# 菲律宾

菲律宾是由 7107 个岛屿、岛礁和沙洲组成的岛国，位于亚洲东南部，太平洋西部海面的菲律宾群岛上。东临太平洋，西濒南中国海，群岛中较大的有吕宋岛、棉兰老岛、萨马岛等 11 个岛，面积约占其国土面积的 96%。

## 马尼拉

马尼拉位于吕宋岛西岸，马尼拉湾畔，是一座新旧交错、东西文化交融的城市。据说，它的名称来自开放在帕西格河畔的尼拉特花。由于受西班牙统治 300 年之久，所以这里颇具西欧情调。帕西格河把马尼拉分成两个部分，河上的六座桥梁把市区南北两部分连接起来。马尼拉是一座具有悠久历史的城市，具有浓厚的热带风情，是名不虚传的东南亚旅游胜地。漫步市区，古代遗址到处可见，那些满布苔藓的古代教堂，看上去外表陈旧，却工艺精细，式样别致，同高高耸立的现代化大楼相映成趣。马尼拉也是菲律宾最大的港口，现代化的工业、商业和金融业中心。

### 黎刹公园

黎刹公园面对马尼拉湾。公园内繁花似锦，绿草如茵，环境清幽，海风拂面，是人们休憩的好地方。傍晚时分，金光闪烁的海面映着岸边的婆娑椰影，宛如一幅充满诗情画意的图画。黎刹公园中还有三座大花园，专门栽种各种花卉。公园里造型独特的假山、美丽的喷泉和瀑布，再加上几乎天天都有的露天音乐会使黎刹公园更显得情趣盎然。这座公园是为纪念菲律宾的民族英雄黎刹而修建的。

### 马尼拉大教堂

位于黎刹公园西面，整座教堂为意大利风格，规宏伟，气势不凡。马尼拉大教堂初建于 1571 年，由于历经多起台风与地震而多次重建。现在的教堂重建于 1958 年，仍保存着原建时的风貌，教堂内有价值不菲的雕刻，大教堂前的罗马广场还有

菲律宾风光

喷水池。

### 圣地亚哥城堡

位于巴石河河口地区的圣地亚哥城堡，是当年殖民者囚禁黎刹的古城堡。这座古城堡原是古代的皇城，1590年，西班牙总督圣地亚哥迫使菲律宾人民将它改建为石头城堡。堡前有护城河。城堡的城墙厚达10米，至今完好无缺。现在这座古城堡已经开辟为展览馆，里面陈列着黎刹生前所用的东西及作品。

### 市中市

1571年，西班牙人为了统治菲律宾建起了这座城堡，面积仅有1平方千米，被称为"市中市"。城堡四周是壕沟和中世纪式的城墙，共有7座城门，城内有总督官邸和12座教堂。第二次世界大战末期，城堡的大部分遭到毁坏，现已修复一部分。在这里游人会产生时光倒流的感觉，古老的马车载着游人穿梭于街道、关口、港口、城寨之间。这里处处散发着西班牙优雅的气息，同时保留了古时的建筑特色。

### 马拉卡南宫

马拉卡南宫，位于菲律宾岷里拉市，意为"高贵人居住的地方"。马拉卡南宫是一个西班牙式的建筑物，宫殿内有宽广的花园和供来访的国宾下榻的竹造别墅。宫殿内豪华的廊道上陈列着许多菲律宾的艺术珍品，包括历代总统像，以及西班牙的名画。富丽堂皇的大客厅是接待外国使节与外宾的地方。

### 拉斯皮尼亚斯教堂

在这里保留着一个世上独一无二的用竹管制作的大型管风琴。风琴高5.12米，宽4.17米，由1031根口径不同的竹管子组成，最大的管长达2.44米，直径12.7厘米。竹管风琴造于1816年，至今完好地保存着。

### 椰子宫

位于马尼拉填海造地的新区。来到椰子宫仿佛置身于椰子的世界，椰子宫的建造共使用了2000棵树龄在70年以上的椰树。其房顶用的是椰木板，立柱用的是椰树干，墙壁则是用椰子毛壳的纤维和水泥制成的椰砖砌成，大门上镶嵌着由4000块椰壳片组成的几何形图案。宫内有许多形态各异的台灯、吊灯、家具、地毯、工艺品等，琳琅满目，美不胜收。还有一个大型落地座钟，从钟身、钟面到数字及指针，全都是用椰子壳做成的。椰子宫的周围还种植了150棵椰树。

### 菲律宾文化中心

菲律宾文化中心位于繁华的罗哈斯大道上，正对马尼拉湾，是一幢造型新颖的现代化综合建筑。文化中心外形最大的特色是它的外墙上镶嵌着五颜六色的贝壳，夜晚在灯的照射下显得缤纷夺目，美轮美奂。旁边人工湖的喷泉，水柱高达20多米。中心主要展示有关菲律宾戏剧的资料，有两座剧场，可以演出戏剧和放映电影。这里最适合对独特的菲律宾文化艺术有兴趣的人参观。

### 圣奥古斯丁天主教堂

圣奥古斯丁天主教堂位于马尼拉城内。始建于1599年，墙垣、天花板和地板都用大理石砌成，天花板的石块上雕刻有各种花草，雕工细致逼真。菲律宾的历代高官显要者的骨灰均埋藏在此教堂的墙内。教堂正中供着圣奥古斯丁像，左右陈列着耶稣像和其他神像。教堂左侧为修道院。该教堂还设有马尼拉市历史博物馆，博物馆入口处有一个古教堂的钟和一间陈列有古代马尼拉市照片的展览室。

## 其他景点

### 科尔迪莱拉的水稻梯田

科尔迪莱拉的水稻梯田是菲律宾著名的稻米梯田，它是当地土著部落人民为了谋生而在裸露的山地上开垦出的土地。梯田面积最大的为 2500 平方米，最小的仅 4 平方米。用石块修成的梯田，外壁最高约达 4 米，最低的不到 2 米。这里峰峦叠翠，一条条水渠像银链似的从山顶直泻而下，流水淙淙养育着禾苗。盘山台阶似的灌溉渠层层升高，总长度达 1.9 千米，被戏称为"世界第八大奇迹"。几个世纪以来，伊富高部落人民为了防止土壤流失，不辞辛劳地用一块块的岩石垒成一道道的堤坝，直至成为现在被美誉为"通往天堂的天梯"的稻米梯田。

### 百岛国立公园

百岛国立公园是菲律宾的一个旅游胜地。位于碧瑶以北，林卡埃湾西海岸和鲁卡普海岸的交汇点。

### 抱威市钟楼

钟楼是一座形状犹如金字塔的三角建筑，是一座典型的西班牙教堂。它没有地基却已有 400 年的历史，是当地居民的精神支柱。因为 1980 年的一场大地震，整座钟楼开始逐年下沉。现在，当年钟楼的正门只剩下半道铁闸，望进去可看到半条楼梯。传说自钟楼墙上渗出的圣水相当灵验，可治愈百病，因此吸引许多游客前来许愿。

## 新加坡

新加坡又被称作"狮子城"，是位于马来半岛南端的一个城市型岛国。新加坡北隔柔佛海峡与马来西亚西端为邻，海峡上有长堤相连，南隔马六甲海峡与印度尼西亚的苏门答腊岛相望。地处太平洋和印度洋的转运要道。

### 鱼尾狮

位于海滨公园桥边的鱼尾狮公园内，狮头代表传说中的狮城新加坡。鱼尾象征古城单马锡，并代表新加坡是由一个小渔村发展起来的。该塑像高 8 米，重 40 吨，

鱼尾狮

狮子口中喷出一股清水。是由雕刻家林南先生和他的两个孩子共同雕塑的。在鱼尾狮像背面的一小块场地上有四块石碑，碑文讲述了鱼尾狮象征新加坡的故事，近旁还建有一座小鱼尾狮像与之相伴。

### 海底世界

新加坡海底世界位于新加坡旅游胜地圣淘沙岛上，是亚洲最大的热带水族馆。游客在这里可以身临其境地感受大海的神秘。海底自动扶梯将带您参观 2000 多种鱼类和海洋生物。

### 圣安德烈教堂

圣安德烈教堂为史丹福莱佛士爵士规划的新加坡城市与文化中心的一部分。这座教堂有白色光泽的外表，这是由于使用 Madras Chunam（一种有石灰壳、鸡蛋白和糖的混合物）的结果。

### 国家历史博物馆

国家历史博物馆位于史丹福路，是一座凝聚了新古典主义风格的建筑经典。新加坡历史博物馆展现了新加坡人民的传统及民族文化。游客还可以通过精彩的立体电影了解新加坡的历史。

### 维多利亚剧院和纪念堂

维多利亚纪念堂于 1905 年建成，是为纪念英女王维多利亚而建。纪念堂坐落于皇后坊，与维多利亚纪念剧院毗邻。1978 年，纪念堂进行装修，装置冷气与隔音设备，作为交响乐队演出的场所。

### 虎豹别墅

位于新加坡西海岸巴西班让路临海的山冈上。初建于 1937 年。虎豹别墅的 25 组雕塑栩栩如生地刻画出中国民间传说及故事。这个将建筑与雕塑合为一体而建的"别墅"将许多著名的故事，如"西游记""八仙大闹海龙宫""白蛇传"等，以鲜艳夺目的色彩具体地展现，巧妙地将中国民间传统及文化长久地保存，供后代参观了解。

### 双林禅寺

双林禅寺俗称双林寺，位于大巴窑卫星镇附近，是新加坡规模最大的古佛寺。寺庙始建年代不详。福建惠安女尼慈秒师 1898 年到此时，寺庙已经存在。尼慈秒师为宣扬佛教，多次募集捐款，筹建扩大。现在已经开发为旅游胜地。寺内天皇殿中供奉的弥勒佛、观音菩萨，最受人瞻仰膜拜。

### 武吉士街

20 世纪 70 年代，一提起武吉士街，人们就会马上想象到美丽的人妖在酒吧内接待客人的情景。十几年前，新加坡宣布此条街为不受欢迎的街。1991 年，这条武吉士街又恢复了昔日的灯火通明，但却一扫往日伤风败俗的习气，回复到健全的摊位集中的武吉士村。白天，这条街道冷冷清清，入夜却骤然吸引了大批的当地人和游客，十分热闹。在武吉士村，可以充分体验到韵味十足的东南亚风情。

### 裕华园

新加坡的裕华园位于裕廊园景路附近，面积 13 万平方米，是一个集合中国传统皇家园林雄伟建筑与江南园林幽雅别致的造园手法而构成的中国庭院式花园。园内建筑主要按宋朝宫廷模式而造。

### 亚美尼亚教堂

亚美尼亚教堂位于禧街，建于 1835 年，为亚美尼亚人的宗教活动中心，是殖民时期建筑师乔治哥里门的杰作之一。这间为纪念圣者葛雷哥里而建造的教堂，其圆弧造型、四面突出的门廊，充分展示了该建筑所代表的壮丽和庄严和平。在教堂后院是现今新加坡最古老的墓场，在此可发现许多年代久远的名人墓志，包括卓锦万黛之墓，新加坡国花即以之命名。

### 新加坡文物馆

坐落在新加坡河畔的新加坡文物馆既是新加坡最新的博物馆，又是新加坡比较古老的建筑。文物馆位于老市区中心，始建于 19 世纪 80 年代，最初是英国女皇维多利亚的行宫，后成为新加坡政府机构的办公楼，几经扩建，仍保留着原来古老的建筑风格。1989 年，经新加坡政府全面修复，文物馆成为具有世界水平的博物馆和展览中心，也是新加坡最大的中国古物和工艺品陈列馆。博物馆定期会举办大型国际文物展览。

### 阿卡夫庄园

位于花柏山西侧。阿卡夫庄园原是阿拉伯富翁建造的一座豪宅，现在已改建成对外营业的餐厅，游客可以在优雅的气氛中用午餐、午茶。建筑内部尚不允许参观，但在广阔的庭院内散一散步也很惬意。庭院内还可以眺望美丽的圣淘沙岛及印尼的巴淡岛。

### 新知馆

在这里游客可以通过各种先进科技设计的展览品，以逗趣娱乐的方式了解新加坡的过去、现在与未来。

### 新加坡科学馆

享誉世界的新加坡科学馆是全国最大的科学展示馆。馆内超过 850 件的互动式展品充分体现了科学的奥妙。经过巨大的修复工程后，科学馆设备更完善，动力园和全天域戏院是科学馆主要的游览项目。

### 天福宫

位于直落亚逸街。这座道教寺庙建于 1839 年~1842 年间，是早期移民在安全抵达新加坡后，为了报答神而建的。在填土之前，该处原来是新加坡的港口。用来建造寺庙的材料来自世界各地，有来自苏格兰的铁器，英格兰和荷兰代夫特的瓷砖。庙中有高高的花岗岩盘龙柱，院子中有许多古老的牌匾，门口还有巨大的石狮子。

### 克兰芝烈士纪念碑

这块静谧而美丽的土地是为了纪念在第二次世界大战中为保卫新加坡而阵亡的盟军战士而建立的。公墓的纪念碑墙上铭刻着阵亡战士的名单，护碑人还有烈士名单供查询。

### 音乐喷泉

音乐喷泉，是圣淘沙岛一个最显著的特色，也是该岛一项晚间特设的表演节目。节目表演从 19：30 开始，全由电脑控制。音乐喷泉水花随着音乐旋转扭动，向上下左右喷射，而喷泉的灯光亦配合变更，多彩多姿，很是壮观，令每个在场的观众都看得如痴如醉。音乐喷泉每隔 1 小时表演一场，所播音乐包括《窈窕淑女》和《网中人》等，音乐美妙、灯光绚烂，蔚为壮观。

### 赞美广场

赞美广场位于维多利亚街，是新加坡重要的历史古迹之一。由教堂改建的赞美广场大厅经常演出音乐剧、独唱会及其他戏剧。作为世界上仅存的几个女修道院之一，它精美的哥特式建筑引来了大批摄影爱好者。

### 圣约翰岛

这个大而多山的岛屿原是监狱所在地，现在已经成为一处宁静的旅游胜地。岛上有可供游泳的人工湖、海滩、野炊、爬山远足和野外露所、度假平房和足球场，是周末度假的绝佳选择。

### 克拉码头

在傍晚以后来克拉码头是最佳的时间。克拉码头位于新加坡河畔，以广场为中心分成 A—E 五个区域。沿河边的 A、D、E 区域，从新加坡著名餐馆的分店到有空调的咖啡店、露天水上餐厅，一应俱全。B、C 区域则为购物、娱乐中心。这里除了有特产、工艺品及各种时装之外，还有大的电子游戏中心。另外，B、C 之间的 Read Rd 到了夜晚，露天摊位、马路游戏等统统出动，宛如庙会一般。

## 苏丹清真寺

位于阿拉街区内桥北路。是第一座立于此地的为彰显苏丹国王功绩而建的清真寺，由史丹福·莱佛士爵士拨款 3000 元兴建。现今的清真寺建筑物，是由著名的卡通画家丹尼士仙卓设计，于 1928 年完工的。每日从日出时分至日落，在这里共有五次祷告仪式。

## 新加坡蜡像馆

蜡像馆位于空中缆车附近。里面用蜡像形式展示了莱佛士登陆到日军占领新加坡，英军解放新加坡等新加坡各阶段历史。

## 新加坡植物园

新加坡植物园位于市中心，内有天然原始森林和特色花园。特色花园中有鸡蛋花属植物、玫瑰、蕨类植物和沙漠植物等。园内植物资源丰富，品种多样，包括多种珍稀植物。

## 福康宁公园

位于乌节路。这里曾是保护新加坡港的要塞，始建于 1859 年，现在成为一个公园。这里有可追溯至 14 世纪的新加坡历史文物，以及史丹福·莱佛士爵士的私邸、新加坡最早的政府大楼遗址。公园内有个香料园，它是仿造莱佛士于 1822 年修建的新加坡第一个实验性的植物园。现在，香料园已是整个公园的缩影。

## 牛车水

位于新加坡河的南边。在牛车水，现代购物中心、各色小店和百年老店毗邻。在牛车水众多的小巷中漫步，游客就会看到手工艺人制作的各种古色古香的工艺品，了解中国人的传统艺术。同时，商店里商品琳琅满目，从旧日的木屐到现代的光碟随身听，应有尽有。

## 乌敏岛

位于新加坡东北部，是新加坡第二大外岛。乌敏岛形状如回力棒，岛上有很多低矮的山丘。岛内有橡胶种植园、花岗采石场、椰树、红树沼泽地、鱼虾养殖场、原始森林和湖泊，现已发展成为一个天然公园。

## 千光寺

位于跑马埔路。寺院内保留不少佛教古文物，最受人瞩目的是一尊高 15 米的大佛像，四周围绕着无数的灯烛，灯火通明耀眼。佛像座下悬挂记录佛陀一生事迹的美丽画布。

## 莱佛士爵士纪念铜像

新加坡的开埠者史丹福·莱佛士爵士的铜像坐落在维多利亚剧院前，它的复制品则放置在驳船码头北部，据传当年莱佛士在此登陆新加坡。人们一般把这里称作莱佛士登岸遗址。

## 新加坡动物园

新加坡动物园位于北部的万里湖路，被誉为全世界最有特色的动物园之一。它采用了大量自然景物将动物和游客隔开，如溪流、石壁、植被等，使之成为一个"开放"的公园。在这里生活着 3000 多种动物，有马来虎、金色绢毛猴、猎豹和海狮，等等。长臂巨猿这种濒临灭绝的动物也在这里繁衍生息。

## 东海岸公园

位于东海岸公园路旁边，是新加坡人喜爱的去处。这里风景如画，令人赏心悦目。游客可以租辆自行车边骑边看，也可以躺在沙滩上晒太阳，还可以在海味餐馆里大快朵颐，或者是到娱乐场所尽情欢乐，这里还有许多的游乐设施供游客游玩。

## 小印度

位于实龙岗地区。一进入小印度，一股浓烈的辣椒气味就会扑面而来。商店里陈列着银器、铜器、具有民族特色的珠宝、茉莉花环和丝制纱丽。无论在庞大的竹脚中心，还是在小杂货铺中，各种有趣的东西等着游客去探索。

# 文莱

文莱是世界较富有的国家。它位于婆罗洲岛西北部，在马来西亚东部沙捞越州和沙巴州之间，三面与马来西亚的沙捞越州接境，并被分隔为相连的两部分，北面濒南中国海。海岸线长约 161 千米。

## 斯里巴加湾市

位于文莱湾西岸，距文莱河口 14.5 千米。作为文莱的首都，斯里巴加湾市却没有城市的喧嚣和嘈杂，在这里游客可以感受一下远离尘嚣的清净。这里的城区很小，步行一个小时就能围着市区转一圈，这里既没有超高层建筑，也没有商业街。市中心建有能停 1000 辆汽车的大停车场，宽阔的大草坪上可以踢球。静静的城市中，只有来往车辆发出的沙沙声音。

斯里巴加湾市

旅游大百科

### 苏丹纪念馆

位于城市心脏地带的苏丹纪念馆，是在 1992 年建立的。此纪念馆是为配合纪念苏丹登基 25 周年而修建的。馆内所收集的无价皇家纪念品包括镶以宝石的王冠，华丽的传统御用战车，复制的登基大殿，此外还有一个文莱宪政历史馆。

### 赛福顶清真寺

奥马尔·阿里·赛福顶清真寺位于市中心以西，于 1958 年耗资 500 万美元建成的。黄金屋顶高 52 米，纯白的尖塔高 51 米，使得这座清真寺成为本市最高的建筑。寺院由意大利工程师设计，尖塔内部安装了电梯，可以说是一座现代化的清真寺。然而仅看外观还不能完全理解它的意义，整顿衣裳，正心诚意后，步入寺内，就置身于一个清寂的世界，空气清冷，寺内没有什么特别的装饰。许多人工作之余到这里来静静地祈祷。游客往往只注意文莱人丰富的物质生活，而清真寺却让人接触到本地人的精神世界。

### 马来购物中心

苏丹哈志哈山纳柏嘉基金商业大厦是文莱最大的购物中心，与赛福顶清真寺毗邻，拥有全世界各种名牌产品。购物中心以马来建筑方式配合先进的技术建造，在中央的休息广场可直接看到奥玛阿里赛夫汀回教堂，另一边则直望水村。该大厦成为人们观光游玩的重要景点之一。

### 水晶公园

据说在文莱苏丹 48 岁生日的时候，王妃献上了一块重达 4500 千克的超级巨型大水晶，于是一个庞大的游乐场发展计划，便围绕着这块巨大的水晶展开。水晶公园游乐场是文莱第一个高科技游乐场，于 1994 年建造，游客人数每天约 2000 人，花园占地约 8 万平方米。最令人欣喜的是入场完全免费，即使是外地旅客，也可享受免费优待。

### 皇家博物馆

建于 1992 年的皇家博物馆，白色圆形屋顶固然壮观，内部更加豪华，进门前先脱鞋，将携带品寄存在行李寄存处，地上铺着厚厚的地毯，在上面一走就感受到奢华的气氛。展示内容包括用照片或油画介绍当今第 29 代国王波尔基亚的生平、文莱国独立的历史和登基大典的场面，还有专门展厅陈列王座、金冠和王室的各种金银财宝，令人眼花缭乱。担任警卫的也是尼泊尔的锡克族士兵。

### 努洛伊曼皇宫

努洛伊曼皇宫是世界最大的皇宫，比白金汉宫和梵蒂冈面积的和还要大，是文莱苏丹的住所。其金黄色的宫顶、入口处的特别圆形屋顶和皇宫河畔都是游客取景拍摄的好地点。皇宫只能在宫外眺望。据说在这座皇宫里，有1700多个房间，是举行国宴之地。欲参观皇宫则要在国庆日前往，或在斋戒日结束后的开斋节前往，此时大门洞开三天。

# 马来西亚

马来半岛有"黄金半岛"之称，马来西亚是一个美丽而又神奇的热带国家。位于东南亚的中心，北接泰国，南邻新加坡和印尼，东近菲律宾。由马来亚半岛、婆罗洲岛的沙巴与沙捞越两州合并而成。

## 吉隆坡

位于马来西亚的中西部。在马来语中，"吉隆坡"意为"泥泞的河"。是马来西亚的首都，是全国的政治、经济、文化和交通中心。终年如夏，阳光充足，空气清新，树木成荫，鸟语花香，市容美观整洁，现代化的高楼大厦和传统的阿拉伯建筑并存，使这座马来名城独具风采，有"花园城市"的美誉。吉隆坡交通发达，有现代化的大型国际机场，设施先进，航线通往世界各地。铁路干线南至新加坡，北达泰国。空中、海上、陆地交通都十分便利。

### 云顶高原

云顶高原位于吉隆坡东北部约 50 千米处，是马来西亚华裔企业家林梧桐先生所创办的高原避暑胜地。它具备了许多娱乐、休闲与运动设施，还有诸多酒店、公寓设施等。位于山顶上的是云顶主题乐园与云顶赌场；而在较低处，约海拔 1000

吉隆坡风光

米的地方，则是阿娃娜高尔夫球场、骑马场及生态公园。

## 皇宫

位于火车站以南。庄严雄伟的皇宫是国家元首的宫殿府邸。凡有重大的节日或皇室庆典仪式，都选在这里举行，以示隆重。每逢国家庆典，夜晚披上灯饰的宫殿金碧辉煌，美不胜收。

## 黑风洞

位于吉隆坡以北 11 千米处，是印度教圣地。原是被热带雨林所覆盖的石灰岩山，100 多年前才被探险家发现。每年 1 月下旬或 2 月上旬的大宝森林节在此举行。山下设有岩石博物馆，展示色彩鲜明的印度神像和壁画。站立在洞口，可远眺四周的橡胶园和锡矿场。

## 国立博物馆

国立博物馆坐落在吉隆坡西郊湖滨公园南口，陈列着马来西亚的历史图片、文物及动植物标本等。博物馆内容丰富，有关历史方面还有视厅馆、传统服饰、工艺品等。除了静态展示外，也有现场制作、表演等动态展出。

## 湖滨公园

位于吉隆坡市区西侧，是吉隆坡市最受欢迎的公园。围绕一个人工湖而建，占地91.6万平方千米。公园内峰峦起伏，花树萦绕，是健身休闲的好去处。

## 国会大厦

国会大厦位于湖滨公园西北端的高地上。是一栋18层高的宏伟建筑物，马来西亚独立后建成，融合了现代建筑风格和传统文化韵味。游客入内参观要先得到有关方面的批准。

## 国立清真寺

位于吉隆坡火车站西北面的苏丹大道。1965年落成，可容纳8000人做祈祷。有一座73米高的尖塔及一座有18角的寺庙，象征马来西亚的13个州和回教的5大规条。每逢星期五早上，虔诚的教徒便来此祈祷。旅游者入内参观要着装整洁，并且脱鞋。女士要披上黑纱，以示圣洁。

## 吉隆坡火车站

建于20世纪的火车站，位于国立清真寺附近。基本设计以回教式风格为主，白色圆状的高顶、拱门为其主要的特色，享有"最特殊的火车站"之美誉。

## 吉隆坡塔

位于吉隆坡一山上，塔高421米，是全世界第四高的一座通讯塔。旅客可以在塔的最高处的瞭望台及旋转餐厅上，鸟瞰整个吉隆坡及吧生谷一带的宜人景色。

## 达亚布米综合体

达亚布米综合体是吉隆坡的一座标志性建筑。它的外观体现了新与旧的融合和与周围建筑的连续性。综合体的中心是一座36层高的办公楼，外表闪烁着白色的马赛克，非常引人注目。这栋建筑有计算机化的自控系统、程序化的灯光控制、电子评估卡、闭路电视以及计算机化的大楼安全系统。

## 百鸟公园

槟榔屿百鸟公园位于马来西亚半岛上，距北海轮渡码头约12千米，距槟榔大桥收费站约 7 千米。公园面积 2.02 万平方千米。里面饲养着八哥、鹦鹉、犀鸟、塘鹅、孔雀、雉鸡、天鹅等，另外，培育着兰花、木槿、棕榈、竹子等热带花木，池塘里放养着鲤鱼。

### 国家橡胶博物馆

国家橡胶博物馆是一座旧式木造建筑物，令人追忆到 19 世纪典型的英国种植业办事处。游客在此可以追溯橡胶的历史，从它开始被发现到它成为支撑马来西亚经济的主要原产品。陈列品从旧式割胶刀到其他割胶用的工具。游客也可看到割胶的示范，有兴趣的话，还可亲自尝试割胶的趣味。

### 美马高原

美马高原位于吉隆坡北方约 16 千米处。周围山林环抱，环境清幽，有面积达 12 万平方米的湖泊，湖畔建有马来风格的水上旅舍和汽车旅馆，水滨浮台和湖上餐厅，餐厅供应各族风味餐饮和鲜鱼菜肴，是旅游的胜地。这里还有东南亚最大的泉水游泳池，池畔环布着凉亭、小桥、花坛、草坪。此外还有森林、蝴蝶博物馆、热带植物园、橡胶园、传统艺能表演场、手工艺品中心以及住宿设施等。

# 新山

新山是柔佛州首府，位于马来西亚国土的最南端，新柔长堤与新加坡相连。这里有许多的景点，如：位于柔佛河畔的富有历史传奇色彩的小村古柔佛；有建于 20 世纪初的苏丹清真寺；具有英国维多利亚时代建筑风格的苏丹花园及王宫；柔佛艺术馆收藏和陈列着代表马来文化的文物和艺术品；位于柔佛州东北部的丰盛港濒临南中国海，都是游客可以好好游玩的地方。

### 苏丹王宫

苏丹王宫位于中央车站以南。墙为白色，带有大阳台，是一幢金黄色圆顶式建筑。黄色代表着皇家的尊贵，在欢迎贵宾的仪式上，只有国王可以走在黄色的地毯上，而其他的官员和贵宾们则走在红地毯上。皇家的花园会、授职仪式、招待会等，都在这里举行。王宫不对外开放，游客只能欣赏它的外观。

### 新柔长堤

新柔长堤，又称柔佛陆桥，是连接新加坡与马来西亚柔佛州首府新山市的一道跨海长堤。长 1000 多米，建于 1924 年。1942 年为阻挡日军进攻曾被英军炸毁，后重建。

# 槟城

槟城位于马来西亚半岛西北岸，是马来西亚唯一的自由港和第二大城市。以盛产槟榔树而得名，并有"印度洋绿宝石"之称。这里既有美丽的海滩与原野风光，又有众多的名胜古迹。槟城的首府是乔治市。那是一个风景迷人而具有独特风格的城市。槟城的名胜地、迷人的海滩，令人流连忘返的美食佳肴，富有情趣的风土人情以及独树一帜的当地色彩，使得槟城远近驰名，有"东方花园"的美誉。

## 极乐寺

极乐寺位于槟榔山东南山麓，是东南亚最大的佛寺。寺内五彩缤纷的建筑鳞次栉比，无论是当地华人还是游客都乐于前往。极乐寺集合了中国、泰国和缅甸三种不同的文化。寺院里有一个放生池，有大大小小被人放生的乌龟数百只。庭院内石刻题咏众多，其中不乏康有为等名人的手笔。整座寺庙的红牌景点是七层高的白色万佛塔。在塔顶，可以将槟岛的灵山秀水尽收眼底。

### 康华利斯城堡

康华利斯城堡位于岛上的东北角，是过去英国军队驻扎之处，也是莱特 1805 年在槟岛登陆的地方。当年英国人在这里放置了大炮以守卫海口，如今该地仅存外墙与数尊大炮。

### 摩哂陀王子寺

"摩哂陀"传说是古印度阿育王的儿子，曾把佛教传入斯里兰卡，一直受到斯里兰卡僧伽罗族佛教徒的敬仰与怀念。整个寺院建筑朴实、庄重，除寺大门和围墙上雕有法轮饰物标志外，其余地方没有任何装饰，看上去与一般农舍无二，反映了僧伽罗佛教山林派的特点：绝列忠实原始佛教教义，严守戒律，不蓄金银财宝；不居繁华城镇，独居或少数群居于郊外或乡村中。

### 巴都费冷宜

巴都费冷宜位于槟城北海岸。这里有连绵的金色海滩，石岬错综其间。岸边山荣秀美，依山修建了各式别墅，周围棕榈树郁郁葱葱，景致优美，气候凉爽。在不远处的浅滩中，有当地人赋予浪漫情调的"爱情岛"。岛上全部由大小嶙峋的石块堆成。退潮后，游人可涉水而过，喜欢垂钓的游客还可以在那里海钓。

# 沙捞越

沙捞越是马来西亚婆罗洲岛西北部的一个州。这块土块充满神奇色彩，它的主要景观是热带雨林，同时该州的城市非常繁华。古晋是沙捞越州的首府，一般来沙捞越旅游都是先到古晋。沙捞越州的居民主要由依班族人、马来人以及华裔构成。由于城市里有大量华裔居住，因而华语被使用得较多，华语圈的游客在这里旅游会很方便。

## 古晋

古晋在马来语中是"猫"的意思，当地人对猫十分喜爱，该城的标志也是一只可爱的大白猫。古晋保留着许多欧式旧建筑；北岸是该市的行政中心，政府机关以及州长官邸都在这里，著名的玛格丽特城堡也位于北岸。来古晋，必须要参观当地的一些博物馆，市内的沙捞越博物馆、伊斯兰博物馆、警察博物馆（即玛格丽特城堡）、猫博物馆都非常有名，值得一看。另外，充满欧洲风情的河滨公园、古老的大伯公寺（中国式寺院）以及坐落于市区西部的古晋清真寺也都是值得游览的景点。

## 大马海岸

大马海岸是一处海滨度假区，离古晋市有 1 小时车程。这里有海拔 810 米的桑头盆山，附近海岸宽广、视野开阔，景色宜人。当地有大马海岸假日宾馆和大马环礁湖度假村等宾馆可以住宿。

## 八塘涯湖

八塘涯湖原来是大片森林，后来被改造成人工湖，原先的诸多山峰被水淹后就变成了一个个美丽的小岛。来这里可以看到热带雨林、胡椒园、橡胶园以及国境山脉等景观。这一带是依班族人聚居的地方，游客可以欣赏到当地的特色民居——长屋。长屋的地基很高，规模很大，往往是几户人家住在一座长条状的房屋中。

## 穆鲁山国家公园

穆鲁山国家公园的山洞是沙捞越最富有传奇性和冒险色彩的山洞，穆鲁山至今仍有 60% 的地区从来没人去过。已经探明的山洞中，鹿儿洞是最精彩的一个，洞中有无数蝙蝠，每到黄昏的时候，大群蝙蝠从洞中飞出，蔚为壮观。此外，洞南侧入口处的岩石形状酷似林肯，引得游人啧啧称奇。

## 尼亚国家公园

尼亚国家公园最重要的名胜是尼亚山洞和壁画岩洞。这里有成片的燕窝和古代壁画。每年的五六月份和 10 月份是采燕窝的季节。园内最具有代表性的是大岩洞，洞中有一条长 250 米的大裂缝，壁画岩洞内保存着 1000 多年前的古代壁画。游览该洞时需要有导游作陪。

# 马六甲

马六甲地理位置十分重要，位于马六甲海峡北岸，马六甲河穿城而过，历来商业十分兴盛。东西方移民聚居于此，因此语言、宗教、风俗习惯等，融合了世界各国的特点而独具一格。全州境内低丘浅阜，橡胶林较多；海滨椰林遍布，渔村绵延不绝；各地普遍存在着历史久远的混合农业，出产咖啡、硕莪、棕油、胡椒和各种水果。水产品和工艺品久负盛名。有少量锡、金和铝土矿，沿岸海底有锡砂。乡村还有著名的"马六甲牛车"，车篷两头如弯月般地翘起，牛颈系着铜铃，从远处听叮当悦耳。

## 青云寺

青云寺位于马六甲市西南部，取平步青云之意。原是为纪念中国明朝使节而建。寺内供奉观世音和天后娘娘，大门中央的石碑记载着郑和下西洋的事迹。整座建筑全部用楠木建成，山门上书"南海飞来"四字。殿内以生漆涂饰，黑红闪亮，屋檐上有由碎玻璃及瓷制成的神话及动物雕像，在阳光下闪闪发亮、华丽夺目。庙内上漆的木雕更加引人入胜。庭院里可看到佛教、儒家和道家的教义。

## 三宝山

位于马六甲市中，又名"中国之丘"。在 1409 年，中国皇帝将汉丽室公主许配给马六甲统治者苏丹满苏沙。公主的随从共有 500 名女仆，苏丹将她们安顿在三宝山。葡萄牙人占据马六甲后，在山顶上盖了一间庙宇和一间小教堂。不过，这两座建筑都在 1629 年荷兰人入侵时被毁坏。如今三宝山拥有中国本土以外最大的中国人墓地，墓地达 25 万平方米，有 1.2 万个坟墓，而大多数埋葬于明朝。

### 荷兰红屋

红屋位于马六甲河畔，是一座位于市区东部的荷兰式古老建筑。这栋古老的建筑，设有厚重的硬木以及铁链，加上石制的厚墙，可看出荷兰泥瓦匠和木工的手艺。

### 圣彼得教堂

位于市区北侧，东西方建筑的特点在这里得到了完美结合。教堂内有漂亮的落地式窗户，五颜六色的彩色玻璃镶嵌其间。每年 4 月中旬的耶稣受难日和 6 月的圣彼得节，均在此举行隆重的宗教仪式。每年的复活节，成千上万的教徒到此，参与烛光晚餐和游行纪念仪式。

### 基督教堂

基督教堂位于史达德斯广场前面，是一座高雅的荷兰建筑物。完成于 1753 年，长 82 尺，宽 40 尺，高 42 尺。在圣坛的上方，可以看到古典精致的《最后的晚餐》画像。天花板上的根根顶梁都是来自一棵棵树的躯干，而且并不相接。手造的长凳已有 200 多年的历史。教堂里甚至可以找到亚美尼亚人的经文。

### 圣地亚哥城堡

圣地亚哥城堡位于圣保罗教堂以东，为 16 世纪初期的葡式建筑物，号称东南亚最大和最坚固的城堡。该城堡是葡萄牙人于 1511 年占领马六甲后所建，1607 年城堡被荷兰人炮轰破坏，仅有城门幸存。城堡被当地人视为马六甲的精神象征。

### 蝴蝶园

这里可以欣赏到许多珍奇的蝴蝶品种，园内有 6000 只超过 120 种的蝴蝶。公园的环境是特别依据蝴蝶的天然栖息地而改造。为了把此地重新改造成一个马来西亚雨林的气氛，这里面一共种植了逾 1.5 万棵 100 多种的树木。公园内还设有蝴蝶养育区。

# 其他景点

## 浮罗交怡

浮罗交怡位于马六甲海峡北口。在浮罗交怡，游客可以尽享购物的乐趣，因为这里集中了许多免税商店，还有优美的海港和完善的旅游设施。海滩上还有几家颇具特色的餐厅，游人可以一边享受美餐，一边静静欣赏海岛绚烂的黄昏景色。浮罗交怡的主要景点有孕妇岛、狮子岛、湿米岛和丹绒鲁，一般去那里都是乘一种游船连游数岛，全程时间为 4 个小时。

## 马苏里陵墓

陵墓位于古阿市西北 12 千米处，是为了纪念 200 多年前曾经居住在这里的美丽的玛苏丽公主而修建的。墓园里的水池、墓碑以及墓冢都是用岛上盛产的白色大理石雕砌而成，造型典雅，里面还有一幢马来手工艺展示文化村，高脚式的建筑结构底下是农具和舂米器具展览，并有传统音乐演奏。

## 温泉村

温泉村里有一座 3 层式温水喷泉和一幅长 18 尺的手雕河石壁画，描绘着与这个地方有关的传说。这里每天都有手工艺品示范和舞蹈表演，以及售卖传统手工艺品的商店，饮食场所也齐全完备。

## 浮罗交怡鳄鱼场

位于古阿市北部 32 千米处、占地 8 万多平方米。它拥有超过 1000 条各类品种的鳄鱼。游客可在此处与鳄鱼的天然栖息地相似的环境里观赏和拍摄鳄鱼嬉戏及进食的情况。

## 京那巴鲁公园

位于马采西亚沙巴州，也被称为神山公园，是沙巴的名胜之一。公园占地 754 平方千米，院内的生态保护得非常好，从热带植物到寒带植物，可以说世界上再也找不到这样一个植物生态的汇合地。2000 年，联合国教科文组织将京那巴鲁公园列入《世界遗产名录》。

# 印度尼西亚

印度尼西亚是世界上最大的群岛国家，有"千岛之国"的盛名。位于亚洲东南部，东北面为菲律宾，东南面是印度洋，西南与澳大利亚相望。海岸线长3.5万千米。

## 雅加达

雅加达是印尼首都，历史古城，全国政治、经济、文化中心，是东南亚最大的城市，亚洲南部与大洋洲的航运中心。主要工业有食品、机械、造船和汽车等。雅加达文化教育事业发达，这里集中了各种文化教育机构。博物馆内有历史上中国商人送给爪哇国王的陶器。雅加达气候宜人，风光秀丽，是旅游胜地。有宏伟的"迷你公园"，娱乐园"梦幻世界"。莫迪卡广场中央有137米高的大理石塔。城南有一座专养陆地鳄鱼的拉姑兰动物园。城北有世界上最大的一座摩姑尔植物园。这里是印尼的交通枢纽，数条公路和铁路在这里会合。玛腰兰航空站是世界较大的航空站。

### 独立广场

广场位于雅加达中区。广场北为总统府，东北方有印尼最大的伊斯蒂赫尔大清真寺；西街上有国防部大院和中央博物馆；东边是火车站。广场东南角上有一组根据《摩珂婆罗多》史诗中故事情节塑造的雕塑，十分壮观。

### 民族纪念碑

是雅加达市的象征，位于市中心的独立广场公园中央。这座石碑高137米，顶端有一个用35千克黄金制成的火炬雕塑，象征着印尼的独立精神。碑身上的浮雕，反映出印尼人民反抗荷兰殖民统治的英勇事迹。纪念碑旁还有喷泉、水池以及民族女英雄的雕像。纪念碑地下室是一间陈列印尼独立史迹的博物馆，馆内有许多雕塑和油画，全面展示了1945年前，印尼人民争取独立战争的过程。乘电梯可直达碑顶，俯瞰全市风貌。

印度尼西亚中央博物馆

### 伊斯蒂赫尔清真寺

位于雅加达独立广场东北边，建成于 1979 年。该清真寺占地面积 93.5 万平方米，建筑面积 93400 平方米。屋顶上有一个漆成白色的巨大半圆形顶盖，十分醒目。印尼重大的伊斯兰教活动和仪式都在这里举行，印尼总统及政府要人经常到这里做礼拜。

### 中央博物馆

是印尼规模最大、收藏最丰富的博物馆，位于市中心独立广场西边的独立西街，是一座白色的欧式建筑。馆前草坪石墩上立有一座铜大象，为 1871 年暹罗王拉玛五世来访时所赠，故博物馆又称"大象博物馆"或"象屋"。

### 印度尼西亚缩影公园

位于雅加达市区东南 10 千米处。这里有印尼各地的民房、湖泊、公园、纪念塔、购物中心、露天剧场、缆车、火车、水上脚踏车等各种实物的模型，相当于印尼的缩影。公园四周园地划分为 27 个区，代表印尼的 27 个省区，每个区内有当地传统特色的建筑物，并种植当地特有的植物。园内还建有博物馆、影像中心和儿童乐园等。

### 安佐尔梦幻公园

位于雅加达市区北端，是印尼最大的游乐场所。园内还建有别墅区，具有典型的印尼民族特色。艺术市场中陈列着印尼民间工艺品，艺术家还在现场为游客制作绘画和雕刻作品。黄昏时分，露天舞台上将演出巴厘、加里曼丹等地的土风舞。

## 巴厘岛

巴厘岛位于爪哇岛东侧。是印尼三大旅游景区之一，以典型的海滨自然风光和独特的风土人情而闻名。巴厘岛有"花之岛""诗之岛""天堂岛"等美称。岛上一年四季鲜花盛开，空气清新，犹如人间仙境。15世纪时，许多艺术家从爪哇岛来到巴厘岛，带来了一大批成熟的艺术形式，包括舞蹈、雕塑、绘画，现在岛上的庙宇、神龛、横梁、石基上，随处可见神像、飞禽走兽、奇花异草等浮雕。

### 布撒基寺

位于巴厘岛东北部的亚根火山附近。寺庙始建于11世纪初，是巴厘岛最古老、面积最大的印度教寺庙群，也是巴厘印度教寺庙的总部，有"千庙之母"的美称。布撒基寺由30多座庙宇联合组成，规模宏大。主寺大门外有18尊保卫神雕像，周围有多座分寺。布撒基寺每年都要举行一次祭神仪式，祭拜阿贡火山和众神，全岛人民齐集寺庙，仪式场面热闹隆重。

### 巴厘海滩

到巴厘岛看海是旅游者来此的主要目的之一。漂亮的海滨风光在这里随处可见，其中最有名的是萨努尔、库塔和努萨都亚三个海滩。

### 国家公园

位于巴厘岛西部。公园内四季常绿，湖泊岛屿遍布，这里有广阔的草原、大量的植被树种，有红树林沼泽、珊瑚礁、鹿岛。这里还是动物与鸟类的天堂，有许多世界上濒临绝种的鸟类，如欧掠鸟等。游客来此，可以在林中漫步，自由呼吸清新的空气，聆听鸟啭莺啼；还可以到鹿岛潜水，一探神奇的水下世界。进入国家公园须先到公园管理处申请许可，且得有政府向导陪同前往。

### 海神庙

海神庙坐落在海边一块巨大的岩石上。每逢潮涨之时，岩石被海水包围，整座寺庙与陆地隔绝，孤零零地矗立在海水中，只在落潮时才与陆地相连。庙前道路两侧有许多商店，出售各种纪念品，此外还有许多小吃摊，有烤海鲜、麻糕之类出售。庙列岸陆地上有一个小亭，站在亭中可远眺日落景致，这是巴厘岛胜景之一。

### 乌布村

乌布村位于巴厘岛中心，丹巴刹以北 28 千米处。一年四季风景如画，许多当地和外国的画家常常来此寻觅灵感。游客来这里，既可以欣赏风景，又可以参观当地的绘画博物馆。这里还有各种档次的商店，游客可以买些当地风格的蜡染服装、银饰等带回去。

### 圣猴森林公园

圣猴森林公园位于巴厘岛中部，园内林木葱郁茂盛。这里还有许多顽皮的猴子，戴眼镜的游客进入公园前最好摘下眼镜，因为有些调皮的猴子会冷不丁跳上游客的肩膀，夺走眼镜以换取食物。

### 总统行宫

位于巴厘岛中部、距京打马尼不远处，由苏加诺总统在 20 世纪 60 年代初提议修建。总统行宫内的独立大厦是总统及家属下榻之处，国家大厦用于接待国宾，两座大厦之间有天桥相通，天桥离地 20 米，站在上面可以观赏四周的秀丽景色。

### 南湾海龟岛

位于巴厘岛最南端，是水上活动的主要区域。在这里可以参加拖曳伞、水上摩托车、香蕉船等活动，还可以乘船出海，观赏海景。南湾对岸的海龟岛上有许多海龟、蜥蜴、蝙蝠、巨蟒，游客可以拍照留念。

## 其他景点

### 覆舟火山

覆舟火山位于万隆以北 36 千米处，是印尼最著名的活火山。火山四周有某些特定区域可闻到刺鼻的硫黄味道，参观时还需有经验的导游引导。在距覆舟山不远处，可到火山口温泉别墅。

### 婆罗摩火山

婆罗摩火山是东爪哇地区集自然风光和独特民族风情于一体的著名旅游景点。它在泗水西南，相距大约 150 千米，山高 2392 米，位于婆罗摩—登格尔—斯摩鲁山区国家公园内，是登格尔山上三座活火山之一。

### 多巴湖

多巴湖是印尼也是东南亚最大的淡水湖，湖长 87 千米，宽 26 千米，面积 1300 多平方千米。站在多巴湖畔，面对着浩瀚的湖面，顿有心旷神怡之感。这个深水湖，最深处达 529 米，放眼湖面，一片碧绿。

### 婆罗浮屠佛塔

"婆罗浮屠"意为"千佛坛"，在梵文中也可解释为"丘陵上的佛寺"。它是公元 8 世纪~9 世纪的萨兰德拉王朝留下的历史遗迹，位于中爪哇首府的日惹市西北 39 千米处的克杜峡谷，屹立在一座人工堆筑的小山丘上。山环水抱，林秀泉清，宏伟瑰丽，环境优美。

### 水晶宫

水晶宫位于爪哇岛中部日惹南部，是伊斯兰教苏丹的王宫。1757 年建成。原建于湖中心水平线以下，从宫中的玻璃门窗可看见水中的景物。

### 乌绒库伦国家公园

位于爪哇岛西南。"乌绒库伦"在当地的语言中意为"西部的海角"。这里到处是原始森林，直至 1846 年一位植物学家才首次走进这块神秘的土地。半岛内地森林遮天蔽日，藤蔓丛生。这里还有许多的珍稀动物，如野猪、黑豹、金钱豹等。半岛上还有多处瞭望塔，游客可登塔观赏各种飞禽走兽。半岛附近的帕章岛，林木茂盛，白沙铺岸，海水清澈见底，水下各色珊瑚和热带鱼类历历可见，是观赏热带海洋生物的好地方。

### 日惹王宫

日惹王宫位于日惹市中心。这是一座已有近 250 年历史的故宫。该故宫的独特之处是印尼独立后政府允许原王族一家继续住在宫内，宫中所用仆人仍着古时服装。现住宫内的是哈孟古·布沃诺十世苏丹。宫内收藏着 20 多套加美兰乐器。

## 甫兰班南陵庙群

甫兰班南陵庙群位于日惹市东 18 千米处，是为埋藏当时国王及王后骨灰而修建的。陵庙群分成两个大院。主院内有 16 座陵庙，其余均建在一个地势较低的院内。主院内有三座高高耸立的塔形石砌陵庙，南边的为梵天庙，北边的为毗湿努庙，中央的是最受古代印尼人崇拜的大自在天神湿婆庙。庙内四壁上均有精美的浮雕，讲述的是印度史诗《罗摩衍那》中的故事。

## 茂物大植物园

茂物大植物园位于茂物市中心。是世界上著名的热带植物园和亚洲最大的植物园，占地 110 万平方米，共种植 4500 科属的树木 16 万多株。附属的植物标本馆收标本 50 多万份。植物园入口两侧分立一尊象鼻神雕像，它是印度教的"智慧之神"。

## 班达群岛

班达群岛是肉豆蔻的原产地，在马鲁古群岛以南。班达群岛是由印度尼西亚班达海上东北部 10 余座小火山组成的岛群。群岛中的海面形似小湖，风平浪静，海水清澈，珊瑚礁及海洋生物甚多，为著名的"海底花园"。

## 洛伦茨国家公园

洛伦茨国家公园是东南亚最大的自然保护区，也是世界上唯一一个既包括雪地又有热带海洋，以及延伸的低地和沼泽地的保护区。它位于两个大陆碰撞的地方，这里的地质情况很复杂，既有山脉的形成又有冰河作用。这里还保存着化石遗址，记载了新几内亚生命的进化。这一地区拥有具有地方特色的动植物及高度的生物差异性。

# 马尔代夫

马尔代夫一词，由印度语 Malodheep 而来，为"花环"之意。当飞机飞临马尔代夫时，可清晰望见 19 个大环礁，呈南北狭长状环绕着花瓣似的小岛。马尔代夫是南亚印度洋上的群岛国家，南北延伸 820 千米，东西最大宽度 130 千米，只有 199 个岛屿有人居住，其余多为荒岛。

## 马累

马累是马尔代夫的首都，也是世界最小的首都。马累很小，小得没有自己的飞机场。马尔代夫的飞机场建在隔邻的瑚湖尔岛。马累分成等四个区域，街道上没有刻意铺整的柏油路，放眼望去尽是晶亮洁白的白沙路。市内交通工具主要是自行车，没有喧嚣和污染。皇宫和政府机关等都是两层式平房，非常整洁，屋外花园长满了各种果树，有香蕉、椰子、芒果和面包树等，迎风飘来阵阵的清香。马累是马累环礁的中心，人口有 7 万人，占全国总人口的 1/3。它是马尔代夫全国经济、政治、文化中心以及国营和私营团体的集中点。

### 马累清真寺

清真寺位于马累市中心，建于 1656 年，而神奇的回教尖塔直到 1675 年才建成。白色的建筑可以非常清晰地看见古兰经的碑文，靠近回教尖塔有一处神圣的地方，是埋葬岛上重要人物的公墓。

### 马尔代夫博物馆

马尔代夫博物馆位于马累市中心的苏丹公园内，是一座三层楼房，在改造之前它曾是苏丹王的府邸。在这里陈列着许多苏丹王朝时期的物件，如宝座、皇冠、古炮、刀枪等，还有一些古老的、制作精良的、图案优美的手工艺品，如石刻、木雕、漆雕等。这一切都反映了马尔代夫是一个拥有古老文明的国家。

## 古伦巴岛

古伦巴岛位于胡鲁列岛机场附近，拥有最棒的浮潜海域。马尔代夫第一座国际级休闲度假饭店古伦巴岛乡村饭店就坐落于此。小岛邻近马累及国际机场，交通非常便利。古伦巴岛是一个摩登的度假小岛，现代化的休闲别墅，清幽舒适，别墅面临沙滩而隐身于九重葛花丛中，门口各有一个小巧可爱的花园。别墅是环绕海滨而建的，打开房门，十步路就是沙滩，随时可以跃入海中，像美人鱼一样游泳。黄昏用餐时，落日如画，片片晚霞使海面的变化更加浪漫，入夜后，侍者在每张餐桌上摆放一盏蜡烛灯，椰影、烛光、海风、月色，交织成一个浪漫的海岛之夜。

## 库拉马锡岛

在这里，没有豪华的旅游设施，但是它迷人的热带风光、美丽的珊瑚礁岛和平静的海域，已经足以让你流连忘返。岛上建有海上饭店和海滨小屋，小屋的阳台延伸到海面上，游客站在阳台上，随意丢几片面包下去，大海中的各色游鱼便会聚拢过来，争夺食物，景观别致。

## 维林格里岛

维林格里岛是马尔代夫较大的旅游岛，离首都马累仅 5 千米，一条宽敞的大道横贯全岛，上面铺着一层厚厚的白色珊瑚细沙，街道两旁绿树成荫，长满热带地区特有的奇花异草。岛上最大的一家酒店名为维林格里酒店。岛上还设有"潜水学校"，向游客传授潜水技术。另外还为游人提供滑板、帆板、冲浪等运动设施。

## 胡鲁列岛

从空中俯视，胡鲁列岛面积很小，整个小岛好似一座飞机场。机场只有一条跑道，机场周围就是茫茫的大海，又极像一艘航空母舰。

## 卡曼都岛

位于马累国际机场北部约 130 千米处。简洁而充满热带风情的布置是卡曼都岛最大的特色。卡曼都岛采用全开放的设计，并在四周种满竹子。自助式的餐厅，并有专业的厨师根据游者的口味来调整。在这里，游者可以进行沙滩排球或网球运动来锻炼你的肌肉。岛上的日落航行会给马尔代夫之行添上美丽的一笔。

### 休闲度假饭店

马尔代夫是天堂般的度假胜地。在马尔代夫，每一个小岛就是一个饭店，从机场出来必须乘船到其他的岛屿，也就是不同的饭店。天堂岛是马尔代夫非常著名的度假海岛。岛上有 40 幢建在浅海的"水中别墅"，以及 200 套面向大海的海景套房。跨出房门台阶，你将融入大海与沙滩的海天碧色之中。在阳光灿烂的时候，粉蓝的大海、白色的沙滩、翠绿的树、碧蓝的天空，风景如画。菲哈后岛度假村是极为理想的一处休闲度假的天堂，拥有华丽的白色沙滩、茂盛的热带丛林和用木头建造、椰子树叶覆盖屋顶的马尔代夫乡村风格的饭店建筑。

### 半都岛

一个漂浮在印度洋上的人间天堂。位于北部珊瑚岛。细腻、洁白的海滩，散发着一种独特的宁静美。浓密的植物将度假小屋和外界隔离，让你的假期过得既浪漫又隐蔽。柔软的白沙上有许多不规则的小石道，小道两旁是矮灌木和高大的棕榈，整个岛屿被晶莹剔透的海水所包围。半都岛是 2000 年世界小姐竞选赛指定地点，离马累国际机场只有 7 千米远，乘 20 分钟舒适的快艇就可抵达，或是乘坐当地的小艇 45 分钟亦可到达。岛上有各式各样的餐厅、运动设施及潜水点，还有一系列完备的酒店。划桨船可以让你尝试一下玩水的乐趣，你还有机会体验一下滑水及冲浪的刺激。

# 斯里兰卡

斯里兰卡是"印度洋上的珍珠""红茶之国"和"狮子王国"。斯里兰卡位于亚洲南部，西北隔保克海峡与印度半岛相望。斯里兰卡南北长 433 千米，东西宽 244 千米，海岸线长 1200 千米。

## 科伦坡

科伦坡位于西南沿海克拉尼亚河口南岸，是斯里兰卡古老的城市之一，约于公元 8 世纪由阿拉伯人建立，1815 年成为首都。科伦坡的城市建设以港口为中心，四通八达的铁路和公路网把首都与全国各地紧密联结起来，并可直接与世界各大城市通航。现代化的科伦坡港是欧洲、非洲和西亚各国与东亚、太平洋地区航运的必经之处，是世界航海线上重要的中途港之一，地理位置十分重要，因而被称为"东方的十字路口"。科伦坡虽地近赤道，但由于海风的作用，气候宜人。

### 国家博物馆

国家博物馆位于科伦坡市区的费南多大街，创建于 1877 年。陈列着斯里兰卡各个历史时期的珍贵文物，特别是石碑大厅中的"郑和碑"是 1409 年中国明代著名航海家郑和首访斯里兰卡时建的。这一石碑印证了自海上丝绸之路开始，中国与斯里兰卡之间就有文化、贸易往来的友好历史。

### 德希韦拉动物园

德希韦拉动物园是斯里兰卡最大的动物园，也是亚洲最完善的动物园之一。设在首都科伦坡市内，园内绿树成荫、鲜花盛开，以热带动物为最多，还养有世界各地的动物共 2000 多种。

### 内贡博

内贡博位于科伦坡沿海以北 37 千米处。原为一个渔村，如今内贡博已成为具有独特风情的海滨避暑胜地。内贡博沙岛绿洲星罗棋布。岛间渔民身着传统的装束，驾驶着一种极为原始的捆扎木筏，木筏以白色风帆推动，酷似舒展的鲨鱼翅。近年来，用马达驱动的扎筏逐渐增多。这种原始与现代工具的奇妙结合给美丽的内贡博海湾增添了特有的风情。

### 克拉尼亚大佛寺

坐落于滨克拉尼河旁的克拉尼亚大佛寺，是斯里兰卡较著名的佛寺。寺庙距科伦坡市大约 11 千米。传称此寺是为纪念佛祖释迦牟尼而建，建寺年代早于建城年代。寺内金碧辉煌，佛像众多，其中较著名的要数镀金的大卧佛。在斯里兰卡佛教徒心目中，克拉尼亚大佛寺的重要性仅次于佛牙寺。每年 1 月份寺院都要举行盛大的庆典活动。

### 甘波哈公园

甘波哈公园位于科伦坡东北 30 千米处，是亚洲最早的试验植物园之一，也是

克拉尼亚大佛寺

斯里兰卡最漂亮的公园之一。它集大自然各种奇花秀木于一处，在园内的一角保留着一片天然热带海滨雨林，林中盘根错节，密密层层，供游人寻奇探险。

### 亚当峰

亚当峰又名圣足山，位于科伦坡以东约 40 千米处。山体高大挺拔，呈圆锥形。周围群山环抱，有大小山峰 200 多个。山峰险峻，景色秀丽。西南坡道旁，有两条铁链，人们可扶链拾级而上。每一小山顶上均有一铜钟，游人到达一个山顶，常敲钟一次。

### 阿努拉达普拉圣城

阿努拉达普拉是斯里兰卡古都和佛教圣地，在斯里兰卡中北部，阿鲁维河畔。始建于公元前 5 世纪，公元前 3 世纪至公元 10 世纪一直是僧伽罗王朝的都城，历史上曾繁盛一时。2000 多年前，孔雀王朝阿育王之子，印度高僧摩哂陀携佛经渡海到此，开创了斯里兰卡的佛教历史，阿努拉达普拉逐渐成了斯里兰卡最早的佛教圣地，后逐渐荒废，19 世纪重新发现并整修，现成为佛教朝礼中心及游览胜地。

### 波隆纳鲁瓦古城

在斯里兰卡的历史上，当外敌入侵阿努拉达普拉时，波隆纳鲁瓦就成为斯里兰卡的第二首都。波隆纳鲁瓦城市建设布局具有阿努拉达普拉的影子。整个城市沿中心轴线布局，北部和南部是最重要的宗教建筑群，城区分布在号称"波罗迦摩罗海"的巨大人工湖两岸，市内有保存完好的古代桥梁、宫殿、会议厅和皇家浴池。

## 康提

位于斯里兰卡中央省，距首都科伦坡东北 120 千米。康提是斯里兰卡的第二大城市和著名古都，康提城约建于公元前 5 世纪，1480 年开始成为康提王国的首府。相传当年佛祖释迦牟尼曾三次到这里传教，因此也是著名的佛教圣地。

### 佛牙寺

佛牙寺位于康提湖畔，以供奉佛祖释迦牟尼的佛牙而闻名。斯里兰卡的佛教徒将佛牙视为至圣宝物，供奉在佛牙寺大殿暗室中。佛牙寺建于公元 15 世纪，经过历代国王的扩建后，宏大雄伟。整个寺院建在高约 6 米的台基上，四周有护寺河。寺内主要建筑有大殿、鼓殿、长厅、大宝库、诵经厅等，其中最重要的建筑是中心大殿。大殿内有石雕、木雕、象牙雕、金银饰、铜饰、铸铁饰、赤陶等各种装饰，墙壁、梁柱、天花板上布满了彩绘，整个大殿被认为是康提艺术的博物馆。

### 王宫

佛牙寺后依山而建的康提王宫，是斯里兰卡最后一代国王的宫殿，现在是著名的康提博物馆。馆内收藏的公元 17 世纪的王冠，是一件稀世珍宝。康提城外有佩拉德尼亚植物园，占地约 60 万平方米。该园栽培着来自世界各地热带、亚热带植物数千种。

## 其他景点

伯拉贞宫是斯里兰卡古城阿努拉达普拉著名古迹。维耶王朝杜多伽摩尼在位（公元前 161 年～公元前 137 年）期间建造。宫内有 900 间房屋供僧侣修行居住。普通僧侣住底层，能布道者住二层，依次递升，证阿罗汉果者住最上层。此宫建成 15 年后被烧毁。波隆纳鲁瓦时期的波罗迦罗摩巴忽一世时重建。因有排成 40 个同心圆的 1600 根石柱支撑的大铜圆顶，所以又称"铜宫"。现宫已不存，唯石柱仍存。

### 陀林寺

阿努拉达普拉古城区内有几十座白色圆顶的佛塔，陀林寺是其中最大的一座，建于公元 4 世纪，塔基直径约 112 米，塔高约 107 米。现在塔已残缺不全，但高度仍有 70 多米，是斯里兰卡最大的佛塔。

### 大象"孤儿院"

大象"孤儿院"位于斯里兰卡中央省盖克拉行政区的滨纳瓦纳村，是为收容从玉石矿井中救出和其他因种种不测与母象失散了的幼象而修建的。"孤儿院"占地5.6 万平方米。院内有大片椰子林和草地，院北有一条宽阔的河流，是幼象玩乐的场所。

### 锡吉里亚古城

锡吉里亚古城的历史可以追溯到 7000 年前的远古时代。从公元前 3 世纪起，这里就成了位于山间的修道院，里面建有佛教皈依者捐赠的精致山洞。公元 477 年~公元 495 年，修道院又建起了城市花园和宫殿，在这之后一直到 14 世纪，这里都是僧侣们的生活起居之地。

### 加勒古城及城堡

加勒古城位于斯里兰卡南方省，是至今东南亚和南亚地区保存最为完整的古代城堡。该城主要是荷兰人在原葡萄牙人所建城防基地上加以改建和扩建而成，以荷兰式城堡为中心的 12 个棱堡及防御设施建筑充满了异国情调。当你漫步到这里时，会感觉突然来到另一个国家。

### 辛哈拉加森林自然保护区

辛哈拉加森林自然保护区，位于斯里兰卡南方省。1988 年，联合国教科文组织将辛哈拉加森林保护区列入《世界遗产名录》。辛哈拉加森林保护区，面积 60 平方千米，是斯里兰卡岛上的一片原始森林，它是斯里兰卡最大的国家森林公园，也是世界上最重要的动植物保护区之一。

### 加勒大教堂

带有巴洛克风格的大教堂位于加勒古城堡中心，是斯里兰卡历史上第一座新教礼拜堂，建成于 1775 年。教堂采用十字形平面，布置有丰富的线条和双重旋涡饰纹，表现出外来建筑受斯里兰卡本土的影响。室内拱顶天花板绘有天蓝色顶幕，缀以银色的群星，表现出深旷的天空图景，是斯里兰卡最著名的大教堂之一。

# 印度

印度又名"婆罗多"，这里曾创造了灿烂的印度河文明。位于亚洲南部，南亚次大陆中心。西北与巴基斯坦接壤，东北与中国、尼泊尔、锡金和不丹为邻，东与缅甸和孟加拉国毗连，南与斯里兰卡、马尔代夫隔海相望，东南濒临孟加拉湾，西南面阿拉伯海，南连印度洋，北倚喜马拉雅山。为亚、非、欧和大洋洲海上交通枢纽。印度南北长 3119 千米，东西宽 2977 千米，海岸线长 6083 千米。

## 新德里

位于印度西北部，坐落在恒河支流朱木拿河西岸。"德里"一词来自波斯文，意为"门槛"，或者"山冈""流沙"等。德里是古老传统和现代化相互结合的一座城市。老德里如一面历史镜子，展现了印度的古代文明，新德里则是一座里程碑，让人们看到了印度前进的步伐。现在的新德里不仅是全国的政治经济中心，也是文化教育中心。城区街道呈放射状，向四外延伸。这里科学研究机构也很多，许多大学建于此。还有国立博物馆、全国美术馆等，以及许多文娱、体育设施。新德里是一座现代化城市，市容整洁、清新，城市绿化工作搞得很好，道路两旁树木成行、鲜花盛开。

### 红堡

红堡因为它的城墙和内部是用红砂岩砌成而得名。位于德里旧城东北部、亚穆纳河西岸。今日的红堡尽管失去了昔日的华丽，但是拉合尔门的雄伟气势还在，巍巍的红色城墙，还有部分基本结构完好的宫殿似乎还可以窥探出昔日的辉煌气派。

### 阿育王柱

离红堡不远，在朱木拿河畔，一根光秃秃的石柱高高地矗立在一座古堡之顶，这就是有名的"阿育王柱"。阿育王柱高 12.97 米，底部直径约 1 米，顶部直径约 0.65 米，重 27 吨。柱表原为镏金，现已脱落。这一石柱于 19 世纪出土后，成为印度民族精神的象征。

### 康诺特普莱斯

康诺特普莱斯是新德里最繁华的商业中心，中间有一个中央公园，公园外围有三层圆环，组成了一个巨大的圆盘。因而这个地方也被称为"大圆盘"。通过"大圆盘"，有八条大道向八个方向散射而去。当年在圆环上设计的都是白色的二层楼建筑，不过现在也出现了高层楼房。这里汇集了许许多多的店铺、银行、保险公司、旅行社，等等。

### 国家博物馆

国家博物馆位于拉杰巴特街与言巴特街的交会处，是一座三层楼建筑，雄伟挺拔，主要储存和展示印度史前时代的遗物、佛教与印度教艺术品以及染织品和大量古钱币等。此外，新德里博物馆还陈列有中国、尼泊尔等其他亚洲国家的物品。

### 老堡

在印度门的东面就是老堡，它是印度传说中摩珂婆罗多史诗中的英雄潘达婆诸王的居城。老堡位于亚穆河畔。城壁是莫卧儿帝国第二代帝王胡马雍大帝命令修建的，完成于苏尔王朝的创始者薛沙王。现在内部的清真寺与图书馆仍保留完整。

### 甘地陵

在印度首都新德里东郊朱木拿河畔，有一座肃穆、幽雅的陵园。园中的陵墓没有任何装饰，极其普通、简朴。然而，这里却像一方圣地，一块心灵的磁石，每逢节假日，便吸引无数身着白色民族装的人们从四面八方赶来。他们脱掉鞋子，赤脚走进陵园，深切地悼念陵园的主人，印度的国父——甘地。

### 胡马雍陵

胡马雍陵位于德里东部的穆纳河畔，这里是莫卧儿王朝第二代皇帝胡马雍的陵墓，也是伊斯兰教与印度教建筑风格的典型结合。陵墓主体建筑由红色砂岩构筑，陵体呈方形，四面为门，陵顶呈半圆形。整个建筑庄严宏伟，为印度乃至世界建筑史上的精品。

### 总统府

总统府位于新德里城的拉伊西纳小山上，是一座气势雄伟的宫殿式建筑，有觐见厅、宴会厅、图书馆等华丽的厅堂，还有无数喷泉水池、亭榭长廊。小山东北的议会大厦和王子公园里的印度门，也都是壮丽的建筑。总统府正门前是一条宽阔的"国家大道"，直通印度门。

### 阿格拉堡

阿格拉堡全部采用红砂岩建造而成，故又称红堡，与新德里的红堡齐名。位于印度古都阿格拉的穆纳河畔。这座方圆1.5平方千米的宫堡，外形非常雄伟壮观，城内的宫殿，虽经历漫长的岁月，多已失修，但画梁和墙壁上精巧的雕刻与设计，仍隐约保存着昔日富丽堂皇的风貌。

### 泰姬陵

泰姬陵是莫卧儿王朝帝王沙贾汉为爱妃泰吉·马哈尔所造的陵墓。位于印度古都阿格拉。印度诗翁泰戈尔曾说，泰姬陵像"一滴爱的泪珠"。这是一座全部用白色大理石建成的宫殿式陵园，是一件集伊斯兰和印度建筑艺术于一体的古代经典作品。在世人眼中，泰姬陵就是印度的代名词。这座被誉为世界七大奇迹之一的宏伟陵墓浓缩着一个伟大民族和文明古国数千年的灿烂文化。

### 瓦腊纳西

它是印度"圣城中的圣城"，被认为是印度最古老和最神圣的城市。它的名字（Varunasi）来源于两条注入恒河的河流：瓦鲁那（Varuna 也是印度教大神的名字）和 ASi。分为新城和旧城两个部分，虽然历经沧桑，但仍保持着浓厚的印度传统。

### 老堡清真寺

老堡清真寺位于新德里的恒河畔，是一座锡克教寺院，第八代祖师哈尔克立曾申请在此治病救人。寺院门前有两座白色大理石塔亭，寺门是一座高大宏伟的拱形建筑物，大门的墙上有两座白色的石塔。寺内柱子都是白色和黑色大理石柱，使得整个内殿显得庄严肃穆。

### 库瓦特·乌尔·伊斯兰清真寺

库瓦特·乌尔·伊斯兰清真寺位于新德里南部。清真寺是用遭到破坏的 27 座印度教、耆那教庙宇的材料建成的，因此在寺庙的柱子上，可看到一般回教寺院所看不到的神像。寺址是在一座耆那教庙宇的原址上逐渐扩大建成的。建于 1573 年，由阿克巴大帝所建，这里曾是阿克巴大帝的皇宫。

## 孟买

孟买位于印度的西部阿拉伯海岸，原为一个小渔村，由 7 个岛屿组成。英国人通过填海把 7 个岛屿连接成了一个半岛，并修建城堡和商港。今天的孟买高楼林立，街道宽阔，维多利亚式的楼宇和新式的摩天大厦交相辉映。南部是全市的精华所在，高入云天的宏伟建筑和繁花似锦的商店、饭店、酒店大都集中于此，其中有欧式古典建筑，有融合亚欧风格的东西合璧建筑，也有华丽壮观的印度式房屋。孟买是印度全国工商、金融中心，素有印度"商业首都"和"金融首都"之称，印度人常称其地位相当于上海在中国的重要程度。孟买也是印度西部的铁路、航空枢纽，国家邮政总局的所在地。

## 象岛

象岛位于印度门东北 11 千米处。岛上有 4 座在岩石上凿出的印度教庙宇，大概建于公元 450 年~公元 750 年间，当时该岛以"城堡城市"著称。16 世纪，葡萄牙人在岛上登陆地点附近发现一尊独石圆雕的"大象"，因此，就用葡语大象为该岛命名。

### 法塔赫布尔·西格里古城

古城位于印度北方邦亚格拉市西南 40 千米处，由阿克巴皇帝于 16 世纪后半期建成。整个城是按照阿克巴国王的审美观建造的。但因为它创建之初缺乏长远规划，建成不久就遭到了遗弃。古城整体建筑为统一的建筑风格，其中包括印度最大最知名的大清真寺。古城的建筑并不是简单随意地堆砌，而是富有节奏感的建筑群。它的建筑风格清新而富有创造力。

## 海滨大道

孟买是"印度城市中的皇后",而海滨大道是"皇后的项链"。大道面对阿拉伯海,形似一弯新月,镶嵌在美丽的海滩之上。大道两旁一边是错落有致的高达二三十层的楼群,组成了人造的悬崖峭壁;另一边则是茫茫的阿拉伯海,波光粼粼。这一带是繁华的商业区,商店、餐厅、小贩随处可见。

## 焦伯蒂海滩

位于滨海大道的北端,是孟买市民夜间散步的好地方。每晚,各式摊贩云集于此,出售各种食物和纪念品。海滩不适宜游泳,因为水质很差。这里还是举行象神祭典的主要场所。

## 威尔斯王子博物馆

位于孟买威灵登环回区北面,建于 1905 年。在博物馆内,可以看到印度各个时期的古典艺术品和雕刻。此馆以威尔斯王子得名。馆内分为美术、考古学及自然史三部分,其中以莫卧儿帝国的绘画最为精致。

## 阿旃陀石窟

阿旃陀石窟位于印度西南部马哈拉施特拉邦奥兰加巴德县阿旃陀村的瓦古尔纳河谷,曾是佛门弟子在雨季修身养性、研读经书的地方。相传石窟开凿始于孔雀王朝时期,石窟的开凿持续了 1000 多年,后来便逐渐荒废。石窟的建筑形式可分为两种:一种是支提洞,意为佛殿,是藏放舍利的塔庙;另一种为毗诃罗洞,即僧房,是僧人居住、讲学、集会、修道的场所。佛殿顶部呈拱形,殿中排列着数十根石柱,把殿分为内殿和中殿。僧房是正方形,洞的正面有石柱,前方有走廊,中间为集会的场所,三面围以僧人的住房。此外,石窟中有大量精美的雕刻、壁画。

## 印度门

印度门为古吉特拉式建筑,顶部有 4 座高耸的塔楼。印度门是游览孟买的必到之地,此门是孟买的象征。其建筑设计融合了印度和波斯文化的特色,与法国凯旋门极为相似。现在已成为印度的标志性建筑,也是政府迎接各国贵宾的重要场地。

## 其他景点

### 戈纳勒格的太阳神庙

戈纳勒格的太阳神庙以太阳神驾驭马车驰骋天宇的造型著称。神庙位于印度东部的戈纳勒格，坐落在一个石墙围成的大院中央。神庙前面还有一座叫纳托·曼底尔的殿堂。太阳神庙的大型壁雕，非常精美，可以说是印度寺庙雕刻艺术的杰作。神庙的基座上对称地雕刻有 12 对直径达 3 米的车轮，精细的纹饰一直雕到车辐上。寺庙前方，雕着拉战车的 6 匹骏马，形象非常生动。太阳神庙的墙壁上雕满了各式各样的人物，形象多为男女相拥，表现了印度教徒追求的"梵我同一"的境界。

# 巴基斯坦

"巴基斯坦"意为"圣洁的土地"或"清真之国"。巴基斯坦历史悠久，早在 5000 年前，这里就孕育着灿烂的印度河文明。巴基斯坦位于南亚次大陆西北部，东与印度接壤，东北与中国为邻，西北同阿富汗交界，西同伊朗毗邻，南邻阿拉伯海。海岸线长 980 千米。

## 伊斯兰堡

伊斯兰堡是巴基斯坦的首都，是世界上最年轻的都城之一。伊斯兰堡位于巴基斯坦东北部海拔 600 多米的波特瓦尔高原上，背依高耸的马尔加拉山，东邻清澈的拉瓦尔湖，南面是一片葱绿的山丘，气候宜人，景色秀丽。城市布局以方格形干道为骨架，建筑新颖并具伊斯兰传统风格。市内各区功能分明，城东为行政、使馆区，城西为大片住宅区，街区东西排列有序，服务设施完备，每个街区均有清真寺及商店、学校、旅馆、银行和公园等。

### 夏克帕里安公园

夏克帕里安公园位于城区南面的夏克帕里安山，是鸟瞰伊斯兰堡市容、游览和避暑难得的好地方。这里树木葱茏，芳草如茵，百花争艳。公园里栽有各种名贵花草和果木，园中心建有自来水喷池，微风吹来，花香扑鼻，细雨拂面，使人觉得犹如步入仙境。公园里蹊径纵横，游客可任意信步花丛果园之间。公园东半部还专门开辟一块地方，供访巴的各国领导人植树留念。

### 费萨尔清真寺

费萨尔清真寺由已故沙特国王费萨尔出资捐建，坐落于伊斯兰堡市区北部，是伊斯兰世界著名清真寺之一。寺高80米，占地约19万平方米，可容纳万人同时祷告。

# 拉合尔

拉合尔位于伊斯兰堡东南400千米处，是巴基斯坦第二大城市。漫步于拉合尔市区，你会感觉到四处都是高大的热带树木，举目便见如茵的芳草，欧式房屋和民族形式的建筑参差错落，掩映在绿树繁花丛中，犹如一座美丽的大花园，因此拉合尔素有"花园城市""庭园之都"的美称。拉合尔还是巴基斯坦全国著名的文化中心，拥有著名的旁遮普大学、工程学院等几十所高等院校，享有"巴基斯坦灵魂"的美称。

### 拉合尔古堡

拉合尔古堡位于拉合尔西北角，是巴基斯坦唯一一座完整地反映17世纪莫卧儿王朝建筑史的建筑物，其特点是用大理石取代红砂岩。城堡呈现长方形，东西长450米，南北宽350米，城墙上建有碉堡和射击孔，城内有21座建筑物。整个城堡最精美的部分是镜宫。走在镜宫的灰色大理石地面上，大理石被磨得滑腻透亮，使人觉着仿佛是在云间穿行。整间房子金碧辉煌，精美绝伦。

### 拉合尔博物馆

建于1864年的拉合尔博物馆，位于拉合尔城旁的遮普大学附近，是巴基斯坦全国最古老的博物馆。收藏有巴基斯坦各个时期的出土文物、佛教雕刻、各种绘画、手工艺品以及民族服饰等。

### 兰古特·辛墓

兰古特·辛墓是锡克王朝统治者玛哈拉贾·兰古特·辛的陵墓。陵墓集中了莫卧儿和印度传统建筑风格之精华，气势雄伟。四方形的陵墓主体，高耸圆形的巨大拱顶墓室内有精美的壁画。穹顶下，呈莲花状的大理石墓穴内安放着玛哈拉贾的骨灰盒，四位皇后和七个女奴的骨灰瓮分置两旁。

### 贾汗尔王陵

位于拉合尔西北 5 千米处的拉维河畔。陵墓是一座由红色岩石砌成的长方形建筑，四角是 4 座高 31 米的 4 层白色圆顶尖塔，陵墓四周和尖塔底部的墙壁上嵌满彩色大理石花纹图案。陵墓内部，装饰着做工精细的大理石屏风和富有浓郁宗教色彩的壁画，其中尤以 99 件花卉和神像的图案最为珍贵，是莫卧儿王朝时期的艺术瑰宝。陵墓的宏伟规模和淳朴的建筑风格可同印度的泰姬陵相媲美。

### 巴德夏希清真寺

巴德夏希清真寺位于拉合尔古城外，是巴基斯坦最大的清真寺。院内是一个可容纳 10 万人同时祷告的大广场。广场正中是供穆斯林礼拜前斋戒沐浴的浴池。整个清真寺的主体建筑——礼拜堂位于广场西侧。堂顶上，3 只巨大银球在阳光下光芒四射，同围墙四周 4 座高达 43 米的宣礼塔形成一体，为清真寺增加了肃穆的宗教气氛。礼拜堂内圆顶上，镌刻着各种美丽花纹和涂上金粉的《古兰经》经文，光彩夺目。寺内珍藏着用 10 年时间以金银丝线绣成的 30 卷阿拉伯文《古兰经》，蝌蚪似的经文绣在天蓝色锦缎上，绣工极为精湛，是罕见的艺术珍品。

# 卡拉奇

卡拉奇是巴基斯坦第一大城市和最大的海港和军港，全国工商业、贸易和金融中心，也是往来东南亚和中东、非洲、欧洲的国际航空站。卡拉奇位于印度河三角洲西北侧，南濒阿拉伯海。卡拉奇一年中除 12 月和 1、2 月份外，气候炎热，最高温度达 40℃以上。卡拉奇有阿拉伯海最优良的海滩，港口外岛屿林立，阳光充足，一年四季都可到海边游玩。

真纳陵墓位于卡拉奇市中心，真纳陵墓是巴基斯坦国父的陵墓。陵墓建于 1970 年，为伊斯兰式白色大理石宫殿，是卡拉奇最庄严的建筑。白色大理石陵墓巍然屹立在棕榈树和鲜花丛中，棺椁上面镌刻着英文和乌尔都文的墓志铭。墓室内悬挂着周恩来赠送的一盏十吨重的金色大吊灯，十分引人注目。

### 莫恩焦德罗古城遗址

位于卡拉奇东北 560 千米处。莫恩焦德罗意即"被埋没的城市"，是公元前 2500 年印度河流域的一座宏伟城市遗址，展示了世界上最古老的市政布局。城市全部为砖砌建筑，有城墙和矗立在开阔坡地上的卫城，低城区建筑布局严谨。这座古城遗址是 1922 年被发现的，同时还发掘出土了大批珍贵文物，其中许多是用陶土、铝、银、黄铜或青铜制作的器皿、武器、塑像、首饰等，此外还出土了数百种奇异的人形陶俑。

### 墓石群区

沿卡拉奇市塔达街向东走大约 27 千米，就是举世无双的墓石群区。墓石群是在砂岩上雕绘花、马、剑和各种几何形图案，这些鲜明的雕刻墓石约有 3000 座，分散在沙漠四处。在信地（卡拉奇是信地省省会）类似这种"死城"约有 20 座以上。令人感到不解的是墓石的四周完全没有市街及村落的遗迹。没有留下人的迹象，而仅有墓石群立，足称世界一大奇事。

## 其他景点

### 白沙瓦

一走进白沙瓦，你脑海中有关《一千零一夜》故事的记忆就会悄然苏醒。白沙瓦位于巴基斯坦与阿富汗东部边境附近。"白沙瓦"一词源自古梵文，意为"百花之城"。城中多花、多果、多树木，尤以绚丽多姿的玫瑰最为引人注目。唐朝高僧玄奘曾到过此地，并在《大唐西域记》中称这里是"花果繁茂"的天府之国。白沙瓦是巴基斯坦除了古都拉合尔外，最具浪漫主义色彩的城市。这里产生过历史上有名的犍陀罗文化，建筑保持着浓郁的普什图文化特色。

### 塔塔

塔塔曾连续作为三代王朝的首都，后被并入莫卧儿的版图。公元 14 世纪~18 世纪，城市变得越来越迷人，如今，城市的遗址及墓地是信德文明唯一的历史见证。这里有一片多达 50 多万座坟墓的墓地，占地 364 万平方米，可说是东方乃至世界上最大的墓地。这里埋葬着王子、大臣、总督、圣徒、诗人、将军和平民百姓。每座坟墓都竖有墓碑。墓地的历史跨越了漫长的 4 个世纪，历经统治过信德的萨马赫、阿尔贡、塔克汗和莫卧儿 4 个王朝。

### 摩亨佐·达罗考古遗址

在滚滚流淌的印度河右岸，有一座半圆形的佛塔废墟，它就是摩亨佐·达罗考古遗址。它的发现，向世人证明了印度河文明与两河流域的苏美尔文明一样古老而灿烂。摩亨佐·达罗是公元前 3000 年~公元前 1750 年青铜器时代的一座世界名城。这个城市的居民叫"达罗毗荼人"，他们建立了高度发达的城市经济，而且广泛地和其他各文明民族进行着贸易往来。城里街道大部分是东西向和南北向的直路。古城里的建筑物都用火砖砌成。哈拉帕人建造了供水和排污系统，古城里的大多数住宅都有水井和浴室，而且还有排水沟。大小住宅多半都在外墙里面装有专用的垃圾滑运道。几乎每户人家都有沐浴平台和厕所。城里最突出的一个建筑物就是一个大澡堂。澡堂里的大浴池呈长方形，长 40 米，宽约 20 米。大多数研究者认为大浴池不仅仅是一个公共洗浴区，大浴池和众多的沐浴平台也暗示洗礼仪式在当时的社会中非常盛行。

### 塔赫特·伊·巴希佛数遗址和萨尔·伊·巴哈洛尔城

塔赫特·伊·巴希曾经是通往印度的重要商业路线中赫赫有名的四座城市中的一个。遗址中最引人注目的是一排排小神殿，这些小神殿是环绕着中央佛塔神殿而建立起来的。高石墙围绕的僧院具有双层结构，中间部分是一个开阔的庭院，周围有居室、禅房、一间大会议厅、一个餐厅等其他附属建筑。

塔赫特·伊·巴希意为"春天宝座"，这处佛教遗址起源于公元 1 世纪。尽管曾遭受过战火的洗礼，塔赫特·伊·巴希佛教遗址的大部分寺庙仍保存完好。

萨尔·伊·巴哈洛尔坐落于国境西北部的边防城市——马丹镇东北大约 16 千米处，一条由碎石铺就的道路将塔赫特·伊·巴希与巴基斯坦北部的城市白沙瓦连接起来。萨尔·伊·巴哈洛尔古城堡是贵霜时代的寺院遗址，现仅存长方形墓地和一道菱形的护卫墙残垣。1980 年，联合国教科文组织将塔赫特·伊·巴希佛教遗址和萨尔·伊·巴哈洛尔城遗址共同列入《世界遗产名录》。

### 塔克西拉

塔克西拉，位于伊斯兰堡以西 20 多千米处。塔克西拉是一座建于 2500 年前的古城。唐代高僧玄奘的《大唐西域记》将塔克西拉译作"坦叉始罗"，梵文意为"石雕之城"。晋代高僧法显于公元 405 年~411 年也访问过此地。今天，轮廓鲜明的古城遗址仍依稀可辨。坚固高大的城垣、精巧别致的佛塔、金碧辉煌的寺院庙宇和大量形象逼真的人物浮雕，分布得错落有致，显示了这座城市的昔日盛况。

在离城堡不远处，有一个单独的院落，唐玄奘西行取经时曾在这里居住过。城堡另一头的山坡下完整地保留着一个石砌的台子，这个台子就是当年玄奘讲经的地方，被人们称为讲经台，可同时容纳数千听众，居高临下，声乐顺风而下。

塔克西拉是当时佛教和犍陀罗艺术的中心，融会本地和外来的希腊、伊朗文化，出土的文物中有很多印有希腊国王头像的古钱币，考古学家据此推断曾经有 39 个希腊君王和 2 个希腊女王统治过这里。具有古印度风格的金银饰品，反映了孔雀王朝和贵霜王朝鼎盛时期的繁荣。最引人注目的是千百尊大大小小的犍陀罗王朝时期的石雕和泥塑佛像，明显地带有希腊式雕塑的痕迹，却又自成体系，形成了独特的犍陀罗艺术风格。1980 年在塔克西拉发现了公元前 2000 年~3000 年的陶器，充分证明这座古城可能是南亚地区人们最早聚居的都市之一。1980 年联合国教科文组织将塔克西拉作为文化遗产，列入《世界遗产名录》。

# 土耳其

"土耳其"意即"勇敢人的国家"。土耳其是世界文明的交会点，是极具魅力的东西方文明相融会的国家。土耳其领土横跨亚欧两洲，陆路方面，东北与俄罗斯连接，西北与保加利亚及希腊为邻，东南面分别连接着伊朗、伊拉克和叙利亚。海路方面，南北面分别被地中海和黑海包围，西面是爱琴海，海岸线总长度为 8000 千米。

## 安卡拉

位于安那托利亚高原的西北部。安卡拉的历史可以从青铜器时代的哈梯文明开始，同时又继承了公元前 2000 年的西泰特人、公元前 10 世纪的菲尔吉斯人、利迪亚人、波斯人的文明。继葛拉特亚人之后，公元前 3 世纪盖鲁特人在安卡拉建设了最初的首都。安卡拉从那时起就被称为安卡拉，是"锚"的意思，这是热爱海洋的盖鲁特人的盖鲁特语的最古老的单词之一。安卡拉市是安卡拉地区的中心，这里有肥沃的麦田，在东北方分布着广阔的森林。安卡拉是土耳其的首都，但并不是第一大城市。所有外国使节官邸、土耳其著名学府、政府枢纽机关等均集中于此。

### 安那托利亚考古学博物馆

位于安卡拉古城堡内。该博物馆是由城门边的古代商队住的旅店改建装修而成的。里面展示旧石器、新石器、哈梯、西泰特、菲尔吉斯、乌拉尔、罗马等各个时代的文物和利迪亚时代的宝物等。馆内存有各种极具历史价值的珍贵文物。

### 共和国美术馆

位于独立纪念美术馆的附近。曾是举行第二次国会的场所。展示着当时共和国所发生的各种重大事件的记录。

### 罗马剧场

从安卡拉城外就可以看到残留着的舞台和后台的遗迹。在这里发掘出的罗马时代的雕刻被展示在安那托利亚考古学博物馆。剧场的座席部分目前还在进行发掘。

罗马剧场

### 共和国纪念碑

共和国纪念碑于1927年建在斯夫西埃地区的扎菲鲁广场，是一座穿着军装的阿塔土克的雕像。

### 安卡拉城

这座城市建在到处都露出熔岩的土地上，由葛拉特亚人开始建筑，由罗马帝国最后建成。后来又由拜占庭帝国和塞尔楚克王朝进行了修复和改建。这一带是安卡拉最古老的地区，城墙内有很多传统的建筑物，有广阔的绿地，使得人的生活轻松愉快。安卡拉地区在公元前 2000 年作为维讷文明的发源地而知名。在这一城区，有很多房屋作为传统的土耳其式建筑被修复保护，有的成为在那里可以品尝土耳其等各国料理和葡萄酒的餐厅。

### 罗马澡堂遗址

在乌鲁斯地区的昌克日街，有夫利基达里乌姆（冷水澡堂），德比塔里乌姆（温水澡堂）和卡鲁达里乌姆（高温澡堂），具有罗马澡堂的典型特征。这些澡堂是为了祭祀医学之神阿斯库雷皮奥斯而由卡拉克拉皇帝于公元 3 世纪修建的。现在仅遗留了其基础部分和一层部分。

### 奥古斯托斯神殿

奥古斯托斯神殿位于乌鲁斯地区。公元 10 年葛拉特亚国王比拉梅内斯为了祭祀奥古斯托斯而建，公元 2 世纪时由罗马人在安卡拉的阿库罗波利斯重建。作为"安基拉时代的纪念建筑"，在现代具有非常重要的意义。在其下部刻有奥古斯托斯的政治信条，在其墙壁上用拉丁语和希腊语记载着他的伟业。公元 5 世纪拜占庭帝国时将其改造为教会。

### 尤利阿奴斯之柱

位于乌鲁斯地区的这根柱子建于公元 362 年。一般被认为是为了纪念罗马皇帝尤利阿奴斯的来访而修建的。柱高 15 米，在柱子的顶端部还装饰了树叶形的装饰品。

### 亚狄陵

位于旅游局西面的大公园里，建于 1944 年，于 1953 年竣工。亚狄陵包括土耳其民族英雄凯末尔的陵墓及介绍他生平事迹的博物馆。

# 伊斯坦布尔

伊斯坦布尔位于巴尔干半岛东端，坐落在博斯普鲁斯海峡南口西岸，是一个同时跨越欧、亚两大洲的名城。作为古代三大帝国——罗马帝国、拜占庭帝国以及奥斯曼帝国首都的伊斯坦布尔，保留了辉煌的历史遗产，这是土耳其人民值得骄傲的。其所拥有的博物馆、教堂、宫殿、清真寺、市场以及美妙的大自然风光，使游客着迷，让游客流连忘返。

## 蓝色清真寺

位于圣索菲亚大教堂对面。它是由建筑设计师阿合麦特在 1609 年～1616 年间建造完成。巨大的圆顶周围有六根尖塔，属世界之最。清真寺内墙壁全部用蓝、白两色的依兹尼克瓷砖装饰，透过彩色玻璃射入的光线，反射在蓝色的瓷砖之上，放出奇幻迷离的色彩，于是，人们给它取了一个更响亮的名字："蓝色清真寺"。

## 圣索菲亚大教堂

圣索菲亚大教堂是历史长河中遗留下来的最精美的建筑物之一。巨大的圆顶直径达 33 米，离地高 55 米。站在这里，其庄严肃穆似乎能使时光停滞，拜占庭文化的典范——马赛克画在此处可让游客一饱眼福。

## 波斯普鲁斯

波斯普鲁斯海峡蜿蜒穿梭在亚洲与欧洲之间。沿岸，古老与现代、绚丽豪华与朴素纯美是如此鲜明地并存着：在百年木造水上小屋旁边耸立着典雅的欧式别墅；豪华的海景别墅又与岸边的小酒馆相映成趣。凌空高架的波斯普鲁斯大桥是世界上最大的悬挂桥之一，连接了欧、亚两大洲。

## 金角湾

这个角形的海湾将伊斯坦布尔的欧洲部分一分为二。作为世界首屈一指的优良天然港口之一，过去拜占庭帝国和奥斯曼帝国的海军和海洋运输活动集中于此。如今在落日余晖中染成一片金黄的海岸上，美丽的公园和滨海步道井然罗布。在金角湾附近有很多拜占庭时代和奥斯曼时代的木造房子、教会、犹太教堂，等等。

### 阿合麦特广场

位于清真寺的前面，原是拜占庭时代的战车竞技场和市民中心。装饰该场的纪念碑如今仅存三个：塞奥道西斯"奥拜里斯克"方尖碑、青铜制的蛇柱及君士坦丁"奥拜里斯克"方尖碑。在三个纪念碑的西南侧可以看到大竞技场的弯月形墙壁遗迹。这里是伊斯坦布尔的历史、文化、旅游中心。周围的木造房子，尤其是梭乌克切什米大街的18世纪的小木房非常引人注目，经过修复已成为小旅馆或收藏有关伊斯坦布尔书籍的图书馆。

### 克兹塔

位于伊斯坦布尔港入口处的小岛上，是伊斯坦堡最富浪漫情调的象征。最初为12世纪所建，今天耸立着的建筑物是在18世纪重建的。

### 伊斯坦堡城墙

伊斯坦堡城墙从马尔马拉海峡向金角湾延伸7千米，最早是5世纪塞奥道西斯二世统治时代修建，后又经多次维修。城墙围成的区域被联合国教科文组织列入《世界遗产名录》。

## 伊兹密尔

伊兹密尔是西部安那托利亚文化最昌盛的都市之一，位于土耳其西部爱琴海伊兹尔湾湾头。这里气候温和宜人。在夏日，从海岸吹来的清爽海风柔和了热烈的阳光。每年6月~7月的国际艺术节和8月~9月的国际伊兹密尔节把这里渲染得更加迷人。

### 考古博物馆

位于康纳克广场旁的考古博物馆，耸立着波塞科（海神）和得墨特尔（谷物女神）等的雕像，并藏有众多的古代美术精品。

### 阿哥拉

阿哥拉原来是亚历山大大帝统治时期的建筑，但现在看到的建筑是公元178年大地震以后由马库斯·奥烈留斯命令而重建的。

### 沙阿特·库勒斯钟塔

作为伊兹密尔象征的沙阿特·库勒斯钟塔位于街市的中心，坐落在康纳克广场上。它是由苏丹·阿布都哈米特所赠的。建于 1901 年的这个钟塔，被饰以后期奥斯曼精巧的设计。

### 爱琴海

这是一片充满着浪漫气息的海洋，它位于土耳其的西部，与地中海相连。爱琴海海岸是土耳其地形特别美的地区。在那海水拍打着的长长的海岸线上，有着许许多多橄榄树果园、峻峭的山岩，以及被松林拥抱着的广阔而素雅的海滩；牧歌式的渔村散布于平民疗养地和拥有 5000 年历史文化与神话遗产的古代文明之中。

### 哈瓦拉大街

踏入伊兹密尔肯梅拉尔特市的哈瓦拉大街，你会发现不少古代建筑和犹太教堂。屹立在楚夫利耶特·梅达奴共和国广场的阿塔土克的雕像，蹬马眺望着海面。阿塔土克的雄姿给人强烈的印象。这尊雕像是为庆祝土耳其军解放这个城市而于 1933 年建造的。

### 圣玻利卡普教堂

圣玻利卡普教堂是伊兹密尔最古老的教堂，也是象征着启示录中七教会的教堂。圣玻利卡普于公元 155 年在卡迪夫卡雷由于罗马人的入侵而殉教。据说，圣玻利卡普被施以烤刑的时候，火焰总是躲着他，因而最终只好以刺杀来完成死刑。而教堂则于 1620 年由苏里曼重建，成为宏伟的建筑物。

### 卡迪廓伊

位于帕科斯山上的卡迪廓伊还保留着亚历山大大帝统治期，由利西玛克斯建造的城郭的大体面貌。站在城郭上宛如在绝妙的瞭望台上，可一览无余地俯视伊兹密尔街市和伊兹密尔湾海景。

### 清真寺

这是一座长笛形的尖塔，是由塞尔楚克王朝的苏丹·阿拉阿迪因·开库巴特于 13 世纪建造的，如今它已成为安塔利亚的象征。

### 阿珊索尔地区

阿珊索尔地区是一个犹太人很多的地方，街道上排列着许多修复好的古代住宅。散步在行人天国达利欧·摩烈纳大道上，会发现高达 51 米连接上下走道的 19 世纪的电梯，此外，坐在位于上道的阿珊索尔餐厅里可以远眺伊兹密尔的美景。

## 其他景点

### 特洛伊考古遗址

位于土耳其达达尼尔海峡主要港口查纳卡累以南 40 千米处。这里山峦青翠，流水潺潺，柑橘树和橄榄树满山遍野，红瓦白墙的农舍点缀其间，具有土耳其爱琴海地区典型的农村风光。特洛伊是公元前 16 世纪前后为古希腊人渡海所建，公元前 13 世纪~公元前 12 世纪时，颇为繁荣。在特洛伊城遗址的发掘中，找到了公元 400 年罗马帝国时期的雅典娜神庙以及议事厅、市场和剧场的废墟，等等。这些建筑虽已倒塌败落，但从残存的墙垣、石柱来看，当年的气势一定相当雄伟。

### 格雷梅国家公园及卡帕多西亚石窟群

格雷梅国家公园景色壮观，完全由腐蚀作用形成。公园包括格雷梅山谷及其周围地区以及镶嵌在岩石中的圣殿。这些圣殿反映了反偶像崇拜后期拜占庭艺术的风格。在这里游客可以看到公元 4 世纪时传统居住方式的建筑，如居民住所、隐居村落和地下城镇。卡帕多西亚是由远古时代 5 座大火山喷发出来的熔岩构成的火山岩高原，面积近 4000 平方千米。这里有火山岩切削成的几百座金字塔般的尖岩，无数悬崖、深谷。山岩上和深谷中是荒凉的不毛之地，但在河谷两旁的悬崖上和地下，却建有成百上千座古老的岩穴教堂和不计其数的洞穴式住房。

## 约旦

位于阿拉伯半岛的西北。西与巴勒斯坦、以色列为邻，北与叙利亚接壤，东北与伊拉克交界，东南和南部与沙特阿拉伯相连，仅西南一角濒临红海的亚喀巴湾。是一个深藏于沙漠中的国度，文化古迹处处皆是，风土人情别具魅力。

# 安曼

安曼坐落在阿吉伦山地东侧，安曼涧河流过该地区，是一座山城。城市建筑在周围7座小山冈上，随着山势起伏，街道两边样式各异的楼房从山下到山上整齐地排列着。山腰间和山坡上，有一片片分散着的草地或小花园。柏油马路绕着山蜿蜒而上，犹如一条黑色的缎带系绕山间。大多数房屋的墙用白色的石头垒成，显得分外洁净。从山下向山上望去，全城像一座巨大的多层宝塔，入夜，灯光闪烁，煞是好看。

安曼风光

### 拜占庭教堂遗迹

拜占庭教堂是罗马人留下的遗迹。在这里你已经看不到往昔的辉煌，地上存留着的马赛克瓷砖，有些已剥落，也有的因地震而被震毁。

### 罗马剧场

罗马人在世界各地建造的剧场多已沉寂，唯独安曼的罗马剧场依然焕发着光彩，成为市民欣赏表演的露天舞台。剧场建筑都是采用当地盛产的米黄色和乳白色大理石垒砌而成，粗大的石柱高达十几米，砌墙的石料大者可达十几立方，充分体现了约旦人祖先的聪明和智慧。阶梯式看台可容纳 6000 名观众。

### 杰拉什古城

杰拉什古城离首都安曼北面 80 余千米处，城墙内的面积约有 50 万平方米。杰拉什是中东四大名城之一，也是中东地区保存状态最良好的罗马风格城市。在城中央，有条加冕大道，因为长年累月被路过的马车车轮碾磨，已碾出两道深达 30 多厘米的深痕。据史料记载，该城是为了迎接公元 1 世纪时的罗马皇帝哈德良来巡游而建筑的。在古城里，还有两处各可容纳至少 3000 名观众的半圆形露天剧场，其中一个剧场，至今还举办夏季歌剧演出，世界歌王帕瓦罗蒂和卡雷拉斯，也都曾经在这个古城的千年历史舞台上献唱。

### 佩特拉古城

佩特拉古城是从岩石中雕凿出来的一座古城，也是一座五彩斑斓的古城，这里的岩石呈红色，还有淡蓝、橘红、黄色、紫色和绿色。所以佩特拉也常常被称为"玫瑰红城市"。

佩特拉古城隐藏在一条狭窄的峡谷内。建筑物雕凿在悬崖峭壁内，其房间也隐没在岩石之中。佩特拉古城地处从阿拉伯半岛到地中海的贸易之路上，所以它成了那些横越干旱乡村地区疲乏的旅行者们喜欢的歇脚地。曾经的古城十分繁华，但后来因贸易路线改变了，佩特拉的繁华也逐渐消退。最终它被遗弃了，直到 1812 年后才被人发现。

### 月亮谷

月亮谷的自然奇观中最令人称奇的是沙漠景观。这一广袤、空荡的沙漠是大自然爱好者的天堂，在这里，登山爱好者可以尽情享受富有挑战的攀缘乐趣，偶尔造访的游客也可以饱赏其岩似塔刹和无际沙野的安详与宁静。

## 其他景点

### 古赛尔·阿姆拉城堡

这是座精美的小宫殿。虽然外表并不宏伟，可是它的接待厅和浴室却富丽堂皇，并装饰有许多反映那个时代艺术特色的壁画，足以弥补了空间的狭小。城堡有时被作为军事要塞，有时又成为倭马亚哈里发的临时住所。在得以延存下来的建筑物的围墙内，主要的组成部分是一个接待厅、三个上面覆盖着拱顶的走廊和一个具有罗马浴室风格的浴室。

## 死海

500 万年来，以色列和约旦之间的死海，不管风景或人文，都是全世界最特殊的地方。"死海不死"。由于死海的海水浮力很大，就是不会游泳的人在死海中也不必担心会下沉，特别是仰卧在水面上悠然自得地闭目养神，或躺在水面上看书，更有一番情趣。死海之所以名为死海，是因为海水的蒸发量多于注入其中的淡水量，使得海水中的含盐量过高，死海中盐的比重是大洋中海水的 4 倍，草木万物根本无法生存，而人跳进死海里不会下沉，反而可体验在其他海洋里无法感受到的漂游之感。死海是一个大盐库，据科学家估计，死海的海水中含有钾盐、硫化物、镁、氯、溴等矿物 400 多亿吨，是发展化学工业的极好原料。

## 亚喀巴

这里是约旦红海旁的度假胜地，游客可在一年中的任何时候，到这里感受阳光、大海和古色古香的气氛及魅力。以棕榈树作海岸线的亚喀巴湾海水清澈澄明，阳光普照，气候温暖。而环绕亚喀巴的崇山峻岭则依不同的时刻变幻出不同的色彩，珊瑚礁的海底世界也令人目眩神迷。亚喀巴位于亚洲、非洲及欧洲水陆路线交会点，有至少 5500 年以上的村落遗迹。这里还有一座早期的回教城市，对古代及中古世纪考古遗迹有兴趣的人可到此重寻历史的痕迹。

# 第三章　欧洲游

## 英国

### 英国概况

英国是一个风景优美的岛国，境内河流湖泊众多，主要河流有泰晤士河及塞文河。英国地形特征丰富，东南为平原低地，西北为丘陵和山脉，最有名的山脉是号称"英格兰脊梁"的奔宁山，最高峰是苏格兰境内的本内维斯山，海拔 1344 米。英国历史悠久，文化氛围浓厚。英国各地随处可见各种不同风格的古老城堡、教堂，著名的大本钟、威斯敏斯特大教堂已经成为英国的象征。英国重视文化教育，各个城市都有许多不同主题、展品丰富的博物馆，而且大都免费对外开放。被人们并称为"牛剑"的牛津、剑桥两所大学是世界知名的高等学府。英国率先进行了资产阶级革命，最终确立了君主立宪的国家制度，英国女王伊丽莎白二世德高望重，深受全国人民爱戴。英国最早完成了工业革命，工业在国民经济中占有非常重要的地位，航空、电子、化工、电气等工业部门在世界上处于领先地位。农业以畜牧业为主，完全采用机械化生产。英国的煤、铁、石油、天然气等自然资源较丰富，渔业也很发达。英国的交通系统十分发达，遍布各地的航空、铁路、海底隧道、轮船、汽车等交通网络使人们出行十分方便。

伦敦还是著名的国际金融中心之一，伦敦的外汇市场交易额极为可观，它每天的交易量要比纽约和东京两大外汇市场的交易总额还要大。

## 出入境须知

中国公民想要前往英国，可向英国驻华大使馆、英国驻上海总领事馆和英国驻广州总领事馆申办赴英签证。英国驻上海总领事馆受理居住在上海市、浙江、江苏和安徽省的中国公民的签证申请；英国驻广州总领事馆受理居住在广东、广西、福建和海南省的中国公民签证申请；英国驻华大使馆受理居住在其他地区的中国公民的签证申请。

## 签证

申请英国旅游签证所需材料：

1、护照原件

2、近半年护照型白底彩照 3 张

3、半年前存入的银行存款（人民币 50000 元以上）原件及复印件

4、其他的财产证明资料复印件

5、如果是在职员工请提供公司抬头信纸四张（加盖公章）

6、退休人员请提供退休证复印件

7、身份证和户口簿复印件

8、如果在英国有朋友，须提供朋友的护照复印件

9、旅游行程安排

## 通关

### 入境

进入英国时，会依国籍而分不同的关口进行必要的检查。行李检查分成两部分进行，不需要申报的行李则经由 "Nothing to Declare" 的绿色标示通关，需要申报的行李则到 "Goods to Declare" 的红色标示窗口办理必要的报关手续。

非英国公民可免税携带以下物品入境：200 支香烟，100 支小雪茄或 50 支雪茄或 500 克烟草；烈性酒一瓶或两瓶酒精含量不超过 22% 的葡萄酒；50 毫升香水和250 毫升花露水及其他总值 32 英镑物品。17 周岁以下人员不得携带烟草和酒精制品入境。在数量或品种上超过上述限量规定的，应走红色通道并按规定交纳关税。

个人自用物品和携带入境的旅费在合理范围内一般不受限制。

不准携带进入英国的物品有：植物、蔬菜、鲜肉、动物、管制药品、毒品、弹药、军火及其他被禁止携带入境的物品。

### 出境

伦敦市区及周围郊区共有 5 个机场，出发前先要知道自己乘坐的班机是在哪一个机场。希斯罗国际机场有 3 个部分，第一个部分供英国航空公司飞欧洲及英国国内城市的航班起降，第二个部分供英航以外的航空公司飞欧洲大陆，第三个部分供英航、日本航空公司等飞长距离航线的飞行。

出境时须提前出示出境卡，出境卡可在验照处取得。

### 报关

在去英国时，如带有具有商业价值的样品，需按现行税率付税并交纳 17.5% 的增值税，但原则上食品除外。对易污或易损的样品可多带一定数量，但保证要在 12 个月内从英国再出口，即离开英国境内，出口时可将预付关税及增值税取回。

如果出口商来自实行货物免税暂时进口报关单证公约，即所谓 ATA 公约的国家，则样品进入英国时，可不付关税及增值税，但必须保证样品在规定的时间内再出口。

### 其他

信用卡

在英国，信用卡的用途非常广泛，无论是订票、订房都要用到信用卡。建议旅行者在出国时可以带一半现金，另一半存在卡里。万一信用卡丢失，可以打电话与信用卡服务中心取得联系，申请办理临时卡。

取钱

出国人员应携带一定外币现款。周末（星期五下午至星期天）银行不办公，无法取得现款。中国银行用证汇款，只能在伦敦持护照提款，此外，应带少量旅行支票，可以在英国各地的任何一家银行提取。

### 交通概况

伦敦车辆为靠左行驶，在穿越马路时，务必注意右方来车，穿越马路时有两种方式：1. 设有交通号志的斑马线，来车看到行人会自动停下来。2. 手控按钮式号志灯，须行人自行按下手控按钮，等候信灯号由红灯变绿灯，才可通行。

### 火车

英国的铁轨由 RailTrack 公司拥有，而铁路服务分给几十家公司，所以你住在英国的不同地方，坐的火车都不同，但他们有统一的运作规范，火车票也是全国统一的样式。

英国铁路系统非常完善，设备也不错，有几种常用的火车优待票，英国国铁联票、伦敦大都会火车票、欧洲之星、铁路漫游票等几种优惠套票，前三者为外国籍旅客专属，需在各该国预先购买。若持青年及老人火车卡购票可享受 1/3 的折扣，卡片在各大车站皆可申办。

市内巴士有单层及双层之分，最低票价 60 便士，并有来回票、日票、周票等发售，全区使用的日票价格为 2.7 英镑。

黑色出租车是伦敦的标志，1 公里 2 英镑。另一种小型的各种颜色的出租车则相对比较便宜些，价格不定。

自行车租金约为 5 英镑/天。

沿泰晤士河每 15 分钟 1 班班船，票价为 2 英镑。

为缓解交通拥堵状况，加强海陆联系，英法两国自 1987 年开始动工在海底建设长达 50 公里的英吉利海峡隧道。1994 年，这项浩大的隧道工程终于完工，把英伦三岛与欧洲大陆联系在一起，实现了两岸人民几百年来的梦想。英吉利海峡隧道工程被誉为 20 世纪七大建筑奇迹之一。它不仅仅是一条水下通道，而且是一个庞大的铁路穿梭运输系统：三条平行的隧道穿过海床下的泥灰岩，其中两条主隧道用于列车行驶，另一条用于隧道服务。长期以来，美英法等国在海峡沿岸修建了星罗棋布的海、空军事基地，以确保海峡的控制权。

## 英国住宿

英国各种各样提供住宿的场所众多，条件也千差万别，有设在古老城堡中的豪华宾馆，也有许多不同星级标准的酒店，还有只提供床位和早餐的 B&B 私人家庭旅店。在旅游旺季，学校的学生宿舍和乡村的农家也可供住宿。在英国住宿是很昂贵的，头等饭店的双人房间每天要 200 多英镑，最便宜的小旅店也要几十英镑一天。

英国旅游部对宾馆实行"皇冠级"评定体系，不同级别的宾馆仅仅是在基本设施上有所差别，但各个宾馆的服务质量却不会因为皇冠级别的高低而有太大差别。通常情况下，五皇冠级的豪华饭店会提供临时托婴、商务服务、外币兑换、洗衣、保险箱等服务，同时还具备各种会议设施，工作人员也懂多国外语。这样酒店的房间里，都有空调、迷你吧台、电话、电视等设施，而一皇冠级的小旅店一般只提供住宿。

### 预订

在英国住宿最好提前进行预订，否则在旅游旺季，很有可能找不到便宜舒适的旅店可以住。英国旅游中心可以提供英国各地的住宿预约服务，但是这里需要自己亲自去办理，并要交纳少量的手续费。不过不必担心，这笔费用会在你入住酒店后通过账单返还回来。英格兰旅游委员会出版了一系列指导住宿的小册子，详细介绍英国各地不同类型的食宿场所，从高档的酒店到普通的农庄，上面都有登记。其中一本名为 Lef's Go：Short Break inEngland 的小册子，主要介绍了全国各家旅店的折扣信息。旅客可以通过上面提供的信息直接打电话到旅店预订房间。

## 信息咨询中心

到英国旅游，首先要学会到设在各处的咨询处查询各种旅游信息，咨询处的工作人员会为你提供迅速而周到的服务。

国家旅游信息咨询中心

位于维多利亚车站附近，是伦敦最大的、拥有工作人员最多的一家咨询中心。可以提供从机票预约到预订饭店等各种服务，但预订饭店需要交纳一定数额的手续费。开放时间：8：00~18：00

希斯罗信息咨询中心

位于希斯罗国际机场内，游客下了飞机，首先可在此领一本《伦敦旅游》，还可以在此预订饭店，预订饭店不需要交纳手续费，但需要提前支付房费。开放时间：8：30~18：00

BTA 信息咨询中心

该咨询处与英国铁路的旅行中心在一起，还可以预约饭店房间，十分便利。开放时间：星期一至星期五9：00~18：30，星期六及星期日10：00~16：00

## 英国节庆与风俗礼仪

英国有很多传统节日与活动，据不完全统计，全国性和地方性的节日每年约有106个。英国人一向以绅士自居，可以说英国最显著的特点之一是讲文明、懂礼貌，特别是英国人对女性是非常尊重的。不仅如此，英国人做事的沉稳、不急不躁也是相当有名的，英国绅士的传统可以影响到生活的方方面面。

## 英国特色节日

诺丁山狂欢节

每年8月底的假期举行，历时两天，第一天是儿童狂欢节，第二天则是成人狂欢节。节日期间，人们不分男女老少、肤色种族，都潮水般涌到诺丁山狂歌劲舞。五颜六色的各式服装、奇形怪状的面具、节奏强烈的钢鼓乐队、让人心跳不已的西印度群岛音乐是狂欢节不变的主题。如果想要加入狂欢节的活动，就要彻底抛开各种束缚，尽情展示自己最活跃的一面。诺丁山狂欢节起源于 1964 年，由当时居住在该地区的黑人移民发起，最初只是小规模的民族文化聚会，具有浓郁的加勒比海风情，经过多年的发展逐渐演变成现在规模盛大的多元文化节。现在，诺丁山狂欢节已经成为全欧洲规模最大的狂欢节，每年的狂欢节都会吸引大批来自世界各地的游客，狂欢节已经成为伦敦最受欢迎的旅游项目之一。

莎士比亚戏剧节

英国最伟大的戏剧家、诗人莎士比亚生于 1564 年 4 月 23 日，巧合的是，他又卒于 1616 年 4 月 23 日。于是，英国人便把每年的 4 月 23 日定为"莎士比亚戏剧节"。这一天，在伦敦和莎翁故居斯特拉福镇都会举行大型的庆祝活动，人们会静静地在莎士比亚的墓前献上花环或花束。入夜，在皇家莎士比亚剧院会演出莎翁的名剧《哈姆雷特》《罗密欧与朱丽叶》《李尔王》等，这些剧目都被称为"诞辰剧"。今天，"莎士比亚戏剧节"的影响已经超越国界，成为世界戏剧界的一项重要活动。

五朔节

每年 5 月 1 日，是祭祀树神、谷神，迎接春天来临的盛大节日。每年 5 月 1 日前后，人们会在自家门前插上一根青树枝或种一棵小树苗，并用鲜艳的花冠、花束把它装饰起来。少女们则手持树枝花环，挨家挨户去唱五朔节赞歌，表达对主人的祝福。五朔节的传统内容是五月柱，人们从林中砍一棵高大的无花果树或杉树，先把枝叶和根部的树皮除去，再用鲜花、彩旗和彩带把它打扮一番，然后放在空旷的场地上。庆祝活动中，每人手拿一根与柱顶相连的彩带，围绕着这根五月柱跳祭祀舞蹈，祈祷神灵保佑五谷丰登、家庭兴旺。五朔节的重头戏是要选出当天最漂亮的姑娘作为象征春天的"五月王后"。当选的"五月王后"要头戴花环，由游人簇拥着在街道上游行。

## 爱丁堡国际艺术节

爱丁堡国际艺术节在每年 8 月举行，持续 3 周时间。艺术节期间，整个爱丁堡就好像是一个巨大的剧场，世界各国的艺术家们会齐聚爱丁堡，歌剧、古典音乐、爵士乐，还有芭蕾、舞蹈、马戏等各种艺术形式的演出济济一堂。

在这众多的活动中，最盛大的要数艺术节开幕前一天的盛装游行了。这既是对参加艺术节的艺术家们的宣传，又是对游客的一项服务。此外，艺术节还会举行燃放焰火的活动。在普林西斯大街公园，人们搭起舞台，由乐队演奏交响乐。曲调提高时，焰火会随音乐燃放得更加热烈；曲调平静时，巨大的礼花也随之在空中慢慢地舒展。焰火与音乐美妙的结合，令人叹为观止。

艺术节期间，还会有军乐队行进表演。艺术节上的军乐行进表演以风笛及乐队为主，各国来的乐队与舞蹈队也一起助兴，各种表演随着乐队的演奏同步进行，精彩纷呈。游客们也常常一起唱、一起跳，加入行进队伍之中。

爱丁堡艺术节期间，在公园或一些建筑外经常会有许多试验性的作品演出，其中反映良好的作品还有机会进入剧院正式演出。

### 女士优先的传统

在英国，男士总是把"女士优先"的思想贯穿到生活中的方方面面，无论是对待自己的妻子、恋人或是同行的其他女士，英国男士都会彬彬有礼的。路过门口要为女士开门，入座时要为女士把座椅拉开，乘公共交通工具时，男士也会让女士先行，有座位也会让给身边的女士来坐。在街上行走，或过马路时，男子要走在女士身旁靠近来车方向的一侧。所以，来到英国，就要入乡随俗，一定要注意处处尊重女士。

### 英国人的忌讳

在英国，一定要知道英国人的忌讳。遇到以下三方面的情况时，一定要注意：

一要注意不能插队。英国很讲究秩序，凡事都要排队顺序进行，无论购物、交款、上车还是做其他任何事，都会自觉地一个个排着队。难怪有人曾经开玩笑说，英国人就算是只有一个人在那里，也会自然地排成一队。

二要注意不能问女士的年龄和男士的收入。在同英国人聊天时，男人的收入以及女人的年龄是非常忌讳的两个话题，一般不要提起，即使和钱有关系的其他话题，如衣服、首饰、家具等值多少钱这类的话题，也是不该出现的。所以，与英国人聊天，人们更愿意聊聊天气之类无关痛痒的话题。

三要注意买东西时绝对不能砍价。英国人不喜欢讨价还价，最忌讳的就是砍价，他们认为这是很丢面子的事情，即使在小商店或是市场中也不例外。所以英国的商品都是明码标价的，人们都按照所标价格付款。

### 参加舞会的礼仪

来到英国，如果有机会参加一些大型舞会，就要注意舞会上的一些礼节了。英国的舞会一般在晚上10点左右开始，舞会可以在私人家中举行，也可在饭店中举行。主人应事先给客人寄送请柬，并注意邀请的客人男女人数要大致相当，或者使男士多于女士人数。有的舞会会为客人准备晚宴，而有的舞会只会准备一些酒水和点心，这些具体情况会在请柬中写清楚，总不能让客人饿着肚子跳舞啊！参加舞会的客人要穿正装，服装要干净整齐。跳舞时男宾要依次请各位女宾跳舞，而且必须请女主人跳舞。但是绝对不要与同性共舞，那是会被人笑话的。还要告诉大家的是：在舞会上提前退场是很正常的事情，不算失礼，所以客人参加舞会可以随来随走，不必不好意思。

## 威斯敏斯特教堂

威斯敏斯特教堂是英国哥特式建筑的代表，整座建筑既金碧辉煌，又静谧肃穆。这里既是英国国教的礼拜堂，又是历代国王举行加冕典礼、王室成员举行婚礼的大礼堂，还是一个国葬陵墓，在英国宗教生活中占据了极为重要的位置。

威斯敏斯特教堂

### 威斯敏斯特教堂印象

威斯敏斯特教堂俗称"西敏寺"，是英国地位最高的教堂。这座哥特式大教堂建筑呈拉丁十字形，完全由石头砌成，两侧有高耸入云的塔楼，中间则是高 31 米的大穹顶，气势恢宏。这里主要由教堂及修道院两大部分组成，其中还有圣殿、翼廊、钟楼等建筑。

走过昏暗的长廊，就能来到装饰豪华的内厅中，这里是历代英国国王举行加冕典礼的地方，从 11 世纪开始，几乎每一任英国国王都是在这里加冕登基的。厅内结构宽阔深远，各种精美的饰物把它装饰得美轮美奂。

在这里除了举行各种盛大的宗教仪式外，还安葬着莎士比亚、丘吉尔、达尔文、牛顿等英国历史上的重要人物，被英国人称为"荣誉的宝塔尖"。

## 最美看点

### 牛顿纪念碑

虽然在威斯敏斯特教堂里有无数伟人的墓地，但是没有一个人的地位能比得上牛顿。牛顿是人类历史上第一个获得国葬的自然科学家。他的墓地也位于教堂的正中央，在墓地上方耸立着一尊牛顿的雕像，旁边还有一个巨大的地球仪雕像以纪念他在科学上的功绩。当年目睹了牛顿葬礼的伏尔泰为之深深震动，为之发出了无限的感慨。

### 莎士比亚纪念碑

作为英国文学的代表，莎士比亚的纪念碑是威斯敏斯特教堂所有的纪念碑中最豪华的一座。纪念碑由墙头前的立体浮雕组成，像中一位充满睿智的年轻人站在书案旁，他的右胳膊肘正好压在几卷书上，右手握拳托着下巴，一卷尚未完成的稿纸从书案上飘落。在底部还刻画有他作品中的经典人物形象，这些形象早已和莎士比亚自身一起为全世界人们所熟知。

### 爱德华一世加冕宝座

爱德华一世加冕宝座位于圣爱德华礼拜堂西侧，它高踞宏伟祭坛前的高台上，显现出一种睥睨四方的气势。自 1301 年爱德华一世在这里加冕起，此后历代英国国王在登基时都要端坐在这张宝座之上，同时宝座下还放置来自苏格兰的"斯昆石"，这既彰显了爱德华一世征服苏格兰的赫赫武功，也是如今苏格兰和英格兰统一的象征。

### 诗人角

诗人角是威斯敏斯特教堂中颇为特殊的一个地方，在这里纪念的并不是叱咤风云的帝王将相，而是英国历史上最伟大的文豪们。迄今为止，这个角落里已经安葬了 120 名英国历史上最有影响的艺术精英们。乔叟、莎士比亚、狄更斯、斯宾塞、布朗宁等一个个享誉文坛的名字相继被雕刻在这里。如今漫步于此，似乎还能听到诗人们的低语。

## 国会大厦

国会大厦是英国的政治中心，英国上下两院部位于此，被认为是英国民主制度的象征。这座大厦气势雄伟，是世界上最大的哥特式建筑之一，其结构和内部装饰也充分体现了世界上最古老的君主立宪政体的威严庄重。

## 国会大厦印象

国会大厦位于伦敦市中心区的泰晤士河畔一个近于梯形的地段上，面向泰晤士河。它的前身是威斯敏斯特宫，是典型的维多利亚时期的哥特式建筑。整个大厦是用黄色砂岩砌成，外墙上有很多精美的装饰，屋顶上也是尖塔林立，使得这座建筑显得古朴而典雅。

国会大厦里有1100多个房间、100多处楼梯、11个内院，其结构的复杂也是这里的最大特色之一，让很多第一次参观的客人无所适从，不知不觉就迷路了。而到了晚上，国会大厦依然灯火通明，人们即使站在泰晤士河对岸也能清楚地看到这里，成为泰晤士河畔给人最印象深刻的景观。

## 最美看点

### 上议院

位于中央大厅南部的上议院是英国上院所在地，这里的装饰相当华贵，在大厅南侧还能看到国王的御座。每年上院第一次开会时，英国女王都会来到这里旁听。这里曾经发生过很多影响英国历史的事件。尤其是在"二战"时，当时的首相丘吉尔冒着德国人的轰炸在这里慷慨陈词，其演说也在第一程度上影响了战争的进程。

### 下议院

下议院位于中央大厅北部和上议院相对的位置，它的面积比上院要小，装修上也秉承了哥特式风格，较为简约。在这里有很多有趣的设置，如在下院的地板中央有一条红线，每侧的座席和这条线的距离正好超过一柄剑的长度，据说这是为了防止双方将辩论变为冲突而设置的。如果有议员在辩论时跨过了红线，也会遭到严厉的斥责。

### 丘吉尔铜像

在下院大厅外有一条首相走廊，这里摆放着英国历代首相的铜像，其中丘吉尔的铜像是比较特殊的一座。这座铜像以丘吉尔在"二战"演讲时的形象为造型，无论是动作还是表情都极为生动。铜像的脚却永远锃光瓦亮，因为据说抚摸丘吉尔的脚会带来好运，因此数十年来经常会有议员或参观者抚摸丘吉尔的脚，使之成了现在这个样子。

### 大本钟

大本钟不光是国会大厦的标志，也是整个伦敦的标志。这座位于国会大厦钟楼上的大钟至今已经有 150 年的历史，其间经历过各种坎坷风波，但是它却一直精准。这得益于多年以来维护工人使用 1 便士硬币使大本钟一直都能保持走时精准，"时间就是金钱"这句话在它身上体现得淋漓尽致。

## 伦敦塔桥

伦敦塔桥一直都有"伦敦的正门"之称，在近 130 年的历史里，这座大桥屡倒屡建，成了世界桥梁历史中少见的例子。而大桥桥身被吊起以便通过船舶的景象也成了世界各地明信片上的常客，是泰晤士河上标志性的景观。

伦敦塔桥

### 伦敦塔桥印象

建于 1886 年的伦敦塔桥可以说是最命运多舛的桥梁，它是泰晤士河上第一座桥，最初是一座木桥，屡次被毁，而又屡次重修，从木桥变成了石桥，最后变成了现在的水泥桥。这座桥的结构十分合理，两岸有两座用花岗岩和钢铁建成的高塔，高约 60 米，分上下两层。上层支撑着两岸的塔，下层桥面可让行人通过，也可供车辆穿行。

如果有轮船要通过，下层桥面能够自动往两边翘起，此时行人可改道从上层通过。桥内设有商店、酒吧，即使在雨雪天，行人也能在桥中购物、聊天或凭栏眺望两岸风光。如果是在清晨前来，还能看到伦敦典型的薄雾锁桥的景色，这也正是伦敦作为"雾都"最著名的风景。

## 最美看点

### 泰晤士河

伦敦塔桥所在的泰晤士河是伦敦的母亲河，虽然它并不是很长，流域面积也不大，但是它所经之处都是英国文化的精髓所在，尤其是那些具有几百年历史的雕像、建筑等，更是让人感怀不已。而位于伦敦市区内的河段更具现代之美，那一座座桥梁，一艘艘轮船都是泰晤士河的诱人之处。可以说泰晤士河是世界上最优美的河流，"因为它是一部流动的历史"。

### 塔桥博物馆

塔桥博物馆是认识伦敦塔桥历史的最好地方，它就位于塔桥北部的高塔内，记载了塔桥风风雨雨一百多年的全部历史，包括它历史上曾经多次倒塌，并多次重建的过程，也记录了原来的伦敦塔桥被拍卖给一位美国商人的全过程。它就像是一部百科全书，参观一番就可以完全了解大桥的历史，让人不由爱上了这座桥。

### 步桥

步桥位于伦敦塔桥的最高处，是为了防止在轮船通过时，大桥必须抬起桥面时人们无法通行而设置的。人们可以乘坐电梯从桥塔上来到步桥，这里视野开阔，泰晤士河上下的风景尽收眼底。站在这里，风声在耳边猎猎作响，脚下是滚滚而过的长河，一股历史的沧桑感扑面而来。

### 桥梁结构

伦敦塔桥的桥梁结构十分合理，在世界桥梁建筑界有口皆碑。桥两端由4座石塔连接，造型宛如皇冠一般，雄奇壮伟。桥身则分上下两层，下层的桥面可以通过汽车和行人，如果桥下有轮船要通过，这桥面还会自动抬升。迄今为止，桥面一共张开过6000多次，几乎每周都要打开十数次，如果运气好人们就能看到这一气势十足的过程。

## 白金汉宫

白金汉宫是英国的王宫，它与伦敦塔桥、大本钟、国会大厦等一样，部是伦敦的标志。作为英国君主制的中心，它生来就具有一种雍容华贵的气质，人们可以前往位于白金汉宫南侧的女王美术馆去欣赏艺术品，或是每天准时观看皇家卫兵的换岗仪式。

## 白金汉宫印象

白金汉宫是英国君主制度的象征，自 1837 年维多利亚女王迁居此地以来，这里一直都是英国皇权的中心。皇宫是一座四层正方体灰色建筑物，悬挂着王室徽章的庄严正门象征着皇权威严而不可侵犯。皇宫内有典礼厅、音乐厅、宴会厅、画廊等 600 余间厅室，还有占地辽阔的御花园，一年四季芬芳满园。

平时白金汉宫是不可进入的，人们只能从宫殿前的广场上一睹其风貌。若皇宫正上方飘扬着英国国王旗帜，则表示女王仍在宫中。如果没有的话，那就代表女王外出。而每天中午的卫兵换岗仪式更是一天不落地进行着，来自世界各地的游客都会专程而来，一睹其阵容。如今这里依然是女王进行各种国事活动的地方，在英国的政治中占据着十分重要的位置。

## 最美看点

### 皇家卫队交接仪式

守卫白金汉宫的皇家卫队每年 4 到 9 月上午 11：30 至 12：00 都会举行交接仪式，其他月份每两天 11：30 举行一次。这一仪式有着十分悠久的传统，在军乐和口令声中，身着传统服饰的卫兵们做各种列队表演，并举枪互致敬礼，是王室彰显其高贵气质的手段。这一仪式颇具人气，每到仪式进行前就已经有不少人围观，而那些帅气的卫兵们更是女孩子们追捧的目标。

### 维多利亚女王纪念碑

维多利亚女王纪念碑位于白金汉宫前的广场上，是一座雕塑和纪念碑的组合体。碑底是用汉白玉雕成的维多利亚女王的塑像和正义、真理天使的雕像，碑顶则是鎏金的胜利女神和两个侍从的塑像。碑体周围则是水池和台阶，基座四角各有一组人狮铜像，其中一组是新西兰人赠送的。同时为了和附近的海军拱门相呼应，整个碑特别突出了航海的气质，让人回忆起那日不落帝国的荣华岁月。

### 皇家马厩

皇家马厩是至今依然在使用的皇家设施，在饲养各种皇家马匹的同时，这里还是一处难得的博物馆，可以让人从另一个角度了解英国王室的生活。在这里人们可以看到皇家专用的金马车，这辆马车通体闪耀着金色的光芒，车身部分还着以精美的装饰，每一处都显示着王室的豪华奢侈。除此之外，这里还有依然在使用的各种交通工具，包括女王出行使用的汽车等。

### 禁卫军博物馆

皇家禁卫军一直都是英国最出风头的部队之一，他们不仅担负着保护女王的职责，每天还会准时进行著名的换岗仪式，因此在全世界都享有盛名。这处博物馆就是专门介绍这支卫戍部队历史的，从他们使用的制服、武器，到换岗仪式的历史，可谓面面俱到。在这里转上一圈，然后再去看卫兵换岗仪式，想必会有新的感受。

# 大英博物馆

位于大罗素广场上的大英博物馆是世界上历史最悠久、规模最宏伟的综合性博物馆。它以无与伦比的丰富藏品而享誉世界，目前这里拥有藏品 1300 多万件，很多珍品由于空间所限没法和人们见面。可以说这里容纳了整个人类历史，是属于全人类的宝库。

## 大英博物馆印象

大英博物馆和纽约的大都会艺术博物馆、巴黎的卢浮宫为世界三大博物馆。没有人能数清在这座 19 世纪的罗马神殿式建筑里到底藏着多少珍宝。博物馆正门的两旁各有 8 根高大的爱奥尼亚式圆柱，每根圆柱上端是一个三角顶，上面刻着一幅巨大的浮雕。整个建筑气魄雄伟，蔚为壮观。

走进博物馆，这座世界上最大的宝库内有 100 多个陈列室，它们分别展示着从世界各地收罗来的奇珍异宝。这些陈列室按照各种文化的差异划分，每一间展馆里都是一个古老文明各个历史阶段的代表性文物，琳琅满目，让人眼花缭乱。除了展馆外，不能不提博物馆的中庭，这是目前欧洲最大的有顶广场，顶部是用 1656 块形状奇特的玻璃片组成的，颇为显眼。

## 最美看点

### 埃及展区

埃及馆是大英博物馆内最引人注目的展区，这里的古埃及文物居世界第二，其中罗赛塔石碑、亚尼的死亡之书、拉美西斯二世胸像等更是这里的镇馆之宝。此外各种碑刻、壁画、金玉首饰、镌石器皿、金字塔和狮身人面像的模型等更是让人们驻足不前，展现了古埃及灿烂辉煌的文明，让人们惊讶不已。

### 古希腊 & 罗马展区

来自古希腊和罗马时期的展品也是博物馆的另一个重头部分。雅典帕特农神庙的命运三女神雕像群、帕特农神庙建筑遗迹等都是这里引以为豪的珍品，从这些遗迹中人们可以一窥帕特农神庙这座传说中的建筑。而那些出自名家之手的精美雕塑也在向人们介绍古代希腊人出众的艺术感觉和雕塑工艺。

中国 & 南亚展区

要比起文物的数量，哪个馆都比不上东方馆，这里收藏了来自中国、日本、印度及其他亚洲国家的文物 10 万件，其中光中国的文物就占据了一大半空间。展品从商周的青铜器，到唐宋的瓷器、明清的金玉制品应有尽有。而各种绘画、刺绣、瓷器等是最主要的部分，包括《女史箴图》、宋罗汉三彩像、敦煌经卷等都是最具价值的藏品。除了中国展品外，印度的佛像等也都很吸引人。

美洲展区

美洲展区在周围灿烂文明的展馆中显得默默无闻，但是这里的展品却一点也不逊色。这里收藏着南北美洲原住民们所使用过的各种物品，包括造型奇特的图腾柱、用五彩斑斓的羽毛编成的头饰、做工精细的石制武器等。完全可以想象印第安人们在一望无际的荒野中驰骋狩猎的场景，不禁让人心潮澎湃。

# 温莎城堡

温莎城堡是目前最古老、最大的、仍在使用的城堡。它位于俯瞰泰晤士河的高岗上，四周风光极佳。这座城堡外表看起来很具中世纪风格，但是事实上却是 1820 年才修建的，这一古一新的反差更让城堡独具韵味。

## 温莎城堡印象

提起温莎，想必很多人都会想起那位"不爱江山爱美人"的温莎公爵，他在作为英国国王的统治时期内一直都居住在这座城堡中，也为这里留下了一段佳话。城堡内主要分作东西两大部分，东边的"上区"是英国王家居住的区域，有女王谒见厅、餐厅、画室、舞厅等建筑，伊丽莎白女王经常带领家人在这里居住，她本人也将这座城堡作为自己真正的家。

而西边则是城堡的入口，在入口边还有两座重要的教堂，这里也是英国王室成员们进行宗教活动的地方。放眼城堡四周，一大片广阔的绿地让人心旷神怡，教人不禁也产生了在此定居的想法。

## 最美看点

圆塔

圆塔位于城堡的正中心，是这里最显眼的建筑。这座塔通体用石头砌成，四周还有一大片玫瑰园，好像一根插在蛋糕上的蜡烛。过去这里专门用来关押反抗国王的政治犯，如今则存放各种皇室档案，颇显出一些文化色彩。每当女王住在温莎城堡的时候，这里都会高高升起王室的旗帜，让人远远就能看到。

玛丽王后的娃娃屋

玛丽王后的娃娃屋可以说是城堡中最吸引人的地方。这里是为了乔治五世的皇后玛丽而专门设置的。独具匠心的玩偶艺术家以皇后行宫作为范本，将整个宫殿微缩成为一个人偶娃娃的世界。娃娃屋里有 40 个房间，每个房间都完全复制自现实中的王宫，并用各种人偶摆出住在里面的人物的造型，这些娃娃造型生动，栩栩如生，让人爱不释手。

圣乔治礼拜堂

圣乔治礼拜堂是城堡中一个标志性的建筑，它的出现象征着这座城堡从最初的军事要塞转变为舒适的住所。这座建于 15 世纪的哥特式礼拜堂是国王为历代嘉德骑士授勋的地方，同时它还承担着皇家基地的任务，很多皇室成员就埋葬在礼拜堂旁的墓园中。

晚钟塔

晚钟塔是目前温莎城堡内最古老的建筑，在城堡诞生前就已经矗立在这里了。晚钟塔的上层有 1478 年安放的钟与 1689 年时的城堡时钟，但是晚钟塔的法国式圆锥状屋顶是 19 世纪时才添加上去的，这让它和塔的整体风格略有不同。同时在塔内还有逃生通道和监狱，也是城堡的防御设施之一。

马蹄回廊

马蹄回廊是城堡从防御工事转向王家住所的一个标志。这栋环状砖造的建筑呈现马蹄的形状，据说是代表了英王爱德华四世。最初这座回廊是作为防御设施而建的，随着政治环境的缓和，这里后来也改建为圣乔治礼拜堂神职人员的住所。

# 史前巨石区

史前巨石区是英国最神秘的地方，有人说它是外星人的遗迹，有人说它是古人的神庙，还有人声称在这里见过外星人。这处建成于 4000 多年前的巨石阵以其合乎天文学的排列与巨大的身形而成为人类永远难解的谜团。

## 史前巨石区印象

从伦敦出发往西南方向行进大约 100 公里，在一望无际的索尔兹伯里平原上远远就能看见一些呈圆环状排列的巨石，这就是举世闻名的巨石阵。这座巨石阵大约建于公元前 2000 年左右，多块石头排列成一个直径达 100 米的圆圈，有的巨石上还覆盖着别的石头。

让人惊讶的是构成遗迹的石块每一块都重达数吨，其中最重的一块有 50 多吨。在没有重型机械的远古时期，人们到底是怎样建成这一奇迹的呢？因此很多人把这里和外星人入侵联系在一起，说它其实是古代外星人留下的遗迹，更有人信誓旦旦地说在这里发现过外星人。对这座巨石阵的用途，大家也各执一词，有人说这是古代的德鲁伊教徒们举行仪式的场所，也有人说这是传说中的魔法师梅林的魔法阵，更有人从中发现了很多神奇的巧合，比如和天文学上的数据一致，这些传说让这一遗迹更显得神秘而难以解释。

到底在它斑驳的身体上隐藏着何等的秘密，使之好像磁铁一般，吸引着人们的目光。如今每一个来到这里的游客都会津津有味地听着导游向他们介绍各种神奇的传说故事，或是在巨大的石块中间徜徉，惊讶于古人的力量，或是低头寻觅，准备在这里发现一些和外星人有关的点点滴滴。

## 最美看点

### 神秘传说

自从巨石阵被发现起，人们对它的猜测就从来没有停止过。人们发现这里具有很多令人惊异的科学特性，它的排列也和天文学十分契合。因此很多人猜测它其实是外星人留下来的遗迹，甚至有人守在这里希望和外星人见面。同时还有人发现这里拥有各种神奇的功效，声称这里可以治病。这些传说都为这座巨石阵增添了不少神秘的色彩。无论它到底是做什么用的，也不管它到底是如果被建造出来的，这里将作为英国永恒的标志而一直被人们所关注。

### 巨石阵结构

巨石阵的结构很具特色，它的主体由几十块巨大的蓝砂岩石柱组成，这些石柱排成几个完整的同心圆，每根石柱大约有 10 米高，还有不少巨石横架在两根竖直的石柱上。最大的石头重达 50 吨，很难想象古人是依靠什么工具来将这些石头叠放起来的，这也成为困扰很多考古学家的未解之谜。

# 林肯大教堂

林肯大教堂是英国最大的教堂，自罗马时代开始，这座教堂就多次扩建，其中很多建筑物可以追溯到 13、14 世纪。同时这里也拥有同样历史悠久的合唱传统，在教堂美丽的唱诗席上经常能听到神圣的歌声，让人感动不已。

## 林肯大教堂印象

林肯大教堂建于 11 世纪，是英国最宏伟的诺曼式教堂。它两侧高大的钟塔更是这里的标志。在教堂里到处都能看到精美的玻璃彩绘、精致的饰物，还有庄严的祭坛与气势宏大的唱诗班席。正因为有这样的魅力，电影《达·芬奇密码》特地选择林肯大教堂作为重要外景地，电影中那些幽深神秘的场景全都出自这里，这也使得无数影迷纷至沓来，想在教堂里也发现一些秘密。此外，林肯大教堂的合唱举世闻名，从 1000 年前起这里就开始进行教堂合唱乐的表演，悦耳动听的音乐熏陶了一代代人。

### 最美看点

大厅

大厅是林肯大教堂里最重要的部分，天顶极高，让人有一种身处天地之间的感觉。同时大厅中的拱廊和柱子都是用白色的石材砌成，让这儿更显得圣洁。仰望头顶，做工精致的拱顶和拱门层层叠叠，给人以一种飞升而上的感受，威严庄重。

大袖廊

大袖廊是林肯大教堂庄严和肃穆的最好体现，这里高挑而宽阔，数座并排而立的拱门将这里森严的氛围体现得淋漓尽致，而其精密的尺寸设计更是令人感叹规划者的严格要求与施工者的高超工艺。而两侧玻璃窗上的精美绘画更是让人赏心悦目，这些绘画大多都是以宗教内容为主，也是用各色玻璃精密拼贴而成，让人叹服。

天使诗班席

天使诗班席是 13 世纪的作品，充满了艺术的美感，描绘了多位天使的形象，焕发出神圣的光芒。毗邻的超大型陶制烛台更是美轮美奂，烘托出一种难以言说的氛围。

大诗班席

大诗班席是这座教堂里最古老的部分，被誉为"教堂中的教堂"，到处都是精美的装饰，甚至连每一把诗班椅都经过精心雕琢。

钟楼

林肯大教堂的钟楼在欧洲都是数一数二的，在长达 200 年的时间里，这里一直都是全欧洲最高的地方。直到后来这里的铅制屋顶塌落，就再也没有重建过。钟楼里一共有 13 座大钟，13 根钟绳加上一根控制声调的绳子，就构成了这里最美的音阶。据说总共有 5000 多种音频变化，全部拉完一遍需要 3 小时 20 分钟。

## 约克大教堂

约克大教堂也称"圣彼得大教堂"，这是一座设计和建筑艺术的宝库。1500 多年来，虽然屡遭战火摧残，但是依然顽强保留到了今天，人们依然可以从其坚实挺拔的建筑和精美的装饰雕塑里感受其磅礴的气势。

## 约克大教堂印象

约克大教堂是欧洲现存最大的中世纪教堂，也是阿尔卑斯山以北最大的哥特式教堂。这座教堂完全用石头砌成，哥特式的尖顶好像一把把直刺云霄的利剑一般，虽然历经数百年，但是依然显得十分挺拔。同时它也被誉为是世界上设计和建筑艺术最精湛的教堂之一。

走进约克大教堂，最令人惊叹的就是教堂两侧的玻璃窗，在这里有一整片的彩色玻璃，面积几乎相当于一个网球场的大小，是全世界最大的中世纪彩色玻璃窗。这片玻璃彩绘是 15 世纪完成的，由 100 多个图景组合而成，各种各样的玻璃被染色、切割、组合在一起，将当时高超的玻璃艺术淋漓尽致地展现了出来，每个来这里参观的游客都为之倾倒，而建设这里的工匠们的实力更是让人赞叹不已。

此外，教堂内还有一些如小天使、封建时代的盾牌和龙头的小收藏，也体现了这里悠久的历史，精美的小饰物也为教堂添上了一丝艺术气息。每天晚上正是参观约克大教堂的最好时机，也是教堂举行晚祷的时间。在唱诗班优美歌声和管风琴相互应和下，能完整地感受到教堂的魅力。

## 最美看点

### 五姊妹窗

约克大教堂内有很多精美的玻璃彩绘窗，五姊妹窗是其中历史最悠久的一处。它位于教堂的北面，这片彩绘窗上采用了灰、绿两色的几何拼装法设计，是英国最大的灰色调单色玻璃。这处窗户是一家五姊妹所设计的，她们相互协作，相互竞争，因此这里的五大片玻璃在设计理念上有统一，有差异，显现出不同的特点，堪称是一件传世精品。

### 约克古城墙

约克古城墙是罗马时期的遗物，长约 5 公里，是目前英国境内古城墙中最长的一段。早在 1000 年前它作为防御外敌侵略的重要设施，发挥过关键的作用。如今漫步于这些残垣断壁之间，欣赏着这里的战争痕迹，巍峨的约克大教堂在不远处若隐若现，古城约克的浪漫风景就在身边——呈现，一种沧桑的历史感油然而生。

### 电影《哈利·波特》场景

还记得《哈利·波特》电影中学生们用餐和举行宴会的霍格沃茨大厅吗？它就是在约克大教堂的大厅中拍摄的，如今在教堂的大厅里还能依稀看到电影的拍摄痕迹。世界各地的影迷来到这里，除了要欣赏教堂充满魔幻色彩的建筑，还会在这里体验一把身为霍格沃茨魔法学院学生的感觉。

# 英国湖区

湖区总是被称作英国最美的一角，拥有雄伟壮丽的山峰与波光粼粼的湖泊，是游人们体验自然和诗人们激发诗兴的地方。除了丰富的文化遗产，这里还有英格兰最佳的徒步旅行和攀登路线，以及丰富的旅游景点和室内外活动，是合家游玩的最佳选择。

## 英国湖区印象

湖区堪称是英国人的心灵之乡，无数英国人都钟情于这里。湖区内有大片平坦的草地，春夏时节来到这里，只见阳光下湖面波光粼粼，天鹅优雅地游着，不远处各式白帆点点，活泼的水鸟们不时地从水面上飞起，大胆些的还会主动朝人们索要食物。漫步于此，可以将城市中的喧嚣完全抛诸脑后，完全沉浸到这宁静悠闲的田园生活中去。如果来的时候是雨季，那阴沉的乌云和突破乌云的霞光交错，更让人有一种恍若隔世的感觉，尤其是彩虹突然闪现在天边那一刻，身心仿佛受到了洗礼。因此湖区也是英国诗人们的最爱，他们那些浪漫的词句都是这里孕育的，如果亲身来到湖区，想必所有人都不难理解为什么这里能吟诵出流传百世的诗句了吧。

## 最美看点

### 温德米尔湖

温德米尔湖是英国第一大湖，这片湖泊形状狭长，是泛舟畅游的大好地方。湖面宁静而宽阔，身处湖中还经常能见到各种水鸟在身边飞来飞去，让人感觉好像进入了神话中的精灵世界一般。除此之外，在湖中还有不少幽静的小岛，其中只有一个岛是有人居住的，其他全都保持了最原始的风貌，更添浪漫风情。

### 葛拉斯米尔湖

位于温德米尔湖北边的葛拉斯米尔湖虽然面积并不大，但是风景却十分宜人。英国历史上伟大的诗人华兹华斯经常在湖边散步，他将这里认定为自己心灵的最后归宿，将这里称为"痛苦世界里安宁的中心"。

### 碧翠斯·波特艺廊

碧翠斯·波特艺廊是英国著名女插画家碧翠斯·波特的丈夫的居所，也是专门存放和展示碧翠斯作品的地方。碧翠斯一生创作了无数作品，其中《彼得兔》更是脍炙人口的儿童彩绘故事。艺廊里陈列着碧翠斯最得意的作品，同时还有一些关于她的资料和书信等，是人们了解这位女画家的最佳场所。

鸽舍

提起华兹华斯，在英国可谓是家喻户晓，这位青年英才年少成名，获得了由女王颁发的"桂冠诗人"的称号。这处名叫"鸽舍"的住宅就是华兹华斯早年的住所，他正是在这里创作了他一生中最得意的作品。如今这座百年历史的建筑依然保持着华兹华斯居住时的样子，仿佛诗人还坐在他的椅子前，看着窗外的湖光山色，吟诵出浪漫的诗句。

圣奥斯华德教堂

教堂并不高大，但是这里却安葬着著名的天才诗人华兹华斯。教堂内十分安静，华兹华斯和他的妻子与妹妹都长眠在这里的墓地中。经常有很多人来到这里悼念这位不世出的天才，使得这片小墓园都似乎沾染上了诗人浪漫的气质。

# 爱丁堡

苏格兰首府爱丁堡是英国北部最重要的城市，一直都是英国重要的工业基地和港口。同时这里从 18 世纪开始就是欧洲文化、艺术、哲学和科学中心，古城堡、大教堂、宫殿、艺术陈列馆等名胜古迹为这座古城增光添彩。

## 爱丁堡印象

每个来到爱丁堡的人都会被这里的古典气息所吸引，高高的爱丁堡城堡矗立在城市中心，以它为中心，各种传统建筑依次分布，其中包括有很多维多利亚时代的经典建筑。随便走在一条街道上，人们都会被城堡上那时隐时现的城垛、冰冷的火山峰和高耸的山峦的美丽气势所慑服，恍惚间有一种时空穿梭的错觉。

同时爱丁堡还是一座充满文化和艺术气息的城市，达尔文、史蒂文森、休谟等出身自爱丁堡大学的伟人使得这里声名远播，而他们的故居和纪念馆更是人们访问的主要目标。此外每年在这里举办的爱丁堡艺术节也是各方艺术家们展示自己的好机会，每到这时爱丁堡的大街小巷内都会变得熙熙攘攘，热闹非凡，每个人身上都洋溢着对艺术的向往。

## 最美看点

爱丁堡城堡

爱丁堡城堡是爱丁堡的灵魂所在，这座矗立在一座死火山山峰上的城堡一直都是古代苏格兰王国的王宫。这里曾经见证过苏格兰人和英格兰人、法国人之间的殊死争斗，经历过无数次血腥的战争，如今一切都归于平静，人们只能从城堡上那些难以磨灭的印记中寻访过去的点点滴滴。而城堡内各种苏格兰传统的展示也是人们喜爱的内容。

皇家英里大道

皇家英里大道是通往爱丁堡各个重要设施的主干道，这条大街将爱丁堡城堡和荷里路德宫两大宫殿连接在一起，当时王室出游等都要走这条大道。虽然它只有短短的1英里，但是路两侧坐落着各种传统建筑，而石子铺就的路面和路边身着苏格兰传统服装、吹奏着苏格兰风笛的艺人更是让人印象深刻。

荷里路德宫

荷里路德宫是爱丁堡后期的政治中心，如今是英国女王在爱丁堡的行宫。这座宫殿从修道院改建而来，因此继承了原建筑简朴而不张扬的性格，但是内部豪华奢侈的装饰依然显现出皇室建筑的霸气，室内的绘画、雕塑、家具、餐具全都是难得的艺术珍品。

苏格兰威士忌中心

来到爱丁堡，自然不能错过驰名世界的苏格兰威士忌。而如果想要一探威士忌的奥妙，自然就要去位于爱丁堡城堡旁的苏格兰威士忌中心。到了这里就好像坐上了时光列车一样顺着威士忌发展的历史前行，可以认识威士忌的蒸馏方式，以及自古以来威士忌制作过程的演进，而品尝各种不同的威士忌更是酒鬼们期待已久的项目。

# 尼斯湖

碧蓝神秘的尼斯湖好像一面幽深的镜子一般，吸引着每一个来这里的人，那脍炙人口的湖怪传说更是令人们好奇不已。这片湖泊冰冷宁静，但是却抵挡不住人们的热情，不光是为了那虚无缥缈的怪物，也是为这里迷人的风光。

## 尼斯湖印象

尼斯湖是英国最大的内陆淡水湖，位于英国苏格兰高原北部的大峡谷中。它的面积并不大，但是因为湖水中含有不少黑色的泥煤，所以看起来蔚蓝而幽深，经过多次测量也未能弄清这里有多深。在湖底则有不少洞穴，地形十分复杂，迷宫般散发着危险的气息。同时这里水温很低，不适合游泳，也从很少有人能进入湖中一探究竟，因此这里天生就带了一丝神秘感。而上世纪30年代那一张照片更是点燃了人们探索未知的热情，湖怪的传说不胫而走，虽然人们想尽了各种办法，却依然没有摸到这传说中的怪物的一丝一毫。如今每一个来到尼斯湖畔的游客更热衷于欣赏这里冷峻的湖光山色。在尼斯湖畔生长着很多松树，让整座湖泊显得孤傲难以接近，但是当真正身处湖边时，却会发现这里蕴藏着超乎想象的魅力，苏格兰高地特有的忧伤孤寂，就好像是大自然创造的一个奇迹一般，堪称完美，让每个人都沉迷其中。

### 最美看点

#### 尼斯河

尼斯河是尼斯湖水流向外界的唯一水道，它从尼斯湖中发源，然后往北流入印威内斯与马里湾，将北海和大西洋连接在了一起。这条河流和尼斯湖一样，河水冰冷难以捉摸，但是两岸却有着让人惊讶的秀丽风光。沿着河水一路向下，河畔遍布茂密的丛林，也许在这些丛林中隐藏着湖怪的秘密，等待着人们的追寻。

#### 苏格兰高地风光

苏格兰高地是冰河时代留给现代人们的最后一个据点，一望无际没有北欧那样无尽的森林，也不是枯寂的荒漠，而是被舒缓起伏的低矮绿草和苔藓所覆盖。裸露的岩石、清冽的空气，若隐若现的大海的气息，瀑布、山泉、溪流、湖泊点缀其中，这一切都美得让人难以捉摸。或许只有当亲身来到这里，才能体会到这片大地的美丽和孤寂。

#### 水怪传说

尼斯湖水怪的传说已经是全世界人们所共知的了，这个传说起源自 20 世纪 30 年代，伦敦医生威尔逊途经尼斯湖，发现在湖中似乎有巨大的生物在游动，于是他顺手将其拍了下来，成就了一张影响深远的经典照片。此后尽管也有多人声称曾和湖怪亲密接触，但是人们用尽各种手段依然无法一睹其真容。这美丽的传说也许将成为永恒之谜，一直流传下去。

# 安尼克古堡

一部《哈利·波特》电影使得安尼克古堡名声大噪，这处被誉为"北部温莎堡"的城堡也逐渐为全世界人们所熟知。城堡不仅依山傍水，周围绿树如茵，区内还有占地 3000 公顷的美丽公园，堪称是人工建筑和自然风光的完美结合。

### 安尼克古堡印象

想必看过《哈利·波特》电影的人都会对片中的霍格沃兹魔法学院印象深刻。

影片中的镜头随着狭窄的通道豁然敞开，通向一个宽阔的黑色湖泊。在湖对岸的高山顶端，耸立着一座尖塔成群的巨大城堡，无数明亮的窗口在星空下闪烁发光，每个人都会为此沉迷不已。而这处让人神往的魔法学校事实上就是这座安尼克古堡，古堡建于 14 世纪，四周风光秀丽，有着"北方温莎堡"的美誉。

安尼克古堡不仅依山傍水、四周围绿草如茵，区内还有占地 3000 公顷的美丽公园，并被绵延 9 公里长的围墙所围绕，隐秘性极高，不走近看不到它的风貌。不需要进入古堡，站在它对面的高地上也一样可以领略这里的美。从高处观看古堡更有一种一览全貌的快感。

壮美的景色吸引了来自四面八方的电影摄制组，他们不辞辛苦也要来到这座在旅游手册上根本找不到的小镇，所以这座古堡也经常出现在各种电影之中。除了《哈利·波特》的魔法学院外，这里还曾经作为《侠盗罗宾汉》中的重要场景出现在人们面前。如今身处古堡周围，仿佛还能见到哈利·波特和他的朋友们在一望无际的草地上练习飞行，让人不由地沉浸到魔幻的电影世界中去。同时这里翠绿的林地峡谷，未受破坏的绿地，以及平静如画的村落更是让人的心境一下子豁然开朗，仿佛一幅乡村风光的油画，虽然旅程短暂但是足以让人心动。

**最美看点**

《哈利·波特》电影外景

当安尼克古堡成为《哈利·波特》的外景地后，这处连火车都没有的小镇一下子就变得热闹无比。来自世界各地的影迷们都要看一下这传说中的魔法学院。如今这里依然保存着拍摄《哈利·波特》时的场景，漫步在熟悉的场景之间，感觉自己也变成了电影中的角色，在魔法学院的建筑中来回穿梭。

安尼克花园

安尼克花园是小镇安尼克最美的地方，也是欣赏古堡角度最佳的位置。面积广阔的花园里到处都是绿树鲜花，中间有座座喷泉作为点缀，人们任意畅游其间，感受着花儿带来的芬芳。同时在花园里还有一座大树屋，树屋内通过各种吊桥连接起了一片森林，在这些摇摇摆摆的吊桥上穿行，让人有一种在丛林中探险的感觉，也成了孩子们嬉戏游玩的好地方。

# 法国

## 法国概况

法兰西共和国，简称法兰西或法国。法兰西在日耳曼语中意即"勇敢的、自由的"。正如同这个名字的含义一样，勇敢的法国人一直在追求着自由与和平。从公元前高卢人在这里定居开始，法国就一直在动荡中求生存。直到公元5世纪，法兰克人征服了高卢，843年建立法兰克王国，也就是法国的前身。随后，经过几个世纪，法国走过了封建社会，走过了中央集权国家，走过了资产阶级大革命，走过了帝国时期，终于在1958年9月通过新宪法成立了第五共和国，同年12月戴高乐当选总统，其后蓬皮杜、德斯坦、密特朗、希拉克先后出任总统。

如今，法国已经以一种全新的面貌成为世界强国。它是欧洲经济共同体主要发起国和成员国，国内生产总值居世界前列，是仅次于美国的世界第二大农产品出口国。工业中钢铁、汽车、建筑为三大支柱，农副产品出口居世界第一。法国不仅是经济强国，也是旅游强国。悠久的历史赋予了法国丰富的名胜古迹及自然风光。风情万种的花都巴黎，美丽迷人的蓝色海岸，阿尔卑斯山的滑雪场等，都是令人神往的旅游胜地。其中，法国还有20多处风景名胜被联合国列入世界文化和自然遗产。

## 出入境须知

### 护照与签证

如果没有其他附注，持有申根签证有权在所有"申根国家"旅游（奥地利、比利时、荷兰、卢森堡、德国、法国、意大利、西班牙、葡萄牙、希腊、挪威、瑞典、芬兰、丹麦和冰岛）并相应允许一次、两次或多次入境。负责使馆，为主要旅行目的地的国家驻华使馆。持公务护照（包括外交护照、公务护照和因公普通护照）者的签证申请，须按规定经由部委或其他具有照会权的外事部门递交。使馆受理签证申请的前提是同时已递交所有所需材料。签证申请须提前3周递交到使馆。

### 出入境携带

来自欧盟以外国家的旅客需就价值超过1200法国法郎的随身物品缴付关税或

入口税。部分物品属于违禁品或受管制物品，包括药物、伪钞、放射性物料、枪械、植物及象牙。此外，凡携带 50000 法国法郎以上的款项入境或出境均必须在海关申报。如有任何疑问，可向巴黎的海关部门（电话：331-53246824），或登录网站 http：//www. finances. gouv. fr/douanes 查询。

（一）海关免税名单

1. 烟草产品：香烟 200 克、小雪茄烟 100 克、雪茄 50 克、烟草 250 克。

2. 酒精饮品：酒精浓度超过 22 度 1 升；酒精浓度不超过 22 度；或（例如加度葡萄酒）2 升或葡萄酒 2 升及餐酒 2 升啤酒。

3. 香水 60 毫升、花露水 250 毫升、咖啡豆 500 毫升或咖啡粉 200 毫升。

4. 茶叶 100 克或茶包 40 克。

其他货物

300 法国法郎、150 法国法郎。

注：

17 岁以下人士不得携带该类物品；15 岁以下旅客适用的免税额；可随时因原产地爆发人畜疫症而实施入境管制。

### 交通概况

飞机

法国航空公司创立于 1933 年，至今全球共有 315 个航点，其中有 124 个位于法国和其他欧洲城市。在亚太区，法航共经营 15 条航线，其中 11 条为直航航线，到达的城市包括曼谷、德里、孟买、香港、上海、北京、马尼拉、首尔、新加坡和东京。

其中，法航每天对开一班从巴黎至北京、上海和香港的直航客机。所用飞机为最先进的波音 777 大型客机，每个航班上均有特别为中国籍乘客而设的餐食、读物及娱乐节目，还有训练精良的华籍空中翻译员运用流利的广东话、普通话、法语及英语提供各项信息及服务，使旅客免除语言沟通上的困难。

火车

法国国营铁路公司（SNCF）拥有全欧洲覆盖面最广的铁路网络，为乘客提供舒适的设施及优质的列车服务。SNCF 的高速火车网路贯穿 150 多个法国城市，而且火车班次频密，因此搭乘火车是游客游览法国最快捷方便的交通方式。TGV 高速列车时速高达 300 千米，大大缩短往返各大城市所需的时间。乘客登车之前必须预订车票。旅途中列车提供优质的车厢服务，并设有自助餐、托儿服务及家庭包厢等多个服务项目以供选择。不过，旅客要注意的是，在上车前，要先将车票插入验票机打孔，否则会被罚款。列车月台两端设有橙色的验票机供乘客验票，车票一经打孔，只可在当日使用。上车后，乘务员便会上前查验车票。

长途汽车

在法国，长途汽车也是十分便利的旅游交通工具。法国的公路保养良好，公路网路遍及全国各地，包括总长达 8000 千米贯穿南北的高速公路（大部分均需收费），连接巴黎及法国其他主要城市。

市内交通

公交

公交车是法国城市市区普遍的交通工具，同时也是游客游览城市的理想交通工具。在法国的主要城市中，通常都会有许多公交车路线可供游客选择，且车站频密，贯通各近郊地区。公交车一般由早上 6 时 30 分行驶至晚上 8 时 30 分，而部分大城市的公共汽车服务时间更长。公交车票一般都在特设的售票处能买到，游客也可以在公交车上购票。

地铁

在巴黎、里昂、马赛等一些法国主要城市都设有 Metro 地铁系统。法国地铁主要贯穿于市中心，也有线路延伸至近郊地区，再通过公共汽车贯通东西南北。地铁列车一般由清晨 5 时 30 分行驶至凌晨 12 时 30 分。在繁忙时段，平均每 2 分钟开出一班列车。车票可在各地铁站售票处或通过自动售票机购买。

出租车

法国的出租车设有计费表计算车费，车费的计算方法与行驶的区域及时段都有关系（城市、郊区及日夜收费均有所不同）。根据法例规定，出租车内须展示收费表。若乘客从出租候车站或出租车呼叫中心电召出租车，前往接载的费用亦会计入游客将支付的车费内。到车站接载乘客、加载行李、动物或第四位乘客等服务均须额外收费。法国人有给司机小费的习惯，但乘客可自行决定是否支付。

**法国住宿提示**

在法国，有很多星级酒店、青年旅舍、出租房、野营等可供住宿的地方。

酒店

法国的高级酒店须由行政部门批准并受到监督。它们分为五个等级：一星级，二星级，三星级，四星级和四星级 L（四星级 L 相当于中国的五星级）。所有的旅馆都必须在外面和房间里张贴 TTC 价格（包含消费税价格）。房间一般为一张床的双人间或两张床的标准间。加一张床或一顿早餐要加收费用。

青年旅舍

在法国青年旅舍格外多，大的观光都市中大多有 1~2 家。地方上也有许多独具特色的青年旅舍。只是青年旅舍大多离市中心或车站较远，前往时也颇费周折。

此外，法国还有只在旅游旺季开放的大学宿舍和特别为国际交流与职业训练开放的住宿中心。详细情况，只有在查询后才能得知。这里价格便宜、房间大而舒适、设备也很齐全，餐厅的饭菜也很丰盛。

同时，法国还有一些配有家具的旅游住所向游客出租，并且可以提供饭店般的服务。它们以楼宇或独立别墅形式组织成为一个经营实体，集中分布在主要景区点的中心位置。另外，法国拥有 9000 家设备齐全的野营地，从无星级到四星不等，另有 2300 家设在农庄的宿营地。在法国，露宿野外如果征得主人的同意是被允许的，但不允许在海滩、公路两侧或受保护的旅游景点露营。

### 生活习惯

#### 衣着

法国人对于衣饰的讲究，在世界上是最为有名的。所谓"巴黎式样"，在世人耳中即与时尚、流行含义相同。在正式场合时，法国人通常要穿西装、套裙或连衣裙，颜色多为蓝色、灰色或黑色，质地则多为纯毛。出席庆典仪式时，一般要穿礼服。男士所穿的多为配以蝴蝶结的燕尾服，或是黑色西装套装；女士所穿的则多为连衣裙式的单色大礼服或小礼服。对于穿着打扮，法国人认为重在搭配是否得法。在选择发型、手袋、帽子、鞋子、手表、眼镜时，都十分强调要使之与自己的着装相协调一致。

#### 饮食

法国人爱吃面食，面包的种类很多；他们大都爱吃奶酪；在肉食方面，他们爱吃牛肉、猪肉、鸡肉、鱼子酱、鹅肝，不吃肥肉、宠物、肝脏之外的动物内脏。法国人特别善饮，他们几乎餐餐必喝，而且讲究在餐桌上要以不同品种的酒水搭配不同的菜肴；除酒水之外，法国人平时还爱喝生水和咖啡。法国人用餐时，两手允许放在餐桌上，但却不许将两肘支在桌子上，在放下刀叉时，他们习惯于将其一半放在碟子上，一半放在餐桌上。

#### 忌讳

在平常生活中，法国人大多喜爱蓝色、白色与红色，他们所忌讳的色彩主要是黄色与墨绿色。法国人所忌讳的数字是"13"与"星期五"。

### 礼仪

法国是一个讲文明礼貌的国家。对妇女谦恭礼貌是法国人引以为自豪的传统。

#### 打招呼

法国人见面打招呼，最常见的方式莫过于握手。不过握手时一是时间不应过长，二是没有必要握住人家的手使劲晃动。一般是女子向男子先伸手，年长者向年幼者先伸手，上级向下级先伸手。此外，少女和妇女也常施屈膝礼。在男女之间，女士之间见面时，他们还常以亲面颊或贴面来代替相互间的握手。法国人还有男性互吻的习俗。两个男人见面，一般要当众在对方的面颊上分别亲一下。在法国一定的社会阶层中，"吻手礼"也颇为流行。施吻手礼时，注意嘴不要触到女士的手，也不能吻戴手套的手，不能在公共场合吻手，更不得吻少女的手。法国是第一个公认以吻表示感情的国家。法国人的吻有严格的界限：他们在见到久别重逢的亲友、同事时，采用贴脸或脸颊，长辈对小辈则是亲额头，只有在爱人和情侣之间，才亲嘴或接吻。

用餐

法国人在餐桌上敬酒先敬女后敬男，哪怕女宾的地位比男宾低也是如此。走路、进屋、入座，都要让女士先行。拜访告别时也是先向女主人致意和道谢，介绍两人相见时，一般职务相等时先介绍女士。按年龄先介绍年长的，按职位先介绍职位高的。若要介绍的客人有好几位，一般是按座位或站立的顺序依次介绍。有时介绍者一时想不起被介绍者的名字，被介绍者应主动自我介绍。

商务活动

在法国从事商务活动宜穿保守式西装，访问公私单位，绝对要预约。在法国，礼节上要求对方把自己的身份列在名片上，客人在拜访并参加晚宴的前夕，总是喜欢送花给主人。法国商人保守而正式，尤其是在某些较小城市，更表现得格外正式，处处勿忘握手，多握几次更好，别问对方家事。

送礼

在法国，送礼是门学问。一般宜选具有艺术品位和纪念意义的物品相送，不宜以刀、剑、剪、餐具或是带有明显的广告标志的物品作礼品。男士向一般关系的女士赠送香水，也是不合适的。在接受礼品时若不当着送礼者的面打开其包装，则是一种无礼的表现。

此外，法国人喜爱花，生活中离不开花，特别是探亲访友，应约赴会时，总要带上一束美丽的鲜花，人们在拜访或参加晚宴的前夕，总是送鲜花给主人。但是，千万别送菊花、牡丹、玫瑰、杜鹃、水仙、康乃馨、金盏花和纸花。

## 埃菲尔铁塔

埃菲尔铁塔是巴黎的象征，它是人类自行建造的第一座摩天巨塔，同时也是现代工业文明的象征，其流畅的线条和简洁的造型。作为现代主义建筑风格的开山作品之一，在世界建筑史上拥有崇高的地位。

### 埃菲尔铁塔印象

埃菲尔铁塔是一座由钢铁构成的巨型建筑，它剑指蓝天，是巴黎乃至整个法国最知名的景观之一。这座铁塔是浪漫之城最具魅力的景点之一，同时也是现代工业艺术的结晶，棕褐色的身躯洋溢着典雅的风情。

从远处遥望，埃菲尔铁塔仿佛是一座连接苍穹与大地的通天巨塔，那雄伟高大的景象让人不得不感叹人类自身的渺小与创造力的伟大。铁塔在蓝天白云的衬托下显得气势磅礴，气宇非凡。站在塔脚广场上向上仰望，那些彼此相连的钢铁建材又组成了一个个美丽的图案，具有独特的艺术气息。登临塔顶，可以看到整个巴黎市区正匍匐于你的脚下，万丈豪情在瞬间点燃。

埃菲尔铁塔

每当夜幕降临后，灯火通明的埃菲尔铁塔流光溢彩，绚丽的霓虹灯光将这里渲染得如同繁星坠落人间，在光影的变幻中勾勒出无与伦比的浪漫风情。

### 最美看点

第1瞭望台

第1瞭望台是位于埃菲尔铁塔最下方的瞭望台，那里是一个综合性旅游景区，电影厅、餐厅、商店和邮局等各种服务设施齐全。这座瞭望台与地面的距离为57

米，是游客近距离欣赏战神广场与周边地区美景的地方，北面的夏洛宫造型典雅，其前方是水花飞溅的喷水池。清澈的塞纳河在塔脚下静静地流过，广场上的大草坪洋溢着生机与活力，和法兰西军校的古老建筑，共同构成了一幅令人难忘的风景画。

第2瞭望台

第2瞭望台位于距离地面115米的半空中，是欣赏巴黎市区景观的最佳地点。来到这里可以领略到巴黎的浪漫风情，雄伟壮观的凯旋门展现出了自己的全貌，金字塔形的卢浮宫新馆闪烁着耀眼的光芒。站在第2瞭望台上，目光沿着蜿蜒崎岖的塞纳河寻找一处处知名景点，只见美丽的西提岛上遍布着造型典雅的房屋，它们在葱茏的林木中若隐若现。这里的观景餐厅是巴黎的知名餐厅之一，游人们在这既可以品尝味道正宗的法国大餐，又能将巴士底广场、圣心大教堂等诸多景观尽收眼底。

第3瞭望台

第3瞭望台位于埃菲尔铁塔的顶部，距离地面274米，是纵览巴黎都市风情的最佳地点。在这里俯瞰巴黎市区就如同俯视一座巨大的沙盘，那些横平竖直的巨大线条是巴黎各街区的分界线，并延伸到天地的交接之处。一座座历史悠久的建筑鳞次栉比，构成了华美的图形。

# 凯旋门

位于戴高乐广场上的凯旋门是世界上最大的凯旋门，它气势雄伟，造型华美，外墙上还雕刻着华美的浮雕，拥有瞭望台、无名战士墓等景观，因此这座凯旋门不仅是巴黎的四大名景之一，还是法国的国家象征。

## 凯旋门印象

凯旋门是一代伟人拿破仑为了纪念奥斯特利茨战役的辉煌胜利而建造的，被誉为那个伟大时代的象征。凯旋门位于圆形的戴高乐广场的正中央，是香榭丽舍大道、格兰德大道、阿尔美大道、福熙大道等知名街道的终端。这座宏伟的建筑是由花岗岩石堆积而成的，色彩淡雅，彰显出庄严肃穆的气息。

凯旋门的内侧墙壁上记录着自法国大革命爆发以来到拿破仑被二次流放期间所发生的战史，还雕刻着曾跟随拿破仑进行远征的法国将军的名录。来到这里，游人们可以看到四组精美的浮雕，它们分别名为《马赛曲》《胜利》《抵抗》《和平》，是多起重大历史事件的浓缩。每到月上中天之际，凯旋门就会被绚丽的灯光所环绕，流光溢彩，是夜巴黎最引人注目的景观之一。

### 最美看点

瞭望台

瞭望台位于凯旋门的顶部，在那里可以看到戴高乐广场上向四面八方辐射出的12条大街，以及道路两侧的诸多景观，如庄严肃穆的巴黎圣母院、剑指蓝天的卢克索方尖碑、雄伟壮观的埃菲尔铁塔和圣心教堂等巴黎名胜。站在瞭望台上可以感受到巴黎的沧桑变幻，那一座座造型典雅的建筑物鳞次栉比地排列着，它们中的每一座，都记录着不凡的历史。

博物馆

博物馆位于凯旋门的顶部，那里收集大量与此门相关的物品资料，既有精美的艺术作品，又有珍贵的文物，还详细记录了这座建筑的建造历史。漫步在博物馆中，还能看到不同时代的法国勋章、奖章，它们都是传奇的见证。这里还有专门的展区，用于介绍巴黎的城市变迁。

浮雕

浮雕是凯旋门上的华美装饰，其中工艺最精美，人物造型最生动的当属雕刻在面向香榭丽舍田园大街石柱上的《1792年志愿军出发远征》，它再现了法国人民为争取自由而反抗外敌入侵的场景，极具艺术感染力。这里还有描绘拿破仑战争生涯的浮雕，其中既有激烈厮杀的战争场景，也有凯旋的欢庆场面。

无名战士墓

无名战士墓是为了纪念在第一次世界大战中阵亡的法军普通士兵们，它位于凯旋门的正下方，意味着普通士兵们的鲜血与生命，才是胜利与荣耀的基石。四周摆满了代表法国的红、白、蓝三色鲜花，墓前的长明灯，经久不息，寄托着人们哀思，每天这里还有拨旺火焰的仪式。

# 香榭丽舍大道

香榭丽舍大道是法国最著名的街道，全长1800余米，连接着古老的协和广场与气势雄伟的戴高乐广场，街道两旁绿树成荫，还遍布着奢侈品商店与众多古迹景点，是巴黎最繁华、最具浪漫风情的街道。

### 香榭丽舍大道印象

香榭丽舍大道是巴黎最美丽的街道，它的现译名来源自大艺术家徐悲鸿，充满着诗情画意的感觉。大道中央的车流是巴黎繁华景象的象征，而在林木下漫步的行人，又让这里充满了悠闲的氛围。漫步在大街上可以看到一座座造型典雅的建筑物，它们本身就是建筑艺术的杰作，道路两旁的仿古街灯，充满现代艺术风格的书报亭，又为这条大道平添一种巴黎独有的浪漫气息。两处古罗马风格的喷水池能给人带来一丝清凉的感觉，到了夜晚它们会在灯光的照射下展现出绚丽的光芒。

街道两旁的店铺众多，既有知名的奢侈品商店，也有纸醉金迷的夜总会，著名的 Louis Vuitton 的总部就位于此，是热爱时尚的小资人士的圣地。来到这里的游人们会无法阻挡自己的购物欲望，那些各具特色的商品、手工艺品和奢侈品，都是作为礼物和纪念品的最佳选择。每到灯影闪烁的夜晚，都有无数年轻男女在这里逛街购物，度过休闲惬意的时光。

大道两旁栽种着高大的梧桐树，每当秋风渐起的时候，金黄的树叶满天飞舞，让漫步其间的游人们为浪漫的气息所包围。

### 最美看点

#### 协和广场

协和广场是巴黎最古老的广场之一，它始建于 1757 年，法国大革命时期曾在此处死了法国国王路易十六。一栋栋波旁时期的古老建筑，洋溢着浪漫的风情，因此又被誉为是巴黎最美丽的广场。协和广场上的标志性景观是一座高大的古埃及方尖碑，它剑指蓝天，雄伟壮观。广场上的八个方向均树立着一座精美的雕像，代表着 19 世纪时的法国八大城市。

#### 戴高乐广场

戴高乐广场是一个少见的圆形广场，拥有 12 条放射状的道路，是巴黎众多街道的起始点，赫赫有名的凯旋门也位于这里的中心地带。来到这里，游人们可以尽情欣赏巴黎的街头美景，还能感受浪漫之城的独特氛围。

#### 国际时尚中心

香榭丽舍大道是全球知名的时尚中心，那里汇聚了世界顶级品牌的总部和专卖店，各类高级饰物、手表皮具、化妆品等精品荟萃一堂，那些华美的奢侈品让人惊叹不已，是一条集高雅与繁华、浪漫和流行于一身的街道。这里还有许多企业展馆，奔驰、雷诺，雪铁龙等汽车公司的展厅是介绍汽车发展潮流的地方。

## 卢浮宫

卢浮宫是全球最著名的博物馆之一，它不仅拥有《蒙娜丽莎》《维纳斯》、《胜利女神》等知名艺术品，其建筑本身也是铭刻在建筑艺术史上的佳作，尤其是那座金光闪烁的金字塔型入口更是让这里充满了绚丽的光芒。

### 卢浮宫印象

卢浮宫是由一座中世纪的堡垒建筑扩建而来的，气势雄伟，外形雍容华贵，在经过了近 800 年的漫长时光，才拥有今天的宏大规模。这座典雅大方的宫殿建筑，既有巴洛克式的华丽装饰，又有科林斯式的典雅石柱，是享誉全球的古典建筑杰作。卢浮宫的新入口是一座晶莹剔透的玻璃金字塔，在阳光的照射下绽放出耀眼的光芒。

**卢浮宫**

卢浮宫收集全球众多的艺术杰作，除了《蒙娜丽莎》《米洛的维纳斯》《胜利女神像》三大镇馆之宝外，还有远古时代的人类遗物，不同时代、不同风格的艺术作品应有尽有。这里共有六大展馆，展出的作品数以万计，都是值得驻足停留的佳作，是艺术爱好者心目中的圣地之一。

### 最美看点

《蒙娜丽莎》

《蒙娜丽莎》是人类艺术史上杰作之一，它淋漓尽致地展现了女性的典雅魅力，并将人物的丰富内心情感和美丽的外形巧妙地结合在一起，富有含蓄的韵味，那神秘的笑容的真实含义已成为千古之谜。

《米洛的维纳斯》

《米洛的维纳斯》就是大名鼎鼎的断臂维纳斯女神雕像，这座雕像是按照黄金比例雕刻而成的，是古希腊雕刻艺术的杰作，雕像的面容俊美，身材匀称，衣衫半露，不仅展现出女性特有的曲线美，而且显得端庄而妩媚。

《拿破仑的加冕》

《拿破仑的加冕》完美再现了拿破仑加冕为法国皇帝这一重大历史事件的真实场景，充分发挥了画家在素描造型与色彩写生的卓越才能，画面中出场的人物个个神形兼备，又各有微妙的不同，并借助人物衣着与殿内富丽堂皇的环境营造出强烈的质感。

《大狮身人面像》

《大狮身人面像》是古埃及阿蒙神庙的装饰品，在古埃及神话中是太阳神的代表，并且有着君权神授的含义。它是一座造型精美的石像，面部表情庄严肃穆，栩栩如生，身形矫健，是保存在埃及境外最大、最古老的的一座狮身人面像。

《汉谟拉比法典》

《汉谟拉比法典》是迄今为止发现的第一部比较完整的法典，雕刻于公元前1792 至前 1750 年，在人类的文明史上有着重要的意义。这些法律条文雕刻在一座高大的石碑之上，顶部则是一座精美的雕像，生动地再现了太阳神沙玛什向汉谟拉比国王授予法典时的场景，是人类早期的艺术杰作之一。

# 塞纳河

塞纳河不仅是法国的第二大河，同时也是巴黎的母亲河，也是这座城市发展繁荣的见证者。奔流不息的河流经过一座座造型各异的桥梁，如亚历山大三世桥、阿尔玛桥部是令人赞叹不已的胜景，蕴含着浪漫的风情。

## 塞纳河印象

塞纳河有着优美的风情，两岸种植着繁茂的梧桐树，郁郁葱葱，许多名景掩映其间，到处都洋溢着巴黎的特有文化和风采。这条古老的河流穿行于巴黎市区，横跨其上的桥梁连接一处处名景，河北岸的大小王宫、河南岸的大学区、河西面的埃菲尔铁塔，还有位于河东段城岛上的巴黎圣母院建筑，都富有鲜明的个性，并展现出了它们所共有的典雅风貌。塞纳河的河心处有西堤和圣路易斯两个小岛，岛上风景秀丽，建筑景观众多，从高处俯瞰仿佛是镶嵌在河道中的两颗明珠。

乘坐游船可以将蓝天白云下的浪漫巴黎尽收眼底，也能看到火树银花不夜天的绚丽景象，站立在船头，微风轻抚脸庞，笑意在细语轻言中荡漾，都市的繁华喧嚣逐渐退去，成为若有若无的背景。人们还可以游船上品尝精美的法国大餐和醇正的波尔多葡萄酒。

### 最美看点

亚历山大三世桥

亚历山大三世桥是塞纳河上最为华美的桥梁，建于 1896 年，全长 107 米，洋溢着典雅的风情，全部采用钢铁建材构成，引领了现代桥梁建筑的发展方向。这座雍容华贵的大桥两侧都是巨大的石柱，顶部还有精美的飞马雕像，分别象征着科学、艺术、工业与商业 4 个主题。亚历山大三世桥的桥体简洁流畅，但桥上的爱神路灯和精美的装饰，又为此桥装点出华美的气质。

阿尔玛桥

阿尔玛桥是塞纳河上众多桥梁中较为普通的一座，既没有华美的装饰，也没有雄伟壮观的气势。戴安娜王妃 1997 年在此桥北端的隧道内发生车祸香消玉殒的。

西堤岛

西堤岛是巴黎的发源地，是一个自然风光秀丽、人文景观众多的小岛，从高处俯瞰宛如一颗镶嵌在塞纳河中的珍珠。这座小岛上拥有很多古老的建筑，其中最知名的当属雄伟壮观的巴黎圣母院，还有造型典雅的司法大厦、华美的圣徒礼拜堂等景观。漫步在小岛上能够感受到这里亘古不变的悠闲氛围，是繁华的都市中难得的清静之地。

左岸

左岸是巴黎艺术文化的胜地，从 19 世纪末开始，那里就成了文学家、哲学家和艺术家们聚集的地方。漫步在大街小巷内，可以看到一家家各具特色的酒吧咖啡馆，也许一不留神就会坐在海明威坐过的椅子上、萨特写作过的灯下，毕加索发过呆的窗口。

# 巴黎圣母院

巴黎圣母院是哥特式建筑的代表，是中世纪巴黎的象征，它有着雄伟壮观的气势和众多华美的装饰品，历经了几百年的风雨，见证了这座城市的风云变幻，但它的容颜却没有多大的改变，是巴黎保存最为完好的古代建筑，有着划时代的意义。

### 巴黎圣母院印象

巴黎圣母院始建于 1163 年，直到近 200 年后的 1345 年才全部完工，其规模之宏大，在中世纪欧洲建筑史上是较为罕见的。这座教堂最醒目的景观是两座高大的塔楼，但那里没有哥特建筑常见的尖顶，其中一座内悬挂着巨大的铜钟，悠扬的钟声随着卡西莫多的敲击，回荡在巴黎的半空中。

教堂内部的装饰简朴大方，并非金碧辉煌，只有圣洁淡雅的气息，无数的垂直线条引人仰望，数十米高的拱顶在幽暗的光线下隐隐约约，闪闪烁烁，仿佛天国就在穹顶上方一样。位于祭坛旁边的巨大管风琴演奏出优美动人的音乐，层层叠叠的烛台，让这里充满了神圣的气息。

**最美看点**

最后审判之门

最后审判之门是巴黎圣母院的中央拱门，描绘了耶稣在天庭进行最终审判的场景：耶稣端坐位于中央，圣母玛丽亚、圣约翰和天使分列在两边，四周一层层布满了来自天庭的天使和圣人，底层则雕刻着引导人们升入天国的道德形象和带着人们走进地狱的邪恶形象。人物造型精美，有着庄严肃穆的气息。

圣安娜之门

圣安娜之门上方的雕塑是巴黎圣母院现存最悠久的浮雕，是该教堂初建时期的作品，造型精美，人物表情平静，洋溢着神圣的气息。这座雕塑再现了圣安娜的传说故事，还有巴黎大主教为法王路易七世进行洗礼的场景。

圣母之门

圣母之门巴黎圣母院左侧的小拱门，顶部的雕塑取材于圣母受难复活时被圣者和天使围绕的场景。这座雕塑是大教堂中最为华美的雕塑之一，人物的表情虽然略显呆板，但有着华丽的风范，是同类艺术作品中的佼佼者。

玫瑰窗

玫瑰窗是巴黎圣母院的标志性景观，它们位于主殿的两端，色彩绚丽，彩绘的内容取自基督教神话故事，外侧还有精美的雕塑作为装饰。阳光从玫瑰窗内照射进来的时候，会变得极为柔和，如同星光在闪烁，为圣洁的教堂大厅增添几丝典雅空灵。

怪兽雕像排水口

怪兽雕像排水口是巴黎圣母院的奇景之一，它们位于圣母院的顶部，是一只只形态各异、面目狰狞的怪兽。这些建筑景观曾多次在名著《巴黎圣母院》中出现，不仅衬托出了克洛德副主教的丑陋内心，还是光鲜亮丽的教堂背后的阴暗身影。

# 凡尔赛宫

凡尔赛宫是波旁王朝的王宫，是一座富丽堂皇的巴洛克式宫廷建筑，又有洛可可建筑的元素，是整个法国，乃至欧洲最为奢华的建筑，不仅拥有雄伟壮观的气势，同时还有华美典雅的风范，因此法国人认为它是全世界最漂亮的宫殿。

## 凡尔赛宫印象

凡尔赛宫是法国的象征之一，它是大名鼎鼎的"太阳王"路易十四的杰作，一度成为整个欧洲的艺术中心和文化时尚的发源地。这座华美的殿堂拥有众多建筑奇观，而内部的装饰更是美轮美奂，令人赞叹不已。

漫步在宫殿内可以看到光滑整洁的大理石地板，还有用名贵木材制成的精美家具，华丽的太阳图案与兵器、盔甲是墙壁上常用的装饰品，狮子、鹰、麒麟等动物形象的雕塑也是随处可见。凡尔赛宫陈列着来自世界各地的艺术物品，其中既有中国的精美瓷器，也有华贵的波斯地毯，不同时代的绘画、雕刻等艺术品更是在游人的视野中频繁出现。

## 最美看点

### 教堂

教堂是波旁王朝的王家教堂，没有按照传统风格布置在王宫的中轴线上，反而是位于北翼楼群的南端，这是当时王权大于神权的象征。这座教堂气势雄伟，内部装饰华美，又典雅大方，能让来到这里的游人们感到圣洁的气息。从路易十五开始，历代的法国国王及王储都是在这里举行婚礼的。

### 花园

花园位于凡尔赛宫的正前方，是这座以华丽著称的宫廷建筑中最华美的景区，有着迷人的魅力。位于中心处的海神喷泉造型优美，洒落的水珠形成了美丽的花朵。十字形的人工运河碧波荡漾，波光粼粼的水面上倒映着各处美景，同时又与葱茏的林木相互衬托，令人心旷神怡。漫步在花园里还能闻到鲜花散发出的香味，看到一座座造型精美的大理石雕像。

### 阿波罗厅

阿波罗厅是凡尔赛宫中的核心景点，历代法国国王就是在这里接见大臣和商议事务的，因此这座殿堂的装饰豪华典雅，天花板上有镀金的花纹浮雕，位于中央的王座是由纯银打造而成的，墙壁上为深红色金银丝镶边的天鹅绒。

镜厅

镜厅是凡尔赛宫最奇异的殿堂之一，它是由一段回廊改造而成，一面是面向花园的 17 扇巨大落地玻璃窗，另一面是由 400 多块镜子组成的巨大镜面，给人以极大的视觉冲击力。来到这个展厅，还能看到各种精美的装饰，天花板上是气势磅礴的巨型油画，还悬吊着华美的波西米亚式水晶灯。

战争画廊

战争画廊是凡尔赛的名景之一，展出多幅以战争为题材的绘画作品，其中既有展现拿破仑带领下的法国军队英勇气概的《拿破仑翻越阿尔卑斯山》，也有再现辉煌胜利的《普瓦蒂埃大捷》和《里沃利战役》，《亨利四世进入巴黎》则再现了波旁王朝的成立。

# 普罗旺斯

普罗旺斯是法国东南部的著名风景区，既有一望无际的薰衣草花海，还有众多人文景观，还能享受地中海所带来的迷人阳光，从古希腊、古罗马时代起就吸引着无数游人，至今依然是全球知名的旅游胜地。

## 普罗旺斯印象

普罗旺斯是法国著名景区，以变幻莫测的景观著称。这里既有苍穹之下的平坦大地，也有奇峰突起的山川，还有悠长深邃的峡谷，波澜壮阔的地中海让人惊叹不已。这里洋溢着生机与活力，清爽的空气、灿烂的骄阳和五颜六色的大地，吸引着一代代的艺术家们来此取景，并将这里的浪漫风情推向全世界。

来到普罗旺斯，可以前往古罗马时代的建筑中去追思访古，也能欣赏塞尚、梵高描绘出的华美世界，还能探寻大仲马笔下的神秘古岛。漫步在薰衣草花田中，可以感受到那种轻松慵懒的生活意境，微微辛辣的花香混合着野草的芬芳，给人以心旷神怡的感觉。

## 最美看点

薰衣草

普罗旺斯是全球最著名的薰衣草景区，那里拥有一望无际的紫色花海，景色之壮丽无法用语言来形容。这里种植着很多薰衣草品种，也有向日葵等其他花草，整片地域宛如一个巨大的调色拼盘，给人以华丽无比的感觉。漫步在薰衣草花田中可以感受到这里的浪漫氛围，它们与远处的绿色山林，漂浮着白云的蓝天相互衬托，

普罗旺斯

让人沉醉其间，难以忘怀。

马赛

马赛是法国第二大城市，不仅是一座历史文化名城，同时还是一座风景优美的海滨都市。来到这里可以在清澈的海水中畅游一番，也能在乘船出海，前往监禁基督山伯爵的伊福岛监狱去探寻一番。马赛历史博物馆是了解这座古老的城市发展历程的地方，马赛艺术馆里收藏着大量珍贵的艺术品，马赛旧城区则是感受海港风情，品尝海鲜的好地方。

阿尔勒罗马剧场

阿尔勒罗马剧场是一座建于公元前 1 世纪的露天剧场，是欧洲保存最完好的古罗马时代的大型建筑之一。它虽然没有罗马竞技场那种雄伟壮观的气势，却也有着典雅大方的风范。这座剧场可以容纳 8000 人同时观看演出，两侧的大型廊柱虽然已经残破不全，但仍能让人追忆起该舞台曾拥有过的繁华景象。

阿尔勒医院

阿尔勒医院看似普通，既没有雄伟的气势，也没有豪华的装饰，但它在艺术史上却占有着独特的地位。大画家梵高在精神病发作时切下了自己的耳朵，之后就在这座医院里进行治疗的，并在此创作出了《阿尔勒医院的庭院》这幅名画。来到这里的游人可以品味照画中精彩的世界与真实的场景之间的区别。

# 里昂老城区

里昂是法国的历史文化名城，经过千百年来的发展，已经成为一个繁华的现代都市，那里的古城区内拥有众多造型华美的古老建筑，还有洋溢着后现代主义风情的奇异景观，盛大的灯光节更是不容错过。

## 里昂印象

里昂是一座历史悠久的城市，早在古罗马时代，这里就是高卢地区的政治中心之一，至今仍保存着多座古剧场，如今都成了对普通民众开放的露天剧场。漫步在遍布着文艺复兴建筑的老城区内，可以看到描绘在墙壁上精美壁画，它们风格各异，色彩鲜明，还有会让人误以为真的立体风景画。

里昂是欧洲著名的文化古城，这里遍布着大量的主题展馆，里昂艺术博物馆是法国仅次于卢浮宫的第二大美术馆，里面展出着大量精美的艺术作品，其中包括莫奈、毕加索等大师的杰作。高卢一罗马博物馆里陈列的都是在地下沉睡多年的考古文物。丝绸博物馆里展出精美的丝织品，其中既有上流贵族所用的装饰品，也有普通民众的日常生活用品。

## 最美看点

### 里昂老城

里昂老城是一处洋溢着典雅风情的城区，遍布着文艺复兴时期的古老建筑，都被涂成了明亮的鹅黄色与粉红色。城内遍布着一条条不为人所知的暗道，它们深藏于大街小巷之中，略显阴森，一门之隔，竟像是两个世界，漫步其间仿佛在迷宫中寻找出口。里昂老城里还有众多的博物馆，各有特色，其中以自动化博物馆最为有趣。

### 富维耶圣母教堂

富维耶圣母堂是里昂的标志性建筑，它造型独特，综合多种建筑风格，既有哥特式的高大雄伟，又有新古典主义的典雅风情，教堂外侧的墙壁上镶嵌着不计其数的文艺复兴风格的雕塑。走进教堂内，可以看到巴洛克风格的华美装饰，绚丽的彩窗上描绘着基督教神话中的经典场景。

### 里昂灯光节

里昂灯光节是法国最著名的狂欢节之一，它于每年的 12 月初举行，届时城市的每一座广场、每一条街道、每一栋建筑都被各种绚丽的灯光装饰起来，散发出无穷的魅力。夜幕降临，贝勒库尔广场上的路易十四雕像会被华美的灯光渲染出流光溢彩的景象，里昂修士剧院的正面则成了一个巨大的游戏屏幕。

卢米埃尔博物馆

卢米埃尔博物馆是纪念电影艺术的创造者卢米埃尔兄弟的博物馆，那里原本是他们的故居，现在了后人瞻仰先贤的地方。来到博物馆里不仅能够了解到这对兄弟的生平事迹，还能欣赏到电影史上的首部作品《工厂下班》，以及大名鼎鼎的《火车进站》等早期作品。这里还陈列着早期的各种电影放映机，能够让游人们从一个侧面了解电影事业的发展历程。

# 夏慕尼

夏慕尼是一座景色优美的小城，它位于阿尔卑斯山最高峰勃朗峰的脚下，四面群山所环绕。这座城镇是欧洲著名的冰雪旅游区，在此不仅能欣赏优美雪山风景，还能在设施完善的场馆里参加各种有趣的娱乐活动。

## 夏慕尼印象

夏慕尼是第一届冬奥会的举办地，也是攀登西欧第一高峰勃朗峰的出发营地。城镇四周汇集了多种山林景观，是欧洲著名的旅游胜地之一。游人们还可以在这里乘坐缆车前往各处高峰，从高处以全视角俯瞰雪山区风景，能看到青黛色的山峦映衬在湛蓝的天幕上。来到夏慕尼还能在滑雪场上尽情驰骋，或在陡峭的崖壁上挑战自我的极限，而在寂静的山林中漫步，能够将烦恼忧愁消融在这令人心旷神怡的世界中。

## 最美看点

### 蒙特维冰河列车

蒙特维冰河列车从海拔 1000 多米的夏慕尼出发，前往海拔 1900 多米的蒙坦威尔火车站，沿途风景优美，景观众多。穿行在茫茫林海间，让人心旷神怡，在挺拔俊秀的山体上蜿蜒爬行，能看到两旁如无底深渊般的峡谷。高山牧场上芳草依依，还有牛羊在悠然自得的漫步，溪流、山谷、飞瀑、村庄等各类风景也有着迷人的魅力。

### 勃朗峰

勃朗峰海拔 4811 米，高大俊秀，它屹立于天地之间，有着雄伟壮观的气势。其顶部终年积雪不化，银装素裹，华美异常。山麓处林木茂密，绿草如茵，清澈的溪流潺潺不绝。距离顶峰300米处还有一座科学考察站，也是登顶的中继营地。勃朗峰是登山爱好者们最常挑战的名峰之一，游人在山坡上还可以进行攀岩、滑翔伞等极限运动。

### 冰海

冰海是位于勃朗峰上的大型冰川的统称，总长度约为7000米，是仅次于阿莱奇冰川的阿尔卑斯山第二大冰川。这些奇异的地质景观由千万年来的积雪堆积而成，拥有蔚蓝色的冰面湖、千奇百怪的冰钟乳等景观，神秘莫测的冰洞是展示冰川风情的最佳地点，雄伟壮观的冰瀑布是攀岩爱好者们挑战极限的场地。

### 依云镇

依云镇是位于高山之上的小镇，不仅风景秀丽、人文景观众多，还是大名鼎鼎的依云矿泉水的出产地。该镇坐落在碧波荡漾的勒芒湖畔，镇内遍布造型典雅的阿尔卑斯式的小楼，房前屋后是葱茏的林木，色彩鲜艳的花朵夹杂其间，此情此景，美不胜收，常令来到这里的游人们乐不思蜀。

### 安纳西

安纳西是一个世外桃源般的小镇，景色优美，洋溢着浓郁的瑞士风情。清澈的河流在小镇中穿行，一座座造型典雅的小桥，连接两岸的古老石板路，倒映在翡翠般耀眼的安纳西湖面上的是剑指蓝天的阿尔卑斯山脉。安纳西城堡造型华美，其观景平台可以纵览古城的各种风情。

# 尼斯天使湾

尼斯天使湾是欧洲最美的海湾之一，那里阳光明媚，气候温和，海湾形如一弯新月，蔚蓝色的大海，宛如热恋情人般挑动你的心弦，漫步在海滩上可以参加各种有趣的体育娱乐活动，还能前往尼斯旧城欣赏当地城市风情。

## 尼斯天使湾印象

尼斯天使湾景色优美，碧波万顷的大海上，水鸟在鸣叫飞舞，金黄色的沙滩上遍布着享受日光浴的游人。沿海岸线长达3公里的英国人大街布满了随风摇曳的棕榈树，还有散发着淡淡清香的鲜花夹杂其间，此情此景令人心旷神怡，流连忘返。

游人可以进入清澈的海水中畅游一番，又能在柔软沙滩上举行的沙滩排球、沙滩足球比赛中一展身手。追求刺激的游客，可以驾驭着舢板在波浪中起伏，或者乘坐摩托艇体验风驰电掣的感觉。天使湾洋溢着浪漫风情，情侣携手并肩漫步在海边，享受柔和的日光浴，能够尽情地享受幸福甜蜜的二人世界。

**最美看点**

度假胜地

尼斯天使湾是法国最著名的海滨旅游区，远在罗马帝国时代就是知名的度假胜地，有着"上帝的后花园"的美誉。在这片平静的海滩上，可以在慵懒地享受日光浴，或者坐在随风摇曳的棕榈树下，品尝着清淡的饮料，悠然自得地享受闲暇时光。站在岸边将身心溶于这海天一色的壮观景象中，把在工作生活中积累的压力抛掷脑后。

尼斯旧城

尼斯是欧洲著名的旅游城市，它依山傍海，不仅拥有众多优美的自然景观，不同时代的古迹景点也随处可见。旧城区里的小巷中坐落着一座座亚平宁风情的古老建筑，还有造型华美的巴洛克风格的教堂。不同色彩的鲜花装饰着街头巷尾和阳台，漫步其中恍若进入了花团锦簇的童话世界。

英国人散步道

英国人散步道是一条滨海大道，连接着艾伯特一世花园与尼斯旧城区，路旁遍布着豪华的酒店与旅馆，不但自成一景，又能让游客领略到蓝天碧海的壮美。沿路前行能够欣赏到不同时代的建筑景观，它们风格各异，造型精美，走累了的话，还可以路边的咖啡馆里休闲一番。

尼斯狂欢节

尼斯狂欢节是尼斯最盛大的节日，被誉为全球三大狂欢节之一，洋溢着独特的艺术气息，能够吸引世界各地的游客前来参加。每当节日，古城就成为欢乐的海洋，既有盛装艺术表演，也有盛大的花车游行，晚会上表演着精彩的节目，而摇滚和重金属音乐会洋溢着激情与动感，街头巷尾还有各种有趣的娱乐活动，每到夜幕降临之际，一朵朵礼花在夜空中绽放，吸引了所有人的目光。

# 荷兰

**荷兰概况**

荷兰在 16 世纪前还长期处于割据状态，那时尼德兰是欧洲最吸引人的地区。

1581年，北部7省更是以尼德兰为中心成立了荷兰共和国（正式名称为尼德兰联合共和国）。17世纪是荷兰辉煌的历史时期，它一度曾为海上殖民强国，世界各地的奇珍异宝不断输入国内，繁华光景令人炫目。18世纪后，荷兰的殖民势力开始日趋衰落，1795年被法军入侵。1814年才脱离法国，再次成立荷兰王国。"一战"和"二战"初期，荷兰都宣布中立，使得经济有所恢复。战后的荷兰，逐步加入了北约、欧盟，现已成为欧洲著名的旅游国家。在荷兰，无论春夏秋冬，始终游人如织。游客们在这里观光游玩，欣赏荷兰独有的风车、美丽的郁金香，品评荷兰的绘画。就在此时，荷兰再度重现了17世纪令人神往的繁华景象。

## 出入境须知

签证

欧盟以外的国家，去荷兰旅行一般都需要入境签证。如果需在荷兰逗留3个月以上，则必须办理居住许可。

签证所需时间

提前3周申请。

签证所要求的项目

无论持用何种护照均需用英文填写签证申请表3张（姓名栏标明电码、中文），并交照片3张。申请签证前，持照人需在护照上签名。

签证情况

荷兰发放的入境签证一般是3个月有效期。

通关手续

入境旅客可携带400支香烟或100支雪茄烟，酒类限带烈酒1公升或2公升淡酒。旅客所带商品或样品如自认为有必要，可向海关申请报关，然后按规定支付进口税。如认为无须申报，可直接通过关口，海关一般只采取抽验的方式。旅客入境通关不必填写任何入境报关的表格。

## 交通概况

荷兰地处欧洲中心，有中转站的作用，所以交通便利。从中国到荷兰有直达飞机，中国南方航空（由广州出发经北京）及荷兰皇家航空公司每周共有4班班机由北京直飞阿姆斯特丹史基浦机场；飞行时间约为10小时。荷兰皇家航空公司每周共有6班班机由香港直飞阿姆斯特丹史基浦机场，飞行时间约为12小时。从欧洲其他国家到荷兰就更方便，有铁路、轮船等多种选择。

飞机

荷兰主要有四个机场，世界著名的阿姆斯特丹史基浦机场、鹿特丹机场、马斯垂克阿根机场和恩多芬机场。目前，欧洲各家航空公司都可飞往荷兰。阿姆斯特丹史基浦机场是荷兰的空中门户。

火车

荷兰国营铁路全称为 NederlandseSpoorwegen，简称为 NS。荷兰境内铁路网相当发达，时间也很准确，所以旅客按照时间表安排航程不会有什么差错。荷兰的铁路服务操作灵活，如购买当天的来回票可享受折扣优惠，还可在中途下车等。在史基浦机场的地下火车站，有开往荷兰各主要都市的班车。到阿姆斯特丹中央火车站需18 分钟，到海牙中央火车站约 45 分钟，到鹿特丹则约需 1 小时。机场大厅有橙色的火车票自动售卖机，可以用 Visa 以及 Switch 卡付款。同时还有巡回阿姆斯特丹各主要大饭店的定时往返巴士。车资大约在 28~38 欧元之间。总之一句话，服务便捷到了极点，旅客只需开口，就万事不愁了。

荷兰各种铁路的定期票，在各主要车站都可以很容易买到。从巴黎北站开往到阿姆斯特丹中央火车站，每天有 4 班高速列车通行，所以乘客们很少有着急的，所需时间也不过短短 4 小时。另外，还可接受 1 个月前的订票。而且在欧洲，15 个国家的 130 个城市，也都有班车前往荷兰。

夏季旅游巴士

只在 6~8 月期间出售，有效期为 10 天，其中有 3 天可以整天随意搭乘。

EurodominoHolland

有效期间 30 天，有 3 天、5 天或者 10 天为整天无限次数搭乘，视票不同而定。购票时需出示护照及照片一张。

国内交通回数票

此种特种票可在荷兰全国搭乘电车、公车和地下铁，极其方便。票价为"分段式"，所需回数票的格数为"区段+1"。每坐满一区段时，则要在车内的打印机印上第二格内的标记。特别票在首次搭车时很容易忘记，那就是用打印机在票上打日期。

出租车

荷兰有规定：不能在马路上随意拦车。通常是在规定的计程车乘车处或饭店门口上车。车资内已含服务费。市内 5 千米收费约为 10 欧元。

租车

大都市和史基浦机场内都设有租车公司的服务台，所以找寻这项服务非常方便。但细节需要有所注意，费用是因车型不同而有所起伏。一般说来，应该是 100千米以内每天约 34 欧元。格外要求是：租车者必须年满 23 岁，而且必须持有日内瓦条约签约国发给的国际驾照及信用卡。

轮船

从伦敦，每天有两航次轮船到阿姆斯特丹，并有列车连接，所需时间大约11个小时。此外还有北海渡轮，它更具有游玩风味。每天一班从英国哈尔港到鹿特丹，所需时间约为14个小时。

## 荷兰住宿提示

荷兰玩的地方多，住的地方又好，那里的住房几乎从不曾短缺，而著名的连锁饭店随时欢迎顾客的光临。在荷兰，有许多颇具世界知名度的酒店，例如，海牙的库尔奥斯大酒店和阿姆斯特丹的 Golden Tulip Grand Hotel Krasnapolsky。同时又有许多既经济又很有风味的小饭店供游客住宿，例如，家庭式的住屋，还有 Harlingen 灯塔上的旅馆，那里就只有1间两人房，相当特别，非常适合恋人。

正是由于荷兰有太多样式的宾馆，所以旅客反倒经常难以抉择。但一般最稳妥的方法是：抵达荷兰后，先向各地的观光服务处洽谈预订业务，在办理手续时把自己的需要讲清楚，这样基本上就可以得到满意的房间。或许心急的旅客经过一段路途感觉到疲惫了，也可以直接在史基浦机场入境大厅内的荷兰观光客服处预订房间。

## 荷兰节庆与风俗礼仪

### 生活习惯

荷兰人的会面需要事先预定约会时间并准时赴约。而在官方场合与客人相见时，一般惯行握手礼，且要注意与在场的人一一握手，包括孩子。与一般朋友相见时，大多惯施拥抱礼。在与亲密好友相见时，有人也施吻礼（一般是亲吻双颊）。会面时送鲜花、巧克力或类似的礼物是当地习俗。新颖别致的礼物最受欢迎。礼物都要精心包装。不要把其他食品作为礼物。

荷兰人把风车当作是传递各种不同信息和感情的一种载体，他们若把风车摆成十字形，表示这部风车正在等待顾主上门。若出殡的行列经过风车时，风车会立即停止转动，以示哀悼；每年5月份的第二个星期六的"风车日"，全国所有的风车都会启动旋转，以供游人观赏。

荷兰人酷爱鲜花，他们喜欢在宴会中摆设鲜花，而且无论在城镇或街头，到处可见艳丽多姿的各种鲜花。

### 饮食习惯

荷兰人对早、午餐要求简单，重视晚餐，一般他们在餐前都习惯喝些饮料。他们用餐习惯使用餐巾；餐桌上要有调味品。他们的国菜不是山珍海味，而是胡萝卜、土豆和洋葱混合烹调而成的"大烩菜"。据说，这是为了纪念前人的难忘历史，故才誉为国菜。

忌讳

荷兰人忌讳"13""星期五"。他们认为"13"象征着厄运，"星期五"象征着灾难。他们忌讳交叉式握手和交叉式的谈话。认为这些部是极不礼貌的举止。他们在相互交往中，不愿谈论美国的政治、金钱和物价等方面的问题。

荷兰忌讳有人询问他们的宗教信仰、工资情况、婚姻状况、个人去向等问题。他们认为私人事宜不需要他人过问。他们喝咖啡忌讳一杯倒满，他们视倒满为失礼的行为和缺乏教养，认为只能倒到杯子的三分之二处才为合适。荷兰的古城史塔荷斯特被视为"神秘的女人村"。这里的妇女对现代化设施、器械以及社会风尚都很反感，甚至表示憎恶。另外，他们还特别忌讳别人对他们拍照。

商务礼仪

荷兰人的时间观念很强。他们对各种社交活动都很重视，对约会讲究信义，并有准时赴约的好习惯。荷兰人彬彬有礼，对人诚恳。在商业会谈中男人西服革履，女子身着时装。荷兰商人经常在外四处旅行，因此访问前的事先约定是绝对必要的。一旦约定好，要准时赴约，因为准时也是荷兰人的一大特点。迟到或随意取消约会都将被视为不礼貌行为，都会影响到谈判的成败。一旦荷兰商人对对方产生了信任感，便很容易成为对方的好朋友，且有利于双方进行合作。如同德国人一样，荷兰人对口头协议或意向性表明的态度十分认真，从不随便许诺。中国人在与荷兰人进行商务谈判时也应注意避免做出没有把握的许诺，否则可能会影响到合作伙伴的信任感。

贻贝节

到荷兰参加过"贻贝节"的游客，往往有"荷兰人真会玩"的感慨；而荷兰人的聪明也正是在这里，他们通过举办各类民俗节，以本土特色吸引游客，同时扩大影响，可谓一举数得。

荷兰盛产贻贝，每次贻贝节，前来耶尔瑟克参加的游客总有数十万人。光款待游客的贻贝就要用去数百吨，荷兰每年耗费大量人力物力来举办这个节日，既是为了扩大渔村小镇的影响，更多的还是回报旅客们多年的支持，所以给大家一个尽情享受的好去处。

在每年8月的第三个星期六，一进入通往耶尔瑟克的公路，就只看得见浩浩荡荡的车队，里面既有慕名而来的新游客，又有年年必来的熟客。到了小镇中心，街道两旁店铺林立，但比平日热闹上好几倍，游人更是摩肩接踵，酒吧、饭馆，只要是开店营业的地方，都坐满了游客。

有时，可以在闹市中看到街头艺术家，他们借用贻贝这样一个灵感，打造自己新鲜的造型艺术，也引来不少人观看。一般要在当地人的指引下，才能找到免费品尝贻贝和免费登船游海的地方。这个时候才觉得，这一天的奔波绝对是值得的。

## 阿姆斯特丹

阿姆斯特丹位于荷兰西北，濒临艾塞尔湖、西运河与北海相接。它是荷兰的首都、最大的城市和第二大港口，也是一座地势低于海平面1~5米的"水下城市"。市区道路繁多而有序，城里河网密布，船只可在运河中自由航行，故有"北欧威尼

**阿姆斯特丹**

斯"之称。阿姆斯特丹至今虽有700年的历史，但在中世纪初只是阿姆斯特尔河口的一个小渔村。12~15世纪，阿姆斯特丹因开展东方贸易成为重要港口。18世纪后，阿姆斯特丹发展近于停滞。19世纪初成为荷兰王国的首都，迅速成为工业、金融、贸易、旅游和文化艺术中心。由于荷兰是"欧洲大门"，所以阿姆斯特丹就成了开启这扇大门的钥匙，它的每一次开合，都吸引了世界各地人们的眼光。

### 阿姆斯特丹运河

阿姆斯特丹运河带建成于17世纪，一共有160条河渠，长达75千米，有2500艘住房用船停泊于此，景象蔚为壮观。事实上，围绕着运河，荷兰人想出不少新鲜的点子，运河巡礼就是叫人很难忘的一个。在阿姆斯特丹的中央火车站前，每种航线的游览船每隔15~30分钟开1班，荷兰人召唤游人前往，而游人们也乐得泛舟河上。因为，当船开动时，游客随水波游走，往往可以发现在街道行走时所无法留意到的景色。

而利用游船参观博物馆是相当方便的，这条航线巡回于市内各主要博物馆，"随意春芳歇，王孙自可留"，游客们享受的就是这随意上下船轻松地赏玩时刻。而等到阿姆斯特丹的夜晚，运河沿岸及桥上都会点亮灯光，散步各处，与星月辉映，充满了浪漫气息。而坐在各式各样小船上赏玩风景的游人们，更多的则是注视当下美丽的风景，韵味美妙的运河。

此外，在宽阔的运河上，"阿姆斯特丹"号是最吸引游人的船只。阿姆斯特丹人在政府的资助下，耗费巨资和数年时间与心血才仿造了这么一艘"阿姆斯特丹"号。

### 阿姆斯特丹国立博物馆

阿姆斯特丹博物馆众多，它因此享有"博物馆之都"的美誉。但逐一浏览所有的博物馆显然耗时过长，所以游人多选取自己真正感兴趣的部分游玩，但即使这样，仍有"乱花渐欲迷人眼"的感叹。有一个形象的比喻：阿姆斯特丹很像一座由博物馆组成的森林，当然这里面就有值得流连的大树，那首当其冲的当然是位于博物馆广场的阿姆斯特丹国立博物馆（又名莱克斯博物馆）。

国立博物馆可以说是整个荷兰王国的宝藏库。全博物馆共分为 13 个展厅，相当于一个专业的分类。其中，第一层陈列的是一些与国家成立、远洋航行、战争等有关的资料，还包括了介绍奥拉宁人的珍贵历史资料。其他各层展品尽显荷兰风格，多为 17 世纪的荷兰绘画，可说是荷兰人把自己对绘画的喜爱完全显露了出来。这里的展品，无论是数量上还是内容上，都堪称荷兰博物馆之最，其中最早的藏品甚至可以追溯到荷兰第一个国王路易·拿破仑。

馆内最为知名的收藏自然是荷兰 17 世纪最著名的画家——伦勃朗的作品。二楼中央画廊的"荣誉廊"就很像是伦勃朗的一场豪华的"个人秀"，但荷兰人的心态到底还是开放包容的，这里还包含了其他几位荷兰黄金时期的著名画家，如维米尔、詹斯汀及哈尔斯等。

伦勃朗的作品自诞生以来就受到众人称道，数百年来魅力不减。他最擅长的光影画法，极富个人风格，尤其是其为人熟悉的画作《夜巡》，无论是在构图上或是在光线的处理上，都具有开创性意味，使它成为荷兰艺术史上最重要的创作之一。

伦勃朗作品的大量展出，甚至有喧宾夺主的气势，但实际上国立博物馆收录的东西众多，除了绘画作品的收藏，一楼还有传统工艺品展，比如说陶瓷器、玻璃工艺品及银器等，数量颇为可观，展品制作精细，其中有两间收藏木偶的房间很有看头，它们吸引了众多的游客。

国立博物馆四周围绕着诸多小型花园，使人没有疲倦的奔波之感，而更像是漫步在自家的园地，欣赏着自家的花草。众多游客怀着这样愉悦的心情，徐徐进入国立博物馆的门庭。

## 凡·高美术馆

伦勃朗声名显赫，所以在国立博物馆，他的气势几乎压倒了所有展品。而凡·高无疑是荷兰最著名的画家，所以在市中心博物馆广场上的一座关于绘画的博物馆甚至以他的名字命名。凡·高美术馆始建于 1973 年，其原设计由著名建筑师里尔维德（1888~1964）规划完成，值得一提的是：里尔维德在自己的领域里也不容忽视，所以凡·高美术馆本身就是难得的艺术品。从馆外的设计看到馆内的收藏，既是一种艺术形式的过渡，也是一种历史风格的转变，但不管怎样，这都是饶有趣味的事。凡·高虽然伟大，但生前却寂寂无闻，他的荣耀的到来在他去世之后，于是有人曾把他比作人类艺术天幕上一颗孤独的恒星。他戏剧性的一生就如他的画作一般，充满艺术家特立独行的风格。

现在的凡·高美术馆珍藏有凡·高 200 幅油画和 500 幅素描，内容丰富精彩，形象变化极大，色泽还是凡·高特有的耀眼夺目。但在凡·高生前，他所有的画作都无人问津，他的生活甚至全靠他的弟弟接济。他善良的弟弟不忍看到兄长日益消沉，就和朋友凑钱买了一幅凡·高的小画《红色葡萄园》，售价仅 4 英镑。这也是凡·高生前卖出的唯一作品，他为此欣喜若狂，但到死都不知道这背后的秘密。于是又有人感叹：上帝创造了一个超越时代的旷世奇才，却没有同时造就出能够欣赏他的观众。

之前讲过，荷兰的博物馆格外"博物"，所以即使是以凡·高命名的馆也不会仅限于收藏一家之物，它还收藏了印象派画家如高更、莫奈等名家的多幅作品。但在这个博物馆中，这些生前生后都享有名誉的著名大师，只能心甘情愿地成为凡·高的"陪客"。无论在哪个展览室，凡·高的作品都被放在最显著的位置。

## 阿姆斯特丹历史博物馆

阿姆斯特丹历史博物馆历史悠久，其前身是修道院和孤儿院。到了 1975 年才正式改设成博物馆，馆内珍藏了许多关于阿姆斯特丹历史的文物。可以毫不夸张地说：任何一个国家的博物馆都不可能像荷兰人的博物馆那样"博物"，这和荷兰人爱好收藏的民族性格是分不开的，只要有机会和条件允许，惊喜的荷兰人会在自家的博物馆里收藏更丰富更珍贵覆盖面更广的各种物件。历史博物馆就是这方面的典型：从 13 世纪到今天的绘画、模型、手稿无一不全，它们经仔细划分，陈列在近20 间的展览室中。历史博物馆实际上就是一幅生活的民俗风情画，它完整地记录和保存了市民数百年的生活原貌，游客可按自己的兴趣在 20 间展览室中随意徘徊，如此轻松，就像进入活的历史。

## 王宫

位于阿姆斯特丹的这座王宫未必是世界上最豪华最辉煌的皇宫，但它却是最值得传说、最有奇迹性的宫殿。它位于大坝之上，气度庄严，乍看上去和其他的王宫没有任何区别，但就是它，被称为17世纪建筑史上的奇迹。

因为，整座王宫仅仅只依靠树桩来支撑，一共有13568棵树桩。很久以前，曾有好奇的人冒险从中取出过一根，检测它的承重能力，结果整座王宫丝毫没有受到影响，依然稳如泰山，从此再也没人来质疑它的坚固。而叫人惊奇的是，这些别致的地桩均为原件，它们在1648～1655年间打入地下，一直到今天。所以这就是为什么阿姆斯特丹王宫被誉为建筑史上的八大奇迹之一的原因，因为它不仅仅代表着古典与庄严，更是新奇创造力的代名词，它显示了建筑所能凝聚的最优美的因素。

王宫所在的大坝，既是全城最重要的广场，更是画家们热衷临摹的对象。王宫本身和王宫的周围环境都显露出相得益彰的活跃气氛。

## 库肯霍夫公园

阿姆斯特丹人曾经骄傲地说，"荷兰的花有多出名，库肯霍夫公园就有多出名"。选择去库肯霍夫公园有很多理由，热爱鲜花，热爱芳香，热爱静谧；但无论是哪个理由，库肯霍夫公园尽可以满足每个游人。去库肯霍夫公园游玩，最妙就是3月底，这时候，会有600多万株鲜花，同时展露迷人风采。其中，有荷兰人最钟爱的郁金香，还有奇妙的藏红花，适合于每种个性的人的风信子、水仙等。3月时分，幼鸟初啼，漫步于繁花之间，这才叫一个"花不醉人人自醉！"

值得一提的是：库肯霍夫主题花园的设计，也是来自园艺爱好者规划自家花园的灵感，有些特别，有些疯狂，但总能叫游客满意而归；有童心的荷兰人在这个时候仍然没忘记儿童，所以特别为儿童设计了探险之旅、花园迷宫、牧场等活动。

## 荷兰风车

每个民族都有自己独特的习俗，风车和木鞋便是荷兰人最别具一格的文化传统。凡是到荷兰观光的游客，都会对荷兰的风车和木鞋产生浓厚的兴趣，而荷兰风车更是成为荷兰的象征。

由于荷兰处于低洼地带，平均高度仅有海拔11.3米，而从北海吹来的强劲气流终年不断，所以风力成了丰富的自然资源。早在距今500年前，聪明的荷兰人就发明了第一座风车，那时，荷兰人就已经利用风能提供的动力排出海水，围海造田。

人们都知道，荷兰有低地国之称，它约有四分之一的国土位于海平面以下。早期荷兰人用堤防来隔绝外海，逐渐形成了沼泽低地或内湖，这些都是靠风车来排水完成的，所以风车在全国迅速普及，最多时达到 1 万多座。随着荷兰人不断挖掘，风车的用途也越来越广泛，不仅用来排水，与海争地，还用来作为磨麦、锯木、抽水、榨油、制烟等的动力。

随着科技的进步，到了现在，大部分风车已被淘汰。但荷兰全国还是保留了 900 多座风车，以供游人观赏。每年 5 月的第二个星期六是荷兰传统的"风车节"，在那一天，荷兰各地的风车再度成为焦点，荷兰人在这一天举行各种各样相关的庆祝活动。他们为全国的风车挂上国旗，装饰花环，让它们徐徐地转动起来。这时举国上下，一片欢腾，人们的视野随着风车的转动回归到当年的岁月。

而那一天，荷兰境内超过 600 座的风车、水车与抽水站将全部对外开放，欢迎人们入内参观，风车坊的主人还会免费介绍风车的运作原理、功用，而所有的风车也会挂上蓝色三角形的小旗子，景象十分壮观。

荷兰的风车通常呈八角形，也有六角形或十二角形的，在塔房的顶端固定着四片长方形的翼板，这些翼板有很重要的作用，它们可根据风向变化，调整风车的方位。塔房是多层的，下面几层供人居住。现在，不少风车已被改造成餐馆或旅馆，迎接游客的到来。尽管风车已成为历史遗物，而穿木鞋的人也日渐稀少，但荷兰人仍然将它们作为国家的象征。在各地的商店里，都陈列着大大小小的风车和木鞋的模型，作为纪念品出售。

## 修女院

阿姆斯特丹的修女院被当地人称为有魔力的杰作，它历经岁月的沧桑，一次又一次遭到毁灭之灾，但又总能奇迹般的康复。要到达修女院，需要经过一个小门，而安静的修女院就处在市中心，不知道这是否也是修行的必要。在当地，荷兰人把这些信仰天主教的修女称为"Hartjestad"，天主教教义是拯救世人，所以修女院同时也具有慈善院的作用。

尽管修女院有自己的守护女圣徒圣·乌苏拉，它还是未能在 1346 年的城市大火灾中幸免于难。如今可以看到的房屋是 17～18 世纪重建的，还有一部分曾于 1982～1987 年间再度修复。就在这 41 座有墙的房屋里，共住有 105 位阿姆斯特丹妇女，她们有神甫的庇护。

最后一个不发愿的修女在 1971 年去世，就在英语唱诗班附近，有一个小型青铜纪念碑，专门为纪念该修女及其前辈而立。

从 1996 年开始，由于各种原因，旅游团被禁止进入修女院。

### 火车总站

火车站是人群来往穿梭最繁忙的地段，所以也经常被人忽视，毕竟它只是游玩过程的开始，但阿姆斯特丹人常告诉游客：别忘了看看火车站。阿姆斯特丹人有充足的推荐理由，因为阿姆斯特丹车站光是建造的方式就很特别，它建在三个人工岛屿上，共有 8687 根柱子支撑。

游览过国立博物馆的游客会觉得火车站的外形很熟悉，因为这两座建筑都是由教堂建筑师佩特鲁斯·库伯尔设计的，所以延续了他严格但是新奇的设计方式。国立博物馆耗时 9 年，而这幢由红色砖石修建的大型建筑，从奠基到竣工也用了整整 8 年时间，感谢荷兰人对设计师的耐心，才使得今天的游人们可以如此愉悦的欣赏到这些几近完美的建筑。穿过车站大厅，径直走到另一侧，整个河湾就完整地呈现在面前，风景优美宜人，它代表着火车站温柔的一面。在当初，那个要求严格的设计者在车站正面树立了一个标志，那就是：航海风向标，这是用建筑的语言来纪念这座城市光荣的历史。

### 韦斯特教堂

韦斯特市场附近坐落着一座气度庄严的教堂，它就以韦斯特命名。它的钟楼是整个阿姆斯特丹城的标志，钟楼高达 50 米，在钟楼上可以俯瞰旧城的全部美景。所以阿姆斯特丹流传着一种说法，"如果你没有到韦斯特钟楼上游玩，那你就不算到过阿姆斯特丹"。这就和中国的"不到长城非好汉"一样，代表着阿姆斯特丹人对韦斯特教堂的珍视。

而韦斯特教堂本身的确历史悠久，早在 350 年前，亨德里克·德·凯泽就为阿姆斯特丹修建了这座建筑，从那时候开始，韦斯特教堂钟楼上就闪耀着天主教徒德国皇帝马克西米利安二世的皇冠，这既是一种荣誉，又代表了莫大的权利。17 世纪的荷兰地图与航海图甚至以该教堂的南北轴为零度经线，而荷兰最有名的酿酒师——卢卡斯·波尔斯也安葬于此。在阿姆斯特丹，没有别的建筑能被当地人如此赞颂，或许它的钟楼已留在每个阿姆斯特丹人的心中。

### 玛格尔桥

玛格尔桥是一座横跨在阿姆斯特尔河上的木结构吊桥。玛格尔桥下跑着各种船只。阿姆斯特尔河上架着各式桥梁，但是玛格尔桥在其中别有风味。因为不仅人们现在只能看到原样的复制品（原品已毁），它同时也是阿姆斯特丹最简洁的桥。它朴素的设计，和带给人的持久的隽永之感，总令无数游人流连忘返。

玛格尔桥有两个白色的行人闸门，都通往教堂街；它的名字来自 17 世纪的两位女士，而命名的原因，却随着历史让人渐渐忘却，于是站在桥上看风景，揣测两位女士的种种，也给游人们提供了不少想象的乐趣。

## 西教堂

西教堂由 17 世纪的名建筑师 Hendrik de Keyser 亲手打造，这位设计师还同时打造出了南教堂和北教堂，南北教堂分居两面，安静地守护着这个建筑群的核心：西教堂。

在今天，荷兰境内有许多教堂都面临日落西山、游人渐少的凄凉时刻，就连南北教堂也呈现出老态，但西教堂仍然不改颜色，显得鹤立鸡群，以骄傲的姿态接受着人们的仰慕。原因何在？因为天才画家伦勃朗的尸身的悬疑，这和中国曹操义冢倒是有异曲同工之妙。晚景凄凉的伦勃朗逝后，和幼子同葬在西教堂，本来就没任何故事了，但是在 20 世纪 90 年代初的整修期间，有大量骸骨被掘出迁葬，其中很可能就包括伦勃朗的遗骸。要找到这位天才画家的骸骨，这需要科学家的支持和大量的经费，由于经费的限制，所以伦勃朗身后的下落反倒成谜，后人只能凭画作去缅怀这位天才画家。

## 伦勃朗故居

1631 年，伦勃朗从莱顿搬了出来，接着就和艺术品商人亨德里克·维伦布霍一起住在安东尼布雷大街。在这里，他得以结识他未来的妻子萨斯基维，当时他经常为她画像，年轻艺术家的感情就是在朝夕相处间产生的。

1635 年，伦勃朗夫妇搬到了当时的富人区新多伦大街。4 年后，伦勃朗在犹太人区购买了一幢更豪华的住宅，他一生中的多数时光都在这里度过。但在生命的最后时刻，他不仅变得一贫如洗，还饱尝妻儿相继离世的打击，最后他负债累累。到了 1660 年，他不得不被迫卖掉房子，搬回了罗泽恩运河畔的贫民区居住。

1908 年，这幢古宅重新翻修成伦勃朗故居博物馆。由于伦勃朗的债主拍卖了他的财产，所以伦勃朗故居里的陈设大部分不是原件，但室内还是以同时代的家具为主，尽可能地保有他生前家居的原貌，同时几乎他所有的蚀刻版画作品都陈列在这里，共有 250 件之多，其中还有大量以阿姆斯特丹及其郊区为主题的蚀刻版画。所以游客在欣赏伦勃朗的高超画技的同时，也尽可以领略属于那个年代的风土人情。

## 冯得尔公园

在阿姆斯特丹市区的边缘地带，有一座美丽的城市园林：冯得尔公园。它独有的英式风格不仅吸引了各国游客，也引得阿姆斯特丹人在周末和空闲时纷纷来此。在这里，有人散步交谈、一路慢跑着锻炼，有荷兰式的算命先生在招揽生意，有各地流浪到此的音乐艺人，夏夜有冷饮小贩为游人提供爽口的饮品。

公园内有一间果酱油煎馅饼屋，那里的馅饼口感一流；另外还有一家露台咖啡座，游人常休憩于此，观赏风景。夏天是冯得尔公园最热闹的时候，那时这里会上演有趣的布袋木偶戏，不仅孩子们喜欢，许多大人也热衷此道。

### 爱士曼鲜花拍卖市场

荷兰人在全世界是出了名的爱花，所以才会有库肯霍夫公园这样的花的王国；而荷兰人觉得好东西不应该只自家独占，于是开设了各种鲜花市场，好让花香四溢，每个爱花人都能心满意足。爱士曼鲜花拍卖市场就是这诸多鲜花市场中的佼佼者，游客们闻名至此，常会被荷兰人处理鲜花的办事方法与效率所震惊。就是在这里，一年有35亿朵鲜花、3亿7千万个盆栽被拍卖到全世界，这样的数额，即使是当地的荷兰人如果不是常和鲜花打交道，也难免会感到惊奇。

说到荷兰，人们知道它是全世界最大的植物、鲜花、球茎花出口国；而爱士曼的工作人员常为因自己的工作职位而自豪，因为爱士曼鲜花拍卖市场是全世界最大的花卉拍卖市场。它的存在，为荷兰的鲜花形象增加了更多的色彩和更现代的因素。

爱士曼场地很宽广，大约相当于125个足球场面积，在这片广阔的土地上，分布着职能齐全的部门，有产品质量检验处、冷藏库、存放库、拍卖厅、发货厅等。它同时为旅客提供了一条架高的参观长廊，旅客们尽可以往下俯瞰整个工作流程。其供交易使用的13个电子拍卖大钟，忙碌的工作人员用推车载花，以及更远的花房，这些都为游客们所津津乐道。还在清晨6点半时，爱士曼就已经醒来，买卖的商人们在专用的席位上通过电子信息公开交易，而一旦完成交易（无论数额大小，一律现金交易，这是爱士曼的行规），包装、运载、通关、检疫等流程会瞬间有秩序地完成。爱士曼鲜花拍卖市场就是这样一个高效率的地方，在这里，后工业时代的气息瞬间扑面而来。

当然，爱士曼人最引以为豪的事就在于自己的效率，凡是今天在这里卖出去的花，当天晚上或第二天便会出现在欧美、加拿大及其他世界各地的花店中，这就难怪当地有这样一句话说"爱士曼就意味着沾着露珠的花瓣"。

### 赞斯堡

赞斯堡是一处露天博物馆，它所处的地方环抱着赞河，原是以伐木业和造船业起家，可谓富庶。

靠近赞河这一地理优势，促使了造船业的繁荣，甚至还因此吸引到沙皇彼得大帝前来观摩。而后，面粉、油漆、芥末等商业发展迅速，基于动力需求，自 16 世纪起，风车就担负起了供应动力的重责，在短短 2 个世纪内，此地就兴造了 1000 多座风车，成了世界上有名的风车村。所以有人说：赞斯堡就是荷兰工业时代的活的证明。

## 莱德泽广场

莱德泽广场位于老城的边缘，它历来被称作是阿姆斯特丹的万花筒。在这里，街头戏剧不断上演，木偶表演者、属于旧时代的表演吞火的杂耍艺人、还未发迹的音乐家云集于此，纷纷以施展出看家本领来留住过往游人，然后按照古老的方式：举着小帽接住抛来的钱币。除了奇妙的杂耍、美妙的音乐之外，莱德泽广场本身的环境也叫人不忍离去。

在广场四周，有数不清的咖啡馆和小酒吧，流连于此，除了休憩身心以外，还可以结识许多奇特的人物，所以莱德泽广场是个舒适而刺激的好去处。

## 喜力啤酒博物馆

喜力啤酒博物馆由喜力啤酒设立，由此可见荷兰人修建博物馆的兴趣有多浓。喜力啤酒博物馆在 1988 年以前是喜力啤酒某个工厂的一部分，现在已全部改装成博物馆。

与其他博物馆不同，它主要是让游客通过高科技手段体验畅饮啤酒的快感。在这里，只要游客身体可以承受，就能无限量的畅饮啤酒，这受到了啤酒迷的一致推崇。一般说来，导览参观大概需一个半小时，参观后就可以开始尽情地享受啤酒。有的人，甚至把参观喜力啤酒博物馆当作喜力啤酒国际啤酒节的一个分支。

## 尼德兰航海博物馆

尼德兰航海博物馆所处的位置就和它的名字一样一目了然，它位于昔日雄伟的港口区奥斯顿堡。所以游客们尽可以先领略完运河美景，再悠闲地上岸，在这里参观船只模型、老船的某个组件、船上使用的各种工具，旧时代那些别致的机器，以及一些具有历史价值的航海图和地球仪。前面曾提到运河上的"阿姆斯特丹"号，它的原品正休憩于此。在这座"阿姆斯特丹"号的甲板上有无数的模型，完美地再现了昔日的海员生活。

## 阿克马乳酪市场

阿姆斯特丹北有一个世界驰名的小城叫阿克马，它最吸引旅人的便是赫赫有名的乳酪市场，这样的市场自 17 世纪以来就存在，并且被官方认可。

阿克马乳酪市场吸引人的地方不在乳酪本身，因为阿克马出产的乳酪早已远销各地，不一定需要到出产地来购买。因此，不远万里出现在阿克马小城的游人们，多是冲着看新奇看神秘的打算来的。就在乳酪磅秤前的广场上，常穿梭着一群穿着传统服饰的乳酪搬运工，他们严格依照古法工作，这也是荷兰保留下来的少数的商会传统。乳酪搬运工共分 4 队，每队 7 人，穿着白衬衫、白长裤，戴着不同颜色的草帽，草帽颜色共分为红、黄、绿和蓝色四种，每种颜色代表一组特定的搬运队。当工作开始，一般是两人一组，合力将木架装满乳酪，以稳健的步伐搬到磅秤房中过磅。在经过这些复杂的工序之后，那些由不同工厂制造出来的乳酪就被分门别类，就像有身份证一样，盖上制造厂、重量、日期的章，其中最重要的自然是等级分类。

乳酪一经督察员鉴定，就立刻可以进行交易。制造商和买主讨价还价的方式也很有趣，他们会花很长时间商讨价钱，基本上谁都不太肯让步，等到终于有点眉目时，双方就伸出右手来相互击掌。在旁观看的游人也许并不了解当地风俗，所以只看到制造商和买主奇怪的"击掌定乾坤"的方式。事实上，这和乳酪工人的工作一样，都是严格依照古法进行，击掌就意味着契约的签订。现在，虽然这里每年的乳酪交易量不过是 20 世纪初兴盛时期的 10%，但阿克马乳酪市场还是显现出极大的诱惑力，不断涌入这里的人潮已经达到了每年近 30 万人次。

## 性博物馆

荷兰人到底是对开设博物馆有着天生的狂热，而且又是个无比自由开放的国家，所以就连和"性"有关的一切都能弄出个博物馆来。沿着中央车站径直向前，很快就能到达性博物馆。它坐落在一条喧嚣的大道旁，因为口号太招摇所以被安放在窄小的门里，因此常与游客失之交臂。

博物馆虽然占据的场地不算大，但还是把"性"这个主题发挥得淋漓尽致，从画在卷轴、书册、瓷瓶上的春宫画，到西洋、东方各国用不同材料制成的性交人偶，从陶土、铜铁草象牙、大理石，无一不全。在这座性博物馆内，所有在一般场合无法公开的事物，都在这里堂而皇之地展示出来。游客多是带着某种好奇心来参观，在领略完之前运河的磅礴，风车的独特，鲜花的美丽，教堂的庄严……之后，这里也算是旅行中比较不同的一种感受。

# 鹿特丹

鹿特丹位于荷兰西南部的莱茵河口地区，在新马斯河岸，距北海大约 28 千米，是世界最大的港口，同时也是荷兰第二大城市。闻名世界的鹿特丹过去并不像现在这样发达，它曾在"二战"中遭到毁灭性的破坏，直到战后经过重建，才得以扩大规模，发展至今。

鹿特丹以"怀旧港都"而闻名，它就像是一个巨大的舞台，在这里，现代设计与新潮建筑鳞次栉比。现代化的桥梁、摩登的建筑，以及往来如梭的巨型船只，这是鹿特丹给人的第一印象。

鹿特丹不仅是知名的港口城市，并且工业发达，有炼油、化工、造船等诸多工业。鹿特丹市区分为两部分，由四条河底隧道连接，并建有雄伟的世界贸易中心。可以说，鹿特丹是荷兰最具国际水平的城市。

## 博曼斯美术馆

博曼斯美术馆成立于 935 年，是一座现代化美术馆，它最初是由两位慈善家共同设立的收藏品中心，之后扩建成现在的规模。馆内的收藏极其丰富，范围涉及 14 世纪到 19 世纪中叶西欧所有著名画家的画作，如：伦勃朗的《儿子提多的画像》、鲁本斯的《苏珊娜·富曼》、波希的《放荡子》《地狱》《加纳的婚礼》等，都在馆藏之列。

和阿姆斯特丹不同，那里的博物馆完全是伦勃朗和凡·高的个人秀，而鹿特丹人则显得更为"兼容并包"。在博曼斯美术馆，唱主调的基本上都是 19 世纪绘画史的画家，除了凡·高以外，主要是莫奈、高更、毕加索等人。

博曼斯美术馆最有新意的地方是二楼，那里特别开辟了新展览室展示 20 世纪的先锋作品，这些画作与那些相比，虽然显得笔力不足，或者线条不够优美、色彩不够纯净，但是作为一种新鲜有活力的力量，也是不容错失的。

## 德夫哈芬

德夫哈芬位于港口中心右方的黄金区域，这里是旧建筑最为密集的地方，几个世纪以来，这些有着古典韵味的建筑就依偎在码头旁，风情万种，引发了人们对荷兰航海史上的黄金时代的无限怀念。

在德夫哈芬，游客们多喜欢徘徊于完整的荷兰旧街，它就宛如一幅带着旧时代气息的风景画。大约在 375 年前，清教徒们为了保持自己的宗教信仰，从这儿乘船前往美国，回想当日情景，倍增感慨。

德夫哈芬文化气息异常浓厚，它包括 17 世纪的搬运工同业公会会馆。经德夫哈芬人巧妙的改造，从前的货仓变成了商店、艺廊或有趣的博物馆，总之，这是一个随处可见新奇的街区，给游客的惊喜从不间断。

### 海事博物馆

从鹿特丹的市政厅向南走，跨过著名的 Blaak 大道，很快就可以看到海事博物馆。海事博物馆的前身是快艇俱乐部，所以这也就难怪它的造型会如此别致，因为俱乐部本身就意味着娱乐和趣味。改装后的海事博物馆馆藏十分丰富。另外，博物馆内的设计也相当有特色。它就是让游客感觉仿佛置身于一艘船上，沿着狭长的铁梯拾级而上，逐步游览，就好像登上了甲板舱顶。这样的设计每每赢得游客们的一致赞叹，聪明的荷兰人在每个博物馆的设计上的确都是费尽了心思。

在参观完海事博物馆之后，常有兴致较高的游客还可以信步漫游到停泊在馆后吕弗港湾中的"巴佛舰"上，在那里继续参观。

### 景观立体屋

在海事博物馆旁边的旧街区中有不少新式建筑，其中最有名的大概就是景观立体屋了。这座建筑实际是市民公寓，但由于造型新奇，所以有部分房间对外开放，供游人参观。景观立体屋的建筑概念，是模拟人类的未来生活，因此屋内的墙壁几乎都是倾斜的，呈现出一种空间感。而屋内的家具也有一定的斜度。

在远处看立体屋，它那类似铅笔形状的窗框、立体式的造型会因角度不同而呈现出不规则的棱线。它的外墙色彩鲜明，在光线不同时又能显现不同的光影效果。因此从它旁边经过的人都无法忽视它，它以新颖别致的设计吸引了无数游人的目光，为没落的旧港区增添了不少生气。

### 多伦音乐厅

在"二战"前，鹿特丹最有名的音乐厅是多伦音乐厅，但"二战"的战火几乎完全摧毁了这座昔日辉煌无比的音乐厅。于是，热爱音乐的荷兰人在战后重建了规模更大的多伦音乐厅，使昔日盛景再度重现。多伦音乐厅就在鹿特丹中央车站附近，沿着中央车站边走边游览街区景色，不过 10 分钟就可到达音乐厅。多伦音乐厅同时也是鹿特丹交响乐团本部所在，所以这里经常举办交响乐和管弦乐团的表演。

#### 林班街

从多伦音乐厅向东，不久就可到达一条南北向的街道，那就是著名的林班街。林班街绵延约 800 千米，可说是蔚为壮观，它是鹿特丹最热闹的市中心，几乎每个鹿特丹人都愿意推荐游客前住此处游玩购物，它的确代表了鹿特丹的繁华与富庶。

林班街两旁全是欧洲著名名牌的专卖店，还有许多商店出售高达乳酪、木鞋、钻石等荷兰特产和纪念品，鹿特丹最大的旅游服务中心也设在附近。因此，也有不少游客来此咨询。

其实林班街最初的设计就是一条商店街，所以没有规划车道，只允许行人步行。这种形式被保留了下来，所以这条繁华的街道只有游客悠闲漫步，没有任何车辆的嘈杂，感觉十分惬意。

#### 小孩堤防

想一睹荷兰最负盛名的风车的旅客绝不能错过小孩堤防，那里是荷兰风车最多最云集之处。小孩堤防地处鹿特丹远郊，其腹地辽阔，景色秀丽，更有运河与平原交错而成的独特风光，显得幽静而美丽，在有阳光的时候，分外诱人。游客们需要从鹿特丹车站搭地铁再转乘巴士前往，时间大约是 50 分钟，但好在路途中风景也相当不错，繁花处处，郊外有不少别致的建筑，所以谁也不会感觉疲倦。

小孩堤防实际上每一座风车相距甚远，想完整地欣赏小孩堤防的景色，至少需要整整一个下午的时间。但游客们在浏览之中，往往可以领略到真正的乡间风情。

## 海牙

荷兰的首都虽然是阿姆斯特丹，但中央政府位于海牙。海牙位于西南部的北海沿岸，是全国第三大城市，历来被称为 "欧洲最大最美丽的村庄"。从 13 世纪以来，海牙就一直是荷兰的政治中心。19 世纪初首都迁往阿姆斯特丹以后，荷兰的议会、首相府和中央政府各部仍设在这里。

在夏季，海牙雕塑学会沿着 Lange Voorthout 街道陈列各种艺术雕像，这样一来，原本单调的小径立刻化为一座露天的博物馆，当地人和游人会集，共同庆祝这个完美的时刻。在海牙市郊，还有一座面积仅为 1.8 平方千米的微型 "城市"，所有的 "居民" 都是寸高的 "小人"，这就是赫赫有名的马德罗丹小人国。

在海牙，值得游览的还有皇室城堡，市内的公园，比如海牙森林、史黑菲尼根森林等。每年的 7~9 月，西布尔克公园玫瑰绽开，这些色彩缤纷的花朵纷纷冠上了名人姓名，人文和景色完美地融合在一起。

## 国会大厦

国会大厦名字一听就会觉得充满了政治意味，或许很多游客一开始都会连摇脑袋。的确，这样的一个地方在其他国家或许真没什么看头，但是在海牙就大不一样了，事实上它算得上是市区里游客最多的"景点"。"Binnenhof"在荷语中是内院之意，所以访客必须穿过荷兰古堡外院的大门，才能进入国会大厦的内院。这样一个内院为什么会吸引如此多的游客呢？因为它和其他城市不同，其并没有为国会重新修建钢筋水泥似的现代建筑，这座内院原本是伯爵古堡的庭院。所以置身其中，是完全感受不到国会建筑的肃穆和压抑的。

## 梅斯达全景画美术馆

梅斯达全景画美术馆是少数仍然保有庞大帆布全景画的美术馆之一，这种旧时装束很容易把游客带回古老的年代，在那里，可以观赏1881年席凡尼根的美妙景致。

梅斯达的顶楼是最吸引人的部分。顶楼有一幅360度的全景画将旅客团团包围，画中的房舍、船只在实物沙滩的衬托下，总让人产生奇妙的幻觉：仿佛眼前的景物伸手可及，只要往前再跨一步就可以走进画中。所谓"如诗如画"，只有在这个时候，才能得到完美的展现。

而美术馆的设计者为了使整体效果更加逼真，可谓是费尽了心思。这整幅画作距离观者大约有14米，还在画作前方布置了一些实物，这样欣赏者就更能强烈地感受画作里的氛围，顿时起身临其境之感。而尤其值得一提的是：画室采用了透明天窗，这样就更能利用自然光来衬托画景，而随着光线的变化，画作的风情随时改变，每一天、每一小时甚至每一分每一秒都会产生不同的效果，这样的情景，真的是过目难忘。

## 马德罗丹小人国

马德罗丹是一座完美的小城市，在这里，所有的事物都以0.25：1比例模仿实体建造，它们陈列在美丽的庭园中，相当于把整个荷兰浓缩成了一座小巧城市。

在城内，有全长为4.5千米的铁路，火车向四面八方行驶，风车不停地旋转，平底小船在运河上来回穿梭。再现了外部世界的所有交通活动，一时之间，让人有恍惚之感。

在室内，举办着各种活动，其中最有名的是"沙世界"的沙雕表演，这项表演也吸引了人数最多的参加者。这些雕塑分别呈现出荷兰与海牙当地的历史，可以说

马德罗丹小人国

是卡通式的历史速读。

当冬季到来，海牙当地的阳光开始减弱，此时小人国便有了新举动，国内的街道上会有五万盏以上的路灯同时亮起，于是在冬季游览此地的游客，将会领略到现实景观化为梦幻国度的童话景象，这样的一次经历会叫游客永远也难以忘记荷兰。

### 和平宫

和平宫是国际法庭所在地，有各式各样迷人的宝藏，而国际法庭当然也是闻名不如见面。它不仅以至高的法律地位屹立于海牙，更以其精致的建筑闻名于世，使许多游客纷纷慕名而来。因此，从某种角度来看，和平宫也是一处游客不可错过的景点。

### 席凡尼根海岸

席凡尼根是荷兰最著名的海滨度假胜地，它紧贴着海牙。游客们在博物馆和市景中穿梭疲倦之后，信步到海滩上，尽情享受阳光、海水与沙滩，不失为一件快事。如果心急着想观赏海滩，还可以从海牙市内搭公共电车，这样就只需 10 分钟。在风情万种的海滩上，有傍海而建的宫殿式大饭店，早在古代，那里就是上流社会的社交场所，现在的社会名流、达官显贵等也都钟爱此地，因为它既宁静又繁华，可以使人完全舒展开来。

### 台夫特

台夫特是一座著名的历史小镇，距离海牙大约有 10 千米，从海牙中央火车站到台夫特，搭电车不过才 10 分钟行程。

台夫特始建于 1246 年，它至今仍保留有古老的运河美景。运河上有旧式的拱形石桥，宁静安谧的田园，以及气质独特的市集广场。从 17 世纪开始，台夫特就兴建起许多的陶器工厂，以制作台夫特蓝陶而闻名世界，在这点上，台夫特很像是中国的景德镇。遗憾的是，虽然台夫特的陶瓷器自古就闻名于世，但是随着现代工业的发展和扩张，台夫特的手工业时代的做法受到了挤压，原来的 30 家的陶瓷工厂现在只剩下 2 家了。

## 马斯垂克

马斯垂克位于荷兰边境，靠近比利时和德国，它是荷兰最古老的城市，同时也是荷兰的心脏。由于地理位置、历史等各种因素，马斯垂克自古以来便是交通中枢，繁荣无比。

大概在公元前 50 年~4 世纪末之间，罗马人曾在这里建立起村落，而马斯垂克的名字也源于拉丁文的"Mosae Trajectum"，意思是"跨越马斯河的地方"。由于马斯河具有重要的交通与军事地位，荷兰、西班牙与法国都曾先后攻占过它。尽管马斯垂克如今不再是军事要塞，可是它多达 1450 处的古迹与多国色彩融合而成的文化仍旧吸引着世界各地的观光客。不同文化建造了马斯垂克的混血性格，它不是一个"荷兰城市"，而是一个"欧洲城市"。中世纪的石砖，风味独特的购物街道，令人垂涎三尺的各国美食，欧洲的精华悉数会集于此。

### 圣彼得山洞窟

圣彼得山洞窟的由来很奇特，从前马斯垂克居民为取得一种特殊的岩石作建材，所以挖掘圣彼得山，因而形成了独一无二的景观。洞窟墙上有许多当时的挖掘工人留下的彩绘壁画，还有古代海洋生物的化石。

圣彼得山洞窟里，有超过 2 万多条的通道，为了安全起见导游都经过了严格的考试。洞窟内的温度只有 9~10℃，所以参观的游客都被告知须携带保暖衣物。洞窟内完全漆黑，没有任何光线，但游客们还是喜欢这份难得的刺激。

### 德哈尔古堡

德哈尔古堡在马斯垂克郊外，它始建于 18 世纪，直到在 19 世纪时才改建成现在的新哥特式建筑。目前，德哈尔古堡是世界级富豪罗斯查尔家族拥有的私家财产；但好在除了家族夏季避暑和冬季自用的宅邸以外，其他豪华的内室和蔷薇盛开的庭园都对外开放。

德哈尔古堡所在地的哈尔戴连镇，所有的房屋都一律是红白相间，因此被称为"红色镇"。

## 羊角村

羊角村位于荷兰西北的 Overijssel 省，在 De Wieden 自然保护区内。羊角村有"绿色威尼斯"之称，也有人称它为"荷兰威尼斯"，因为平静的水面映着的是一幢幢小屋的倒影，绿色而富有诗意。

羊角村不愧为一个如诗的小天地，这里所有房子的屋顶都是由芦苇编成的。这样的一种设计不仅耐用，使用年数据说有 40 年以上；而且冬暖夏凉，适合居住。在今天看来，这样奇妙的外观，更具有观赏的风味。但从前这些芦苇却是穷苦人家买不起砖瓦而不得不用的代替品，历史向前发展，事情也发生了颠覆性的变化，现在的芦苇身价暴涨，成了富裕人家才买得起的材料，价格竟是砖瓦的几十倍。

这里的居民享受着羊角村得天独厚的地理优势和优越的旅游环境，把"靠村吃村"的思想发挥得酣畅淋漓。羊角村不仅是芦苇成了高价商品，连地价也早已水涨船高，所以现在村里的大部分居民可说是藏龙卧虎，大多从事医生、律师等高收入的职业。大家在这样美妙的环境中居住下来，充分享受生活的乐趣，和以前居民的苦难日子有着天壤之别！

体验羊角村最好的方式莫过于运河巡礼，当旅客带着一份好心情，不紧不慢地登上平底木船，任由它带领着穿梭静谧的村落，聆听船夫拉家常似的细说各个房子的历史、特色。可说是"此中有真意，欲辩已忘言"。

## 荷兰三角洲工程

1953 年的一场风暴潮，袭击了荷兰西南部的三角洲地区，淹死了三千多人，造成了严重的经济损失。痛定思痛的荷兰人奋起与大自然抗争，他们提出了御海于国门之外的锁海战略——用高耸、坚固的海堤、河堤、挡闸、分水堰等一系列工程抵御风暴潮及河流洪水——荷兰著名的三角洲工程。三角洲工程解决了河道冲淤、海洋动力造成的河口、海岸冲淤等影响三角洲工程安全的重要因素。三角洲工程完成后，造就了荷兰一大批世界级的河道、河口、海岸工程专家学者。三角洲工程成为拦河道、河口海岸工程从业人员的活广告，促使了世界多数国家把他们在河道、河口、海岸工程领域的难题、项目委托给荷兰水利同行。三角洲工程已经成为荷兰新时代的象征。当然，风车时代三角洲工程是它的前身，现在仍是防洪工程的一部分。

# 比利时

## 比利时概况

比利时位于西欧，处在德国、荷兰和法国之间，因此而成为强国的争夺之地。不仅在地理上，比利时的文化也处于欧洲的十字路口。在过去的 2000 年内，它见证了各种种族与文化的兴盛与衰败。也正因为这样，比利时是欧洲真正的种族熔炉，罗马人、德意志人、法国人、荷兰人、西班牙人和奥地利人在此都留下了文化的痕迹。而在过去的半个世纪中，比利时作为一个现代化、高科技的欧洲国家而兴盛，是 19 世纪初欧洲大陆最早进行工业革命的国家之一，同时也是北约和欧盟的成员国，并以它的艺术、伟大的建筑、啤酒、食物以及巧克力闻名天下。

在战火与被殖民的历史沉淀中，比利时逐渐形成了自己独特气质：具有中古风貌的首都布鲁塞尔充斥了中世纪的美感与神秘，艺术是吸引人们前来的最主要的因素。而在郊区的滑铁卢古战场则在独自回荡着那惨烈的一幕幕；被誉为"沉睡中的美女"的布吕赫让人仿佛置身于威尼斯，眼前的一切如同水彩画般唯美，同时还洋溢着威尼斯所没有的淳朴与宁静；"钻石之城"安特卫普是著名画家鲁本斯的故乡，目前世界上许多美术馆都陈列着他的杰作；奥斯坦底海滨拥有最美丽的海岸线，宽阔的海滩上布满了柔软的细沙……

## 出入境须知

### 旅游签证

如果没有其他附注、持有申根签证有权在所有"申根国家"旅游（奥地利、比利时、荷兰、卢森堡、德国、法国、意大利、西班牙、葡萄牙、希腊、挪威、瑞典、芬兰、丹麦和冰岛）并相应允许一次、两次或多次入境。负责使馆，为主要旅行目的地的国家驻华使馆。持公务护照（包括外交护照、公务护照和因公普通护照）者的签证申请，须按规定经由部委或其他具有照会权的外事部门递交。使馆受理签证申请的前提是同时递交所有所需材料。签证申请须提前 3 周递交到使馆。

### 出入境携带

比利时外汇管理相当自由，带欧元出入不受限制。

可免税携带物品入境的数量如下：

1. 从欧盟入境旅客

卷烟 200 根，雪茄 50 根或烟草 250 克，酒一瓶（1 千克以下）。

2. 从欧盟外国家地区入境旅客

卷烟 400 根，雪茄 100 根，烟草 500 克，酒 2 升以下。

入境时比利时海关一般不检查行李。如无须申报项目，可在取得行李后，顺着申报标示牌方向的通道直达入境大厅。在布鲁塞尔机场设有行李储存处，48 小时之内不收取保管费。

中国驻比利时王国大使馆

AVENUE DE TER-VUREN 443-445，1150 BRUS-SELS

+32-2-7713309

+32-2-7714131

实用电话

呼叫救护车电话：100

匪警电话：101

### 交通概况

比利时特殊的地理位置使它的交通四通八达，铁路、航空以及高速公路是比利时交通网的主要组成部分。此外，它还是骑单车旅行者的天堂王国。

飞机

比利时有两个国际机场，一个是位于布鲁塞尔东北面 14 千米的布鲁塞尔国际机场，机场每天都有多班通往欧洲主要城市的航班。另一个是德林国际机场，位于安特卫普附近，航班较疏，只飞往阿姆斯特丹、伦敦、利物浦和都柏林。

火车

比利时处于德国、荷兰和法国之间，铁路交通非常便利。从布鲁塞尔 MIDI 站出发的国际线路有：THALYS 连接荷兰阿姆斯特丹（3 小时）、德国科隆（3 小时）及法国巴黎（80 分钟）；欧洲之星火车到英国伦敦。

汽车

长途汽车线路通达欧洲主要的大城市，票价比乘火车要便宜，但不方便的地方班次少路途时间长。

自行车

比利时地势平缓，是骑自行车的天堂。比利时人相当尊重自行车骑士，许多城镇都有自行车专用道，而且几乎每个火车站都能租到自行车，还可利用火车载运自行车，非常方便。

### 比利时住宿

比利时各城市旅馆林立，价格高低相差悬殊。应视财力、身份选择适宜的旅馆。

比利时的住宿偏高，一间单人的套房（一般是一个房间含卫浴设备及厨房）差不多是每个月一万三千比郎左右；一个两间卧室的公寓（一般还有一间厨房、一间厕所、一间浴室）差不多是一万五千比郎上下；一个三间卧室的公寓则约为一万八千比郎。另外，一个单人房（卫浴设备及厨房与他人共享）每月的房租则约为八千比郎。

比利时各城市旅馆林立，价格高低相差悬殊。应视财力、身份选择适宜的旅馆。此地旅馆均无拖鞋供应，宜自行准备。鉴于布鲁塞尔经常举行大型国际会议，故前往接洽商务时宜及早洽订旅馆；可通过旅行社或办事处代订。

### 比利时节日与习俗

比利时虽然是个小国，但比利时人却习惯把生活当艺术来经营，也最为热衷庆典活动，每个民族都有属于自己的活动，因此多元民族的比利时，几乎每3天就有一个节日。比利时特殊的地理位置决定了这个国度国民的性格，他们融合了法国人的浪漫、英国人的优雅和德国人的坚毅，既传统又不保守。因此，游人去比利时观光时了解与比利时人打交道时的礼仪和禁忌是十分必要的。

#### 班什狂欢节

比利时的班什狂欢节是与法国尼斯、德国科隆和意大利威尼斯的狂欢节齐名的欧洲四大著名狂欢节之一，每年都吸引着世界各国的游人。传说班什狂欢节起源于16世纪中叶，当时罗马帝国皇帝的妹妹马利亚在班什造城池、建宫殿。1554年，马利亚为欢迎外甥菲利普二世举行盛大宴会，宫廷官员于是化装成各种达官贵人参加宴会。班什狂欢节的化装游行就是从那个时候传下来的。如今，班什狂欢节从每年3月的第一个星期日开始，为期3天，第三天是最为热闹的一天。狂欢的人群，他们不论男女老幼，均乔装打扮，尽情地歌唱，尽兴地跳舞。其中最引人注目的是痴人方阵的游行，痴人们头戴鸵鸟羽毛帽，身穿金黄色的"武士"服。

#### 抛猫节

在伊珀尔举行的抛猫节是自中世纪以来就有的，规定为3年一度，在5月的第2个星期日举行。快到抛猫节时，广场上就会悬挂猫形状的巨幅竖条标语，面包店和蛋糕店的橱窗上也装饰着猫形的面包、饼干、巧克力，整个伊珀尔城变成了猫的天下。

### 欢乐树节

每年 8 月 9 日的欢乐树节是布鲁塞尔最具古风和传统的民间节日。近 700 年来，无论战乱还是天灾，欢庆活动从未中止过。

在欢乐树活动开始时，一群身着绿裤、红衫的布鲁塞尔人用一种特酿酒举杯预祝种树成功，而后将事先由行家选好的树木装上车，由警车开道，运往市政厅前古老的大广场。欢乐树的选择十分严格，既不能太大，让人们无法扛动，又不能太小，显不出种树人的勇敢。树必须在下午 5 点前种好，否则将意味着灾难降临。

### 奥麦刚古节

奥麦刚古节于每年的 7 月初在布鲁塞尔的大广场上举行。奥麦刚古意为"围着圈行走"，起源于 14 世纪。人们围绕着萨布隆圣母教堂供奉的马利亚像行走。

### 斗龙节

每年 6 月的第一个周五，在蒙斯都会举行盛大的斗龙节，在市中心为期 3 天，但是 3 天后，整个活动就转移到蒙斯所辖的每个大大小小的城镇，一直要热闹 10 天。据说在市中心广场上搭起的观礼台因为座位有限，还需要提前半年预定。

### 圣血的旅行

在布吕赫，每年耶稣升天节（复活节 40 天后第一个星期四）都要举行再现中世纪繁华景象的圣血的旅行。圣血现保存在比尔格广场的圣血教堂中，是佛兰德伯爵参加第 2 次十字军远征时，从耶路撒冷带回来的，耶稣的圣血遗物即由来于此。从那以后，人们为了表示对圣物的尊敬，就每年举行一次围绕城墙游行的活动。

### 交往

在比利时，被邀请去主人家不一定就是进餐，一般比利时人的晚餐是在 19：00~20：00。如果去比利时人的家里做客，最好在 23：30 离开，如果想要带礼物，巧克力、花和中国工艺品是最好的选择，但是在选择花的时候要注意不能送白菊花。因为对比利时人来说，白菊花意味着死亡，这种花为万圣节（11 月 1、2 日）所专用。除非餐桌上有烟灰缸，否则不要抽烟。

### 约会

比利时人的生活和工作都有着很强的计划性，因此，在比利时，什么事都需要预先约定，不仅仅是登门拜访要预约，找朋友或上司处理问题要预约，去医院找大夫要预约，就连找理发师处理头发都要事先约好。否则很可能会因为别人有约在先而自己白跑一趟。当然，如遇到时间性较强的紧迫问题也可以把约会提前或不经约会。

### 比利时商务礼仪

比利时是个多民族的国家，在比利时开展商务活动时，了解不同民族的特殊性多一点，对生意的促成很有帮助。比如在寄商品目录时，如果只寄法语的目录，就会受到佛兰德人的非议。

禁忌

在与比利时人交往中，一是要切记比利时的民族和语言问题，对瓦隆人和佛兰德人一视同仁，万万不可把自己与比利时的民族矛盾纠缠在一起。二是要避免谈论比利时的宗教、政治问题，因为这些话题过于敏感和个人化。较为稳妥的话题可以是关于体育运动，如比利时人喜欢的足球、自行车赛等，也可以谈论比利时的文化成就等。第三是切勿失信。失信表示对对方的不尊重。因此，无论是一次普通的约会，还是正式合同的签署，都应事先仔细考虑清楚。一经允诺，不可轻易毁约。即使是一次极为普通的约会，如遇紧急情况不能按时赴约，也要设法及时通知对方，并表示歉意。

# 布鲁塞尔

比利时的首都布鲁塞尔的含义是沼泽上的城堡，然而这座位居世界贸易要点的国际性都市却并非字面上这般荒凉，它位于荷、比、法三国铁路干线的心脏地带，是西欧交通要道，被称为欧洲首都，也是比利时的政治、经济和文化中心。

布鲁塞尔是一座怀旧的城市，所有的建筑都展现出中世纪的风格，在这古老的表象下，布鲁塞尔涌动着最美妙的元素，火焰般哥特式的尖顶、巴洛克式的装饰、文艺复兴时期的建筑，城市的每个角落都象征着艺术。

然而，布鲁塞尔也绝非仅是个怀旧的艺术品，它更是座休闲的城市，大广场附近尽是购物街及餐厅，欧洲最古老的购物街圣胡伯特购物拱廊和著名的海鲜街都在附近。一辆辆从身边经过的古雅的马车，玻璃橱窗里摆放着的美丽诱人的巧克力，散布在周围的露天啤酒店，比利时人平和的笑容，这就是沼泽上的城堡。

## 大广场

到布鲁塞尔旅行，首先应该去的就是市中心的长方形大广场。很多游人到这里来匆匆拍完照片就回去了，而大广场真正的魅力却在这四周的每座建筑艺术中，如果有时间，游人不妨停留下来细细品味这雕刻着时光的艺术。

从大广场幽暗的花岗岩石地面走过，四周尽是巴洛克式的山墙装饰、哥特式的尖窄房屋以及古典式的三角楣。那高耸的点缀着精美雕塑的尖顶下是一个挨一个的细长桃形窗户，所有的墙面都被取而代之。窗户下的拱廊、拱柱、门框都有着典雅华丽的雕塑和镂刻装饰。每座建筑都集合了哥特式、文艺复兴时代和路易十四时代的建筑精粹。难怪100多年前，法国大文豪雨果称赞它是"世界上最美丽的广场"。

岁月的痕迹不仅烙印在大广场怀旧的建筑上，还停留在广场旁边停靠着的装饰华美的马车旁，看那身穿黑色礼服的马夫肃穆地拉着缰绳，高高的礼帽掩盖了岁月的沧桑，留下的是倔强并且平和的面容。在日间繁华的花市与夜间的灯火辉煌中，大广场将沧桑与繁华的矛盾气质和谐地传递到游人的感官中。

### 市政厅

到了大广场，最引人注目的就是右侧的市政厅。这座 91 米高的古代佛兰德哥特式建筑俨然已成为布鲁塞尔的风向标。如果游人在布鲁塞尔迷路，可以往高处看，那最突出的尖顶方向便是大广场的位置。等走近市政厅看时，原来那尖顶是一座超凡脱俗的钟楼尖塔，骄傲地向天上伸出了几十米。高 5 米的脚踩撒旦的总领天使圣米歇尔铜像就立在尖塔顶端，默默地守护这古老沧桑的城市。

这个有 100 多个雕像的市政厅最特别之处是整个建筑的不对称。大门不在正中，左右门也都不一样。主要是因为它分了三个时期建造，左半部建于 1405 年，右半部建于 1445 年，中央的塔则是 1455 年所建。正是这不对称的风格，给人以标新立异的美感。

### 塞尔克拉斯卧像

市政厅侧面的星宫走廊旁边有一尊用青铜雕塑的塞尔克拉斯卧像，铜像的鼻子、胳膊，还有旁边狗塑像的鼻子都被摸得发亮了。据说，摸这铜像便会带来幸福。游人去布鲁塞尔时，也不妨去摸摸这能带来幸福的铜像吧。

塞尔克拉斯卧像

### 天鹅咖啡馆

市政厅左边有座富丽堂皇的 5 层建筑，大门上方有一只展翅欲飞的天鹅，这就是建于 1698 年的天鹅咖啡馆。

这是个很有名气的极具政治色彩的地方，马克思和恩格斯曾在这里写出了著名的《共产党宣言》。

如今，这里已经变成了一流的餐厅，装饰典雅，同时还有精彩的钢琴演奏表演。

### 撒尿小孩

从大广场向北走，穿过一段碎石小路，在一条名叫狗街的转弯处，竖立着一尊 50 厘米高的撒尿小孩铜像。这个微卷头发的"布鲁塞尔第一公民"小于连翘着小鼻子，挺着小肚，屈着胖嘟嘟的腿，光着屁股，右手叉腰，调皮地微笑，从早到晚无拘无束地在人们面前撒尿（自来水），每年狂欢节中的一天还撒啤酒，狂欢的人们都争先抢饮。从 1619 年建塑像起，小于连便收到各国赠送的服装鞋帽，这些服饰都由大广场上的国王大厦专门收藏，其中还有一套中国赠送的中国人民解放军的小军服和一套汉族对襟衫，这是 1979 年，布鲁塞尔纪念建城 1000 周年时北京市赠送的。

### 国王大厦

大广场北侧，正对着市政厅的那座 4 层塔楼，就是国王大厦，然而这里从没有国王住过。在 12 世纪时，这里只是家面包店，1515 年，布拉邦特公爵查理五世才在此修建了哥特式王宫。而现在，国王大厦已经变为布鲁塞尔的市立博物馆，展示有关布鲁塞尔历史的古书、织锦画、祭坛装饰品、陶器等。其中最值得游人欣赏的是三楼撒尿小孩的服饰，这里收藏了 300 多年来世界各地赠送给小于连的独具特色的服饰。

### 司法宫

从布鲁塞尔公园往皇宫走，路上会经过一个庞大的建筑物，它的四角有分别象征执法、仁慈、力量和法律的塑像，这就是司法宫。它建于 1866 年，里面有旁听厅、档案室和执法机构的办公室。其中中央听政大厅的圆顶高达 122 米，司法宫是布鲁塞尔最高的建筑物，也是欧洲最大的纪念性建筑。

司法宫不同于别的建筑，它有一半是在毁掉的马洛尔街基础上建起来的，占了卡根伯格广场的位置，设计师约瑟夫·普拉特在希腊、埃及、罗马元素的基础上，设计了一个亚述—巴比伦庞然大物，它高出前后左右所有的石头建筑，其中包括罗马的圣皮埃尔，据说普拉特发疯而死。游人经过这里时，可以在外面找个好的角度留影纪念，毕竟这种折中建筑目前在世界上找不到第二个。如果游人有时间，还可以去旁边的"二战"纪念碑留影。

### 连环画中心

爱看漫画的人一定不会不知道丁丁，这个带着自己的小白狗"雪球"环游世界的漫画人物可是鼎鼎大名、众人皆知。而创造丁丁的漫画作者埃尔热便是布鲁塞尔人。如果丁丁迷到布鲁塞尔，可一定要去位于萨布勒街20号的比利时连环画中心，这里收藏了埃尔热的一些重要藏品以供游人观赏。

### 布鲁塞尔公园

布鲁塞尔公园位于大广场的东边，背朝大洼地，可以看到标志民主社会三项权力的三个景点。右边是代表司法权的司法宫；中间是代表行政权的皇宫；喷泉的另一侧，是代表立法权的国会。

布鲁塞尔公园原是布拉邦特公爵的狩猎场，18世纪时查理·洛林将它改建为法国风格的公园。

公园内丝毫没有人工雕琢的痕迹，几乎没有楼台亭榭，只有草坪、树林和池塘，顶多有一座古堡或一些古老的雕像。这是个运用植物来延伸城市的自然公园。如果游人在喧嚣的闹市中玩累了，不妨来这里散散步，或者坐在公园的椅子上休息一会。

### 皇家美术博物馆

如同大英博物馆在世界上的地位，比利时皇家美术博物馆也是游人去布鲁塞尔时值得一去的地方，它建于1880年，是一座古典风格的宫殿。这里主要收藏着以佛兰德派为中心的14~18世纪的绘画精品，诸如勃鲁盖尔、鲁本斯等人的名作。它分为古代艺术博物馆和现代艺术博物馆，两个艺术馆并排而立却也有通道相连。

古代艺术博物馆在雷让斯街3号，里面的藏画按年代不同而分门别类，如果还有更细的则再分成各个房间，每个房间都有编号。游人到此可别错过位于佛兰德和瓦隆人的古老文化展厅中的德克·布兹创作的巨幅三折画《奥顿的公正》，画面色彩绚丽，特别是红色的突出，动人心魄。此外，还有内部展厅中布勒格尔厅里展出的《伊卡罗斯的坠海》和达利的《圣安东尼的诱惑》也是不可不看的巨作。

现代艺术馆位于皇家广场1号。在这里可以看到派尔米克、玛格丽特和一些除了比利时人外其他人并不熟悉的画家，例如，狡黠的泰特加特，作品天真并富有表现主义，布拉邦特野兽派画家里克·伍特斯以及罕见的立体派和现代派画家塞尔弗朗科斯等。

如果时间充裕，游人不妨花几天时间欣赏这些巨作，肯定会有所收获。

### 乐器博物馆

乐器博物馆坐落在市中心的艺术山上，毗邻比利时皇宫，与皇家美术馆隔街相望。博物馆展出面积约3000平方米，收藏欧洲和世界其他地区的乐器共7000余件，这里保存的乐器是世界之最。博物馆分为传统乐器与文化、西方音乐艺术、弦乐与键盘乐器和机械乐器与电子合成乐器四个展厅，展示了不同时期、不同主题的乐器。而该馆最吸引游人的还是那免费无线耳机，当游人戴着它走到一种乐器前时，就会有该乐器演奏的曲子自动在耳机内响起，使游人在视觉、听觉上全方位地了解这种乐器。

### 皇家广场

不同于大广场的热情，皇家广场是个很忧伤的广场。它位于上城区冰冷的库登柏格山上，游人站在皇宫前面的一片开阔地上，便可以俯瞰到整个下城区。广场很安静，中间是第一次十字军东征胜利者高德弗瓦的骑马像，偶尔有鸽子掠过铜像头顶。广场上还散布着一些街头画家和艺人，落魄的状态并没有动摇他们对艺术的执着。也许，这才是隐藏在繁华里真正的布鲁塞尔。

### 皇宫

皇宫是比利时最宏伟的建筑物，曾被法国人摧毁。如今游人看见的巴洛克风格的皇宫是在1695年重建，19世纪翻修的部分，内部参照法国凡尔赛宫的式样，装饰有大量的壁画和水晶灯饰。这里是比利时国王的寓所，不过每年夏天国王都不在这里，如果皇宫顶上没有插国旗表明国王不在宫内，这时皇宫免费对外开放参观。

### 中国亭和日本塔

在皇宫附近的拉肯公园里矗立着中国亭和日本塔，这是来自巴黎的建筑师亚历山大·马塞尔应国王莱奥波德二世之邀所设计建造的。中国亭于1901年开始修建，精雕细琢到了1909年才完工，建筑外部的细木护壁板和凉亭都是运到上海加工建造，里面展出了17世纪末到19世纪初专供出口的瓷器。而日本塔则展出了一些体现日本艺术各个方面的展品，所有的藏品都是在横滨定做的。

### 原子球

在市北易明多公园内有著名的布鲁塞尔原子球，它是 1958 年为纪念世界博览会在此举行而修建的。建筑师昂·瓦特凯恩构思了 18 个月，之后又施工了 18 个月才完成。整个建筑物把铁分子的 9 个原子放大了 20 亿倍，直径 18 米，并用直径 3 米，长 26 米的钢管连接，构成正方体的 8 个角。另一个球位于正方体中心，表示原子核，总重量达 2200 吨，最高处达 102 米，游人可以通过电梯进入，站在这里便能鸟瞰整个布鲁塞尔。建议游人最好在下午来此观光，因为等到夜晚时，原子球充满了光亮，形成一幅具有独特魅力的景象。

### 五十年宫

五十年宫是 1880 年为纪念比利时独立 50 周年而修建的。在中心通道的两旁是修剪得十分整齐的绿色灌木，灌木后面是森林。中心通道直通凯旋门。凯旋门在 1905 年比利时独立 75 周年时竣工，这座门出于法国建筑师凯·吉后特之手。凯旋门顶部的古罗马战车是雕塑家汤马斯·凡松特的作品，象征着"比利时胜利走向未来"。在凯旋门的两侧，是巨大的像翅膀一样的建筑，五十年宫便由这巨大的两翼组成，现在它们分别是汽车博物馆及军事博物馆。对此感兴趣的游人可以入内观赏，如果游人在市政厅下面买了 Passport，还能获得免费门票。

### 微缩公园

微缩公园占地面积为 25 万平方米，里面的景物只是真实景物的 1/25，除埃菲尔铁塔和一些高大建筑比人略高一些外，其中绝大部分景物都比人矮。不同于只有本国风景名胜的荷兰小人国，微缩公园里荟萃了欧洲闻名世界的宫殿、教堂、修道院、古堡、神庙、广场、港口、高塔和名人故居等 300 多个名胜古迹，从各个不同的侧面反映了欧洲的历史、文化、艺术和科学技术的发展。

### 滑铁卢古战场

1815 年 6 月 18 日，滑铁卢因一场激战而震撼了世界并永载史册。经历了近两个世纪的滑铁卢古战场，已成为欧洲历史的见证人。如今举目眺望眼前这片空旷而寂寥的原野，心底油然而生一种萧索凄凉之感。如今在这片开阔的土地上，有一个高大的颇似埃及金字塔的大土丘，顶端一只威风凛凛的雄狮面向法国傲然而立。这个高约 50 米，有 226 级石阶的大土丘是 1826 年为纪念滑铁卢之战在原址上堆起来的，褐色的雄狮则是后人用当年在战场上缴获的 8 吨废弹壳铸造的。游人站在丘顶凭栏远眺，当年千军万马鏖战的古战场便尽收眼底。

如果游人有充足的时间，还可以去古战场的南面，这里有一座古堡，是当年威灵顿的指挥部。古堡旁还有一座古色古香的小旅馆，法国大作家维克多·雨果曾下榻于此，挥笔写就长篇小说《悲惨世界》中有关滑铁卢战役的不朽篇章。

# 布吕赫

位于比利时西北部的布吕赫在弗拉芒语中是桥的意思。如同这名字一般，布吕赫是桥的城市，在市内纵横交错的运河上，架着大大小小的 50 多座桥。另外，布吕赫还有个名字叫"沉睡的美女"，在 12～13 世纪时，这里是西欧的第一贸易港，曾作为中世纪欧洲的商业中心而一度繁荣。但进入 15 世纪后，连接布吕赫和北海的水路因淤泥而阻塞，运河贸易中断，布吕赫就此没落，失去了往日的辉煌。"沉睡的美女"就这样与世隔绝了好几个世纪，再也没有振作起来。不知这是布吕赫的大幸还是大不幸，也正是由于这个原因，时间仿佛在那个时候的布吕赫停滞，直至今日，布吕赫的街头仍然随处弥散着中世纪的味道。那曲曲幽幽的小桥，那一座座或哥特、或古罗马、抑或文艺复兴式的各类建筑，还有那中世纪的老式马车都在诉说着过去的美好。就在 2000 年，经历了漫长历史的布吕赫老城作为文化遗产被联合国教科文组织列入《世界遗产名录》。

## 集市广场

集市广场是布吕赫古城的中心和最大的广场，广场四周环绕着 15 世纪极具魅力的荷兰风格的建筑，是欧洲屈指可数的优美建筑之一。在广场的南侧就是著名的钟楼，而在西侧和北侧则密布着山形屋顶的餐厅、咖啡馆等。另外，这里还有许多土产店，游人可以在此买到独具特色的纪念品。

## 钟楼

当游人站在集市广场上时，会听见不远处悠扬的钟声，顺着钟声寻觅过去，就能看到一座 81 米高的石砌钟楼。据介绍，这钟楼顶端有一台配有 46 个钟铃的钟琴，每天定时奏出乐曲，至今已持续几百年，成为布吕赫的一大特征。1892 年，比利时作家罗登巴克在《布吕赫的幽灵》这部小说中写道："寂静中，传来了钟声。众钟齐鸣……布吕赫这不绝于耳的钟乐，一如祭礼的圣诗在空中悠悠飘扬。"

在优美的琴声中，游人可以沿着钟楼内 336 级台阶而上，在钟楼楼顶往下俯瞰，整个布吕赫秀丽的风光便尽收眼底。

### 圣血教堂

圣血教堂在集市广场的东边，它是个有双祷告室的古罗马式方形教堂，其中双室中的低室是全比利时最古老的建筑之一。据说 12 世纪第二次十字军东征时，参加十字军的佛兰德伯爵埃蒂里达路萨斯，从圣地君士坦丁堡带回来的保存有基督受难圣血的水晶瓶便被保存于此。

### 市政厅

市政厅与圣血教堂并行而建，那座建于 1376 年的哥特式建筑，就是比利时最古老的市政厅。它正面的六扇尖顶穹隆窗垂直排列，火焰式的装饰将这座哥特式建筑点缀得美轮美奂。而在外墙上，还刻有圣经故事和历史人物的浮雕。进入市政厅，里面有个哥特式的大厅，四周挂满了关于布吕赫历史的壁画，是游人了解这座城市最直观的宝贵资料。

### 梅姆灵美术馆

布吕赫是 15 世纪佛兰德绘画的诞生地，这里造就了很多那个时代的艺术家。到布吕赫，不能错过的美术馆之一便是梅姆灵美术馆。它位于圣母教堂的西面，是 12 世纪建立的圣约翰教会医院的一部分，收藏有油画鼻祖扬·凡艾克的多幅名作。还有鲁本斯为医院创作的大量作品，以及梅姆灵的代表作品。在这个美术馆里，游人体验到的作品之美与建筑的调和感是在近代美术馆所少见的。

### 圣母教堂

位于市区中部的圣母教堂建于 13~15 世纪，塔高 122 米。几个世纪前，当远行的水手们发现尖塔上的点点灯火时，他们就会动情地高歌、欢笑，因为他们的家——美丽的布吕赫已经在眼前了。所以从很久以前，这尖塔就成了布吕赫的象征。

而在教堂内部，还珍藏有 15 世纪意大利雕塑大师米开朗琪罗的大理石雕塑"圣母与圣婴"。

### 少女救贫院

在市区南部的运河边，有一座围以篱墙的修道院，它是在 1245 年，佛兰德伯爵夫人命令修建的。在古佛兰德时期，贝吉修女们在此与世隔绝，把所有的罪恶及诱惑都隔绝于篱墙之外。于是清修的修女们创造出了闻名遐迩的梭结花边，她们采用的仙女针法钩织，一般需要 300~700 个筒子。这种织法一直流传至今，以致梭结花边成了每一个到布吕赫的游人必买的纪念品。但现在生活在这里的并不是当年的贝吉修女，而是身穿 15 世纪的贝尼迪派的修女。她们住在白色的木制贝吉房子里，平静地生活着。在入口处附近，还有一个博物馆，展示了过去贝吉修女的生活。游人如果感兴趣，不妨进去转转。

### 城门

布吕赫通过运河上的桥与外界联系。在这些桥上遗留了很多 13~14 世纪的城门。其中，1297 年在城西侧修建的城门冶屋门是保存最完好的一座城门，从这里望出去可以看到中世纪时要塞的样子。在东面的城门十字门，是一个拥有两个大圆塔的独特建筑。如果游人感兴趣，可以租辆单车，绕着这些城门慢慢骑一圈，一定会有意外的收获。

### 圣扬豪斯风车

在布吕赫的运河旁边，有许多风车基座。一些老人们说，在 18~19 世纪时，运河旁边共有 30 多个风车。而今，只有在城东北护城河旁还保留着四座传统的风车，叫圣扬豪斯风车，它建于 1770 年，游人可以去风车内部参观。

### 米恩湖

米恩湖在少女救贫院附近的明讷瓦特公园里，由于周围田园诗般的景色，它被人们称作"爱之湖"。作家罗登巴克在《布吕赫的幽灵》这部小说中写着："爱湖！人们这样意译其美名，或更确切些，将之呼为'恋人之水'。这一湖静水上浮着朵朵睡莲……"可爱湖真正的魅力不在于这四周的风景，而在于那浮于水面的天鹅，它们在波光点点的湖上悠闲地飘过；在青青湖畔的树荫下铺了一地雪白雪白的鹅毛，游人不妨去捡几根拿回家收藏。

## 安特卫普

安特卫普是比利时的第二大都市，位于比利时的荷语区，比利时最大的河流斯海尔德河穿城而过，因而成为世界上主要的港口之一。它的名字来源于荷兰语"断掌"的意思。传说很久以前，这里有个巨人总是从经过的船长那里索要很高的通行费。后来，一位叫布拉博的年轻勇士奋力砍掉了巨人的手。

除了港口外，安特卫普还代表着钻石和鲁本斯。这里有世界著名的钻石城，就在中央车站边上，它是欧洲最大的钻石集散地。同时，安特卫普也是鲁本斯的故乡，这位大画家曾经代表了欧洲的一个时代。

另外，安特卫普的教堂也是这座城市独具魅力的地方，进入任何一个教堂都仿佛进入了油画展厅，先哲们依靠油画将圣经故事一幅幅地展现在游人面前。

### 市政厅

建于 1564 年的市政厅，位于略呈三角形不规则形的大广场上，它是荷兰文艺复兴最早的伟大古迹之一。除了中央阁楼外全部是水平线条。此外，尽管它线脚元素的特点完全是来自希腊—罗马艺术的灵感，但是它的屋顶是中国建筑的外形。这种样式独特的建筑夹杂在一群垂直线条建筑的中间，显得非常醒目。市政厅的内部非常华美，但在法国革命军劫掠之后全部被翻修过。

### 圣母大教堂

圣母大教堂矗立在广场深处，高耸的塔尖形成了昂扬的景致。这是比利时最大的教堂，也是安特卫普最伟大的建筑物之一。它从 1352 年底开始动工，直到 1521 年整个工程才完工，虽然耗时如此之久、经历无数建筑师的监造，不过整个建筑风格却相当和谐一致。而教堂中最引人注目的部分是高塔，塔尖高 123 米，其精细的装饰简直让人叹为观止。塔上的 47 个钟所组合成的排钟经历了 3 个工匠之手，历时 1 个世纪才宣告完成。6 月中旬到 9 月中旬，每个星期一，城里的敲钟人都会举办一场塔楼之钟的音乐会，是免费的。

另外，教堂的圣殿里还珍藏着几个世纪以来的诸多油画，其中尤以鲁本斯的《基督上十字架》和《基督下十字架》最为著名。

### 民俗博物馆

民俗博物馆在市政厅里面，这里展示了佛兰德地区的民族服装、民俗文物以及用于木偶剧的木偶藏品等。

### 布拉博喷泉

布拉博喷泉坐落在广场的中心，是斯海尔德河恢复自由通畅的一个标志。它出自比利时 19 世纪最杰出的雕塑家洁夫·兰博之手。这喷泉的背景来自汗德—沃盆神话。传说在很久前，邪恶的巨人特龙·安帝公一直从经过斯海尔德河上的船长那里索要很高的通行费，幸好年轻的勇士布拉博杀了巨人并砍下他的右手，把他的手扔到河里。手即是安特，扔是卫普，安特卫普也由此得名。而喷泉最令人称奇的是喷出的泉水经风一吹，都散落到了行人的身上，落到了广场石砖铺成的地面，地面微微的斜坡再让水流到水池中。

另外，在市政厅周围一带还有许多露天酒吧，游人可以在这里边休息边欣赏街头艺人的表演。

### 肉店行会博物馆

肉店行会属于西欧早期商业发达的几种行业会馆之一，行会馆是后期哥特式建筑。从 1503 年建成到 19 世纪中期这里一直都是肉类品交易场所。现在保留下来作为博物馆开放，里面陈列了很多当年的物品、家具以及古钢琴藏品。还有重现当年生活家居环境的房间，将 16 世纪中期的时代气息收敛于此。

### 国立海洋博物馆

博物馆位于大广场以西的斯海尔德河边，是一座中世纪城堡。10～16 世纪，这里叫斯滕城堡，一直是安特卫普的要塞，并有 500 年用来作为监狱和刑场。19 世纪时，城堡被进行了修复，在外墙上还刻着关于许多神话传说的金色浮雕，给这座灰色的城堡带来了些许生气。现在它变成了一个海洋博物馆，陈列着各种帆船、汽艇模型、航海用品和古老的航海图。拿破仑曾选择安特卫普作为对英作战的中心军港，当时军舰的模型也保存着。游人站在城堡的平台上，可以将斯海尔德河风光尽收眼底。

### 鲁本斯故居

一提起安特卫普，自然就离不开鲁本斯，这位代表了欧洲一个时代的伟大画家，他的代表作《圣乔治屠龙》《基督上十字架》和《基督下十字架》简直就是艺术的巅峰之作。而鲁本斯故居位于市中心的繁华地带，是一座一般的欧式三层楼房，1615 年，鲁本斯把这里作为他的画室兼卧室。由于年代久远，游人走在木板地和木板楼梯上都会发出吱吱的响声。不过游人不用担心，这虽然看起来不耐用，但里边进行了加固，所以非常结实，只不过为了保持原貌，显得有些破旧。故居的一楼里陈列着鲁本斯创作的绘画精品，还有许多他从国外买来的绘画精品。鲁本斯有收藏画的嗜好，凡他看中的画，无论多么昂贵，都不惜重金买下。在一楼的展厅中就有一幅亚当与夏娃的巨幅油画，比例是现实中人的好几倍。

### 钻石博物馆

钻石博物馆在中央火车站的北面，是安特卫普最大的钻石展示中心。这里除了有钻石的历史、原产地的说明，以及用原石和钻石做成的许多美丽的装饰品的展示之外，还再现了 19 世纪安特卫普的钻石琢磨工场。

如果游人想在安特卫普买钻石，最好到钻石博物馆附近的 Diamondland 去，这里的店员会很详细地解释决定钻石价值的金位、切口、颜色和透明度这 4 要素，同时，游人还可以参观整个加工过程。

### 普朗坦——莫雷图斯博物馆

位于大广场南面靠近河边的普朗坦——莫雷图斯博物馆是一所世界上少有的活版印刷博物馆。1576 年时，普朗坦家族从一个西班牙商人手中买下这里，作为普朗坦家的活版印刷兼住处。1605 年，这里印刷了欧洲最初的活版印刷报纸。17 世纪，莫雷图斯家族将这栋建筑规模扩大，还经常举办商人、知识分子阶层以及艺术家沙龙。如今，博物馆拥有 34 个展览室以及一个由帕拉丁建造的印刷室，提供 16~17 世纪书籍展示，并保留着昔日的地毯、家具和绘画作品。其中还有很多鲁本斯画的人物肖像画。

### 安特卫普动物园

位于安特卫普郊区的动物园是欧洲最大的动物园，里面动物种类繁多，有孔雀、猫头鹰以及一些稀有的哺乳动物，如麋鹿和白犀等。其中比较有趣的是，园里的北极熊靠吃冻在一起的鱼、苹果和胡萝卜来抗暑。

此外，在水族馆里还有许多在中国没有的动物。

### 米德尔海姆露天雕塑馆

雕塑馆位于树木茂密的米德尔海姆公园里，在这 14 万平方米的公园内，有 320 多座露天雕刻的名人塑像作品，其中有罗丹、亨利·穆尔、扎德凯、米莱斯等。如果去这里游玩，游人需要花很多时间，除去在雕塑前驻足的时间，仅这 14 万平方米的面积就够人走的了。

### 梅耶博物馆

梅耶博物馆是建于 20 世纪初的新哥特式建筑，1974 年重新翻修。梅耶对于中古世纪的雕刻作品、修道院手稿、象牙雕刻有着浓厚的兴趣，并且具有独到的品评。在去世前的 10 年时间里，梅耶一直醉心于收藏他喜欢的艺术作品，从而建立了这家私人博物馆。

如今馆内藏有 300 多件雕刻、陶器、家具和绘画等，包括勃鲁盖尔、鲁本斯和一些荷兰画家的作品。其中勃鲁盖尔的两幅名作《疯狂的弗利特》和《十二则佛兰德谚语》在画家还没受到肯定时就被梅耶收藏了。

### 根特

根特是个用青砖铺砌的道路狭窄的寂静城市，铁轨被镶嵌在青砖里，有轨电车从上面轻轻滑过，只留下些微呼吸的声音，就连街上稀稀落落的小车也很少发出沉重的叹息；根特是个需要雨丝浸洒的城市，也只有雨丝才能将它的美充分展现出来，如同深入在雨天的扬州小巷里，干净而又安详；根特是个当游人穿过城市遗留的中世纪和文艺复兴时期的古老建筑，站在圣米歇尔桥上时，便会深刻地触摸到这带有些许没落贵族气息的城市。这个据说亲眼目睹了世界上一半以上神灵诞生的城市，似乎总是被一种忧郁的气氛笼罩着。

然而，所有的文字都很难彻底地将根特展现出来。从市内古老而繁华的遗迹可以知道它曾经的富裕和骄傲，这个 7 世纪时由当地众多的城堡逐渐发展起来的城市曾是佛兰德的首都，如今变为东佛兰德省的省会；这个 13 世纪重要的商业贸易城市和纺织业中心，如今成了无产者的工业城市。也许，仅这样的注释就已经足够。

### 钟楼

位于市中心的钟楼是城里最高的建筑，它高 91 米。楼顶的四个角形墙角塔合在一起成为塔顶和上面的板岩尖顶，尖顶旗杆上有仿造 14 世纪的旋转铜龙，出自伟大建筑师特·肯德之手。16 世纪时，钟楼装了一组由 52 个钟组成的钟琴，每天都给人们带来悠扬的旋律。在导游陪同下，游人可以在编钟响起时去参观钟楼内部。

### 市政厅

位于钟楼旁边的市政厅始建于 15 世纪，直到 18 世纪才竣工。它由两座建筑组成，朝北的是 16 世纪哥特式建筑，朝东的是 17 世纪文艺复兴式建筑，样式独特，游人不妨在此多拍几张相片。

### 佛兰德伯爵城堡

佛兰德伯爵城堡是 1180 年由佛兰德伯爵菲利普·达鲁达斯建造的，窗户上的 14 个壁龛里放着伯爵们的镀金头像。方形主塔和罗马式的居室高出了带有木制百叶窗的齿形墙角塔。在高大坚固的城堡周围，是缓缓流过的护城河。14 世纪前，它主要作为军事设施使用，后来改为他用。游人站在城堡的望台上，可以将根特全景一览无余。

### 圣米歇尔桥

1905 年，著名的建筑师路易·库劳凯开始设计圣米歇尔桥，并于 1909 年竣工，它是一座石砌拱桥，而最特别的还是桥上那高耸的街灯，它是根据圣米歇尔的铜像所设计的。游人去根特时，一定要去桥上站会儿，这里不仅可以远观整座根特城，还会沉淀出很多思古的幽情。

### 圣巴夫大教堂

这是一座用白色石头堆砌的布拉邦特哥特式的大教堂，建于 15 世纪和 16 世纪。塔楼高达 89 米，原来塔楼还要更高，因为顶上还有个尖顶，形状如同安特卫普圣母大教堂的尖顶，后来被拆毁了。

确切点儿说，圣巴夫教堂更像个博物馆，这里收藏了太多珍品，像根特的至宝——扬·凡·艾克的名作《神秘的羔羊》，它被誉为 15 世纪佛兰德画派的最佳作品，也是游人到根特不可不观赏的经典之作。此外，还有德·克莱耶、法兰思·布尔布斯的作品、鲁本斯的油画、17 世纪和 18 世纪的雕塑作品等，特别值得一提的还有地下宝物殿里 4 个主教的墓碑，游人在瘦骨嶙峋的死神的雕塑中，可以看到主教跪倒在圣母的脚下。这是 17 世纪最伟大的雕塑家德勒库尔的杰作。

# 卢森堡

### 卢森堡概况

卢森堡处于德、法要道，地形险要，一直是西欧重要的军事要塞。在全盛时期，卢森堡市曾经有过三道护城墙，数十座坚固城堡，23 千米长的地道和暗堡，进可攻，退可守，因此有北部直布罗陀的称号。另外，卢森堡也被称为"千堡之国"，全国城堡林立，首都卢森堡市就是一座最大的古堡。除了城堡以外，最吸引游人眼球的便是桥了，卢森堡被阿尔泽河和佩特罗斯河分为两部分，中间是河谷地带，而这两部分则靠 100 多条桥梁相连。这些桥中，有古色古香的砖墙铺砌，也有现代化的金属桥，建筑精巧，各具特色。

卢森堡虽然面积小，但古迹和城堡众多，每年都吸引了不少游人前来。由于市内面积不大，名胜点集中，游人在卢森堡游览一天就已足够。

### 圣母教堂

位于市中心的圣母教堂建于 1613～1621 年之间。17 世纪时，这座文艺复兴式的建筑是耶稣会教堂，1935 年扩修后，在建筑的顶部多了 3 个细细的尖顶，这里便成为圣母教堂。它是文艺复兴时期艺术风格与巴洛克式风格相结合的产物。教堂内部金碧辉煌，内坛饰以名贵的雪花石膏雕像，墙柱上雕刻着阿拉式图像。当年让大公与比利时公主约瑟芬·夏洛特的婚礼就在此举行。

### 卢森堡大峡谷

卢森堡大峡谷是世界著名的风景区之一。它本是两山之间的一条峡谷，宽约

**卢森堡大峡谷**

100 米，深约 60 米。峡谷幽深长远，两旁的山崖绿树苍翠，一条小溪在静静地流淌，卢森堡市就建在这条深 60 多米的峡谷两岸，南岸是新城区，北岸是旧城区。有人说，大峡谷像是卢森堡市一道永远也不会愈合的巨大美丽的伤口，而正是这美丽的伤口，赋予了卢森堡超凡脱俗的气质和魅力。

### 阿道夫大桥

在宪法广场上凭栏眺望，有一座横空飞架的大桥，这就是卢森堡市中心连接新老城区的有名的阿道夫大桥。它是卢森堡的市标之一，建于19世纪末~20世纪初，是座没有支柱的圆拱形石桥，长80多米，桥面有6个车道宽，悬空高架，气势不凡。圆拱之上，还有大小不一的桥洞。游人站在桥上，眺望远处时，卢森堡的绿意便尽收眼底。

### 大公宫殿

大公宫殿位于圣母教堂的北面，始建于1418年，后被多次重建。第一次是因1554年在一场大火中毁坏而重建，并且将原市政府大楼也连接起来，作为一个整体，随后又被西班牙统治者重建。如今游人所见到的这座大公宫殿是一座3层的意大利文艺复兴式的建筑，拥有两座高耸的尖塔，内部装饰十分讲究且精致。

### 宪法广场

在圣母教堂的对面就是宪法广场，这里是观赏大峡谷及其两岸风光最佳的地点。

宪法广场的标志建筑是1923年竣工的英雄纪念碑，它是为了纪念"一战"中阵亡的3000名卢森堡士兵而兴建的，在"二战"被毁坏之后又被重建，因此就具有双重的意义。这座纪念碑高为12米，上面的胜利女神像出自本地艺术家克劳斯之手。在宪法广场的两个角落，则分别为贝特留斯炮台及贝克炮台的地下入口处。

# 西班牙

### 西班牙概况

公元前九世纪左右腓尼基人、古希腊人、迦太基人以及凯尔特人开始进入伊比利亚半岛。随后到了公元前218年，罗马人开始占领伊比利亚半岛。罗马人的入侵对现代西班牙的语言、宗教和法律产生了深远的影响。公元前四世纪，日耳曼部落入侵。到公元五世纪，西班牙被西哥特人征服，随后在公元 711 年，穆斯林的北非人摩尔人入侵西班牙，西班牙人开始了驱逐入侵者的战争。这场战争持续到 1492年。在 1512 年，西班牙完成了统一。

15 世纪末，西班牙已经成为一个殖民大国。16 世纪，西班牙通过在美洲获得的巨大财富成为欧洲最强大的国家。然而由此引发的持续反抗斗争，最终使得西班牙的国力衰退下来。

20 世纪初期曾经带来一段时期的和平，独裁统治（1923～1931 年）结束后第二共和国诞生。随着政党的日益增多，以及其他各方面的压力，连同未受控制的暴力活动，导致了 1936 年 7 月发生了西班牙内战。接着国家主义者打败共和党人上台，佛朗哥·弗朗西斯科击退共和党的武装力量开始统治西班牙。

直到 20 世纪 60～70 年代，西班牙转变成为一个拥有繁荣旅游业的现代工业经济国家，佛朗哥将军于 1975 年 9 月去世，在此之前他指定了胡安·卡洛斯王子作为他的后继者。胡安·卡洛斯王子假装答应接受了国王以及国家元首的头衔。但他却开始领导西班牙向更文明的现代化民主国家转变，特别是他反对 1981 年的政变企图。1976 年 7 月国王任命原国民运动秘书长阿·苏亚雷斯为首相，开始向西方议会民主政治过渡。这标志着西班牙同佛朗哥专制制度的彻底决裂。

**出入境须知**

办理西班牙签证一般需提前两周申请，西方根据申请人要求发给一个月有效、停留期最长不超过 3 个月的短期逗留签证。凡经西前往第三国者，不论是否出机场，均需申办过境签证。

有关申办签证具体事宜可垂询西班牙驻华使馆。

入境和海关规定

1. 入境须持有效签证或西班牙居留证，否则将被原机遣返；

2. 不得携带毒品及其他违禁品；

3. 入境西班牙每人允许免税携带物品的金额不得超过 175 欧元（15 岁以上旅客）或 90 欧元（指 15 岁以下旅客），以下物品的限额分别为：

（1）200 支香烟或 50 支雪茄烟或 250 克烟草；（2）1 升酒精度数超过 22 度的烈性酒或 2 升酒精度数低于 22 度的葡萄酒及酒饮料；（3）50 克香水或 0.25 升花露水；（4）500 克普通咖啡或 200 克浓缩咖啡；（5）100 克茶叶或 40 克浓缩茶。

西班牙为申根公约国家之一，持我国护照如欲前往申根公约国家者可到申根公约国其中之一驻华使馆或总领馆申请申根短期停留签证，其适用范围如下：法国、德国、奥地利、意大利、荷兰、比利时、卢森堡、西班牙、葡萄牙、希腊、丹麦、瑞典、挪威、芬兰、冰岛十五国。申根签证仅以旅游或商务为限，且最长停留时间半年内不得超过九十天，原则上签证不得办理延期。

### 交通概况

和其他欧洲发达国家一样，西班牙运输以公路为主，公路是交通的命脉。在国内陆路运输中，公路运输占75%左右。西班牙几乎每家每户都有小汽车，西班牙的公路犹如蜘蛛网，遍布全国，延伸到每个角落。

西班牙处于南欧地中海得天独厚的地理位置，起着连接欧洲与美洲、欧洲与非洲的重要空中桥梁作用。每年担负着全世界近1/5旅客出入境和中转站的重任。

长途汽车、火车、火车旅馆

长途汽车（Coach）

西班牙并没有国营的长程巴士Coach公司，都是城市间点对点的民营Coach，短距离的像哥多巴到塞维拉，长距离的像塞维拉到巴塞罗那。每个城市多半有一个巴士总站，有的甚至有两个，依不同地方在不同站发车，想要搭Coach的人可要多注意。Coach一般而言是最便宜的长程交通的选择，价钱比一般的火车大约便宜三成到一半。是想要省钱的自助旅行者可以考虑的交通工具。

火车

相较于Coach，主要的铁路都是国营（RENFE）的，不过各地也都有私营的火车。少数城市像巴塞罗那拥有3个车站以外，大多数都只有一个火车站。火车班次颇为频繁，除了长途和AVE快车要划位宜事先预订外，短程的无所谓。车站的售票人员多半会说英文，但是有西班牙口音的英文。此外RENFE在几个城市的市区也有服务站，如马德里，在普拉多美术馆附近就有办事处，在这种办事处订票买票，除了有舒服的等候座位，可以避免在车站漫长的等待，或是成为扒手的目标，服务人员很有耐心的接受你的询问，并且英文绝对可用。

火车旅馆（Train Hotel）

火车旅馆，其实就是夜车。西班牙各大城市间多有晚间对开的夜车，像马德里到巴塞罗那，或塞维拉到巴塞罗那，多半由晚间9~10时出发，第二天早上7~8时抵达，车行时间会比平常更慢一点以调到适合的时间。

Train Hotel对于要跨城市旅行的人，可以说是一大福音，毕竟浪费白天在长程搭车难免令人没力，不如晚上睡一觉醒来第二天又可以接着在新的城市游玩。不过这时你得又面临票价和乘坐等级的挣扎了。夜车的卧铺位通常都会分两人，四人和六人甚至还有八人的不同等级车厢。不同等级间甚至用的车也不同，两人和四人的可能车行时间会少2~3个小时，停的站少一点，也舒适一点。至于多半会用到的六人，男女分开六人一间，一边三人，上中下，像三明治一样。如果你是夏天旅行的话，要省钱搭乘这种夜车请三思，因为冷气根本不够，到了半夜12点火车走了几个小时厢内温度还是降不下来，床上的毛毯烫得跟季节搞错的冬天的电毯一样，如果你不幸又是最上铺位的话，那么摇摇扇子打个赤膊睡吧。

### 西班牙住宿

西班牙是个旅游业很发达的国家，各地都有高中低不同档次的旅馆可供选择，包括星级宾馆及公寓床位，其中马德里提供的床位是最多的，总数达到 5 万以上。每个城市的高档宾馆和小旅馆的房间都可以事先预订。

住宿

西班牙有不少小旅馆是由以前的老房子改建而成的，里面布置得整洁舒适，有着独特的"西班牙味"，不去住一住，是很可惜的。

旅馆情况

西班牙旅游业发达，不同档次的旅馆遍及全国各地，可满足不同层次的需要。目前西班牙有各类旅馆 1.67 万个（其中 4 星和 5 星旅馆占 7%，1 星、2 星、3 星旅馆占 34%，客栈占 59%），可提供 140 多万个床位。西班牙政府还有自己的国家客栈，国家客栈是西班牙政府属下的一些古老、有历史艺术价值的建筑物（如城堡、宫殿、寺院等）改建而成的旅馆。国家客栈目前有 80 多个，一般都位于风景美丽的地方。西班牙除拥有大量的旅馆、客栈外，不少家庭还将多余的住宅、公寓和房间出租给游客居住，收费较低。如果在西班牙一个地方停留时间较长，不妨考虑租住带有厨房的公寓及住宅，或住进西班牙人家中，不失为一种新的生活体验。

旅馆参考价格

西班牙住宿（双人间）参考价格：5 星级旅馆价格为 200~300 欧元，4 星级旅馆价格为 100~200 欧元，3 星级旅馆价格为 60~100 欧元，2 星级及 2 星级以下旅馆价格低于 60 欧元。如果通过旅行社预订房间，价格可能便宜很多。

旅馆预订

在西班牙可通过互联网或电话预订旅馆，一般要求提供信用卡号码。登录西班牙官方旅游网站（www. tourspain. es），即可查询旅馆信息（旅馆网站、地址、电话、传真、介绍等）。近年来，一些旅西华侨在西班牙开始经营旅行社业务，他们不但可以提供旅馆预订服务，还提供交通、导游、翻译等服务。这些旅行社的工作人员多为中国人，因此在交流方面相对方便。

入住及退房时间

在西班牙，一般抵达旅馆即可入住，但在旅游旺季可能要等到中午 12 时以后才能入住。入住登记时需要提供护照等身份证件。退房时间一般为中午 12 时，请在入住时问清楚，以免延迟退房产生费用。在退房后，旅馆可为旅客提供行李免费寄存服务。

旅客费用

在西班牙，绝大多数旅馆房费中含早餐，但也有不含早餐的，因此，在预订旅馆或入住时应问清楚。在旅馆用餐，只需提供房号记账，待退房时统一结算。饮用旅馆房间冰箱内的酒水、饮料等，须在退房时付款。在观看电视节目时，请注意有关说明，收看收费电视节目需要缴费。西班牙一些高档旅馆设有免费的健身房、游泳池等场所，但建议在使用前最好问清楚。

# 马德里

马德里是西班牙的首都以及经济、文化中心，同时也是欧洲数一数二的艺术中心，每年都吸引大批的观光客。以太阳门为中心，道路由此成放射状展开，便利的地铁和公车系统，交通四通八达。悠闲的步道，提醒你身处于西班牙，不论白天或夜晚都是十分适合你闲逛，逛累了还可以来杯咖啡，静静的感觉这城市的脉动以及享受当地的风情。

马德里是个相当适合步行漫游的城市，从太阳门往西比列斯广场，或从大广场往王宫方向，沿途尽是艺术、文化及宝藏。马德里著名的景点有庄严的皇宫，有委拉士开兹、戈雅和葛雷柯名作的普拉多博物馆，年轻人聚集的太阳门，16世纪时哈布斯堡王朝建造的著名大广场（plaza mayor）及圣伊西卓大教堂……到处都是观光客群聚尽情浏览古迹、驻足观赏世界知名博物馆以及轻松享受夜生活。

## 马德里皇宫

马德里皇宫外表是纯白色的，看起来似乎少了些古意。但它却是巴洛克风格和新古典主义风格结合的产物，也是西班牙王国鼎盛时期的代表作。

这是欧洲第三大皇宫，仅次于凡尔赛宫及维也纳的皇宫。建于18世纪中叶加尔罗斯三世，是波尔梦王朝代表性的文化遗迹，其豪华壮丽程度，在欧洲各国皇宫中堪称数一数二。内墙上的刺绣壁画及天花板的绘画都经常维修，保存情况相当好。西班牙皇宫建在曼萨莱斯河左岸的山冈上，它是世界上保存最完整而且最精美的宫殿之一。皇宫的对面是西班牙广场，它的正中央矗立着文艺复兴时期著名的西班牙文学大师、《堂·吉诃德》作者——塞万提斯的纪念碑。纪念碑的下面是堂·吉诃德骑着马和仆人桑丘的塑像。塑像的后面喷泉如注，白鸽飞翔。

虽然目前皇宫的用途主要是接待外宾和举办典礼，但直到1931年阿方索十二世逃到法国前，这里都是历代国王执政和居住的地方。

马德里皇宫

### 普拉多博物馆

　　普拉多博物馆位于马德里东南方广场和阿塔加车站附近。普拉多博物馆是世界上最有名的艺术博物馆之一，藏品大约有五千幅素描，两千幅版画，一千种硬币及奖章，两千种装饰品及其他艺术品，七百多件雕塑作品，但最主要的藏品是大师们的绘画作品，大约有8600幅，使普拉多博物馆跻身于世界著名博物馆行列之中。这里收藏有从14世纪到19世纪欧洲著名的艺术品，其中核心部分由西班牙绘画作品组成，另外还有弗拉芒画派的珍贵作品和大量意大利画派的作品。伟大画家的作品都在这里展出。

　　普拉多博物馆是世界上保有委拉士开兹和戈雅的作品最多的博物馆，也是藏有荷兰画家希伦姆斯·博斯的作品最多的博物馆，因为原西班牙国王腓力二世最欣赏他的画，大力收藏的结果。这里同时藏有拉斐尔、米开朗琪罗、提香、鲁本斯、伦勃朗、丢勒、波提切利、委罗内塞等大师的作品，以及其他一些文艺复兴时期意大利和希腊画家的作品。

### 索菲亚女王艺术中心国家博物馆

　　索菲亚女王艺术中心国家博物馆的收藏最为不同，她的方向是现代艺术，基本上涵盖了19世纪末到20世纪的西班牙现代艺术一系列风格上的转变，包括超现实主义、抽象主义，到"二战"后的前卫派等。值得留意的是馆藏着重的是西班牙本身的艺术风格在欧洲的艺术风潮下的脉络和发展，尤其是几位世界知名现代艺术家如毕加索、米罗、达利等人的作品，为最不可错过的作品。

### 大广场

大广场由著名建筑家埃雷拉设计，1590 年开始动工，1617 年前后完工，时值菲利浦三世晚期。大广场中央矗立着菲利浦三世的骑马雕像。17 世纪时这里是斗牛场，也是斗牛活动的发源地。广场呈四方形，周围楼房阳台整齐划一。1848 年，伊莎贝尔二世女王命令将位于田园之家公园的菲利浦三世骑马塑像迁于广场中央。由于两次被大火烧过，18 世纪末曾进行过修缮。当时广场主要用于一些重要的民事、宗教仪式活动。现在则是年轻人聚集的地方，酒吧、餐厅林立。星期天早上这里则变成跳蚤市场。

### 丽池公园

丽池公园是马德里最著名的公园，在 17 世纪由菲利浦四世下令兴建，以作为皇室成员的娱乐场所，园内有许多重要的纪念碑。

公园里有一座美丽的玻璃宫，是以铁和玻璃建造的，屋前的喷水池中还有天鹅悠游其中。另外，还有一座委拉士开兹宫。这两个宫殿均建于 19 世纪末，目前都已经成为展览馆。

### 太阳门

这是马德里最受欢迎和最热闹的广场，也是许多历史事件的见证者。如今的马德里自治政府所在地，过去是一家邮局，这座楼上的大钟按传统在新年前夜敲响 12 下新年钟声之后，人们开始相互拥抱祝福，鸣放鞭炮焰火，到处是一片欢腾的海洋。

### 皇家赤足女子修道院

该修道院坐落在马德里最热闹的街区，但一走进修道院，游人就仿佛置身于 16 世纪。在长达两个世纪的时间里，该修道院一直是那些希望远离尘世的王室贵族的栖身之所。皇家赤足女子修道院是查理五世的女儿命人在 1559 年建筑的。由于从前哈布斯堡王室的女子多在此隐居，因此其中收藏着许多王室赠送的贵重物品，其质与量都非常可观。历史上有名的奥地利马克西米连二世去世以后，其皇后玛丽及玛嘉烈特公主，都在此度过余生。其间的礼拜堂是 18 世纪重新修建的，有贝拉斯克斯所绘的顶棚画。如今这座修道院的一部分开放为美术馆，最值得参观的是哈布斯堡家族的肖像画，以及苏巴朗、勃鲁盖尔、提香等名家的画作。

### 凡达斯纪念斗牛场

这座被称为斗牛士大教堂的广场四周是砖砌的拱廊。和塞维利亚广场一样可以追溯到 18 世纪，后于 1931 年修缮。这座世界上最大的斗牛场，能同时容纳 22300 名观众。西班牙最著名的斗牛士都曾在此献身于斗牛赛。他们要对付的公牛来自最好的饲养场，通常都会在表演中展现非凡的勇气。5 月份的圣伊西德罗节庆祝活动期间，每天都举行斗牛表演，现场的气氛达到罕见的狂热程度。

### 圣地亚哥—伯纳乌球场

马德里共有 3 座足球场。其中最重要的是圣地亚哥——伯纳乌球场，在那里演绎着皇家马德里的传奇故事。

皇家马德里，这支世界上的豪门球队，有一个人是绝对功不可没的，他以他的信念和远见卓识，成功领导并完成了这项浩大的工程，他是皇家马德里的标志人物：圣地亚哥——伯纳乌，这座体育场也由他得名。他的那个可容纳越来越多皇马球迷以实现他们现场观战梦想的庞大体育场工程，由于他的努力和管理，已经成为美妙的现实。

# 巴塞罗那

巴塞罗那位于伊比利亚半岛东北部，是西班牙的第二大城，250 万人口，具有 2000 年的历史，它是个有名的贸易港，同时也是工商业、文化艺术非常发达的城市，有"地中海曼哈顿"之称。

自从 18 世纪 50 年代自治区政府决议将老城周边的"无人地带"进行全面城市化以来，巴塞罗那就呈现出无限的生机，各行各业蓬勃发展。在 30 年的时间内，巴塞罗那的城市面积以惊人的速度膨胀，政府的工业化政策使其成为欧洲最具吸引力的城市之一。1888 年和 1929 年，巴塞罗那主办了两届世界博览会，1992 年成功举办了奥林匹克运动会。此外，随着多项大型市政工程的完工，巴塞罗那还会成为现代建筑的展示场。

整个城市依山傍海、地势雄伟，气候舒适宜人，市区内哥特式、文艺复兴式、巴洛克式建筑和现代化楼群相互辉映。由和平之门广场到加泰罗尼亚广场之间，以大教堂为中心，有无数值得参观的建筑物。巴塞罗那街道是按方块设计的，基本上不塞车。这些正方形的建筑街区，加上绕街区车辆单行的规定，仔细注意还会发现所有的这些正方形的建筑都没有尖角，以使司机在车辆接近路口时有好的视野。无怪使巴塞罗那成为世界上大城市内既无交通堵塞困扰，交通事故又少的特例。

## 毕加索博物馆

世界上有两座毕加索博物馆，一座在巴黎，另一座就在巴塞罗那旧市区蒙卡答路 15 号。巴塞罗那毕加索博物馆是一间建于 15 世纪的优美宅邸，它有着幽静的庭院、华丽的墙壁和窗棂。馆中藏有毕加索及其他一些画家的作品。该馆是一栋 14 世纪的建筑物，虽然道路窄小外观也不起眼，收藏却很丰富。毕加索在长达 70 多年的稠密创作生涯中，凭借他超前意识的迸发和冲刺力量及其非凡的创新精神，毫无疑问地成为西方艺术"百年变革"的代表人物。他在油画、素描、雕塑等各种艺术领域中，都有自己的杰作。毕加索以自己在这些杰作中所体现的人类非凡的创造力和生命力，改变了 20 世纪视觉艺术的体系，他个人也成为一种时代和社会的人文现象。他还是一个爱憎分明的人，其巨幅油画《格尔尼卡》强烈地谴责了法西斯惨无人道的罪行。

## 神圣家庭教堂

西班牙巴塞罗那的神圣家族教堂尽管是一座未完工的建筑物，但丝毫无损于它成为世界上最著名的景点之一。无论你在巴塞罗那的哪个方向，只要抬起头就能看到它。该教堂由安东尼·高迪设计建造。他把自己毕生的精力都倾注在这座建筑物上。工程从 19 世纪 80 年代初就开始动工，直到 1929 年他去世时仍然未完工。

教堂的 4 个空心塔高耸入云，看上去就像是被穿透了数百个孔眼的巨大蚁丘。教堂是象征主义建筑，描绘出东方的基督诞生、基督受难及西方的死亡，南方则象征上帝的荣耀；它的 4 座尖塔代表了 12 位基督圣徒；圆顶覆盖的后半部则象征圣母马利亚。这 3 部分组成了圣家赎罪堂的主体。它的墙面主要以当地的动植物形象作为装饰，正面的三道门以彩色的陶瓷装点而成。塔顶形状错综复杂，并且用各色花砖来加以装饰。每个塔尖上都有一个围着球形花冠的十字架。这些塔几乎都有章鱼足状的外观。整个建筑没有采用直线条，看上去栩栩如生。

## 大教堂

巴塞罗那大教堂以其繁复的回廊、尖顶和拱形屋顶、讲道坛以及唱诗班而著称于世。巍峨壮观的外形使他成为巴塞罗那的标志建筑。巴塞罗那圣保罗广场有阶梯可通往大教堂。大教堂建于 1227~1493 年，内部装饰完成于 18 世纪，是西班牙最大的教堂之一，也是西班牙首席红衣主教的驻地。他是一处典型的哥特式建筑，在后来的修缮过程中又兼具 19 世纪的新哥特风格。实际上它是由康诺恩荷斯之家、德卡之家和依亚拉迪亚卡之家这 3 个中世纪的教堂组成。教堂正门左侧钟楼高 90 米，上挂一口 17．5 吨的大钟。主教堂周围还有 22 个小祠堂。

### 加泰罗尼亚音乐厅

在 1908 年由蒙塔内设计建造，是现代主义建筑的瑰宝。

这里的音乐活动十分频繁，每年，在此举行的音乐会超过 300 场，包括交响乐、流行乐和弗拉门戈等。所有优秀的音乐，不论其类别如何，均可在这里演出。音乐会大厅曾是加泰罗尼亚合唱团的演出地点，合唱团已有 100 多年的历史，深受听众们喜爱，并于 1997 年被列入联合国教科文组织的《世界遗产名录》。

### 亚曼特耶尔之家

在"不和谐街区"上还有一幢风格不同于蒲特耀之家的亚曼特耶尔之家，它属于新哥特式建筑，是由约瑟夫·布依荷与卡达法尔契所建。这幢开阔气派的白色房子在大门的装饰上采用了彩色的马赛克，在庄严古朴的气氛中增添了几许亮色。

### 达利的故乡

在巴塞罗那以北离法国边境 20 千米的地方，有一个小城叫格拉菲斯，世界级的绘画大师萨尔瓦多·达利就出生在这里。1974 年，达利在故乡创建举世闻名的达利剧院博物馆。博物馆又名记忆博物馆，里面收藏着达利在各个创作阶段的不计其数的画作。该馆的设计全部是由达利本人完成的，身处其中，观众处处都可以感受到艺术大师的奇思妙想。

### 兰布拉街

兰布拉街是巴塞罗那最有名最热闹的交通要道。它北起加泰罗尼亚广场，南至矗立着哥伦布纪念碑的和平门广场，是远近闻名的步行街。两侧植满法国梧桐树的林荫大道上，每天都挤满络绎不绝的人群——当地居民、观光游客以及贩卖花鸟的小贩。

兰布拉大街地势最高的地方叫纳雷塔寺大街，此名源于一座同名喷泉。传说只要游客喝了那里的泉水，就一定会重游巴塞罗那。

### 安东尼·高迪

有人说，大半个巴塞罗那都是高迪建造的。高迪 1852 年诞生于西班牙工商业最发达的地区——加泰罗尼亚自治区的雷乌斯。在建筑中运用玻璃、陶瓷、马赛克等的拼贴装饰与彩绘等，也是高迪经常使用的手段。高迪作品分为 3 个时期，其一是早期的东方风格作品，其二是新哥特主义及现代主义风格作品，其三是自然主义作品。

他最出名的作品，莫过于到现在都还没建造完的神圣家族教堂。神圣家族教堂是一座象征巴塞罗那或加泰罗尼亚人身份的教堂。高迪自 1885 年起设计第一张神圣家族教堂的草图，1914 年后则以全部精力投入教堂的建造，不再接任其他新的建筑设计工作。整座教堂只完成了东西两侧塔堂，教堂建筑物大部分至今仍在建造，也许还得花上百年时间才能完成。高迪把自己的生命都献给神圣家族教堂了。

高迪作品

**米拉之家**　米拉之家建于 1905 年。外表类似海底峭壁，是高迪的另一杰作。漫步露天平台犹如置身烟囱林立的魔幻空间，从那里还可以鸟瞰整座建筑物，全城美景尽收眼底。

**蒲特耀之家**　位于著名的不和谐街区。这是一座外墙以彩色马赛克装饰的洛可可风格建筑，它的屋顶覆盖着陶瓷板，状似龙形，蜿蜒起伏。整幢建筑具有耀眼的美感，令人不禁要赞叹大师的精湛手笔。

# 塞维利亚

塞维利亚，是西班牙塞维利亚省省会和安达卢西亚自治区首府，塞维利亚市坐落在瓜达尔吉维尔河右岸，为西班牙第四大城市，南部地区第一大城市，也是西班牙唯一有内河港口的城市。塞维利亚 16～17 世纪时成为世界最繁华的商城和海港，它作为欧洲对美洲唯一的贸易港口长达 300 年。

到 17 世纪西班牙逐渐丧失海洋霸权和海外殖民地，以及 18 世纪末塞维利亚内河淤塞，船只不能再直驶入内陆市区，优势尽失，日渐衰落。如今，塞维利亚已经成为一座热闹非凡的大都市，城内处处可以看见街道窄小的老城区、弗拉门戈、塞维利亚舞，精彩纷呈的庆典活动，到了斗牛表演的日子，更是营造出无比欢乐的气氛。

同时它还是著名的文化古城，被称为是卡门和唐璜的故乡，也是弗拉门戈的故乡。

## 大教堂

这座大教堂是联合国教科文组织承认的世界级的古迹，它位于塞维利亚市的回教区，早在 15 世纪的时候大教堂曾一度荒废，后来却成为几个世纪以来基督徒最大的宗教圣地。在大教堂里包含了 5 个哥特式的正厅及宽广的回廊，在主礼拜堂里有华丽圣坛背壁饰物和文艺复兴风格的铁格窗。大教堂的整体设计主要是由奥索·马丁涅、科隆的西蒙、安大隆的胡安·希尔完成的。整体设计完成于 1506 年，其中文艺复兴风格的皇家礼拜堂，后来成为费南度三世与其子阿佛索十世的埋葬之处。本市的守护神雷亚斯女神供奉在圣坛之上。

在大教堂内也设有雷亚斯女神礼拜堂，这个充满浓厚的哥伦比亚色彩的礼拜堂，雕塑着克里斯多福·哥伦比亚的肖像，庄严的唱诗班，以及华丽的巴洛克式管风琴。

教堂内部如同外部一样壮观：宏伟的拱顶距离地面 56 米，从铺在地上的一面镜子可以欣赏教堂顶部的雕镂图案。唱诗台的围栏由五颜六色的大理石砌成，华美的祷告席为罕见的文艺复兴风格。

## 圣克鲁斯区

塞维利亚有许多游客们不可错过的观光点都集中在圣克鲁斯区（旧犹太区），这里真正展现出安达鲁斯区位于塞维利亚老城区的中心地带，城里花团锦簇。由王宫出口右转，便是通往犹太区的曲折小弄堂，家家户户都摆放艳红的盆花，青绿庭院、白墙、锻铁窗花。这里有古老的白色民居和弯曲狭窄的小巷，小巷迷宫般错综迂回，小酒馆、小饭馆和咖啡屋摆设得可爱优雅。街巷以胡椒、生命、水或文学著作的街名命名。游人可以一屋一窗地体味完好的古城风韵。这里有古老的白色民居和弯曲狭窄的小巷，在这里逛上一圈，游客的心头也许会涌起一种历史的沧桑感。这里展现的正是安达卢西亚文化中的精髓部分。

## 意大利加城

意大利加城位于圣地庞塞城，为希皮科将军所建，历经塔璜和阿迪恩二位罗马皇帝。这是一座典型的罗马式古城，包括剧院、圆形竞技场，等等。游客到了那儿，可以目睹这座罗马古城昔日的辉煌。

## 卡泰多拉尔大教堂

卡泰多拉尔是世界第三、西班牙第一大教堂，也是世界最大的哥特式教堂。它内有 25 个小堂，从 1402 年开始在伊斯兰教寺院遗址的基础上用了近一个世纪建成，宽 67 米、进深达 116 米的内部空间保留了许多伊斯兰寺院的特征。其正门面向吉拉尔达塔，每天都有虔诚的信徒来此祈祷，参观时一定要注意装束。教堂内部特别值得一看的世界最高大的包金木祭坛，其上是描绘 45 个基督故事场景的达 220

平方米的木刻浮雕、彩绘玻璃、皇室礼拜堂。走廊右侧是哥伦布棺椁。

### 马斯隆萨斗牛区

马斯隆萨是塞维利亚最有名的斗牛区，位于阿尔纳区的逖阿纳之门与黄金塔之间的空地上。它附近的阿尔纳大道兴建于16世纪，是文学家维加笔下流浪汉英雄故事的发源地，唐璜神话故事也是从此地流传开来。

马斯隆萨的斗牛广场是18世纪的建筑，那里还矗立着卡门的雕像。据说，卡门就是在这里被荷西杀掉的。斗牛博物馆就在斗牛区内，有文字介绍斗牛的历史，陈列各种斗牛场面的图片，各色精工刺绣的斗牛士服装，著名斗牛士生平介绍及实物，甚至还有被刺死的牛的头与角，赫然高挂在墙上。馆内收藏了各时期有关斗牛的艺术作品，包括毕加索画的《披风》。

### “卡门”烟厂

人们说，在塞维利亚很多女孩子叫卡门。卡门，凝缩了人们对那个为爱而生的女郎的喜爱。“卡门”烟厂位于塞维利亚南部，是梅里美小说《卡门》里漂亮、泼辣的吉卜赛女郎卡门工作过的地方。

该烟厂于1750年建成，烟厂麻雀小五脏全。当时曾开设有一个托儿所，养着400头骡子，甚至设有一所监狱。

整个建筑属于新古典主义，如今这里是塞维利亚大学法学系。面向费尔南多街那一面的正墙，风格独特，令人赞赏。建筑物的礼拜堂如今已不再使用，里面有胡安·德梅萨的名画《安详的十字架之死》。1953年，这里成为塞维利亚大学的一部分。

### 吉拉尔达塔

塞维利亚的地标，不论在城市的哪个位置都能看到这座97.5米高的建筑，造型高贵而细腻。吉拉尔达塔是塞维利亚的象征，它从战争的洗劫和动乱中神奇地保存了下来。它是清真寺类型的塔，用来报时和召唤信徒做礼拜。

整个塔在简朴浑厚之中不失精致，而且上部比下部细小，装饰比下部多，也比下部空灵，造成了向上生长的势态。这是具有普遍意义的手法，因为向上生长势态蕴涵着蓬勃的生命力。若想眺望塞维利亚城市美景或确认一下准备游览景点的确切位置，登上70米高的瞭望台再合适不过。不过塔里边是没有台阶的，只有一条据说是过去国王曾骑马绕行的坡道。

### 西班牙广场

广场由建筑师阿尼巴尔设计，由一栋呈半弧形的红砖建筑环绕，在中央为主塔而弧形两端为副塔，非常别致也显得气势逼人，在建筑物和中央圆形大广场间，有个半月形小运河，上有 4 座以瓷砖砌成的拱桥，在半圆形的拱门扶手下方，以 58 幅镶嵌彩瓷壁画描述西班牙各城市万种风情，既古典又浪漫。古罗马式的回廊、拱门、柱头，以及阿拉伯和西班牙建筑风格浑然一体的塞维利亚风格，被誉为西班牙最美丽的广场。广场还有喷泉、河流、小桥、嵌瓷围栏，在任何角度摄影和绘画，都是新颖又古典的好题材。西班牙广场是西班牙全国最大最开阔、造型也最独特的广场，在 1929 年时曾用来当作博览会的会场。

## 瓦伦西亚

很少有城市能够像瓦伦西亚这样，可以将上溯至公元前 138 年遥远过去的遗产遗址和新千年建造的最新式和先锋的现代建筑完美和谐地融合在一起。

瓦伦西亚市位于西班牙东南部，东临大海，背靠广阔的平原，四季常青，气候宜人，是地中海西岸的一颗明珠，现人口约 80 万。瓦伦西亚是商业、文化、影视、博物馆、音乐和贸易的集合地，是国际和先锋设计的中心，也是最富魅力的欧洲展销会和各种会议的承办城市之一。

行走在瓦伦西亚市内的城墙和建筑物之间，可以感受到不同世纪的气息。罗马论坛的遗址位于瓦伦西亚的发源地圣女广场，由胡纽斯·布鲁土斯建设，从罗马论坛到瓦伦西亚的城市标志科学艺术城，人们可以感觉到时间留下的痕迹，它们是过去历史时期的见证。

瓦伦西亚也是著名旅游胜地之一，其美丽的海滩、充足的日照、大量的名胜古迹及多彩的民间节日，吸引着无数国内外游客。由于瓦伦西亚的地理位置，它在历史上一直充当着西班牙通往地中海的门户的作用，因此它也拥有海洋港口城市的独特魅力。

### 瓦伦西亚大教堂

瓦伦西亚大教堂与罗马时期的第一座神庙以及后来的阿拉伯清真寺坐落在同一个地方，这是一座将罗马、哥特和巴洛克式等多种艺术风格融为一体的建筑物。此教堂于 1262 年以传统的哥特式风格开始修建，它坐落于后来改为清真寺的膜拜月神狄安娜的罗马神殿旧址上。整个工程历时一个半世纪，后来又经过扩建和修葺，使它在原先主要的哥特风格上又增添了其他风格的痕迹。面向萨拉格萨广场的西侧是巴洛克风格，而南门是罗马风格。这座建筑的核心是至今尚未完成的 15 世纪八角钟楼。这是建于 14~15 世纪时的八角形石造钟楼，在 1418 年的圣米加勒纪念日时，以其名为塔名（米加勒在瓦伦西亚语称为米格雷特）。大教堂内的小教堂藏有一只小巧的玛瑙杯，传说是耶稣在最后的晚餐中使用的圣杯。

### 圣皮奥美术博物馆

圣皮奥美术博物馆坐落在一座巴洛克建筑之内，因为完整地收集了瓦伦西亚文艺复兴前的作品而成为西班牙全国著名的博物馆。瓦伦西亚派作者有埃尔南德斯·亚涅斯、胡安、洛斯·里巴尔塔、里贝拉、埃斯比诺萨、比森特·洛佩斯、索洛亚和毕加索等，还有其他绘画大师如安德列亚·德尔萨托、范·达克、穆里略、贝拉斯克斯、埃尔波斯科、埃尔格莱戈和戈雅的作品。此外博物馆里还藏有玛利亚诺·本休雷的雕塑作品和有趣的考古文物。

### 瓦伦西亚丝绸交易厅

这座建筑建于 1482 年至 1533 年间，原用于丝绸贸易，由此得名——丝绸交易厅。它特别引人注目的宏伟壮观的贸易大厅始终是进行商贸交易的好场所。作为哥特式晚期的建筑杰作，交易大厅还是 15~16 世纪期间地中海主要商业城市权力和财富的证明。

瓦伦西亚丝绸交易厅是国家艺术和历史的纪念物，在 15 世纪由佩雷·康普特建造，这无疑是瓦伦西亚人最好的哥特式建筑之一，同时也是欧洲最著名的哥特式建筑纪念物之一。它位于这个城市的中心地区，在中心市场和桑托斯胡尼斯礼拜堂前，占据 1990 平方米的矩形地区。1931 年 7 月 4 日其成为国家历史和艺术纪念物，1996 年 12 月 5 日它被联合国教科文组织指定为世界遗产。

### 帕劳大楼

帕劳大楼是哥特风格，建于 15 世纪，在 17 世纪和 20 世纪得到扩建。这座建筑现在是自治政府办公所在地，外表突出表现为文艺复兴时期的岗楼风格，宫内金碧辉煌的国王厅、议会厅和金色厅最为引人注目。方方正正的院子带有拱廊，是西班牙最华美的庭院之一。

# 格拉纳达

格拉纳达是西班牙的历史名城，著名的旅游城市。它是与之同名的格拉纳达省的首府，位于安达卢西亚自治区的东部。地理和自然景观的多样性是这里的主要特点：沿海地区气候温暖，赫尼尔河套平原辽阔而又肥沃；山区气候寒冷，伊比利亚半岛上的最高峰——海拔3481米的穆拉森峰便坐落其中。特殊的历史背景赋予了这座城市丰富的艺术财富，既有摩尔人修建的宫殿，也有基督教文艺复兴时期的建筑瑰宝。由于这里曾是阿拉伯人在伊比利亚半岛上的最后一个王国的首都，格拉纳达因此而成为具有伟大象征意义的城市。

格拉纳达是一座适宜漫步而且引人遐想的城市。名胜古迹所显示出的艺术辉煌以及喷泉、池塘和公园的碧波所展现出的水光迷离之美，令人赏心悦目。城市狭窄的街道与华美的花园形成鲜明的对比。圣周的宗教色彩以及萨克罗蒙特区窑洞式住宅的欢乐气氛，格拉纳达总是能够带给游人全新的体验。

## 阿尔罕布拉宫

格拉纳达是伊斯兰教在伊比利亚半岛上最后的辉煌，阿尔罕布拉宫是格拉纳达辉煌的标志。

阿尔罕布拉宫是摩尔人在格拉纳达伟大艺术宝藏中仅存的纪念物。传说摩尔的王子在被追击下匆匆逃离阿尔罕布拉的时候，在内华达山回首最后看了一眼他落日余晖中美丽的宫殿，长叹一声。

阿尔罕布拉宫坐落于绿树丛生的山脊悬崖之上。任何美妙的词句均无法形容其引人入胜之处或精致匀称之美。该宫殿非正式地成为世界奇迹之一，是摩尔人丰富想象和天才艺术的缩影，及其文化的完美中方能找到的梦幻世界，一种人格化观点的体现。在被基督教势力的费尔南多的军队彻底击败之前，这里是伊斯兰摩尔人的天堂，苏丹全心全力地修建着自己的宫殿，使其如此精美绝伦，以至于后来的征服者都不忍心动它一丝一分。它宜人的壮丽之处，不仅在其建筑结构，还在于杰出的装饰，木质雕刻的天花板精致细腻；石膏墙上丝带般的浮雕；蔓藤花纹反复交织的风格以及白色大理石细柱拱顶上精致的镂空花纹，无不令人惊叹。

## 轩尼罗里非宫

轩尼罗里非是当年苏丹的夏宫，位于阿尔罕布拉宫附近，可俯视全城，该宫殿的历史可以追溯到1250年。轩尼罗里非花园的秀美远远超越了经修建后的这座宫殿，它不但带来丝丝清凉和绿意，而且遍布宁静的池塘和涓涓喷泉。这座花园阿拉伯文称为 Jennat al-Arif，意思是建筑师的花园，园中充满了雕塑般的丝柏、灌木、橘子树、篱笆和各种花卉，谣传波亚狄尔的王妃曾在丝柏园与情人幽会。这花园美得实在容易诱人出轨。

## 萨拉内瓦达国家公园景区

位于萨拉内瓦达山，在 1966 年被辟为自然保护区，有 65 种以上的植物生长于其中。萨拉内瓦达国家公园的最高海拔达到 3481 米，是伊比利亚半岛的最高点。游人来此可以徒步登山，也可以骑马或骑山地自行车甚至是坐四轮汽车上山。同时萨拉内瓦达国家公园还是一个滑雪胜地，到了这里你尽可以享受迎风滑翔的快感。

## 大教堂

在摩尔人（北非的阿拉伯人）撤出这片土地以后，教堂又重新回到了格拉纳达的土地上。格拉纳达大教堂从 1518 年开始建造，到 1704 年才完工。它带有显著的文艺复兴时期的风格，教堂全部用大理石砌成，外形庄严肃穆。教堂内，几排粗大的圆形石柱支撑着高达 50 多米的穹顶。四周到处是精美的浮雕、塑像和油画，由 3 个巨大的拱形组成，内部的装修华丽。大教堂的设计者是迭戈·德西洛埃，他是当时最为著名的艺术家之一。

在圣器收藏室内，有费尔南多的宝剑、伊莎贝尔的皇冠和权杖。

## 弗拉门戈舞

弗拉门戈舞最初源起于西班牙南部的安达卢西亚的吉卜赛人，至今已有百余年的历史，如今已成为西班牙民间最具代表性的舞蹈。

14 世纪、15 世纪，吉卜赛流浪者把印度踢踏舞风、阿拉伯的神秘伤感风情融合在自己奔放的歌舞中带到了西班牙，这种集结数个民族艺术精华的舞蹈与西班牙当地富于拉丁民族精神、热情大胆的舞蹈艺术又一次融合，形成了今天的弗拉门戈舞。弗拉门戈舞源自平民阶级，在舞者的举手投足中表达出人性最无保留的情绪。吉他、响板、如风中蔓草似的手臂、富于棱角的扬腕造型、迅速地原地旋转和突发戛然而止的动作，既有欧洲舞风的典雅、灵巧和傲慢，也有阿拉伯舞蹈的诱惑、优美和感伤。吉卜赛人总爱说："弗拉门戈就在我们的血液里！"的确，在我们这些异族人眼里，弗拉门戈就是吉卜赛，就是卡门，就是那些来自遥远异乡的，美丽而桀骜不驯的灵魂。

"弗拉门戈"不仅是歌、舞和吉他音乐的三合一艺术，也代表着一种慷慨、狂热、豪放和不受拘束的生活方式。

弗拉门戈舞的前世今生

"弗拉门戈"一词源自阿拉伯文的"逃亡的农民"一词。它的起源众说纷纭，比较接受的说法是吉卜赛人从北印度出发，几经跋涉，来到西班牙南部，带来了一种混杂的音乐。因此，这种乐舞融合了印度、阿拉伯、犹太、乃至于拜占庭的元素，后来又注入西班牙南部的养分，而居住在西班牙安达卢西亚的吉卜赛人（又称弗拉门戈人），使其定型并扬名。

弗拉门戈舞原来是一种即兴舞蹈。男子的舞蹈比较复杂，用脚掌、脚尖和脚跟击地踏响，节奏快捷，女子舞蹈按照传统，主要是显示手腕、手臂和躯干的文雅及优美。这些元素组合在一起，深切地传达了吉卜赛人长久以来离乡背井，四处流浪之际内心的悲凉与哀怨。透过表演，这个民族爱恨情愁、悲欢离合的历史情绪，就像排山倒海一般，有股莫大的渲染力，轻易地掳获在场观众的心。舞者在表演的过程中，还伴随着率性而发的"哈列奥"。

吉卜赛人从小在弗拉门戈舞的环境里长大，要说他们流着弗拉门戈的血液，甚至自称"只有吉卜赛人才能真正跳好弗拉门戈舞"，这是很有道理的。吉卜赛人生活的颠沛流离、放纵与自由，使弗拉门戈舞呈现出自由、热情和矛盾。

弗拉门戈舞是最女人的舞

在所有舞蹈中，弗拉门戈舞中的女子是最富诱惑力的。她不似芭蕾舞女主角那样纯洁端庄，不似国标舞中的女伴那样热情高贵。她的出场，往往是一个人的，耸肩抬头，眼神落寞。在大多数双人舞中，她和男主角也是忽远忽近，若即若离。当她真的舞起来的时候，表情依然冷漠甚至说得上痛苦，肢体动作却充满了热情，手中的响板追随着她的舞步铿锵点点。

响板是弗拉门戈演出的必备道具，舞者手中响板的应和，表达的是男人与女人的对话。要把男人和女人的故事说得委婉动听，艺术家的天分和人生经历比技巧更重要，这也是为何很多弗拉门戈舞者年龄越大，跳得越有味道。对于此，你只能想到杜拉斯那句已被用滥的名言："我更爱你那饱受岁月摧残的容颜。"

## 与牛共舞的西班牙斗牛比赛

西班牙斗牛历史由来已久，斗牛活动是西班牙的国粹，已有数百年历史，而且在全国普及。

西班牙斗牛，起源于西班牙古代宗教活动（杀牛供神祭品）。从13世纪西班牙国王阿方索十世开始，这种祭神活动演变为赛牛表演（真正斗牛表演起源于18世纪中叶）。

在阿尔达米拉岩洞中发现的新石器时代的岩壁画中，就有人与牛搏斗的描绘。

据说，曾统治西班牙的古罗马的恺撒大帝就曾骑马斗牛。在这之后的约600年时间里，斗牛一直是西班牙贵族显示勇猛剽悍的专利项目。18世纪，波旁王朝统治西班牙，第一位国王菲利浦五世禁止贵族斗牛，至此这一传统的贵族项目才从宫廷来到了民间。

斗牛在西班牙是一种产业，就业人数大约为20万人。每年的斗牛季节开始于3月底或者4月初复活节那天（星期日），结束于9月底的那个星期日，因为这段时间为西班牙的春季、夏季和秋季，天气比较暖和。

西班牙斗牛既粗犷豪放，又精巧雅致。它的粗犷使人们联想起祖先的勇猛剽悍；它的精巧细致，又使人们体验到现代人的聪颖与智能。

斗牛的场面壮观，格斗惊心动魄，富有强烈的刺激性。斗牛是西班牙最具代表性的民间体育项目，代表着西班牙人粗犷豪放的性格。斗牛的魅力在于这是一种冒险的艺术，过程充满了惊险血腥和美丽崇高，斗牛士与公牛之间的纠缠不啻是一场华丽的死亡之舞。二者充满矛盾，完美而又统一。很多艺术家都从斗牛表演中获得了创作灵感，像毕加索、戈雅、海明威、比才等。

西班牙斗牛之所以经久不衰，并让人们如痴如醉，其主要原因在于它不仅表现出高超的艺术，而且代表了西班牙的民族精神。斗牛是一种高超的艺术展现，是人与动物之间力与勇的较量。它是勇敢的象征，更是英雄气概的表现。这种富有民族特色的"国粹"所蕴含的深厚而独特的艺术魅力，至今仍狂热地吸引着全世界成千上万的观众。

# 葡萄牙

### 葡萄牙概况

葡萄牙是欧洲古国之一。早在1143年，就成为独立的王国。随后，葡萄牙人依靠强大的海上力量，大规模向全世界扩张与殖民，到15、16世纪，葡萄牙在非洲、亚洲、美洲都建立了大量的殖民地，成为一个海上强国。1580年被西班牙侵占，葡萄牙开始逐渐衰落。直到1891年成立第一共和国后，葡萄牙才开始逐渐恢复往昔的繁荣，并在1986年加入了欧共体。20世纪70年代早期，随着国际反对帝国主义声浪的高涨，葡萄牙国内的军人也对镇压非洲殖民地的行动感到厌烦，于是在 1974 年 4 月 25 日左派军队发动政变，即"康乃馨革命"，在葡萄牙每个城镇都有一条叫作 4 月 25 日的街道作为纪念。之后，葡萄牙在后殖民时期扮演了一种全新的角色。不仅帮助殖民地寻求和平，还在 1999 年 12 月 20 日，将最后一个殖民地——澳门交还给中国，结束了在澳门长达 442 年的殖民统治。

葡萄牙在拉丁语中是"温暖的港口"的意思。最初仅指波尔图周围地区，后将全境称为葡萄牙。葡萄牙有着广阔的森林，森林面积占国土面积的 1/3，其软木产量占世界总产量的一半以上，出口占世界第一位，因而葡萄牙也被称为"软木王国"。另外，葡萄牙还是世界上主要的葡萄酒生产国之一，北部的波尔图是著名的葡萄酒产地。

### 出入境须知

护照与签证

如果没有其他附注、持有申根签证有权在所有"申根国家"旅游并相应允许一次、两次或多次入境。负责使馆，为主要旅行目的地的国家驻华使馆。持公务护照（包括外交护照、公务护照和因公普通护照）者的签证申请，须按规定经由部委或其他具有照会权的外事部门递交。使馆受理签证申请的前提是同时递交所有所需材料。签证申请须提前 3 周递交到使馆。

出入境携带

欧洲内部市场建立之后，欧盟就非欧盟成员国入境旅客向欧盟国家携带物品制定了统一的规定。葡萄牙是欧盟国家，因此，旅客在前往葡萄牙时，需要注意以下几个规定。

1. 免税物品数量

（可免税携带进入欧盟的物品数量。物品数量适用于 17 岁以上的成年人）

烟草：香烟 200 支或小雪茄 100 支（3g/每支），或雪茄 50 支。

酒：烈性酒 1 升（酒精度>22%）或香槟、甜烧酒或葡萄酒 2 升（酒精度<22%）。

2. 旅行物品税率

175 欧元以下：通过欧盟国际机场入境的旅客可免税携带价值 175 欧元以下日常物品。

175~350 欧元：乘机入境携带的所有物品税率均为 13.5%（特例：咖啡、酒精制品、烟草制品、燃料）。

350 欧元以上：所有进入欧盟，价值超过 350 欧元的物品均须纳税，进口物品除了缴纳增值税之外，还需支付商品税。商品税在 2% 至 15% 之间。例如自行车和服装的商品税分别为 15% 和 3%。

1000 欧元以上：价值超过 1000 欧元的进口物品均应书面报告。

特例：通过陆路和海路的方式进入欧盟境内的物品，价值超过 125 欧元的，需缴纳关税（例如通过波兰或捷克进入欧盟）。

3. 汽油和柴油

非欧盟国家旅客可免税携带 10 升燃料入境。超额数量应缴纳规定的关税。

4. 古董及动植物入境规定

古董：被证明超过 100 年的所有物品均被视为古董，并应缴纳 16% 的营业税。

动植物：携带入境的动植物应依据《华盛顿物种保护协议》（CITES）出示 CITES 证书。根据该协议动植物被分为 4 个濒危类别（A~D）。A 类为所有面临灭绝的动植物物种及所有有危害的物种，这些动植物不得带入欧盟。其他 B、C 和 D 类动植物只有经政府严格检查后，方可带入欧盟一国。

此外，携带现金超过 1 万欧元时，必须向海关申报。

**交通概况**

飞机

葡萄牙主要航空港为里斯本机场、波尔图机场、法鲁机场，以及马德拉群岛上的圣玛利亚机场和亚速尔群岛上的柯达机场。游客可通过乘坐所有直飞欧洲的航班经转机抵达葡萄牙的这些城市。葡萄牙的国家航空公司"葡萄牙航空"，负责国内航线及世界各大城市航线；葡萄利亚航空则是一家较小的葡萄牙航空公司，负责波尔图、法鲁、里斯本、西班牙主要城市及西欧等目的地之间的飞行。

火车

葡萄牙的火车系统不如其他主要欧洲国家发达，葡萄牙国营铁路公司所经营的长程路线中，从布拉加、波尔图、孔伯拉到里斯本是不错的选择，其他路线就不如巴士方便了。而且，游客需要注意的是，葡萄牙的火车不是很准时，乘车前记得看一下时刻表，不过时刻表也仅供参考而已。火车票有许多优惠，4 岁以下乘车免费，4~11 岁半价，学生票只适用葡萄牙当地人。

长途汽车

行驶葡萄牙各城间的长途汽车班次多又便宜，几乎可以带游客到葡萄牙的任何地方，在一些乡下地方还可以随招随停。在首都里斯本还有引人注意的双层巴士。不过千万不要搭到每站都停的慢车，最佳的选择是行驶各大城市的直达车，市区公车还可以载游客到都市临近的村落。此外，游客还需要注意，除了看时刻表之外，还要对一下车票上的时间是否一致。

市内交通

葡萄牙市内的交通主要以公共汽车为主，公共汽车都是橘黄色的大型"沃尔沃"或"斯堪尼亚"牌客车，每站间距离很短，如要下车，只需按一下扶杆上红色的按钮，铃声响起，司机就会知道。地铁目前只有在一些比较重要的城市才有，如里斯本和波尔图。葡萄牙的出租车一般为蓝黑色，现在淡灰褐色的也很多。即使在农村也不难找到出租车。出租车司机喜欢用葡萄牙语告诉乘客，这是一次个人经历。在市中心，行李超过 30 千克需加 30% 的车费，而乘坐 2~6 小时需加 20% 的车费。

### 住宿提示

在葡萄牙旅行，住宿非常方便，这里有各种类型和档次的旅馆供游客选择。葡萄牙的酒店分 1~5 等，五星级为最高档的酒店，服务及收费与国际标准相似。葡萄牙的招待所也分 1~5 等，最高档也是五星级。酒店的价格比同等级的招待所贵，设施与服务也要好。一般二星级招待所的服务与收费相当于一星级酒店，五星级招待所则相当于三星级酒店。

葡萄牙的国营宾馆是将古堡、宫殿或修道院所改装成高级国营饭店，有历史的宾馆内有着当地的工艺、风味及餐饮，所以价位不比五星级饭店差多少，大部分都需要预订。

葡萄牙的青年旅舍很适合背包旅行者，价格比较适中，淡季时价格更低，但 26 岁以上收费会调高点。旺季时需在 4~8 周前通过协会预订床位，淡季（10~4 月）时则需事先确认预订的旅舍是否仍有开放，团体则至少要在 30 天前预订。葡萄牙全国各地的青年旅舍床位都可以通过葡萄牙青年旅舍国际协会预订。

### 葡萄牙风俗与生活习惯

#### 风俗

在葡萄牙，最常听到的口头禅就是"明天再说"。葡萄牙人永远都是慢条斯理的，过着非常慵懒的生活。他们不仅会在约定的时间迟到，就连城市里的建筑也有许多只盖了一半或拖延了工期的半拉子工程。而且，他们对此竟一点也不着急。

葡萄牙人以面食为主，喜欢吃面包，有时也吃米饭。爱吃牛肉，猪肉及水产品，常吃土豆，胡萝卜等。此外，他们对饮酒也颇有讲究。

葡萄牙的"男尊女卑"现象非常严重。一般男人享有的权利，妇女则没有，诸如选举权、选夫权，甚至在银行都不得设独立账户，未经丈夫许可也不能取得护照等等，她们有的只是繁重劳动的权利。

每逢节假日，葡萄牙人普遍都喜爱野餐。古堡前、风车旁、路旁花丛都是他们野餐的好地方。凡有过路人从近旁经过，都会受到他们的盛情邀请。

葡萄牙每年 6 月下旬要过城市节。城市节主要是为纪念那些替人民做过好事的人物。届时，要放礼炮，举行游行，并在广场上欢歌。

在葡萄牙，还有一个每 4 年举办一次的托篮节。它的历史可以追溯到公元伊始。节日当天，身穿白衣的年轻女子把巨大的托篮顶在头上，参加游行。每个托篮的高度都和头顶托篮女子的身高一样。托篮上除了装饰有各种纸花，还有式样不同的面包。头顶托篮的女子以此向世人证明，自己的身体已经发育成熟，足以生养下一代。托篮节也因此被认为是当地女子成人的一种仪式。

生活习惯

葡萄牙人在正式社交场合十分注意着装整洁，男子身穿深色西服，打领带或系领结，风度很好。女子多穿华丽套服或连衣裙。在日常生活中，葡萄牙人在穿着上有着明显的职业和性别特点。男性青年职员喜欢穿一种宽松式西服。男大学生多穿运动衫，牛仔裤；女教师多穿套服。见面时，葡萄牙男子习惯热情拥抱并互拍肩膀为礼，女子在熟人之间相见时则以亲吻对方的脸为礼。在与外国友人相见时，他们有时也行握手礼。在葡萄牙，称呼别人也是种学问。葡萄牙人习惯在人名前加上某种称呼，以表示礼貌与尊重。对男子普遍称先生，对妇女称夫人或女士，对未婚女子称小姐或女士。对国家元首、议长、总统、部长、议员、大使、最高法院法官、市长、州长、三军将领、文化团体领导人等应在其人名前加"埃塞伦西亚"一词，第二人称时用"伏萨埃塞伦西亚"，第三人称时用"苏阿埃塞伦西亚"。在书写时，为表示对国家元首的尊重，不使用缩写。对宗教领袖如教皇、大主教等不能用阁下一词，而应用"桑地达德"或"埃米能西亚"。前者用于教皇，后者用于红衣主教，二者都是"阁下"的意思。葡萄牙人在与人交谈时，坐的姿势非常端正，尤其是女子，入座时双腿都是并拢的。葡萄牙人不喜欢久久盯视别人，如果有人这样做，在他们看来是一种不友好的表现。在手势方面，葡萄牙人也非常有讲究，他们认为用一个手指去召唤人是对人的侮辱，而正确的手势应该是手心向下，挥动所有的手指或手臂。葡萄牙人待人热情，如有客人来访，他们总是早早地到门口迎接，客人离去时，他们总要亲自送到门口。而去葡萄牙人家做客，不一定要带上礼物。他们比较崇尚礼尚往来，只要回请他们一次就行了。此外，在与葡萄牙人交谈中，应该尽量避免关于政治和政府的话题，他们一般对个人家庭、葡萄牙的优点和个人的爱好等话题有兴趣。

## 里斯本

葡萄牙的首都里斯本，坐落在特茹河入海口北岸的 7 个山丘上，有"七丘城"

之称。总面积为 82.88 平方千米，是葡萄牙的政治和文化中心。葡萄牙的总统府、共和国议会、总理府、外交部和国防部等重要政府机构就设在滨河的帝国广场。同时，建于 1290 年的里斯本大学，是欧洲最古老的学府之一。此外，这里还有高等技术、音乐、艺术等学院。

里斯本

　　1255 年，里斯本就成为葡萄牙的首都。15 世纪末是葡萄牙与里斯本最繁荣兴盛的时期，葡萄牙航海探险家们的足迹遍及亚洲、非洲及南美洲。1755 年 11 月 1 日，里斯本发生大地震，整个繁华都市一夜之间就变成了废墟。在这场灾难中，接近 1/5 的人丧生，2/3 的城市被摧毁。灾难过后，人们在首相彭巴侯爵的领导下，开始重建家园。在修建过程中，人们按照固有传统，修建具有历史性的建筑和雕塑，使得里斯本依然保持着中世纪的风格。

　　如今，里斯本的新旧城规划秩序井然，时代反差明显，城市一面完全是 21 世纪大都市的风貌，另一面则继续向世人呈现 17 世纪以前的历史遗迹。里斯本的园林美化工作也十分出色，市内有公园、花园 250 个，草坪、绿地面积达 11.4 平方千米。许多来自世界各地的游客漫步在这个范围并不太大的城市里，欣赏着保存完好的大修道院、宫殿和城堡等。而在里斯本市郊的别墅、村舍、葡萄园、花园、公园和林地，则更是一番让人心旷神怡的田园景致。此外，在里斯本西郊大西洋沿岸的海滨浴场，聚集了众多享受海水浴的游客。

### 马卓·德·德许修道院

　　从亨利克王子大道走到圣阿波隆尼亚车站，然后搭乘 13 号公交汽车就能到马卓·德·德许修道院。许多游客去那里并不是为了到美轮美奂的圣安东尼礼拜堂做祷告，而是去该院中的 16 世纪国家瓷砖艺术博物馆参观。博物馆内用瓷砖及镶金的木材装饰，有着典型的巴洛克式装饰风格。院内不仅收藏了许多精致的油画，还重点展示了葡萄牙的传统瓷砖工艺。

### 圣乔治城堡

位于罗西奥广场的侧面，阿尔法玛区最高点的圣乔治城堡是里斯本城中的最高点。早在公元 5 世纪时，哥德人就在这里建立了城市。9 世纪时，伊斯兰教徒将这座城堡再度扩建。14、15 世纪时，圣乔治城堡成为葡萄牙皇室的游乐之地。后来在 1940 年，萨拉查下令拆毁曼努埃尔以后的一切建筑。如今游客看到的城堡大部分都是在萨拉查时期建造的。迷宫似的围墙和精致的城楼是用原来城堡留下的石料所建。游客站在这围墙上，就能看到整个里斯本的精美建筑。从阿尔法玛区到远处市区的未来主义城堡和著名的"4·25"大桥，以及城市中心的卡莫教堂的露天废墟等。此外，圣乔治城堡里还有一个用藤萝装饰的大餐厅和一个优雅的动植物园。当游客漫步在漂亮的花园时，还会时不时地看见孔雀走过，几只天鹅在池塘里嬉戏……

### 彭巴侯爵广场

1755 年的大地震几乎将里斯本化为废墟，当时的首相彭巴侯爵下令大规模重建，这个广场中央矗立着为纪念他而修的雕像，彭巴侯爵广场也因此而得名。广场上的"首相"面向特茹河，俯瞰着自己修建的一切。它是葡萄牙最著名的雕刻家马卡斯特罗的作品。广场上新古典主义风格的粉红色拱廊是彭巴里斯本式建筑的典型代表。

### 昔日航海家的梦想

一来到里斯本，我们首先来到耸立在德古河畔的航海家纪念碑，这里记载着葡萄牙昔日航海家们征服海洋的梦想。纪念碑就像驶向大西洋的古老帆船，立于船头的是当年葡萄牙国王的第四个儿子亨利亲王，正是他让人们相信，世界远比欧洲和地中海大得多，而他运用太阳星相测定航线和修造新型的帆船，使航海家们将远洋的梦想成为可能。导游告诉我们，站在亨利亲王后面的是发现欧洲至印度航线的达·伽马，而位居第四、手里拿着地球仪的则是哥伦布，虽然他是西班牙人，但是却是在葡萄牙学会航海技术的，当他发现美洲新大陆返航时终于在里斯本登陆后，立即轰动了整个欧洲。

贝伦塔

在太加斯河的北岸，有两座高耸的名塔，其中一座就是贝伦塔。此塔现在亦被联合国选为重要世界遗产。过去，在葡萄牙航海事业最繁荣的时候，很多航海家，包括哥伦布都从这里出发，开始航海探险。1520年，为了纪念1515～1520年这段葡萄牙辉煌的航海时代，人们在这里建造了贝伦塔。它一面向海，三面与陆地相接，全用白色大理石建造而成。从远处望去，贝伦塔就像一座集哥特式与罗马式建筑风格特色于一身的小古堡，非常古朴。贝伦塔共有3层，还有一个地下室，据说地下室过去是专门囚禁贵族的地方。如今，游客登上贝伦塔的第三层，不仅能看到里斯本全景，还能眺望到美丽的海景。

航海家纪念碑

在贝伦塔旁边，有一块1960年建造的航海家纪念碑。它是为纪念航海王子亨利逝世500周年而建的，也是为了纪念葡萄牙400年来辉煌的航海时代而建的。航海家纪念碑的外形如同一艘展开巨帆的船只，碑上刻有亨利及其他80位水手的雕像。仔细观看，就会发现亨利威风凛凛地站在船头，在他后面紧随着的是助手达·伽马，两旁是一些随同出发的航海家，以及葡国历史上有名的将军、传教士和科学家等。碑前的地上刻有一幅世界地图，上面刻有发现新大陆的日期。当游客从碑顶望去，视线就会豁然开朗起来，纪念碑附近的景色和海港的壮丽风景全都尽收眼底。

纪念碑前的广场，用黑白相间的大理石铺成了一幅巨大的世界航海图，它记述了当年葡萄牙人航海探险、发现新大陆的历史。远处云雾中横跨德古河的"4·25"大桥，它全长2300米，如今是欧洲最长的斜拉桥。

杰洛尼莫许修道院

位于特茹河岸的杰洛尼莫许修道院于1980年被联合国宣布为重要世界遗产。它是最能代表葡萄牙在航海时代强盛繁荣的建筑物。这里原是航海家亨利时期设计建造的一座小教堂，1502年，布瓦塔克在这座小教堂的遗址上开始重建修道院，直到16世纪末，在若昂·多·卡斯蒂略和尼古拉斯·尚特莱纳的一起努力下才完工。建成的杰洛尼莫许修道院结合了哥特式及文艺复兴建筑特色并加入一点曼纽尔风格，非常雄伟。从空中鸟瞰，教堂的结构是一个横短竖长的拉丁十字形，外表全部用打磨得光滑平整的白色花岗岩砌成，显得格外高大、圣洁。修道院内部八角形回廊有着雕工精细的石雕，中庭是漂亮大方的玫瑰花园。19世纪，仿照中殿的风格又增建了西侧殿（现在是考古博物馆）。殿门上刻有曼努埃尔国王和王后的塑像、航海家亨利的塑像、表现圣热罗姆生活的浮雕和基督十二门徒的雕塑。教堂有3座高达20米的大殿，殿内的梁柱装饰得非常华丽，堪称曼努埃尔风格建筑的典范。主祭坛上的石刻彩冠、殿柱、柱顶等都雕刻了各种对称而和谐的图案。另外，在修道院的两翼还有著名诗人卡莫艾斯与探险家瓦斯科·达·伽马的坟墓。他们的棺木朴实厚重，一律用大理石雕制，四周是其生平的介绍，下有6只雄狮支撑，上有本人的仰面平躺雕像。每位到访的外国国家元首，都要来此向卡莫艾斯敬献花圈。

### 卡洛斯提·古尔班基安博物馆

卡洛斯提·古尔班基安博物馆是由葡萄牙的亚美尼亚人于 1969 年资助修建的。它被公认为目前葡萄牙最好的博物馆。博物馆内收藏了许多艺术史上很有价值的珍品，包括来自世界各地的地毯、绘画、雕塑等精品。展品分为两部分，一部分是古代艺术品，包括埃及、希腊、罗马、回教及东方等地区的艺术珍品；另一部分则是 15~20 世纪的欧洲名家之作，其中不乏林布伦、莫奈、雷诺及罗丹等人的真迹。如果游客时间充裕，不妨前去好好欣赏一番。

### 卡斯卡伊斯

卡斯卡伊斯市位于葡萄牙首都里斯本市以西 30 千米，面积约 100 平方千米，是葡萄牙的第三大城市，也是世界著名的海滨旅游胜地。在 14 世纪以前，卡斯卡伊斯还只是一个小渔村。后来逐渐发展成为往来里斯本的一个繁忙的港口城市。真正将卡斯卡伊斯变成国际性的城市，是 007 系列小说的作者，英国著名悬念小说家伊恩·弗莱明。"二战"期间，伊恩·弗莱明曾作为英国间谍头目之一，被派到卡斯卡伊斯执行任务。他就在这里组织了一个代号为"30au"的特工队，为英国收集了大量重要的情报。1953 年，当他故地重游时，在卡斯卡伊斯街头想起了特工的惊险生活，创作灵感源源不断，于是就在卡斯卡伊斯的"太阳酒店"里完成了 007 系列小说的开篇之作《皇家赌场》。之后，他又相继创作出 10 多部 007 系列小说。这些经典之作与卡斯卡伊斯一起轰动了全世界。每年来卡斯卡伊斯旅行的人之中，有许多都是邦德迷。

## 波尔图

早在 711 年，摩尔人就来到了这里。从此，这座城市成为北部基督教和南部阿拉伯世界商业交换的聚集地。12 世纪，城市逐渐形成了现在的模式，分为上面的文化区和下面的商业区两部分。这也是在整个欧洲难得一见的城市，从两条不同的路线就能体会到一个城市两种完全不同的景象。在下面的商业区，充满了现代化的城市生活活力和商业节奏。而在上面的文化区，则充斥着当代浪漫的艺术气息。同时，波尔图还是个充满传奇色彩的城市。这里曾经诞生了葡萄牙的六位国王，也诞生了葡萄牙的第一所大学。而且整个波尔图人相当团结，他们共同反对外国侵略者和不平等条约，使波尔图有了一个"未被征服的城市"的称号。因此，这座千年古城的建筑都保存得相当完好。市内宫殿教堂、博物馆、纪念碑、雕塑群像比比皆是。游客在街上游逛好几天都不会觉得腻烦。

如果想真正体验波尔图的热情，游客就必须得去博里昂市场逛逛，因为它是真正的市中心，人群簇拥，交谈和喊叫声混成一片。市场中的小饭馆还出售波尔图美味的地方茶，像莫塔茶等。而到了晚上，波尔图则更加热闹了，许多独具个性的酒吧和俱乐部里面都挤满了人。

### 克雷瑞高许塔

高 76 米的克雷瑞高许塔是波尔图最高的钟楼。18 世纪时，生活在波尔图的意大利建筑师纳佐尼借鉴了别国的钟楼而设计出克雷瑞高许塔。虽然钟楼的外墙是不太吸引人的灰色，但是当游客爬上 200 阶楼梯后就知道钟楼的魅力了。站在钟楼顶上，能清楚地看到整个波尔图的全景，视线非常开阔。

### 路易斯一世桥

在杜罗河上，有一座半圆形的桥横跨而过，气势十分宏伟，它就是著名的路易斯一世桥。这座以当时国王名字命名的铁桥是由巴黎埃菲尔铁塔的设计师艾菲尔所设计，拱桥的造型与巴黎铁塔的底层大致相似。路易斯一世桥高 70 多米，全长 171 米，车道和人行道均分高低两层。游客不妨亲自去大桥上步行，体验一下在高空的感觉，或者坐船在河上欣赏大桥的美景。

### 圣佛朗西斯科教堂

圣佛朗西斯科教堂建于 14~15 世纪葡萄牙最强盛的时期。这是一座极其奢华、极其富丽堂皇的巴洛克式建筑。据说当初修建这座教堂时用了几百千克的黄金，所以教会已经禁止在这座教堂里做礼拜，以便将它改为博物馆保存起来。圣佛朗西斯科教堂的华丽很难用文字来描述，当游客走进教堂的那一刹那就会被里面豪华的装饰所打动。主祭坛上是色彩鲜艳的彩冠，非常漂亮。教堂四周都是精美的阿拉伯式装饰图案，还有杰西的树、弗朗西斯科的斩首等名画，使整个圣佛朗西斯科教堂更显艺术气息。

### 雷伊斯国立美术馆

在自由广场西边约 1 千米处的曼纽尔二世大道上，有一个非常值得游客观赏的美术馆，它就是建于 18 世纪中期的卡朗卡斯宫内的雷伊斯国立美术馆。美术馆的名字取自葡萄牙雕刻家雷伊斯的姓。雷伊斯国立美术馆的收藏非常丰富，包括了玻璃制品、陶器、地毯等室内装饰品，以及宗教美术品和葡国现代画家、雕刻家的作品。其中，在雷伊斯国立美术馆底层的左边，展有葡萄牙大画家瓦斯克·费尔南德斯的两幅油画：一幅是《圣吕西亚》。圣吕西亚左手拿着一本红皮圣经，书的封面上画有两只睁着看观众的眼睛。旁边的一幅是《卡塔丽娜》。卡塔丽娜两手紧紧握着一把长剑，她刚刚砍掉一个男人的头。男人的尸体就在她脚旁裙子下面，死的时候还用两手抱着砍掉的头。

## 吉马良斯

在葡萄牙北方，有一座历史悠久的古城，它就是吉马良斯。早在公元 4 世纪，这座城市就诞生了。后来，阿方索亨利克斯（1110～1185）在 1143 年成立了葡萄牙王国，并将他的出生地吉马良斯作为葡萄牙王国的都城。因此，吉马良斯也被葡萄牙人称为"葡萄牙的摇篮"。至今在吉马良斯的城墙上还镶嵌着一行醒目的文字"葡萄牙在这里诞生"。从 15 世纪开始到 18 世纪中叶，吉马良斯得到了迅速的发展，兴建了许多巴洛克式教堂、宫殿和建筑，并且得到了很好的保护。如今，吉马良斯整座城市都被联合国教科文组织定为世界文化遗产。城市里主要的名胜古迹有近 30 处，其中建于 996 年的古堡建筑群，更被视作是葡萄牙独立的标志，被列为国家的重点保护文物。这个古城堡的平面图呈盾形，周围是 7 个防守塔楼。塔楼之间有一条狭窄而粗糙的石阶相连。中间是主塔楼，高 27 米，由花岗岩建成，只有一个木吊桥与周围相通，地势十分险要。

如今，每年都有许多游客前往吉马良斯观光。这里的交通也非常方便，最近的机场是波尔图国际机场，相距 50 千米（走 A3、A7 高速公路）。此外，吉马良斯还有通往波尔图的火车，在波尔图可以转车到其他城市。吉马良斯城中的交通工具主要有公交车、出租车、四轮马车和火车。早晨可搭乘出租车去蒙坦哈·达·盆达，那里有很多观光胜地。下午可去市中心游览教堂、宫殿、公园或者购物。晚上可到历史遗址区吃晚饭，随后到多功能音乐厅听音乐会。如果还没玩够，那就去吉马良斯的酒吧、咖啡厅和俱乐部。总之，吉马良斯绝对是一个能让所有人都尽兴的城市。

### 塔帕斯温泉和维泽拉温泉

在吉马良斯的郊外，有两座非常神奇的温泉。他们是塔帕斯温泉和维泽拉温泉。据说这里的温泉具有非常神奇的疗效，患者在温泉中浸泡后，可以治疗皮肤病和呼吸系统的各种炎症。如今，这两座温泉的所在地已经被建成一座公园，公园里还修建了现代化的游泳池、网球场、射击场和宿营场地等娱乐场所。

### 橄榄树圣母教会教堂

10 世纪时，吉马良斯城里兴建了一座兼具拉丁和拜占庭风格的教堂——橄榄树圣母教会教堂。这座教堂后来屡次被改建。如今呈现在游客面前的橄榄树圣母教会教堂融合了多种风格，使得世人都不知道如何去界定它究竟属于哪种建筑风格。在整个教堂的轮廓中，既有 12 世纪罗马风格的残存，也有 14 世纪哥特式风格的影子，还有 19 世纪新古典主义风格的呈现。但无论是哪种风格，都被橄榄树圣母教会教堂完美地结合在了一起，使其成为一座极具观赏性的建筑物。过去，橄榄树圣母教会教堂曾是葡萄牙国王阿方索·亨里克建立的皇家牧师会所在地，至今教堂里面还有许多间罗马式隐居室和阿尔贝托·桑巴约地区博物馆。而在教堂旁边，则有一块用整块石料凿成的哥特式萨拉多纪念碑。

# 辛特拉

距里斯本 19 千米处的辛特拉山下的城市，就是拜伦笔下的"灿烂的伊甸园"——辛特拉市。很早以前，辛特拉就已经有从伊比利亚半岛过来的不同种族的人类居住。到了 8 世纪时，葡萄牙被摩尔人占领，辛特拉成为摩尔人的聚居地，并逐渐散发出浓浓的阿拉伯风情。后来，葡萄牙又收复了辛特拉，并在这里修建了许多宫殿、城堡和别墅，作为葡萄牙王室的夏宫。如今，游客来这里就能看到漂亮的皇家宫殿与辛特拉美丽的自然景观互融的奇景。也正是像辛特拉这样自然与人文并重的城市，才能让联合国教科文组织为它创造一个特别的类别——"文化风景"类世界遗产。

当游客漫步在辛特拉街头时，还会看见许多阿拉伯后裔。而每月 10 日、11 日，在辛特拉皇宫前都有大型集市售卖各式阿拉伯民族用品及纪念品。同时还上演街头剧，有的重现昔日斗士比剑情节，有的则抛樽玩杂耍，场面热闹。游客累了还可以去街头的露天咖啡座休息，饿了可以品尝辛特拉当地的美食，其中有一种糖果混合的蓬松食品和按照 12 世纪配方制造的奶酪饼干，味道都非常棒。此外，辛特拉每年夏季音乐节的精彩表演也吸引了许多来自世界各地的游客。

### 佩纳宫

建造在山顶上的佩纳宫过去曾是国王的离宫。1840 年时，葡萄牙女王玛丽亚二世的丈夫费迪南德受德国浪漫主义的启发，授命德国建筑师冯·埃施韦格男爵将山顶的修道院改建成一座宫殿。于是，经过 10 年的时间，一座宛如童话城堡的宫殿就诞生在辛特拉了。从山下望去，粉红色的佩纳宫矗立在郁郁葱葱的山间，就像一座童话乐园般。佩纳宫外面颜色错综杂乱，红的、黄的、蓝的、绿的，就那样和谐的堆砌在一起。不仅是颜色，就连建筑风格，佩纳宫都糅合了多种，其中包括哥特式、文艺复兴式、摩尔式和曼努埃尔式，非常精美独特。此外，佩纳宫里还有小径、门廊和固定吊桥等，形成了多种建筑风格综合在一起的城堡。

### 国家皇宫

12 世纪时，葡萄牙的第一位国王阿方索亨利克斯收复了辛特拉，并夺取了摩尔人的城堡。后来，他的后继者在这个阿拉伯宫殿的废墟上修造了国家皇宫。在 15 世纪初叶，葡萄牙王室又将它进行了扩大和重建，使宫殿成了一个摩尔式、哥特式和葡萄牙式的混合建筑物。国家皇宫内装饰得极其古典、豪华。门窗都采用玉石雕琢，宫里的每一根柱子、家具的每一条腿都雕有栩栩如生的图案，天花板上壁画和各式吊灯简直令人眼花缭乱。华丽的徽章殿有八角形的顶棚，顶棚上绘有 8 只鹿和葡萄牙高贵家族的徽章，墙上是 7 幅描绘阿祖勒茹狩猎场面的壁画。而最漂亮的一间厅堂要数天鹅厅，成群头戴皇冠的天鹅被绘在了天花板上。19 世纪 80 年代时，葡萄牙最后一位女王就住在这里。如今，国家皇宫已经对外开放，允许游客参观了。

### 摩尔城堡

与佩纳宫隔山相望的摩尔城堡建于 11 世纪，曾经是摩尔人聚居的地方，也是辛特拉最繁华的地方。而如今游客看见的摩尔城堡，只是一片破落的遗址，城墙里面的建筑很早就坍塌，成了长满青苔的石头。只有 300 米长的城墙在述说着摩尔城堡过去的辉煌。摩尔城堡的城墙有点像小一号的中国长城，只是比长城窄小陡峭。走在城墙上时，可以眺望大西洋跟整个辛特拉城，视线非常开阔，景色非常壮观。

### 瑟特阿斯宫

建于 18 世纪的瑟特阿斯宫，现在已经被开辟成为一个高雅的酒店。酒店内有轻快的白色装饰，共有 30 间客房，1 间餐厅和 1 个酒吧。其中，酒店内的花园带有一种独一无二的美丽的异国情调，也因此，这座花园成为辛特拉音乐节最重要的活动——舞蹈之夜的场地，而瑟特阿斯宫也因此闻名于世。

### 达·伽马

瓦斯科·达·伽马，是葡萄牙著名的航海家、探险家。出身于贵族家庭，从小

瑟特阿斯宫

受到良好教育，学到不少有关天文、航海方面的知识。曾任王国政府的外交官，经常出使外国，得到国王赏识，肩负起探航印度的伟大使命，1479—1499 年、1502—1503 年、1524 年的印度之行开拓了由西欧绕好望角到东方的海路，迎来世界历史新纪元，并帮助葡萄牙成为世界强国。他的一生是航海的一生。他冲破重重艰难险阻，开辟了自欧洲南端而通往东方的航路，这在世界航海史上是前无古人的，对发展东西方之间的海上交通及经济文化交流，都产生了重要影响。他于 1524 年病逝于印度科钦。1539 年，达·伽马的遗骨从科钦迁葬葡萄牙里斯本附近。

筹划探航

在世界航海史上，达·伽马的名字十分响亮，1497～1498 年，他不畏艰险，首创纪录，开辟了自欧洲的大西洋沿岸南驶，绕过非洲直达印度的航路。这一创举给予他那个时期的影响，并不亚于哥伦布发现新大陆和麦哲伦的环球航行。

到达好望角

1497 年 7 月 8 日，达·伽马从里斯本出发，率领 4 条船组成的一支舰队，在佛得角群岛与另一葡萄牙航海家迪亚士率领的驶往西非黄金海岸（加纳）的另一条船结伴同行。在 1497 年 11 月 22 日到达非洲最南端的好望角。这是一条捷径，比沿着海岸线走要快，但更需要勇气和航海技术。

开辟新航路

由于是近海岸航行，好望角附近的千里沙洲给行船带来巨大的困难，来自印度洋的大风暴也几次袭击了船队。但达·伽马没有退缩，经过一周的艰苦航行，船队终于绕过好望角及其邻近的尼加勒斯角，驶向东南，进入了印度洋。

在经过千辛万苦之后，达·伽马一行人最终到了印度，达·伽马在此竖立一根石柱以表明他到达了印度。

历史功绩

达·伽马开辟的新航路，除了它的殖民掠夺和血腥屠杀外，它和哥伦布发现美洲新大陆互相印证，使大地的球形理论得到证实，并使人们知道了整个世界海洋是连成一片的，对科学的发展和人们宇宙观的改变，都有重大的历史意义。达·伽马通航印度同哥伦布发现美洲大陆及麦哲伦环球航行一样具有划时代的意义。

# 意大利

## 意大利概况

意大利是一个非常美丽的半岛国家，其国土的大部分位于欧洲伸入地中海的亚平宁半岛上，再加上西部的撒丁岛和南部的西西里岛，国土形状恰似一只穿着皮靴的脚在踢球。意大利地理位置十分重要，它不仅是欧洲的南大门、欧亚非三大陆的桥头堡和跳板，还是两个主权袖珍国——梵蒂冈教皇国和圣马力诺的栖歇地。意大利国土的 90% 是山地，亚平宁山脉贯穿国土中央，最北部横亘着阿尔卑斯山脉的一部分，它把意大利和法国、瑞士等国家分隔开来，法、意边境上耸立着勃朗峰。

意大利既有悠久的历史、古老的文明，又有着美丽的自然风光。号称世界八大古迹之一的竞技场、文艺复兴时代的绘画和雕塑、比萨斜塔、水城威尼斯的刚朵拉、庞贝古城等等，都是这个国家为世人所熟知的理由。意大利沿海 7000 多千米长的海岸线布满了平缓细柔的沙滩与平静的海湾，内地青山绿水，密林平湖。因处在欧亚大陆、非洲大陆板块挤压带上，意大利多山、多丘陵，而且多活火山，著名的有维苏威火山、埃特纳火山。星罗棋布的湖泊中，较大的有加尔达湖、马乔列湖、特拉西梅若湖和科莫湖，其中科莫湖因风景秀美而成为意大利和欧洲著名的旅游和度假胜地。

## 出入境须知

2004 年，中国和欧盟签署了旅游目的国协议后，中国的旅游团体可以到扩展后的欧盟各个国家参观旅游，对许多中国人而言，去意大利旅行再也不只是梦想。

旅游签证

由申根国家签发的签证，除特殊说明外，可用于任何申根国家。申根国家包括奥地利、比利时、丹麦、芬兰、法国、德国、希腊、冰岛、意大利、卢森堡、荷兰、挪威、葡萄牙、西班牙和瑞典等国。签证的最长停留期限为90天。居住在意大利大使馆的领区内、持有有效身份证件的中国人与外国人应在北京申请签证，居住在广州、上海、香港各总领事馆管辖的领区内的人员应在分别相应的领事馆申请签证。

申请签证的程序

1. 去意大利（也可以是其他申根国家）在本城市的使、领馆咨询了解办理旅游签证需要准备的文件材料。意大利大使馆签证处提供咨询电话服务，咨询时间为星期一至星期五北京时间15：00～17：00。

2. 填写签证申请表，申请表可以从网上下载。按照使、领馆的要求，将各种材料交付审查，如果初审没问题，使、领馆人员会确定取签证的日期。

3. 凭取签证的通知单按时前往交签证费和领取签证。

出入境携带

进入意大利时，旅客在个人行李中携带的消费品可免关税，但此类物品不得具有贸易进口性质，其总价值不得超过175欧元。15岁以下未成年人携带物品最高限额为90欧元。

意大利对出境商品无任何价值限制，但应遵守目的地国有关规定。

进出意大利可无申报携带的货币、证券总价值不得超过10329.14欧元，超过这一数额则需填写报关单。意大利禁止旅客携带任何枪炮、刀剑（包括装饰性的）及难以定性的武器入境，除非旅客持有其居住地警察局颁发的准许其携带该种武器的许可证。没有许可证的旅客可将武器免费存放在意大利海关，等候有关部门颁发许可证。

## 交通概况

对于很多人来说，可能在还不知道意大利这个国家时便已听说过条条大路通罗马这句俗语，这是因为在2000多年前，古罗马的交通就已四通八达。而现在，意大利庞大的交通网络更是极大地方便了人们的旅行。

飞机

在意大利境内，若是短距离旅行，坐飞机并不合算。如从罗马到米兰，坐飞机虽只需约1小时，但若加上办理登机手续，及从市区到机场的交通时间，其实和乘坐公共汽车的时间相差无几，而费用则是火车、公共汽车的2～3倍。

在意大利境内可向航空公司或 CIT 等旅行代理店购买机票。未满 22 岁者，可享受 7 折优惠。到学生旅行社（CTS）凭国际学生证可以半价（因航线而异）购得机票。另外也可到各城市的旅行社咨询是否可凑团体机票，有时可以半价购得所需的机票。

火车

意大利的火车可能是欧盟国家中最落后的，效率低下，据统计，几大火车站的火车平均误点时间在 20 分钟左右。而且火车罢工经常发生，如果遇上，影响更大。但罢工通常会在 10 天前预告，故须随时注意此类消息。绝大多数火车都没有报站，整列火车仅有两三个列车员检票，只能根据到站时间估计或向其他乘客询问，晚间乘车时必须格外留意。

火车车票种类

欧洲铁路联票

未满 26 岁者适用，在使用期限内可无限次数搭乘欧洲 17 国的国铁火车。使用期限为一个月，只可乘坐二等车厢。在意大利购买时，可在意大利国铁以半价购买（但须在欧洲住 6 个月以上或留学生方可购买）。搭乘高速火车须另补差额或事先订位。搭乘特快车时，虽不追加费用，却须支付预约费。

欧洲五国联营火车票

持此票可通行法国、西班牙、瑞士，意大利、德国五国，另可额外付费进入荷兰、比利时、卢森堡、奥地利，匈牙利、葡萄牙、希腊等国。在车票有效期内可无限搭乘上述国家的火车，还可免费或享受折扣搭乘许多地区的渡轮、公共汽车及特殊观景交通工具。

意大利周游券

仅限于在意大利使用，可搭乘意大利任何一种列车，不需追加特快车费用。但座位指定费与卧铺费用另计。分为 8 天、15 天、21 天、30 天四种，要延长有效期时，可再办理，最多只能延长第一次有效期的 2 倍，并追加相应的费用，但是 8 天的票券不可延长。使用期限从发行当天到 6 个月以内。儿童（4~12 岁）半价。

3000 千米火车票

意大利国营铁路专用的车票，以搭长途火车旅游的人最方便。每次搭乘前都要到火车站登记详填乘车的起讫站名，并计算里程。火车票可在两个月内搭乘 20 趟火车，车程总长不超过 3000 千米，而且可同时让 1~5 人使用（同行儿童 12 岁以下里程数减半，4 岁以下免费），故最适合团体旅游。

在意大利乘坐公交车、地铁均需要在上车前买票。车票分几种，有可以全天使用的，有可以使用数次的，大多是只能使用一次的，检票后在一段有效时间内有效（1 小时左右，各个城市均不太一样）。地铁在进站口检票，公交车上有检票机，自觉检票，若机器坏掉可让驾驶员在票上注明时间。

## 意大利住宿提示

意大利各类旅馆繁多。四星、五星级旅馆内部有全套服务设施，除客房、餐厅外，还有游泳池、网球场、美容室、舞厅、酒吧、商店以及银行、邮局等。客房内均有彩电、冰箱、卫生间、洗澡间等。三星级旅馆属于中等水平的旅馆，客房设备与四星级大同小异，房间规格质量有所区别。二星级旅馆的房间内有电视及洗澡间，但没有冰箱，旅馆内没有体育设施。一星级旅馆只有洗脸间而无洗澡设备。但有公共的卫浴设备，大多需付费，也都干净方便。

### 背包族住宿

青年旅舍采用男女分开的双人床房间，有些也提供私人房间给家庭或夫妻情侣，还有的会提供厨房与器皿、洗衣机、自行车等供旅客使用。不便之处在于有的青年旅舍白天的某段时间停止服务、实施宵禁、限制停留时间。意大利全国有50多所青年旅舍，在罗马、米兰、佛罗伦萨等地都有学生专用旅舍。而有些宗教组织也设有女性专用旅舍，以3~4人的团体房为主，有门禁时间，最适合单身女子投宿（可经由当地的旅游服务处介绍）。许多学院和大学会在停课期间将宿舍提供给游客住宿，有的在学期中也有这项服务。这些旅舍一般都很干净，租金也很便宜，通常要事先打电话预约，才能订到房间。另外，河川沿岸、山间也备有露营场地。

## 意大利节庆

这应该是意大利成为全世界许多人向往之地的一个原因，在这个崇尚自由、注重生活享受的国家，全年有大约1/3的日子属于节日。其中有的是宗教节日，有的是民间传统节日，有的是国家纪念日。节日多这一事实是意大利人浪漫天性的体现，也是意大利人注重传统的见证，同时也保障了他们有充足的时间来享受生活、丰富生活。

### 主显节

主显节在每年的1月6日，这是纪念耶稣显灵的节日，也是意大利的儿童节。相传，东方三贤士见到一颗代表耶稣的明亮的星星，于是，在1月6日那天来到伯利恒拜见诞生不久的耶稣，这就是宗教上所说的耶稣显灵和三贤朝圣。

### 八月节

八月节就是通常所说的暑假。它的历史可以追溯到2000多年前的古罗马。当年，为了让人们尽情地欢乐，享受生活，皇帝奥古斯都定8月1日为节日。到17世纪末，八月节改为8月15日。人们会在八月节前后度假，以避过在一年中最热的时候工作，在度假中充分体味炎热带来的激情与热烈。

米兰拉丁嘉年华会

米兰的拉丁嘉年华会还是一个很年轻的节庆，由1990年起始创，时间为每年的6月22日到7月30日。在嘉年华会上，人们能欣赏来自墨西哥、古巴、巴西等国的乐团演奏现代摇滚拉丁乐、拉丁爵士、传统乐，更有意大利乐手和各国乐团的合作表演。在这里，人们还能看到风行于世界各国的拉丁手工艺品，品尝拉丁国家的传统美食。

威尼斯嘉年华

威尼斯嘉年华最初只是一些威尼斯的贵族们私下的狂欢舞会，从15世纪开始变成了一个全民参与的狂欢大会。17、18世纪以来，原来仅属于威尼斯人的庆典变成举世皆知的活动。威尼斯嘉年华是恣意享乐的、异国氛围的、神秘艳丽的，几百年来，嘉年华依然在威尼斯的水巷间散发着诱人的色彩。

斗牛大会

从最早的嘉年华开始，圣马可广场就是活动的中心。以前圣马可广场的斗牛表演活动从12月26日延续到嘉年华的最后一个星期六。所谓的斗牛大会是让牛跟猎犬斗，一人拉着牛，另一边让狗对牛挑衅。

造型大赛

嘉年华的标准造型是穿着华丽的蓬蓬裙，带上黄金色的娃娃卷假发，脸上罩着细致小巧的面具。另外，金色与黑色的造型也极受欢迎，罩着标准的威尼斯市民面具（把整张脸都罩住、下巴尖细的面具），裹着黑色或金色的长袍。但打扮怪异的人在嘉年华期间所能得到的荣耀更是超乎想象，改装的程度绝对以越怪异越华丽取胜。为了出奇制胜，现在的改装方式有朝后现代装置艺术发展的趋势，有人在身上涂满了白粉，镶上假花，好像一棵大圣诞树；或是以金色、银色等长披风营造未来感。造型创意与独特的成功度可以从要求一起合照的频率看出，威尼斯嘉年华筹办单位会在最后一天公布最佳造型的人选。

意大利人

意大利人性格一般比较开朗、健谈、热情奔放。初次见面谈问题都比较直爽，不拐弯抹角。但南北方又各有所不同，北方人比较内向、谨慎，注意行为举止和谈吐，注重个人享乐；而南方人性格开朗，人也非常热情，注重传统的家庭生活。意大利人酷爱自然界的动物，喜爱动物图案和鸟类图案，喜欢养宠物，尤其是对狗和猫异常偏爱，他们甚至还会把宠物作为家庭的一员介绍给客人。

时间观念

意大利人时间观念不强，常常失约或晚点。不管是一般的约会，还是参加一些重大的活动、会议、谈判，都经常迟到，赴宴迟到更是常事。晚到15或20分钟是司空见惯的事，迟到者往往以交通拥挤等为理由，或只要说声"对不起"就够了。因此，与意大利人定约会，要有一定时间的提前量。

做客

如果接受意大利朋友的邀请去对方家里吃饭，可酌情带些小礼物，如葡萄酒、甜食或巧克力、鲜花等，也可带些有特色的小工艺品或纪念品。收到礼品后，主人会当着客人的面打开礼品，并说一些感谢或客套的话。客人带的酒、食物和甜点也可以马上食用。餐桌上，主人在安排座位时是一男一女岔开，有时还把丈夫与妻子分开。另外，到意大利人家做客，不要早到，稍晚点为好。

商务

在意大利，商务拜访一定要先预约。大多高级主管并不按常规时间上下班，因此，不要把约会定在一大早。意大利人都有午休的习惯，越往南人们的午餐休息时间愈长，至少在午餐后的一两个小时内，与意大利人谈工作是很不适宜的。双方见面以后，意大利人还喜欢先闲聊几句天气、交通什么的再转入正题。商务交往中交换小礼品在意大利很普遍，因此在和意大利人做生意时不妨准备一些有特色的小礼物。

禁忌

在意大利，如果送鲜花，切忌不能送菊花，因为菊花盛开的季节正是人们扫墓的时候，菊花一般用来献给逝者。送花时要注意送单数。红玫瑰表示对女性的爱意，一般不要送，以免引起误会。此外，在与不认识的人打交道时，不要用食指指着对方，更忌讳用食指侧面碰击额头，因为这是骂人"笨蛋""傻瓜"。

# 罗马圆形竞技场

罗马圆形竞技场是古罗马文明的象征，这座可以容纳9万人的竞技场在规模上超越了现代大多数体育场，堪称是建筑史上最伟大的奇迹之一。而竞技场中那些精美的装饰更是成了历代建筑中的经典范例。

## 罗马圆形竞技场印象

罗马圆形竞技场是古罗马皇帝韦帕芗为了纪念他征服耶路撒冷的赫赫功绩而兴建的，它建立在著名的暴君尼禄的"金宫"的废墟之上，当时一共动用了数万人工来建造这座宏伟的建筑。这座竞技场呈椭圆形，占地2万多平方米，最多可以容纳9万多观众。

这座罗马斗兽场由3层环形拱廊组成，最高的第4层是顶阁，而每一层环形拱

**罗马斗兽场**

廊都有石柱作为装饰，这些柱子从下到上依次为多立克柱式、爱奥尼柱式、科林斯柱式，后来这三种柱式也成了欧洲建筑中必不可少的部分。拱廊周围一共有 80 多个出入口，数万观众可以在几分钟内迅速疏散，这种精巧的设计被很多现代建筑所沿用。竞技场内的看台约有 60 排，分为五个区，最下面前排是贵宾区，第二层供贵族使用，第三区给富人使用，第四区由普通公民使用，最后一区则是给底层妇女使用。在观众席上还有用悬索吊挂的天篷，可以用来遮阳，随着阳光的角度还能手工操作变换。这里每天都会举行盛大的角斗大赛，英雄好汉在这里血染黄沙，流传下来无数传奇故事。

### 最美看点

#### 建筑特色

罗马圆形竞技场汇集了无数知名工匠的心血，建筑结构极有特点。首先，它率先汇集了多立克柱式、爱奥尼柱式、科林斯柱式这三种柱式，而此后这三种柱式遍布欧洲，成为通用的经典；同时这里的结构兼具美观和实用，现在各种体育场仍沿用其设计；同时这里还能将水引入赛场，表演水战，让人们对古人的工艺水平赞叹不已。

#### 角斗比赛

看过电影《角斗士》的人肯定会对这里举行的角斗比赛印象深刻。角斗比赛主要分人兽大战和真人对战两种方式，无论哪一种方式都要战至一方失去生命为止，可以说是十分血腥残忍。不知有多少英雄在这里以命相搏，以求一举成名。有时候这里也会将水引进赛场，双方乘坐战船上演一场水战好戏，场面甚为壮观。

#### 建筑影响

由于罗马圆形竞技场在世界建筑史上的经典地位，因此后世争相仿造，如今世界各地的体育场大都仿造自这座竞技场。而圆形竞技场内很多经典设计也被保留了下来，比如疏散观众所使用的多出口设计，方便观看的阶梯式观众席等都依然在使用。圆形竞技场表演区地底下隐藏着很多洞口和管道，可以储存各种道具和粮食。

# 许愿池

一部《罗马假日》使得许愿池一跃而成为全世界情侣最想去的地方。据说在这里许下心愿就会在下次抵达罗马时实现，引得全世界的人都来到这里，将自己的小小心愿寄托在这处美丽的喷泉之中，希望能梦想成真。

## 许愿池印象

许愿池原名"特雷维喷泉"，位于罗马市中心三条重要街道的交汇处，自从《罗马假日》上映后，这座据说能实现人们愿望的喷泉就被称作许愿池。这座喷泉是教皇乌尔班八世下令修建的，他认为原来的喷泉不够华丽，于是便邀请建筑师贝尔尼尼来为他设计一座新的喷泉，并要求能在自己的吉瑞纳宫中可以看到它。但是喷泉建到一半教皇就去世了，这项工程也就停止了。直到100年以后，教皇克莱蒙特二世开始重新修建喷泉，并选择了当时最流行的巴洛克式风格，任命巴洛克风格大师沙尔维作为喷泉的主设计师。这座喷泉历经30年的辛苦修建，终于在1762年完成，这是罗马最后一座巴洛克风格的杰作，堪称是罗马的象征之一。

这座雄伟的喷泉呈左右对称，雕刻描述的是海神的故事，喷泉的基座是一片零乱的海礁，背后是一座气势宏伟的海神宫，一尊被两匹骏马拉着奔驰的海神像立在中间，海神的左右各有两尊水神，右边的水神像上，有一幅《少女指示水源》的浮雕，而浮雕上面有4位代表四季的仕女像。在电影《罗马假日》里，据说在这里许下心愿的话，心愿会在下一次抵达罗马时实现。因此引来了无数游人在这里争相许愿，尤其是年轻男女，纷纷来到这里许下和爱人永结良缘的心愿，使得这座偏僻的喷泉一下子就变得十分热闹。

## 最美看点

### 海神雕塑

位于喷泉中的海神雕塑是这里最具美感的部分，这是一座巴洛克风格的雕塑，出自著名的建筑师沙尔维之手。海参雕塑的基座是一片看似零乱的海礁，正中是巨大的海神塑像，他坐着马车，手里拿着标志性的三叉戟，左右有数名水神陪侍。而海神宫的上方还站着4位少女，分别代表着四季。这座塑像是喷泉的象征，夜晚，当灯光照射在塑像上，那种美简直难以用语言描述。

许愿

人们来到许愿池最大的目的就是许愿，不过在这里许愿有一定的"规则"。人们需要背对喷泉从肩以上抛一枚硬币到水池里，同时许下自己的心愿，那这个心愿必会实现，同时这个人还会再度回到罗马。如果用同样动作抛三次硬币，第一枚代表找到恋人，第二枚彼此真心相爱，第三枚是爱情成功，婚后一起重返罗马。

# 巴贝里尼广场

位于罗马市中心的巴贝里尼广场是为了纪念教皇乌尔班八世而命名的，因为他出自巴贝里尼家族，在出任教皇后大力支持了著名建筑师贝尔尼尼，因此在这座广场上留有很多贝尔尼尼的作品，极富艺术感。

## 巴贝里尼广场印象

巴贝里尼广场的名字取自附近的巴贝里尼宫，这里是罗马豪门巴贝里尼家族的住所，直到这个家族出了一位教皇乌尔班八世，他和著名的意大利建筑师贝尔尼尼亲交甚深，对贝尔尼尼的创作多加资助。于是贝尔尼尼也将他最出色的作品留在了巴贝里尼宫的前面，也就是现在的巴贝里尼广场上。巴贝里尼广场上到处都是传统建筑的身影，其中最豪华的自然要数巴贝里尼宫，这座宫殿是由三名著名建筑师设计的，他们将自己对建筑和艺术的理解留在了里面，尤其难得的是博罗米尼和贝尔尼尼两位竞争激烈的老对手并肩工作，使得这座宫殿光彩过人。如今这座广场是来往罗马各地的重要交通中心，很多来罗马旅游的人都会在这座广场休息，而四周的传统风格小店也是他们光顾的对象。

## 最美看点

巴贝里尼宫

巴贝里尼宫曾经是巴贝里尼家族的荣耀之地，如今这里是国家古典艺术馆的所在地。里面展出的各种艺术品全都是巴贝里尼家族多年来的珍贵收藏，其中就有拉斐尔、卡拉瓦乔等大师的真迹。除此之外，巴贝里尼宫中那华美的巴洛克风格装饰也令人难以忘怀，多位建筑大师的精巧设计令这里更显得美轮美奂。

海神喷泉

海神喷泉位于巴贝里尼广场的中心位置，是贝尔尼尼留给巴贝里尼的礼物之一。在喷泉的正中是一尊海神波塞冬的儿子特里同的塑像，像中的特里同人身鱼尾，嘴中吹着一个海螺，海螺中不断喷出水来，脚下则是一片巨大的贝壳。整个雕塑和喷泉结合地井然有序，其创意也令人耳目一新。

蜜蜂喷泉

蜜蜂喷泉位于广场北侧，因为规模很小所以看上去有点不起眼。这座喷泉的形象是一个贝壳和一只蜜蜂，之所以要选择蜜蜂作为主体，是因为巴贝里尼家族的徽章就是蜜蜂。在喷泉中一只蜜蜂停留在巨大的贝壳底部，汩汩清水从蜜蜂口中流出，有一种细水长流的感觉。清凉的水花在炎炎夏日中给人们带来舒适，是人们最喜爱的地方之一。

无垢圣母马利教堂

无垢圣母马利亚教堂是乌尔班八世担任红衣主教时所建，这座教堂乍一看并没有什么特殊，但是里面却有一座著名的人骨礼拜堂，是由 4000 位修道士遗骸装饰而成的，最后一间神龛内有这样一句话："你们的现在是我们的过去，我们的现在是你们的将来"。虽然有些神秘恐怖，但富有哲理，让人深思。

# 纳沃那广场

有"罗马最华丽广场"之称的纳沃那广场是意大利天才建筑师贝尔尼尼的又一杰作，椭圆形的广场看上去就好像是一座圆形竞技场一般，四周围绕若是罗马风格的古老建筑，在各色喷泉的映衬下显得十分优雅。

## 纳沃那广场印象

纳沃那广场是罗马皇帝图密善为了让贵族们娱乐而修建的广场，这座广场建造在一座叫多米奇亚诺运动场的遗址上，形状上保留了原有运动场的样子。15 世纪时这处广场被重新整修，成了现在的样子。说起纳沃那广场，给人印象最深刻的还是要数在广场上的三座喷泉，北侧是海神喷泉，南侧是摩尔人喷泉，而最著名的则属中间那座由贝尔尼尼设计的四河喷泉。

在广场西侧还有一座阿科内圣阿涅塞教堂，这是贝尔尼尼的敌手博罗米尼所设计，两位天才的建筑师使用自己的建筑相互竞争，两处建筑既互相映衬，又带有不小的敌意，可谓是对立而统一的和谐景象。每到入夜时分，广场四周的建筑都会亮起灯光，昏黄的灯光照射在古老的建筑上，优雅华贵。

## 最美看点

四河喷泉

纳沃那广场

　　四河喷泉是纳沃那广场最具看点的标志，天才的建筑师贝尔尼尼用4个老人的形象代表了欧洲人所熟知的四条大河——多瑙河、尼罗河、恒河与拉普拉塔河。4个老人造型各不相同，将四条河流的特色都体现出来。四河之中是一座高高的方尖碑，它代表了基督教在四河流域的传播。此外在雕像四周还有很多可爱的动物形象，使得雕塑更具活力。

　　阿科内圣阿涅塞教堂

　　阿科内圣阿涅塞教堂和四河喷泉遥遥相对，建造它的建筑师博罗米尼是贝尔尼尼一生的好对手，因此圣阿涅塞教堂和四河喷泉之间也颇有渊源。四河喷泉中代表拉普拉塔河的老人双手上举，远远望去好像托着圣阿涅塞教堂一般，这就是贝尔尼尼讥讽教堂不牢固而特意设下的。这也在建筑史上留下了一段趣闻。

　　潘菲利宫

　　潘菲利宫正对着纳沃那广场，是教皇英诺森十世的宫殿。出身自潘菲利家族的英诺森十世在当选为教宗后，认为自己原先的宫殿过于狭小，于是在这里购置土地，大兴土木，并邀请著名建筑师博罗米尼进行设计。这座宫殿规模宏大，是典型的巴洛克风格建筑，气势雄伟非凡。如今这里是巴西驻意大利使馆，并成为巴西的产业。

　　摩尔人喷泉

　　摩尔人喷泉地处纳沃那广场南侧，潘菲利宫的正门前，也是贝尔尼尼的杰作之一。这座喷泉中的雕塑描绘一个摩尔人站在海螺壳中，与一只海豚摔跤，周围是4个喷水的特里同雕塑。整个雕塑被放置在一个玫瑰色大理石喷泉池中，气质优雅，和背后气势雄伟的潘菲利宫形成鲜明的对比。

# 万神殿

位于罗马市中心的万神殿是至今唯一保存完好的罗马帝国时期的建筑，专门供奉奥林匹亚众神。这座神殿堪称建筑艺术的精华，到处都能看到精美的壁画和雕塑。人们将这座建筑视为罗马式建筑的标准，后世很多建筑都仿造于此。

## 万神殿印象

万神殿的美不是用一句话就能形容的，当年米开朗基罗看到这一建筑后，都不由得感叹它是"天使的设计"。万神殿是唯一保留至今的古罗马帝国时期建筑，始建于公元1世纪，如今的建筑是公元120年重建的。但是2000年的历史并没有改变这座建筑的美。这座建筑是标准的罗马神殿式样，精美的圆柱依次排开，青铜的大门上遍布精美的浮雕。这里原本是专门供奉奥林匹亚诸神的，后来被进献给了教皇，改成了一所教堂。万神殿内有7座壁龛，供奉着战神玛尔斯、恺撒等神明和帝王的雕像。神殿旁还有一座小堂，放置拉斐尔、意大利国王埃玛努埃尔二世、翁贝尔托一世和他的妻子玛尔盖丽姐王后等重要人物的遗骨。如今人们站立在万神殿前，无一不被这里磅礴的气势所慑服，在感叹古人工艺精湛的同时，也感受到时间的流逝。

## 最美看点

### 建筑结构

万神殿的内部结构十分精妙，这座建筑下半部是圆柱形，上半部是半球形的穹顶，穹顶的墙面厚度往下逐渐减小，为使整体建筑稳固，万神殿穹顶内壁被整齐划分为5排28格，每一格皆被由上而下雕凿凹陷，不仅使墙厚的递减更为合理，也增加了万神殿内部的美观性。正是这一结构使得这座建筑历经2000年不倒，一直保留到今天。

### 内部装饰

万神殿的装饰经历过两个不同的时期，在供奉诸神时期这里有大量描画神人大战的铜雕等装饰，还有屋大维、阿格里巴等人的雕像。变为教堂后，这些雕像被大面积替换，更换成了和基督教有关的雕塑。如今在万神殿内多多少少还是能看到一些过去的雕塑，如战神和恺撒的雕像等，是这座建筑悠久历史的明证。

### 名人墓地

万神殿被改造成教堂后，一些神龛就被改为墓穴，安放着意大利历史上占据重要地位的人物，如意大利统一后的第一个国王维克多爱玛努埃尔二世和意大利文艺复兴时的画家拉斐尔等。这些历史名人沉睡在庄严神圣的万神殿中，可谓是相得益彰。

重要影响

万神殿的建筑以其辉煌壮丽而闻名，给后世以极大的影响。光是在文艺复兴时期就有无数建筑家到万神殿来取经，学习这里的结构和设计思路。很多世界知名的建筑都是脱胎于此，如法国巴黎的先贤祠、美国弗吉尼亚大学的圆形大厅、哥伦比亚大学的图书馆和澳大利亚墨尔本的维多利亚州立图书馆等，都深受其影响。

# 越台伯河区

越台伯河区是罗马位于台伯河西岸的区域，是罗马最具魅力的区域之一。越台伯河区有众多充满中世纪情调的古老建筑、酒店、商铺、餐厅、酒吧等，衣食住行都极为便利，不少游客都喜欢选择这里作为投宿之地。

## 越台伯河区印象

来罗马旅游，越台伯河区肯定是必到的地方，这里位于罗马的老城区内，滔滔台伯河就在身边流过。游走在越台伯河区，远离了罗马市中心车水马龙的烦嚣，错落有致的房屋、绿意盎然的树木、芬芳扑鼻的鲜花构成了一种令人陶醉并放松的宁静氛围。

在这里拥有很多历史十分悠久的小酒馆、小商店等，它们就好像是从中世纪直接穿越到现代的一般，装饰多充满了浓郁的古典气质，服务人员也是那么的彬彬有礼，好像天生就带有一丝艺术气质。而位于台伯河畔的圣母教堂则是这里最著名的古迹，正因为有这座教堂的存在，才使得越台伯河区显得更为圣洁祥和，宛如台伯河中的流水一般，不知不觉就经过了好几个世纪。

## 最美看点

台伯河

台伯河被认为是罗马的母亲河，当年的罗马人正是在这里创立了灿烂辉煌的古罗马文明，同时也创造了联系起欧洲人文化的拉丁文字。台伯河用它广阔的流域催生出了大片的农田，灌溉了无数农场和庄园，是罗马帝国称霸一方的基础。

台伯利纳岛

台伯利纳岛是台伯河在罗马境内唯一一座小岛，最初这里的名声并不是很好，是专门关押犯人和流放麻风病人的地方，人人唯恐避之不及。现在这里早已不是当初那个死神经常光顾的小岛，而成了欣赏越台伯河区风景最好的地方。站在小岛的古老建筑群中，听着河水拍打着河岸的声音，让人恍如隔世。

越台伯河的圣母大殿

越台伯河的圣母大殿是罗马第一座圣母教堂，至今已经有1700年历史。教堂里有22根爱奥尼柱式及科林斯柱式花岗石圆柱，这些柱子都取自卡拉卡拉浴场的废墟，做工十分精细，也让这座教堂天生带有浓郁的艺术气息。在教堂内还铺设着精致的马赛克贴画，这些贴画都出自名家之手，美丽非凡。

卢卡提诺

这是一座自称"越台伯河区最古老的小酒馆"的酒馆，酒馆地处越台伯河区的中心地带，四周的道路都是用石子铺就的，体现出满满的怀旧氛围。而店内也没什么装饰，到处都是锅碗瓢盆，就像一处普通的民家一样，这里提供的各种菜式也都是意大利人经常吃到的家常菜，因此特别受那些喜欢意大利传统民风的游客的欢迎。

# 米兰大教堂

米兰大教堂是米兰的标志，是世界上最大的哥特式建筑，在教堂中规模仅次于梵蒂冈的圣彼得大教堂。这里曾经颁布过很多著名的教令。而拿破仑的加冕典礼也使得教堂增添了不少传奇色彩。

## 米兰大教堂印象

米兰大教堂恐怕是世界上名号最多的教堂，它原名"杜莫主教堂"，是世界上第二大的教堂。而教堂内主要供奉圣母马利亚，故而也被称作"圣母降生教堂"，同时这里也是世界上雕塑最多的建筑和尖塔最多的建筑，被人们尊称为"大理石山"。但是无论名字有多少，都无法改变米兰大教堂在米兰城和宗教界尊贵的地位，它是米兰的精神象征和标志，也是世界建筑史和世界文明史上的奇迹。

这座教堂经历了600年方才完成，德国、法国、意大利等国建筑师先后参与主教堂设计，其中就包括达·芬奇这样的伟大人物，因此结合了欧洲各国的建筑风格。而教堂内的装饰和布局也十分精巧，显得相当细腻，极富艺术色彩，将各个时代的建筑风格淋漓尽致地表现了出来，堪称是一座精致的工艺品。

## 最美看点

屋顶

米兰大教堂的屋顶是无与伦比的，屋顶上一共有135个大大小小的尖塔，每一座尖塔上都有雕工精致的雕像，其精美程度让人惊叹，是世界上拥有尖塔和雕像最多的教堂。传说米兰大教堂的屋顶上存放有一枚当年钉死耶稣的钉子，信徒们每年都要将它取下来朝拜三天，为了方便人们上下，达芬奇才发明了电梯。

圣巴萨罗马雕像

圣巴萨罗买雕像是米兰大教堂众多雕像中最特别的一座，这座雕像描绘了基督教圣人圣巴萨罗买被剥皮殉教时的场面，像中的圣巴萨罗买身披自己的皮肤，手持圣经，神态自若。他身上的肌肉和骨骼全都清晰可见，让人惊叹这座雕像工艺的精湛。

冬季圣堂

冬季圣堂堪称是米兰大教堂内最美的一个房间，由8根洁白的大理石石柱支撑着，圣堂内的设施都是木制的，顶上都是巴洛克风格的浮雕和壁画，搭配上漂亮的地板，给人以一种神圣的感觉。而在白色的灯光照耀下，这里愈加显得神圣而冰冷，仿佛身处寒冬。

圣乔凡尼·波隆圣堂

圣乔凡尼·波隆圣堂是为了纪念波隆大主教而修建的。波隆大主教曾经是米兰基督教的指导者，在他担任米兰大主教期间为基督教的发展做出了极为重要的贡献。圣堂内的6座大理石雕塑展现出波隆主教一生的功绩。每一组雕像都制作得十分精美，人物个个神情生动，栩栩如生，展现出当时过人的艺术水准。

# 威尼斯

水城威尼斯是每个来意大利旅游的人都非去不可的地方。漫步在优雅宽敞的圣马可广场上，遥望壮观的圣马可大教堂，或是乘坐贡多拉徜徉于威尼斯大运河中，那种梦回中世纪的美妙感受一定能让每一个人乐不思归。

## 威尼斯印象

朱自清的一篇散文《威尼斯》使得很多人对这座意大利北部城市向往不已。威尼斯因水而生，因水而美，因水而兴，早在8世纪开始就已经是亚德里亚海的商贸中心了。威尼斯城的外形好像一条在海中跃动的海豚一般，177条运河蛛网一样密布其间，每个岛之间用各色各样的桥梁连接。

城中的建筑大都建在最不可能的位置——水上，人们临水而居，靠水而活，将水和城有机地结合在一起。乘着贡多拉小船在威尼斯大运河中前行，河边200多座建于 14 到 16 世纪的建筑展示着这座古老城市的美感，它们有拜占庭风格、哥特风格、巴洛克风格、威尼斯式，地基全都淹没在水中，看起来就像是从水下升出来的艺术殿堂一般，让人不由地赞叹人类的巧夺天工。

### 最美看点

#### 圣马可广场

圣马可广场是整个威尼斯的中心，曾经被拿破仑赞叹为"欧洲最美的客厅"和"世界上最美的广场"。在历史上这里一直是威尼斯的政治、宗教和节庆中心，是威尼斯所有重要政府机构的所在地。19 世纪后成为大主教的驻地，它同时也是许多威尼斯节庆的举办地。如今在广场周围还能看到不少出售艺术品的小店，是威尼斯的最佳的徒步游览区。

#### 圣马可大教堂

大教堂就位于圣马可广场的西边，是威尼斯建筑艺术的经典之作，同时也是一座收藏丰富的艺术品宝库。这座教堂融拜占庭式、哥特式、伊斯兰式、文艺复兴式等建筑风格于一体，反映了当时威尼斯多民族文化的融合交流。在教堂内随处都能见到多种风格混杂的装饰和收藏，尤其是藏品中还有不少金色器物，使得这里也有金色大教堂的名号。

#### 威尼斯大运河

在威尼斯永远也不必担心迷路，因为在威尼斯中间有一条最宽阔的大道，它就是威尼斯大运河。这条运河与威尼斯市内 177 条河流全部连通，有 2300 多条水巷贯穿其中。在河道的两边，散布着各式各样的古老建筑，既有洛可可式的宫殿，也有摩尔式的住宅，当然也少不了众多的富丽堂皇的巴洛克和哥特式风格的教堂，简直是一座天生的建筑博物馆。

#### 贡多拉

曾几何时，人们行走在威尼斯，没有贡多拉简直是寸步难行。这是一种畅游在威尼斯大运河上的古老交通工具，小船两头高高翘起，表面涂满油漆，异常光滑，船首外包钢皮，昂然翘立。在运河里行走时，贡多拉在浪花上腾越，肆意飞奔，气势宛如一匹雄壮的奔马。如今运营在大运河上的贡多拉还有数百条，人们可以乘坐小船游遍威尼斯全城，别有一番浪漫感受。

## 佛罗伦萨圣母百花大教堂

佛罗伦萨的圣母百花大教堂一直都被人称作"世界第三教堂"，这座教堂在历经 150 年的建造后于 1436 完工，大教堂、钟塔与洗礼堂三位一体。在教堂里汇集了意大利最著名的建筑师、画家的作品，其建筑的灿烂辉煌即使是米开朗基罗也自叹不如。

### 佛罗伦萨圣母百花大教堂印象

佛罗伦萨圣母百花大教堂以其建筑的雄伟壮阔而闻名于世，很多人都将其称为世界第三教堂。尤其是它那直径 43.7 米、高 52 米的八角形圆顶更是其最大的特点。在百花大教堂建成 100 年后，米开朗基罗也在罗马设计了同样的圆顶，但他自己依然说："我可以建一个比它大的圆顶，却不可能比它的美。"可见百花大教堂的圆顶当时在人们心中的地位。除了圆顶，主座教堂重要的建筑还包括了钟楼和洗礼堂，其中洗礼堂是整个教堂中最古老的部分，其次便是钟楼。在百花大教堂对面还有一片小广场，被称作"圣乔凡尼广场"，是来自世界各地游客聚集的地点，每天这里都人头攒动，热闹非凡。而且在广场上还能见到很多出售各种艺术品的小店，还有一些贩卖纪念品的小贩和帮观光客作画的画摊。让人感觉即使是小商贩也带着一丝艺术气息。

### 最美看点

《最后的审判》湿壁画

《最后的审判》湿壁画就位于圣母百花教堂最引以为豪的大穹顶上，是意大利著名画家瓦萨里的传世名作。他利用了大穹顶的高度和弧度，创作出鲜活的地狱的场景与天堂中盛宴的场面，给仰望的人以极大的压迫感。不过瓦萨里最终并没有完成这幅传世画作，在他死后另一位大画家祖卡里接过了他的画笔，最终将这幅壁画完成。

大教堂美术馆

大教堂美术馆位于教堂一侧，专门存放教堂里收藏的各种精美艺术品。这里的藏品包括米开朗基罗在 80 岁时的《未完成的彼得像》，以及多纳泰罗的三位一体雕塑等，都是传世千年的不朽名作，而且都具有浓郁的宗教风格，体现了当时艺术和宗教的完美结合，具有极高的艺术价值。

圣乔凡尼洗礼堂

圣乔凡尼洗礼堂是整个教堂中最古老的部分，它位于大教堂的西侧，建于 7 世纪，11 世纪时改建成为现在的样子。洗礼堂外观是八角形的罗马式建筑，它的铜门是吉伯提的作品《天国之门》，上面有极为精美的浮雕。自从它建成以来，佛罗伦萨几乎所有的孩童都要在这里接受洗礼，其中就包括但丁、马基雅维利等名扬世界的人物。

圣雷帕拉达教堂遗迹

圣雷帕拉达教堂是圣母百花教堂的原身，这座教堂建于公元5世纪，至今依然有不少遗迹残留在百花大教堂之中。当初由于这座圣雷帕拉达教堂太小，而基督教徒不断增多，所以便依托这座小教堂而建起了现在雄伟壮观的圣母百花大教堂。

# 比萨斜塔

比萨斜塔是一座有近千年历史的钟楼建筑，高高矗立在比萨奇迹广场上，朝向东南倾斜着。虽然历经这么多年的风霜雨雪，这座塔依然斜而不倒，至今依然是难解之谜。

## 比萨斜塔印象

自从伽利略在比萨斜塔上扔下两个铁球起，比萨斜塔就在人类历史上留下了不可磨灭的印记。这座12世纪的建筑原是比萨大教堂的钟楼，但是建成后不久这里就开始朝东南倾斜，至今依然以每年1毫米的速度倾斜着。但是神奇的是，虽然斜塔倾斜得很厉害，但是就是斜而不倒，成为世界建筑史上一桩难解的公案。比萨斜塔的墙面用大理石或石灰石砌成深浅两种白色带，设有半露方柱的拱门，而拱廊中的雕刻大门，长菱形的花格平顶。拱廊上方的墙面在阳光的照射下形成光亮面和遮阴面的强烈反差，给人以钟楼内的圆柱相当沉重的感觉，同时和身边的大教堂、洗礼堂之间形成了视觉上的连续性。如今的比萨斜塔经过一系列的整修，被扶正了不少。

## 最美看点

奇迹广场

奇迹广场位于比萨市中心，被一片围墙所包围，拥有4座闻名世界的伟大建筑比萨大教堂、比萨斜塔、圣若望洗礼堂、洗礼堂墓园。这处广场至今已经有近千年历史，是比萨最著名的古迹。而广场上4处建筑各有各的特色，每一个都堪称名垂千古的重要遗迹，每年吸引来无数游人。

比萨大教堂

比萨大教堂是罗马式建筑的经典范例，教堂的外墙由红白相间的大理石砌成，色彩庄重和谐。教堂内共有68根精美的科林斯式圆柱，使教堂显得更为古朴典雅。教堂大厅中的大吊灯叫"伽利略吊灯"。据说当年伽利略在教堂内做礼拜时，观察到教堂中间的吊灯周期性来回摆动，得到启发提出摆动原理，后人据此发明了钟摆。

### 伽利略的实验

比萨斜塔之所以这么出名，和伽利略在塔上做的那个实验有关。相传 1590 年，出生在比萨的著名科学家伽利略为了破除人们对亚里士多德一个错误论断的迷信，登上比萨斜塔顶端，将两个质量不同的铁球同时扔下，成功推翻了之前的错误结论。虽然伽利略是否做过这个实验还有疑问，但是它带来的影响却流传到了后世，成为现代人一探比萨斜塔的重要原因之一。

### 倾斜原因

很多人都对比萨斜塔的倾斜原因很感兴趣，事实上比萨斜塔之所以会倾斜，是由于它地基下面土层的特殊性造成的。比萨斜塔下的有好几层不同材质的土层，由各种软质粉土的沉淀物和柔软黏土相间形成，深约 1 米的地方则是地下水层。而由于土层的沙化和沉降，使得比萨斜塔不断倾斜，而它为什么斜而不倒，至今依然是难解之谜。

# 庞贝古城遗迹

庞贝古城是意大利西南的一座历史古城，早在古罗马时期这里就是罗马第二富裕的城市。不过公元 1 世纪的一场火山爆发使得这里被埋进了地下，直到千年以后方才重见天日。如今这里是举世闻名的历史遗迹，隐藏了很多未知的秘密。

## 庞贝古城遗迹印象

公元 79 年，一场火山爆发将富庶繁华的庞贝古城埋在了地下，从此这里的时间就停止了。直到 1700 年以后，人们挖掘的锄头声将这座死城惊醒。当地人惊讶地发现，在地下居然还有这么一处宏伟的城市。这座古罗马的城市，里面的一切都被火山灰覆盖，保持着原有的模样，而里面的居民虽然早已死亡，但是却依然保持着火山爆发时的动作。

尽管庞贝古城如今只向游人开放三分之一，其余部分还埋在地下，但是在 1.8 万平方公里的土地上，人们能看到用白色、青色巨石铺筑的大街小巷已达几十条，这些街巷平整方正，而四周的各种带有浮雕的大理石石槽就是原始的自来水系统，让人们对这座城市先进的科技赞叹不已。除此之外，零散分布在庞贝古城各处的壁画和马赛克镶嵌画更是展示了古人过人的艺术细胞，即使是 2000 多年后的今天，也足以震撼每一个人。

**最美看点**

**大会堂**

大会堂位于庞贝市中心，是这里最重要的建筑。虽然庞贝城市人口只有 2 万多人，但是这座大会堂却可以容纳数千人同时进入。大会堂正面有 5 个入口，会堂内有露天的前庭、32 根巨柱支撑高两层的大厅。会堂的墙壁上，绘有许多希腊风格的装饰画，将人们过去在这里举行各种活动的情形都描绘了下来，反映了当时庞贝人开放而活跃的交流状态。

**史塔比恩浴场**

史塔比恩浴场为庞贝古城各浴场中最古老的一座，约莫建于公元前 2 世纪。里面有更衣室、微温浴室、游泳池等设施，这些设施至今保存完好。浴室长廊中圆柱成列，室内墙上的浮雕非常精致，就连浴盆都是大理石精雕细琢而成。双层结构的地板，利用下方冒出的蒸汽保持浴场内的温度，这些设计都让人对古代先进的技术惊叹不已。

**大剧场**

庞贝也拥有和罗马一样的大型圆形剧场，甚至比著名的罗马圆形斗兽场都要早 51 年。这里主要表演角斗，包括人与人、人与兽之间的角斗，有时也举行体育赛事。圆剧场外围的围墙高达 2 米多，墙上绘有许多狩猎、竞技的壁画，反映出当年人们的生活状态。

**阿波罗神殿**

阿波罗神殿是整个庞贝古城里最大的建筑，庞贝人笃信阿波罗，认为阿波罗不仅主管光明、青春、医药、畜牧、音乐、诗歌，而且可以代表宙斯宣召神谕，预言未来。如今这座庙宇虽然已经被火山爆发所摧毁，但是从其 48 根庙柱和宏伟的台阶仍能让人感受到昔日辉煌的气势，庞贝人精湛的建筑工艺从中也可窥见一斑。

# 梵蒂冈

梵蒂冈这个袖珍小国地处罗马市内，作为天主教廷的所在地，梵蒂冈拥有历史悠久的圣彼得大教堂、圣彼得广场、梵蒂冈花园和梵蒂冈博物馆等宏伟的建筑，浓缩了基督教世界 2000 年的历史。

**梵蒂冈印象**

梵蒂冈城国不仅是世界上面积最小的国家，仅有 600 常住人口的梵蒂冈同时也是世界上人口最少的国家。这个袖珍小国以古老的梵蒂冈城墙为国界，四面都与意大利接壤，是一座典型的国中国。

作为天主教廷的所在地，2000 年来梵蒂冈城国一直是基督教世界的中心，是欧洲最有权势的罗马教廷的所在地，现今依旧是教皇的治所，其浓厚的宗教色彩使这座袖珍小国充满了神圣的氛围，同时浓缩了基督教世界上千年厚重的历史与璀璨的艺术精华。

**最美看点**

### 圣彼得大教堂

建于公元 4 世纪的圣彼得大教堂以其高 132 米、气势宏伟的古罗马圆顶而闻名，在其千余年的历史中曾多次扩建整修，圣迦罗、拉斐尔、米开朗基罗等艺术大师都曾参与圣彼得大教堂的重建工程，整座教堂不仅有历代天主教圣人的雕像，也有米开朗基罗等艺术大师留下的珍贵艺术品，其内部装饰更是金碧辉煌。此外，圣彼得大教堂内的洗礼堂除了精美的壁画外还有一尊古老的圣彼得铜像，数百年来不知有多少虔诚的教徒在这里亲吻铜像的脚并祈祷。

圣彼得大教堂

### 圣彼得广场

圣彼得大教堂前的圣彼得广场被两侧半圆形的走廊环绕，高大的圆柱上装饰有基督教历史上的圣徒雕像，是一座可同时容纳 30 万人的宏伟广场。每周日下午教皇出现在教堂面对广场的窗前时，更是引起广场上无数虔诚信徒与游客的欢呼。此外，在圣彼得广场最引人注目的还是高 22.5 米的方尖碑，这座公元 40 年由罗马帝国皇帝从埃及运送来的方尖碑，已经在这里屹立了近 2000 年，见证了梵蒂冈的漫长历史。

梵蒂冈博物馆

梵蒂冈博物馆是全世界最早开放的博物馆和规模最小的国家博物馆，在这座博物馆内不仅展示有古埃及、古希腊、古罗马的艺术珍品，同时收藏有拉斐尔、卡拉瓦乔、达·芬奇等文艺复兴时期艺术大师的杰出作品，堪称一座艺术宝库。此外，梵蒂冈博物馆内的西斯廷礼拜堂，以天花板上米开朗基罗创作的《创世纪》和环绕墙壁的《最后的审判》而闻名世界。

梵蒂冈花园

隐匿在众多古老典雅建筑之间的梵蒂冈花园内树木葱郁苍翠，各色鲜花争奇斗艳，游人漫步在花园内蜿蜒曲折的小径上可以欣赏到周围华美典雅的古老建筑，感受周围静谧祥和的氛围，因此这里被誉为是梵蒂冈最美丽的园林。

圣天使堡

毗邻台伯河的圣天使堡最初曾经是罗马皇帝哈德良的陵墓，在其后的漫长岁月中，这座外墙为五角形的建筑先后被当作城堡、监狱和博物馆，甚至还流传着罗马教皇从梵蒂冈的密道秘密前往圣天使堡的传说。游人现今在圣天使堡可以看到不同时代城堡守卫者所使用的武器，以及教皇和许多历史名人曾经居住过的房间，感受浓郁的历史气息。

# 希腊

## 希腊概况

希腊被誉为西方文明的摇篮，从旧石器时代、青铜时代起，爱琴海上的希腊人就已经打造出高度的文明，并创造出灿烂的古代文化。公元前 2800~1400 年，希腊克里特岛出现了米诺斯文化，伯罗奔尼撒半岛也出现迈锡尼文化。关于它们的历史，仅有文字记载的就有 2700 多年。在公元前 800 年，爱琴海上就出现了奴隶制城邦国家——希腊。智慧的希腊人精心建设着自己的国家，在公元前 5 世纪时，希腊发展到一个非常发达繁荣的鼎盛时代。但此后，希腊开始不断受到外国的入侵，先后被马其顿、罗马、拜占庭和奥斯曼帝国等占领统治。直到 1821 年 3 月 25 日，爆发了反对奥斯曼帝国统治的战争，希腊人最终战胜并宣布独立。后来在第二次世界大战期间，希腊被德国占领了，到 1944 年 10 月 15 日才彻底解放。1974 年底，希腊彻底推翻国王制，将国体改为共和国。

到希腊旅行，给人印象最深刻的就是这里透明的阳光、深蓝的海水和白色的石头。一年四季充沛的阳光将希腊打造成欧洲的阳台，悠久的古希腊文明给希腊人留下了丰厚的文化遗产。这里每年不仅吸引了大多来享受阳光海水的游客，还吸引了很多考古爱好者。他们或者独行，或者成群结队，去希腊的古文化城邦，去神秘的古神庙，去所有能探索到古希腊文明的岛屿。

## 出入境须知

所有前往希腊旅行的中国公民，如果持有希腊或其他申根成员国签发的申根签证，在签证有效期内都有权进入希腊和其他任何申根国家。

护照与签证

如果没有其他附注、持有申根签证有权在所有"申根国家"旅游并相应允许一次、两次或多次入境。负责使馆，为主要旅行目的地的国家驻华使馆。持公务护照（包括外交护照、公务护照和因公普通护照）者的签证申请，须按规定经由部委或其他具有照会权的外事部门递交。使馆受理签证申请的前提是同时已递交所有所需材料。签证申请须提前 3 周递交到使馆。

出入境携带

希腊海关规定，17 岁以上人员，携带一天所需食物，175 欧元以下的工业制品，250 克烟草或香烟 200 支或 50 支雪茄，1 升酒精含量为 22% 以上的酒，或 1 升酒精，或者 2 升酒精含量为 22% 以下的酒，香水 0.25 升等物品时，可免税，超过限量需要按照相应税率缴税。15 岁以下的人员，可携带 90 欧元的工业制品，但不可携带烟草或酒精制品。每位入关游客可携带少量的自身使用的药品。入希腊海关时，如果携带了超过 200 美金的现金时，需要向海关申报。

## 交通概况

希腊的交通情况尚算良好，航空和水运较为发达。相比之下，铁路运输和公路系统就显得不那么灵光了。

### 飞机

希腊全国共有 39 个机场，遍布各大城市和主要海岛的国际航线有 39 条。凡前往欧洲的班机都可转机前往希腊首都雅典及其他城市。希腊主要的机场都在雅典。雅典是欧、亚、非三大洲的主要转口站，世界各地航空公司均于雅典机场起落，希腊国营奥林匹克航空公司为欧洲八大航空公司之一，以雅典为中心，航线遍布全国，四通八达。

### 火车

希腊的火车不是电气化火车，行驶速度不算快，很适合于游览沿途的风光景色。希腊的主要铁路干线连接雅典、塞萨洛尼基、亚历山德鲁波利斯和一切沿途的城镇。另外，希腊还有很多段为旅游建设的铁路支线。

### 长途汽车

希腊的国营长途汽车（KTEL）速度虽然慢，但路线却十分密集并且便宜。在大城市之间来往的长途汽车都是新型的车种，而在山区或希腊北方行驶的长途汽车就没有那样令人满意了。在较小的乡镇中，长途汽车的停靠站往往设在咖啡馆或面包店前面，可以向店家索取时刻表。游客上车别忘记先向司机确定是否为预计要搭的长途汽车，并且请求司机在到站前提醒自己。游客在搭乘长途汽车来往各地之前，最好先确定出车的时间，长途汽车站的布告栏上所张贴的时刻表常常是过期的，开口问问比较妥当。此外，在周末时，长途汽车的班次往往很少，在国定假日中，长途汽车也通常不开。由于希腊的长途汽车通常会提早出发，建议游客最好在预计发车的前 10 分钟到车站等候。在大城市中，KTEL 会有两个以上的发车站，乘车前一定要先确定好前往目的地的长途汽车是由哪一个发车站出发。

### 渡轮与高速船

船班的时刻表每周更新，时刻表可以在各家渡轮办公室、观光局取得，港口的警察局也会张贴，上面会标明船班时间、航行路线、渡轮名称。多家渡轮公司有多条航行路线提供便捷的方式来往各个岛屿间，船票也相当便宜，然而船班却不固定，航行速度也慢。

渡轮出发的时间不仅可能在没有通知的情况下提前，更有可能延迟出发长达 3 小时以上，若想要在船上找到舒适的座位，建议在航行前 1~2 小时就到达码头，并且自备厕所所需的卫生纸以及饮用水、食物。

在短程的航行中，船舱中的座位很快就会被占满，所以最好带顶帽子，以防必须在甲板上接受艳阳的考验。若是长程的航行最好自备睡袋或者付更高的价钱睡在有隔间的船舱中。

### 希腊住宿

多数希腊的旅店分为 A、B、C、D、E 几个档次，价格差别很大。所有旅馆房间的背后都挂有希腊国家旅游部门批准的收费标准。

价格方面，旺季时价格约是淡季的 1.5 倍。多数房费含有早餐费用。过夜必须以护照抵押，退房时交款拿回护照。另外，希腊的青年旅舍并不多，但都提供比较好的英语服务和旅游咨询服务。同时，青年旅舍还提供存包服务，不过也是收费的。

### 希腊风俗礼仪

在希腊，很多风俗习惯和希腊神话历史相关。

*风俗*

在希腊，有忌日之说。每逢忌日不能嫁娶，不能有商业活动，公民大会不能开会，法庭不得审理案件。因此，每个月 18 日和 19 日就成了人们净化心灵的日子。在普兰特里节，人们还得把城内大的神明雕像用布遮盖起来。更有甚者，在雅典娜节，人们除了遮盖雅典娜，还得抬着神像排队转上一大圈，不论男女老少尊卑皆要参加。此外，每遇荒年或久旱不雨，或是瘟疫蔓延，还要举行各种仪式祈求上苍，为城邦消灾弭祸。

希腊人十分相信所谓征兆。如果在做事的时候，打个喷嚏或耳内出现轰鸣，就会认为这件事是不能做的。希腊人在出海前总要占卜求签，问个凶吉。要是病了，一定会在脖子上挂个护身符。公民大会时，只要有人说天空出现不祥之兆，立刻就散会。正在进行的祭祀，一旦被某个坏消息打断，就必须重新开始。

在希腊，随处可以看见一些未完工的建筑物。因为希腊人习惯只做今天他们所需要的而把剩下的留给未来。大多数希腊父母为他们的每一个女儿盖房子，但却不盖他们儿子的（他们认为儿子将来会跟一个女孩子结婚，从而也就能从那个女孩子的父母那里得到一套房子）。当父母或者外祖父母过世后，他们房子的继承权也常常是女儿。

希腊当地的节日有许多独特的风俗。在希腊的一些乡村，每逢元旦到来，便带着一块大石头作为礼物到亲友家拜年，并把它放在地板上向主人祝愿说："愿你家有一块像这石头一样大的金子！"。每逢雅典娜节时，雅典全城便沉浸在对雅典娜的崇敬中。节日中最隆重的仪式是市民列队向卫城进发，给雅典娜送上一套新的衣装。动人心弦的仪式，队伍随宗教乐曲的节奏，走到神殿前，等待诸神在奥林匹斯山的欢宴结束后，来接见他们。在希腊，还有一个哑剧节，这一天，人们模仿芯修斯回到阿提卡的情景：一名传令官手持赫耳墨斯神杖，先仿照古例，在杖上绕花环，然后发出忒修斯当时可能会发出的声响。而在排好的队列中，每人手上都要托着一套据传忒修斯穿过的衣服。

生活习惯

希腊人十分注意着装整洁，尤其是中老年人更讲究衣着端庄大方。在正式社交场合，男子通常穿深色西装，打领带或系领结。平时外出，希腊的中老年人也都要打扮自己，老太太们十分喜欢穿各式颜色鲜艳的服装。希腊人在路上与他人相遇时，即便他们素不相识，但也会向对方问候，以示友好。如果道路狭窄，他们总是让对方先行，尤其是对外国人。希腊人举止高雅，并有许多讲究。他们不使用招手和摆手的动作，认为这是蔑视人的一种行为，手离对方的脸越近则侮辱性越强。他们还认为久久地凝视别人是不怀好意的表现。当众打喷嚏和用手帕擦鼻涕更是他们十分忌讳的。希腊人斜着脖子表示肯定，仰头表示否定。当地人喜欢咋舌，借以表示欲望或打信号。在希腊，注意手掌心不可向着人。希腊人见面时，通常都是以握手为礼，但在许多情况下他们也会用拥抱、亲吻来表示自己的友好之情。希腊人邀请朋友出去吃饭或者喝酒都是自己付钱买单。如果第一次与希腊人接触，切记千万不要尝试着让他像通常在北欧所做的那样把"账单分成两半"，甚至把账单从主人那儿硬抢过来，然后付掉。这样做的结果会直接激怒那个希腊人，他会觉得自己被羞辱了。如果被希腊人邀请到家里做客，千万记得要给主人带点东西。鲜花、巧克力是最常见的东西。如果是和本人同名的圣徒纪念日，那么就一定要带上一份礼物送给主人，礼物将原封不动的与其他礼物一起被安放在桌子上。希腊人的习惯是直到所有的客人都散尽之后才打开礼物。如果这个希腊人并不喜欢这份礼物，他不会假装很感激地说谢谢之类的话。另外，希腊人很注重自己的午休时间，因此，千万不要在休息时间打电话到希腊人家里去。

# 雅典

希腊的首都雅典位于希腊半岛东南的阿蒂卡平原上，三面环山，一面傍海。传说雅典的名字来源于雅典娜女神。很久以前，雅典娜和海神波塞顿争夺过这个城邦，众神表示谁能给人类一件有用的东西，这个城就归谁。波塞顿变出了一匹战马，这是战争的象征；雅典娜则变出一株橄榄树来，这是和平的象征。最后，雅典娜赢得了这座城市，将她命名为雅典，并成为雅典城的保护神。雅典已经有5000多年的历史，其间不仅创造出辉煌的希腊文化，还孕育出许多不朽的大师，像大悲剧家欧里庇得斯、哲学家苏格拉底、柏拉图、亚里士多德、历史学家希罗多德等都在这里诞生或居住过，他们与雅典一起流芳百世，令无数人为之倾倒。

雅典

如今，雅典是一个遍布古代遗迹的历史古城，也是个发达的现代大都市。市区东北部是政治文化中心，西南及港口一带是工商业区，协和广场附近为全市最繁华的地区。在雅典市内，不仅有 20 多间博物馆，还有许多的古老遗迹，几乎每一段市政工程的进行，都不可避免地会开发出一个残缺的宫殿或其他文物古迹。雅典人小心呵护着自己的财富，他们可以将 200 棵橄榄树原封不动地保留下来而改变城市建设的计划。在他们眼里，一片小小的橄榄树林也代表着一种文化。

### 贝纳基博物馆

从宪法广场步行 10 分钟就可以到达贝纳基博物馆，它最初是在 1926 年建立的，原是希腊最早的私人博物馆。安东伊内·贝纳基酷爱收藏文物，他花了 35 年的时间来收藏从石器时代到 20 世纪的来自地中海沿岸国家和地区的绘画、珠宝、服饰和其他艺术珍品。1931 年时，安东伊内·贝纳基将这些毕生收藏的艺术品捐献给国家，从此，博物馆便以他的名字命名了。后来，贝纳基博物馆又得到其他方面的馈赠，馆内的收藏品种类日益丰富起来。如今，馆内除了展览 5000 年来希腊的巨幅画和珍贵文物外，还珍藏有中国的陶器、波斯的丝绸、希腊各岛的刺绣、小亚细亚、美索不达米亚以及希腊的民间工艺品。

### 无名战士纪念碑

无名战士纪念碑位于国会大厦和宪法广场之间。它建于 1928 年，是为了纪念在反抗土耳其统治的战争中捐躯的希腊无名英雄。当年希腊人民为了在统治 400 年的土耳其人手中取得独立，爆发了一场大规模的起义，无数希腊战士用自己的生命换回了国家的主权，这才开启了希腊的近代史。为了慰藉这些无名的亡灵，希腊人造了这座无名战士纪念碑，墓碑上雕刻着当年的希腊战士头戴盔甲，手执盾牌，卧于疆场的生动情景。而在纪念碑前左右两侧，始终都有穿戴着帽、肩饰、宽拢衣裙及线球鞋的士兵以独特优美的步伐巡行在墓前。每到正点，游客还可以免费参观这里举行的精彩的士兵换岗仪式。

## 凯拉米克斯遗址

据说凯拉米克斯这个名字是以占领艾瑞丹诺斯河岸整个地区的陶器工人团体命名的。当时著名的政治家、军事家特米斯托克洛斯于公元前 5 世纪建造了一个被分为两部分的雅典城墙，一部分是内凯拉米克斯，另外一部分是外凯拉米克斯。当时城墙有两个门：迪普利翁门和神圣门，它们分别连接着雅典两条最重要的游行大道，一条大道通向伊流西斯地区，另一条大道则通向卫城。其中，迪普利翁门是在公元前 478 年建造的，它是雅典市最大最正式的城市大门。在迪普利翁门入口的左侧是建于公元前 307~304 年的泉水屋，它为城市居民提供了源源不断的水。在城墙外围，是一处有着两条道路的坟墓大街。一出围墙，就可以看到很多古代的墓地雕塑与浮雕，如公元前 410 年的墓碑浮雕，公元前 394 年在战争中阵亡的将军浮雕等。坟墓大街始建于公元前 394 年，一直沿用到罗马时代晚期，大街成东西走向，宽约 8 米。南北两边各有一条坟地路。路南的坟地较大，呈扇形，路北的墓地则较为零散。坟墓多为过去雅典富户、官员的，其中约有 20 户已经被发掘。墓碑的形式多种多样，最讲究的一座墓碑雕刻得像一座庙宇。除墓碑外，还有雕刻精美的大理石石柱，上面刻有墓主的姓名、年龄等文字。

## 奥林匹亚宙斯神殿

奥林匹亚宙斯神殿位于奥林匹亚体育场和卫城之间的一片废墟之上，是古希腊最大的神庙之一。在 2500 多年前，古希腊人民为感谢宇宙主神宙斯的庇护，按照伊奥尼亚风格开始修建宙斯神庙，用来供奉宙斯。后来神庙又经过了多位建筑师的设计，变成为典型的科林斯式石柱风格，而且一概使用大理石。可惜在公元前 86 年时，罗马指挥官苏拉攻占了雅典，破坏了尚未完成的建筑，将一部分石柱和其他建材拆下来运到罗马。直到今天，在罗马市中心的古罗马广场遗址上，还能看见它们。但是，希腊的建筑师依然没放弃这座伟大的建筑，在他们的精心打造下，神庙终于在公元前 2 世纪的哈德良时期落成。据说当时整个神庙坐落在一块 205 米长，130 米宽的地基上。神庙以表面铺上灰泥的石灰岩建成，殿顶则使用大理石兴建而成。神庙本身长 107. 75 米，宽 41 米，共有 104 根科林斯柱。每根石柱高达 17. 25 米，顶端直径达 1. 3 米，约计用了 1. 55 万吨的大理石。而在神庙中，最著名的还数用象牙和黄金塑造的宙斯塑像。

### 狄奥尼索斯剧场

古希腊人尤其喜欢看戏，就像现代人喜欢看电影、电视一样。虽然希腊戏剧在公元前 536 年就已经产生了，但是那时并没有专门的剧场用来表演戏剧。直到公元前 6 世纪，希腊人在卫城南部修建了以酒神狄奥尼索斯的名字命名的狄奥尼索斯剧场，希腊戏剧才得以公开正式地上演。它是世界上最古老的剧院，同时也是希腊剧作家的专属表演场所。其中希腊著名的剧作家埃斯库罗斯、索福克勒斯、欧里庇得斯、阿里斯托芬等人创作的戏剧大都在狄奥尼索斯剧场上演首场。如今，狄奥尼索斯剧场四周已经成为一片荒芜之地，唯独剧场还依旧人声鼎沸。装饰精美的门廊连接着 2 个半圆形的场地。就是在这古代场地上，到现在还经常上演露天歌剧晚会和音乐会。

### 哈德良拱门

哈德良拱门与在奥林匹亚宙斯神殿隔路相望，宙斯神庙位于路南，而哈德良拱门则位于路北。拱门高 59 米，宽 41 米，厚 7. 5 米，基座上有一些科林斯式风格的门廊立柱，柱子顶端雕刻有精美的毛茛花叶的纹饰。随着时间的流逝，哈德良拱门已经没有了当初的风采，在这残垣断壁中唯一可以辨认的就是哈德良拱门两面刻着的文字。虽然非常模糊，但是还能辨认出拱门面向雅典卫城一面的墙上刻有意为"此为雅典，即忒修斯古城"的文字，拱门面向宙斯神庙一面的墙上刻有意为"此为哈德良城，非即忒修斯古城"的文字，这些文字清晰地标示出当时城市的界限。

### 古安哥拉遗址

在 1000 多年以前，卫城脚下的安哥拉地区曾是雅典商业、政治和文化中心。在鼎盛时期，这里是政治家、教育家、哲学家、戏剧家的聚集中心。雅典最著名的哲学家苏格拉底，经常带着他的弟子在这里漫步，当中也包括后来著名的柏拉图。但是这里却没有妇女的地位，当时雅典不允许妇女参与任何社会活动。

如今，这些建于公元前 1 世纪~公元 2 世纪的安哥拉地区建筑都已经变成残垣断壁。但是这里也保存有两个被复原的建筑，一个是赫法伊特翁神殿，一个是阿特洛司柱廊。建于公元前 2 世纪的阿特洛司柱廊，是由波格蒙王阿塔罗斯所建的非常典型的希腊式两层建筑，它可以说是所有希腊遗迹中复原得最好的。一楼外观是 45

根多利安式柱，围着中间的 22 根爱奥尼亚式柱，二楼外观是爱奥尼亚式列柱，中间则是埃及棕榈叶柱头的列柱，处处都是风格不同的混用列柱互相搭配。特洛司柱廊的低层是博物馆，收藏着一些展现古希腊人日常生活的历史文物。

### 希腊国立考古博物馆

希腊国立考古博物馆建于 1866~1889 年，建筑师是两位德国人：路德维希·郎格和恩斯特·奇勒。馆内收藏了近 2 万件希腊各地出土的能代表希腊各个时期不同文化的价值极高的文物。在这些文物中，绝大部分文物都反映了希腊神话的内容。

希腊国立考古博物馆是一个两层建筑，有大厅、陈列室等 50 多个房间，游客要想将国家考古博物馆的展品做一个粗略的游览，至少需要 3 天的时间。进入博物馆的入口，游客首先看到的是迈锡尼陈列区，这里主要展出了著名德国考古学家施利曼的考古发现。施利曼于 1876 年发现一组君主的坟墓，从中发掘出公元前 1580 年的一个国王的黄金面具，又称阿伽门农的面具。它是迈锡尼国王阿伽门农死后，依其面貌所制成的黄金面罩，是强盛一时的迈锡尼文明的最好证明。观看完迈锡尼陈列区，两侧是雕塑陈列区，往北是青铜器陈列区。

### 卫城

卫城长 280 米、宽 130 米，坐落在雅典市内海拔为 156 米的山冈上，是雅典的制高点。早在新石器时代，就有人在卫城生活。公元前 5 世纪中叶，在希波战争中，希腊人顽强地抵抗波斯人入侵，最终取得了胜利。为庆祝这光辉的荣耀，作为全希腊盟主的雅典，在公元前 5 世纪开始对卫城进行大规模的建设，大批一流的古希腊风格的建筑从此屹立在卫城之上。

从卫城脚下陡峭的山道拾级而上，最先看到的是众议院大门、卫城的前门和山门。众议院大门和登爬山丘的阶梯都是罗马时代的建筑。建于公元 5 世纪的前门由北翼、中央楼及南翼组成。北翼建筑保存较完整，房间壁面有古代著名画家霍里克勒特斯的画。5 个入口的中央楼有 6 根粗大的多利安式列柱，入门两侧则各有 3 根爱奥尼亚式列柱。南翼乍看下似乎和北翼成对，但它其实只是柱廊建筑，且规模比较小。山门是卫城真正的入口，以前山门是由两侧的宫殿组成的，如今仅剩 5 个门的柱子，这些多利安式及奥爱尼亚式列柱巧妙地穿插并列，也显示出不凡的气势。

内殿呈方形，前后有着 4 根爱奥尼亚式列柱，内有一尊手托没有翅膀的胜利女神的雅典娜神像。雅典娜是希腊神话中的智慧女神，她与海神波塞顿争夺雅典获胜，成了雅典的保护神。据说雅典人故意将神殿里的胜利女神翅膀切下，希望在战争中，能使希腊永远都是胜利的一方。可惜神殿几经自然灾害和战火的洗劫，现在只剩下几座 11 米高的圆柱了。位于雅典娜胜利女神殿北侧的，是阿尔忒弥斯神殿。阿尔忒弥斯在希腊神话中是月神与狩猎女神，这里原本是奉祀阿尔忒弥斯女神的地方，左侧还有四方形的土台遗迹。近旁的阶梯直接通往帕特农神殿。

### 帕特农神庙

帕特农神庙是西方，以至世界上最早的古代大庙宇，建于公元前 447~438 年，是原始宗教的庙宇。神庙长 70 米、宽 31 米，被 48 根多利安式列柱所环绕，每根柱子高 10 米，直径 2 米，总面积达 1200 平方米。神庙的屋顶三角楣上都刻有浮雕，正面是雅典娜女神披戴盔甲从宙斯头部跃出的情景，背面是雅典娜与海神波塞顿争执要成为雅典守护神的场面。三角楣下的四方壁上所雕刻的是希腊与特洛伊战争的情景。帕特农神庙是多利安式建筑中的最高杰作。

### 奥林匹亚

雅典西南 370 千米处的伯罗奔尼撒半岛西部，阿尔费夫斯河与克拉泽夫斯河汇流处的丘陵地区，是奥林匹克运动的发源地——奥林匹亚。自从史前时代以来，奥林匹亚就有人居住。铁器时代，多立斯人就在奥林匹亚建立了神庙。这里逐渐成为敬拜宙斯的一个中心。而奥林匹克运动正是当时一种祭神的庆典活动。后来因北方多利安人入侵而停止了奥林匹克运动。公元 776 年，希腊人收复奥林匹亚后，这种祭神的庆典活动又恢复了举办。现在，奥林匹克运动会虽然改在各国轮流举行，但仍然沿用这一名称，并且在这里点燃各届运动会的圣火。

奥林匹亚考古博物馆

建于 1883~1886 年的奥林匹亚考古博物馆，是希腊的第一座地方博物馆。奥林匹亚考古博物馆最初主要展览从奥林匹亚遗址发掘出来的文物雕塑，以各邦奉献的青铜器、武器装备、运动器械为主。后来在 1970 年整修后，奥林匹亚考古博物馆除了展出奥林匹亚遗址发掘出来的文物外，还举办奥林匹亚的历史展。如今，在奥林匹亚考古博物馆里展出的文物越来越丰富，它的镇馆之宝是由古希腊最杰出的雕塑家普拉希特泰莱斯所创造的大理石雕塑赫耳墨斯（约作于公元前 330 年），这是一件原汁原味的古希腊珍品，充分代表了古希腊雕塑难以超越的艺术高峰。另外，在 1877 年出土的天后赫拉的巨大头像也是古希腊最杰出的艺术品代表作之一。

奥林匹亚考古遗址

奥林匹亚的考古遗迹位于希腊伯罗奔尼撒半岛西部、伊利亚洲境内，阿尔菲奥斯河北岸的一个山谷里。自 18 世纪开始，就有许多学者接连不断地来到奥林匹亚考察和寻找古代奥运会遗址。1766 年，英国人钱德勒首次发现了宙斯神庙的遗址。

此后，经大批德国、法国、英国的考古学家、历史学家们对奥林匹亚遗址进行大规模的系统勘查、发掘，至 1881 年取得了大量有关古代奥运会的珍贵文物和史料。1936 年第 11 届奥运会后，因有部分余款，国际奥委会决定用这笔款项继续对奥林匹亚遗址进行发掘，发现并复原了体育场。如今奥林匹亚的考古遗迹东西长约 520 米，南北宽约 400 米，除了有奥林匹亚体育场外，在其中心还有长 200 米，宽 175 米的为宙斯设祭的地方——阿尔提斯神域。神域内的主要建筑是宙斯神庙和赫拉神庙，此外还有圣院、宝物库、宾馆及行政用房等。

## 塞萨洛尼基

塞萨洛尼基位于希腊北部沿海塞尔迈湾内萨洛尼卡湾的东北岸。濒临爱琴海西北侧的塞萨洛尼基，是希腊第二大城市，也是北希腊的首府。它原来的名字叫塞迈，公元前 315 年，塞迈合并周围 25 个村镇后改称塞萨洛尼基。到拜占庭时期，由于它是连接拜占庭和亚得里亚海的街道交易的要冲，塞萨洛尼基发展成为一座商业极其发达的城市。1901 年，塞萨洛尼基建立了新港，它不仅是希腊北部的主要进出口门户，还是当时南斯拉夫、匈牙利、保加利亚货物的转运港。在第二次世界大战时，塞萨洛尼基先后被意大利和德国占领。战争结束后，由于得天独厚的港口位置，塞萨洛尼基的经济发展得非常快，现在已经步入世界先进之列。

游人在这里可以观赏到 5 世纪的阿西洛比伊斯特教会和奥西奥斯·达比德教会、7 世纪的圣德米特里教堂、圣蒂米托利奥斯被囚禁后埋葬的地窟教堂地下室、进入拜占庭时代之后的壁画以及镶嵌画。除了这些宗教建筑，塞萨洛尼基市内还有一些具有考古学价值的建筑物，如加莱利乌斯凯旋门和加莱利乌斯宫殿、圆形建筑物、罗马式浴池遗迹，以及过去曾包围了整个街道的部分城墙等。此外，在塞萨洛尼基，每年都有"国际商品博览会"以及 10 月~11 月的"德米特里节"，吸引来自世界各地的游客前来游玩。

### 塞萨洛尼基古建筑群

位于马其顿区东北部的塞萨洛尼基古建筑群于 1988 年被联合国教科文组织列入《世界遗产目录》。塞萨洛尼基是最早传播基督教的地区之一。因此，在塞萨洛尼基有许多和基督教有关的宗教建筑物。而这些建筑物都是按照希腊人的长远计划和建一个有 3 座中殿的长方形教堂的计划而建造的。所以，在塞萨洛尼基有许多优秀的古建筑遗迹。但最杰出的遗迹还属塞萨洛尼基古建筑群，它共分为 4 个部分：长 4 千米，高 10 米，厚度为 2 米的 46 座城堡的古城墙；建于 13 世纪的拜占庭浴室；大约建于 1320 年的圣·凯瑟琳教堂，这个拜占庭式的教堂于 1430 年被改建为清真寺；建于 13 世纪末期的圣·潘捷列伊蒙大教堂。

### 爱琴海

爱琴海是地中海的一部分，它位于希腊半岛和小亚细亚半岛之间，南北长 610 千米，东西宽 300 千米，面积 21.4 万平方千米。爱琴海的海岸线非常曲折，港湾众多，岛屿星罗棋布，大约有 2000 多个小岛屿。也正因为这特殊的地形，在爱琴海流行着一种旅行方式——跳岛。所谓跳岛，就是在各个岛屿之间来来往往的旅行，从这个岛赶往下个岛，再从下个岛赶往别的岛。

爱琴海的美非常单纯，无论是天还是水，都蓝得让人心旷神怡。那种蓝是排除了所有杂质的最唯美的颜色。在这世界最美的海上，云集着众多神秘的小岛。有的是仿若迷宫般的岛屿，岛上的房子全是白色，如果没有导游，可能真的会迷路。有的岛屿是海中火山，岛上土壤质地极轻，看似很巨大的一块石头，其实很轻。爱琴海就是这样一个地方，既单纯又神秘莫测，能让所有去过的人魂牵梦绕。

## 米科诺斯岛

在希腊神话中米科诺斯是宙斯和提坦族圣战的地点，战败的提坦巨人骸骨落在爱琴海上就形成了米科诺斯岛。如今，位于雅典东南 95 千米处的米科诺斯岛已经成为人们趋之若鹜的度假胜地。船还没靠近米科诺斯岛的港口，游客就能看见岛上一排排不再转动的 16 世纪的风车，这些坚固圆筒的建筑和轻巧的风篷虽然已经不再发挥其真正的作用，却成为米科诺斯岛的一种标志性的建筑。

米科诺斯岛上的房子都是白色的。据说这是岛上居民的传统习惯，定期刷白房子使整个岛看上去干净整洁。在米科诺斯镇的市中心，有一些带有威尼斯情调的餐馆和酒廊，又有类似威尼斯的小屋和楼台建在海岸旁，景色非常迷人。另外，这里还有许多咖啡屋、迪吧和酒吧，夏天的晚上，市中心一直到深夜 3 点仍然热闹非凡，不时传来各种各样的乐器声。

### 白教堂

米科诺斯岛上所有房子都是白色的，包括他们的教堂。令人惊奇的是，走在米科诺斯窄小的民宅街道上时，每隔几个民宅或商店，就会看到一间白色的小教堂，简直多不胜数。据统计，米科诺斯岛上共有 300 多间这样的白色小教堂。当地居民说，这是他们为报答神明而修建的。原来，当家中有人要出海捕鱼或者经商时，家里的女主人就会祈求神明保佑，希望家人平安归来。而当家人真的归来后，这家人就会为神明建造一间教堂作为答谢。

在米科诺斯岛上的 300 座白教堂里，最著名的是位于亚历夫干特拉地区的巴拿吉亚教堂。它是一座很古老的教堂，由 5 个小教堂组成，由于上层的教堂已经关闭了，而下层的一间教堂有一个小门，所以这组教堂也叫小门教堂。不可思议的是，这个教堂是一群无名的泥水匠花了 16 和 17 两个世纪的时间，在一个废墟上建造出来的。

### 超级天堂滩

在米科诺斯岛，一共有 4 个天堂海滩，海滩自北向南形成一个间断的弧形状。每 2 个相邻的海滩之间距离也不太远。世界闻名的同性恋海滩就是这 4 个中被称作"超级天堂滩"的那座。它依丘环湾，位置隐蔽，很自然，少有人工的设施。白天的时候，超级天堂滩上聚集了裸体者和同性恋者。他们都以不同的方式和姿势享受着日光浴。当然，并不是每个人都裸体，而是说只要喜欢，裸体也未尝不可。

# 克里特岛

克里特岛不但是爱琴海最大的岛屿，也是整个地中海第五大岛屿。它的东西长 260 千米、南北长 50 千米，面积为 8305 平方千米。岛上还有 3 座山的高度超过 2000 米。这里的气候属地中海气候，冬暖夏凉，阳光充沛，非常适合植物生长。岛上不仅种有橄榄、葡萄、柑橘等，还遍地盛开着鲜艳的花朵。因此，克里特岛也被称作"海上花园"。

克里特岛不仅是诸多希腊神话的发源地，还是古代爱琴文化的发祥地。约在公元前 3000 年，克里特岛上的居民已经进入青铜器时代。约在公元前 2600～公元前 1125 年，岛上涌现了著名的米诺斯文化。一时间，岛上的艺术、建筑和工程技术空前繁荣，不仅建造出规模宏大的宫殿，还制造出许多精美的工艺品。

### 萨马利亚峡谷

在克里特岛的西部，有一个淌着涓涓溪流的大峡谷——萨马利亚峡谷，它全长 18 千米，是希腊境内、也是全欧洲最长的峡谷。由于峡谷内风景十分俊秀迷人，每年都吸引了众多的游客前往探险。1962 年，希腊将萨马利亚峡谷列为自然国家公园。峡谷两边的山峦高达 600 米左右，两峰之间最宽处有 150 千米，而最窄处只有 3 米，景色甚是壮观神秘。萨马利亚峡谷的北边入口在克西罗斯卡罗，从这儿进去以后，峡谷地势由高至低，游客走起来比较轻松惬意。当走到峡谷的尽头时，游客眼前便会顿然开朗起来，因为萨马利亚峡谷的尽头便是美丽的圣·鲁迈利海滩。但是每年也有一些游客为了刺激，喜欢反方向走完萨马利亚峡谷。一直爬坡的过程虽然很辛苦很累，但是更具有挑战性。

### 米诺斯皇宫遗址

克里特岛上的米诺斯文明是西洋文明的摇篮，即使后来面对希腊大陆文明、拜占庭、罗马及土耳其文明的洗礼，克里特岛上的米诺斯文明仍保持着它自己独有的气质，甚至连后来的强势文明也都是以米诺斯文明为基础，融合它的气质发展起来的。而最能代表米诺斯文明的，就是克里特岛上的已经发掘出来的 4 座米诺斯皇宫，它们是克诺索斯皇宫、费斯托斯皇宫、马利亚皇宫以及札克罗皇宫。所有的皇宫都有仓库，位于西侧大门入口处的地方。仓库及工坊紧邻神庙圣殿，这是神权统治的社会模式，显示创造财富的经济工作和行政大厅都操控在祭司手上。

自从公元前 2000 年建造出克诺索斯皇宫后，它曾多次遭受天灾破坏，2 次大地震，1 次圣托里尼岛火山爆发，在最后的一次破坏之后，除了瑞亚神庙，克诺索斯皇宫渐被遗弃。所以，游客如今只能在遗址上残留的一砖一瓦中缅怀克诺索斯皇宫曾经的辉煌。

### 威尼斯广场

希腊威尼斯广场由威尼斯总督莫西尼设计而成。广场以莫若西尼喷泉为中心。莫若西尼喷泉是在 14 世纪建成的，如今已经不再喷水了，白色的喷泉座上，雕刻着几只活灵活现的石狮，因此，莫若西尼喷泉也被称为"狮子喷泉"。此外，广场上还有众多露天咖啡座供游客休息，附近的步行街有许多商店，简直就是游客娱乐购物的天堂。如果游客是第一次到伊拉克里翁游玩，那么希腊威尼斯广场就是最好的旅行起点。游人从威尼斯广场往港边的 25 Avgoustou 大道的方向走，能顺路参观到伊拉克里翁的主要景点，包括凉廊、圣马可斯教堂、市政府和圣提多斯教堂。

### 克里特历史博物馆

克里特历史博物馆是伊拉克里翁的第二大博物馆，它在靠海边的一栋 19 世纪的房子里。馆内主要收藏了一些关于克里特岛发展历史的资料和文物。博物馆分为 2 层。在底层的一间展厅里，展示了记载着历代克里特战役的照片及一些史料。游客从中可以看到克里特岛是怎么发展起来的。另一间展厅是专门为了纪念"希腊左巴"作者 Nikos Kaxantzakis 而设的，这里主要展出了他的一些书籍和书信等。在克里特历史博物馆的二楼，主要展出民俗服饰和珍贵的艺术品，囊括了克里特岛从早期的基督纪元时期到近代的古器物和艺术。

### 伊拉克里翁考古博物馆

在艾列弗瑟瑞亚广场旁边，有一座非常重要的博物馆——伊拉克里翁考古博物馆，博物馆以收藏米诺斯时期文物之最而闻名全世界。在全希腊的博物馆中，伊拉克里翁考古博物馆仅次于雅典国立考古博物馆，是对米诺斯文化感兴趣的游客不得不去的一个好地方。馆内收藏了在克里特岛上出土的米诺斯皇宫遗址和城镇出土的古物，包括陶土器皿、壁画、金饰、青铜器具以及精彩的壁画等。游客对这些文物细细浏览一番后，再前往克里特岛上的米诺斯皇宫遗迹将会对米诺斯文化有更深一步的了解。

### 哈尼亚

拥有"克里特岛最美丽城市"之称的哈尼亚，位于克里特岛西北部，是克里特岛的第二大都市。在公元 1645 年，哈尼亚曾被土耳其占领，后来被希腊收复并于1898 年成为克里特岛的首都，直到 1971 年，它的首都地位才被伊拉克里翁取代。与伊拉克里翁不同的是，哈尼亚拥有多种民族文化，也就使这座城市的建筑充满了多元风格。

哈尼亚是克里特岛西部最重要的城市，也是西部各地的交通枢纽。在奇多尼亚斯街上的公车站有详细的开往克里特岛各地的路线班表。公车站旁边是 C 级旅馆欧马罗及萨马利。经过这两个旅馆，一直往前走到十字路口，眼前右前方绿地是"1860 广场"。计程车站及市区公车搭乘处就设在广场旁。

在哈尼亚游玩非常舒服，因为整个哈尼亚的生活节奏都非常慢，可以在威尼斯广场的露天咖啡座里享受，也可以去逛考古博物馆。博物馆原是 16 世纪的圣芳济教堂，典型的威尼斯风格，地上还留有一座土式喷泉。馆内珍藏着克里特岛西部发掘的新石器时代至罗马时期的古物。另外，在哈尼亚还有个非常特别的室内市集。它位于市中心的一幢透光建筑物内，是个食物贩卖市场中心，包括肉类、蔬果、杂货等，相当热闹，也是自助旅行者补充食物的供应站。

### 希腊神话

希腊神话产生于希腊的远古时代，曾长期在口头流传，是希腊民族将世界理想化、把社会诗歌化、把人生艺术化的一种表达方式。经历了古希腊人的数百年相传，不断地艺术加工，希腊神话最终出现在西方的各种文学、历史、哲学著作中，成为世界文学遗产的一部分。

希腊神话大致包括了两部分的内容。一部分是关于神的故事，另一部分则是关于英雄传说的故事。

神的故事中有天地的开辟、神明的产生和活动、人类的出现等内容。相传世界最初是一片混沌，混沌生出了黑暗，黑暗又生出了白昼，然后出现了大地该亚，该亚生出苍穹之神乌拉诺斯，并与他结合生出了克罗诺斯等男女神及众提坦巨人。乌拉诺斯成为当时世界的主宰。后来他的儿子克罗诺斯推翻他，取代了世界主宰的位置。之后，克罗诺斯与其妹瑞亚结合生出了宙斯等男女神。然而，这些古老的神明都失去了原有的威力，在希腊神话中，流传更多的还是以宙斯为主的12大神。传说宙斯推翻克罗诺斯后，被众神推崇为世界主宰。宙斯与他的亲兄弟姐妹赫拉（神后）、波塞顿（海神）、哈得斯（冥神）、得墨忒尔（农神）及其子女阿波罗（太阳神）、雅典娜（智慧、技艺之神）、阿瑞斯（战神）、阿尔忒弥斯（狩猎女神与月神）、阿佛洛狄忒（爱神）、赫菲斯托斯（火神与工匠神）、赫尔墨斯（神使）这12大神与其他次要的神，一起组成了新的神界氏族社会，也就是奥林匹斯神统体系。

英雄传说起源于古希腊人对祖先的崇拜，是赞颂人们与自然界顽强抗争的一种艺术表现手法。这类传说中的主人公大都是神明（大多是宙斯）和凡人所生，他们都是以半神半人的英雄身份出现，天生就体力过人，英勇非凡，总是通过自己顽强的意志完成某项艰巨的使命。其中最著名的传说有赫拉克勒斯的十二件大功，伊阿宋取金羊毛等。

希腊神话中的神明都有着跟凡人一样的外形和内心，他们也有人的七情六欲，懂得喜怒哀乐。与人有所不同的是，这些神明都是永生之躯，他们有着凡人不可能拥有的能力。他们凌驾于凡人之上，掌管宇宙万象，主宰人世的一切。

# 德国

## 德国概况

德意志联邦共和国位于欧洲的心脏地带，将濒海的西欧和内陆的东欧连接起来，也成为暖和的南部和寒冷的北部之间的桥梁。德国的地形变化颇多，主要由广阔的平原、低伏的丘陵和高耸的山脉所组成，其南部的山脉是阿尔卑斯山的一部分，连绵的丘陵和森林，自此向北延伸到北海和波罗的海。

德国的文化史源远流长，造就了世界上最出类拔萃的哲学家、诗人、戏剧家和音乐家，每年德国各地都会举办各种国际性的文艺节，包括从古典乐到摇滚乐的音乐节、电影戏剧节、小型艺术节以及综合艺术节等，它们形成了一个声势浩大的综合艺术工程。德国还是少数几个 3 次获得世界杯足球冠军的国家，高尔夫、网球、冰球等体育运动也是德国人所喜爱的。德国人对体育的钟爱，从某种程度上说，或许是源于日耳曼民族血统中的崇尚竞技的因素吧。

### 出入境须知

中国公民因私赴德国办理签证，可通过两个渠道进行，一是委托中国旅行社代办，出国者可将本人护照与有关证件交给他们，并填写申请签证的表格所需提供的情况，包括姓名、性别、出生年月、婚姻状况、国内永久居住地址、现居住地址、工作单位及职务、旅行目的、逗留期限等。另一途径是，旅客直接前往德国驻华使馆办理签证。德国在中国内地共设三个签证事务方面的代表机构，其中安徽、江苏、浙江和上海市的中国居民须在德国驻上海总领事馆申请签证；福建、广东、海南和广西的中国居民须在德国驻广州总领事馆申请签证；德国驻北京大使馆主管中国其他地区居民的签证事务。

德国旅游签证申请程序

申请德国旅游签证所需材料

1. 两份认真填写的申请表，贴上近期的证件照。

2. 护照及一张身份证复印件。

3. 回程机票的预定和确认证明。

4. 目的地的饭店预订、交通和日程安排。

5. 旅行的经费来源证明（可出示银行存款证明）。

6. 逗留期间医疗保险证明原件和一份复印件。

7. 中国籍的申请人须出示户口本原件；对于其他国籍的申请人须出示在中国的居留许可证。

8. 工作单位出具的有关申请人职务和准假的证明原件。

德国出入境注意事项

在德国，凡是经合法授权的物品均可以随意携带出入境。入境仅检查护照、签证及是否携带应缴税物品。出境无须事先申报，原则上仅能携带 1 件手提行李登机。除缴验护照外，德国对安全检查极为重视，如果购买了刀斧等利器或样品，最好放入大件行李中托运。

禁止携带入境物品

麻醉剂、毒品、武器、鲜肉、盗版图书或电脑软件。

免税出入境物品

来自欧盟国家的旅客，个人用品可免税带进德国；非欧盟国家的旅客，其带入德国的免税品价值不得超过 58.8 欧元。

入境免税品数量有以下规定：

烟草产品方面：200 支香烟或 100 支小雪茄，50 支雪茄或 250 克烟草。

酒精产品方面：1 升含 22 度以上酒精的酒；或 2 升含 22 度以下酒精的酒；或 2 升有汽或加酒精的葡萄酒；或 2 升普通葡萄酒。500 克咖啡或 200 克浓缩咖啡精。100 克茶或 40 克浓缩茶精。50 克香水或 0.25 升花露水（Eau de toilette）尤其要注意的是，每个人的烟酒要分开携带，不然将被视为是其中一个人携带的物品。

注：年满 17 岁人士方可携带免税烟草及酒精饮品入境，咖啡亦须由年满 15 岁人士携带。

货币

德国对外币、黄金等的进出口均不予管制，可任意携入或携出而不需申报，也可在德国境内自由兑换其他货币而不受任何限制，通常银行的汇率较有利。

## 交通概况

德国的交通系统十分发达，其中乘坐火车是最舒适的旅行方式。德国的火车证全国通用，游客可以在一个月的有效期内自由选择使用时间。另外，市区交通以市郊火车、地铁及巴士为主，除此之外，还有市内观光车和出租车。

德国旅客列车分类

**ICE 欧洲城际特快**

连接德国与欧洲主要大城市的火车，时速最高，票价最贵。

**IC 德国城市特快**

连接德国主要大城市。

**EC 欧洲城市快车**

与欧洲城际特快类似，但速度稍慢。

**IR 区域快车**

连接近邻大城市

**RB 区域火车**

连接大城市与小城市之间的火车。

**RE 局部区域快车**

比市郊车略快的短途火车。

S-B/ahn 市郊车

连接市内市郊主要地点的火车。

德国不同种类的车票

周末票

票价 28 欧元，可以在一天之内搭乘德国境内任何区域的短途火车（2 等车厢），适合团体旅行使用。

全州票

票价 21 欧元，是各个联邦州自己出的火车票，适用于本州内部使用。可在一天的时间内搭乘任何短途火车，允许共同用一张票的人数在 1~5 个成人，或者是父母和孩子们。

德国铁路卡

经常乘坐火车的旅客可以购买德国铁路卡，因为这种火车票是可以打折的，最低时可以打到 5 折，非学生票的价格在 125 欧元左右。

大多数车站都设有自动售票机卖票，自动售票机通常需要投币，使用方法和价格在机器旁都有说明。检票机在售票机旁，乘客进站乘车需要自己检票，不然将被视为无票乘车处理，最低罚款 30 欧元。

## 德国住宿提示

德国可提供有多种档次的住宿场所，从民居、度假山庄、农家小院到酒店及豪华大饭店，应有尽有，完全可以满足不同旅客的各种需求。旅客可通过酒店的预订系统或当地的旅游机构直接预订房间，当然也可通过与酒店有合作关系的旅行社订房。德国的大城市每年都有各种展览会，在展会期间很难找到住宿的地方，因此住宿最好提前预订。此外，德国还是青年旅舍的发源地，因此在德国各地都会找到青年旅舍的身影。

度假村或度假农庄

如果是周末短期旅游或者是全家一起外出旅游，可以选择度假村或度假农庄住宿。度假村一般都位于风景优美的旅游胜地，在这里你可以用较低的价格享受到独特宜人的环境和舒适的居住条件；而度假农庄则会为您提供一个安静、自由的生活氛围，农庄不仅有度假屋、周围还会有牧场或葡萄园，在这里可以真正体会德国人普通的生活状态，感兴趣的游客可和当地的旅游中心联系。

青年旅舍

青年旅舍既可以短期停留也适合长期居住，对于各种类型的旅行者来说都是理想的选择。但入住青年旅舍要求你必须是德国青年旅舍联盟的会员，所以入住前你可以直接从德国青年旅舍联盟处或者想要入住的青年旅舍里购买一张会员卡。

露营

对于喜欢与大自然做亲密接触的人来说，露营是一种不错的度假方式，营地一般都装备有各种现代设施、有清洁的淋浴室和盥洗室，而且风景迷人，娱乐设施齐全，是旅行时不错的住宿选择。

## 德国节庆

德国是一个有很多节庆的国家，德国人主要信仰基督教，所以，与西方别的国家一样有很多传统的宗教节日，特别是基督教节日，如复活节、圣诞节、感恩节等。另外，随着社会的发展，许多新的文化项目的诞生，一些具有德国民族特色而且为德国带来了国际声誉的节日也是非常热闹和精彩的。比如，狂欢节、慕尼黑啤酒节、文化节等。素来以具有冷静沉稳的哲学性格而著称的德国人，每到节日庆典的时候，就会表现出他们性格里生气勃勃、热情洋溢的一面，给人留下深刻印象。

慕尼黑啤酒节

慕尼黑啤酒节可以说是德国规模最大的民间节日了，啤酒节起源于 1810 年，最初是为庆祝巴伐利亚储君卢德亲王与萨克森·希尔登豪森的黛丽丝公主共结百年之好而举行的一系列庆祝活动。慕尼黑啤酒节一般在每年 9 月 18 日~10 月初，在市中心的玛利亚草地上举行。

啤酒节完整地保留了巴伐利亚的民间风采和习俗。人们身穿艳丽多彩的民族服装及传统古装，慕尼黑市长及酒厂老板乘坐着富丽堂皇、花团锦簇的马车，引领着浩浩荡荡、威武雄壮的游行队伍涌向玛利亚草场。中午 12 时，随着 12 响礼炮，一时间鼓乐齐奏、彩旗飞扬、人声沸腾。市长在做简短致辞后，打开第一桶啤酒，啤酒节便在沸腾的欢呼声中揭开了序幕。这时身穿传统服装的啤酒女郎用单耳大酒杯将新鲜的啤酒不断地送到迫不及待地饮客面前。

每天，由啤酒公司提供的十个可容纳万人的大啤酒篷里挤得满满的，往往不得不关闭以禁止更多人入内。外面那些小啤酒篷和规模巨大的游乐场也是人满为患，虽然啤酒的价格每年都在上涨，但依然挡不住人们的热情。来自全世界几百万的游客使慕尼黑的旅馆总是爆满，这些人在此畅饮啤酒，啃着烤鸡，欣赏着巴伐利亚铜管乐队演奏的民歌乐曲以及赛马、射击等丰富多彩的娱乐活动，或加入来自巴伐利亚、德国其他州以及奥地利、瑞士、法国的人聚集在一起的游行队伍，气氛热烈，宾主尽欢。

狂欢节

狂欢节是德国一个古老而传统的节日，如今，狂欢节已成为世界上许多以天主教为主的国家和地区的重大节日。在德国，从每年 11 月 11 日 11 时起，狂欢节就算开始了，一直会持续到第二年复活节前 40 天为止，前后要持续两三个月。狂欢节的高潮是在最后一个星期，特别是这周的星期日、星期一和星期二。在这"发狂的"三天里，德国的狂欢节达到了顶峰。在德国狂欢节期间，一些民间传统节日也穿插在其中，它们与狂欢节交织在一起，成为狂欢节重要的活动内容，如慕尼黑的箍桶匠舞节、德国南部城市的抬杆婚礼节等活动。各地区庆祝狂欢节的形式是不尽相同的，但有几项各地共有的活动形式，这就是选举狂欢节的"王子"和"公主""星期四女人节"、化装大游行与大型狂欢集会和舞会。

射手节

射手节是一个具有几百年历史的、深受德国人民喜爱的传统节日。每年七八月间（个别地区在6月），每个年满18岁的男性公民均可报名参赛。德国不论是乡村还是城镇都要举行隆重的射手节，但各地在内容、形式上也各具特色。传说中世纪时德国各小国为了保卫自己的国家，建立了自己的军队，后来为了纪念，便延续了下来。在莱茵河流域，每个村镇都有自己的射手节委员会，每年都要举行一次庆祝活动，节日要持续近两周。

每年7月初举办的萨克森州汉诺威的射手节是德国规模最大的射手节，有近万名射手参加。内卡河、施瓦本地区的射手节也很热闹。节日期间，会有大量观光游客前来，他们或与市民一起挤在广场上的帐篷里，或流动在城市的各个角落里，十分开心。第一天要向空中鸣枪，并像狂欢节那样举行盛大的游行，而且有妙趣横生的节目表演。最后一天晚上，还要举行令游客心旷神怡的焰火活动，赛后还要选出射手国王、王后及农民射手，最后获选的人会觉得无比光荣。

花衣笛手节

花衣笛手节，每年夏季在德国北部威悉河畔的哈默尔恩城举行。相传，13世纪末该城流行鼠疫，城市面目全非。一位花衣笛手吹起美妙动听的风笛，笛声把老鼠驱入河中淹死，鼠疫才不再流行。但由于人们违背了诺言，花衣笛手盛怒之下又吹起风笛，使100多名孩子"中魔"随他出走。以后，人们开始供奉花衣笛手，每年夏天都要举行纪念活动。节日期间，人们化装成笛手和老鼠，再现花衣笛手当年驱逐鼠疫，拯救全城的场景。

# 勃兰登堡门

勃兰登堡门就是整个德意志的象征，200多年来它一直位于柏林市内最显赫的位置，见证着这个伟大国家的风风雨雨。而它优雅的身姿和雄壮的气势引得无数人对它顶礼膜拜。如今它作为两德统一的标志，成为柏林最受人关注的旅游景点。

### 勃兰登堡门印象

勃兰登堡门建于 18 世纪，是普鲁士国王威廉一世为了纪念他一统德意志的伟大功绩而建立的。这座门是由当时普鲁士最著名的建筑师所设计的，他以雅典古希腊柱廊式城门为蓝本，使用砂岩建起了这座不朽的建筑。勃兰登堡门由 12 根各 15 米高、直径 1.75 米的多立克柱式立柱支撑着平顶，东西两侧各有 6 根，依照爱奥尼柱式雕刻，前后立柱之间为墙，将门楼分隔成 5 个大门，中间是一条宽阔的大道，当时只有普鲁士王室成员才能经过。这座大门见证了德意志从分裂到统一、从弱小到强大的过程。虽然在战争中它遭受了严重的毁坏，也在德国的分裂时感受到人们骨肉相离的痛苦，但是它依然坚强地矗立在原理，向人们展示着它宏伟的气势，让每个来到这里的人都惊叹不已。

### 最美看点

#### 胜利女神像

胜利女神像是勃兰登堡门上最吸引人的一部分，它高高矗立在大门的最上方，高约 5 米，完全由铜铸成。女神张开身后的翅膀，驾着一辆四马两轮战车面向东侧的柏林城内，右手手持带有橡树花环的权杖，鹰鹫戴着普鲁士的皇冠。如今它作为勃兰登堡门上德意志精神的代表而为人们所熟知。

#### 巴黎广场

巴黎广场和勃兰登堡门基本完成于同一时期，最初它没有名字，后来普鲁士和反法同盟的盟军打败拿破仑并且占领巴黎后，将它命名为巴黎广场。这里曾经是柏林最热闹的地方，到处商家林立，人头攒动。如今作为观赏勃兰登堡门角度最佳之处，来自全世界的游客都汇集在这里，喧闹无比。

#### 菩提树下大街

菩提树下大街是柏林最著名的观光大街，其繁华可以和法国的香榭丽舍大道等相提并论。这条大街穿过勃兰登堡门，向东延伸 1.5 公里经过宫殿桥和柏林博物馆岛，直到高耸的柏林电视塔，将不计其数的重要景观和名胜连接在了一起。同时这里充满传奇色彩，有很多动人的历史故事，至今依然被无数人所传诵。

#### 6 月 17 日大街

6 月 17 日大街是柏林东部的主干道，它与菩提树下大街在勃兰登堡门下相聚。这里因为一场示威游行而得名，1953 年 6 月 17 日，东柏林爆发了一场游行，后来这场游行被苏联当局镇压了下去，很多人因此丧失了生命，从此这条大街就被命名为 6 月 17 日大街，以这带着忧伤色彩的名字纪念那些逝去的生命。

# 柏林墙遗址

柏林墙是一座打着反对法西斯的旗号却分隔了一座城市的哀伤之墙。随着两德的统一，这座隔开了人和人之间的情感的高墙被渴望自由的人们砸毁。如今这里仅剩下一些残段，从上面的涂鸦依然可以看出人们对统一的渴望。

柏林墙遗址

### 柏林墙遗址印象

从来没有一堵墙能像柏林墙这样受人瞩目，它的存在不仅是分隔了一个城市，更是分隔了一个国家和一个民族。这堵墙建于 1961 年，一开始只是铁丝网，后来被逐渐建设为高大的围墙，同时在正式的交叉路口和沿线的观察塔楼上设置警卫，可以说守卫十分森严。自从它诞生那一天起，就注定要被人们所推倒。它是德国历史上难以抹去的一道伤疤，这个民族那时最大的悲哀，莫过于再次分裂。柏林墙两边的人为了表达对这堵墙的憎恶，不断地在这里进行各种涂鸦，表达他们对统一的向往，而这些涂鸦如今成了这里最著名的标志，是一个时代的反映。

### 最美看点

柏林墙博物馆

去柏林不能不去柏林墙，而去柏林墙则不能不去柏林墙博物馆。这里原先是盟军驻柏林的指挥部，在这里可以看到了人们用来剪断铁丝网的巨大铁钳、挖掘地道用的铁铲和运土的推车、用来藏匿越境者的汽车，还有用来渡河的自制潜水装置等，没有说教，也没有枯燥的历史介绍，有的只是对那些越墙者们的同情。

涂鸦

不知从何时起，人们开始用涂鸦表达对柏林墙的痛恨。他们在墙面上绘上各种表达自己心情的图案，这些图案有的精致，有的粗鄙，还有很多发自内心的文字，它们全都散发着对自由和和平的渴望。虽然随着柏林墙的倒塌，这些涂鸦很多都消失了，但是依然有一部分留在了博物馆里，向参观者述说着它们所要表达的内涵。

墙体结构

柏林墙超过 155 公里，墙高 3 到 4 米，沿途每隔一段就会设置有严密的防御设施。在柏林墙沿线共有 300 多个瞭望台、22 个碉堡、2 米高的通电铁丝网、两层水泥墙，还有大量警卫人员和警犬。即使是如此的森严守卫依然无法挡住人们越墙而过的迫切心情，自柏林墙建成以来有无数人越墙成功。

柏林墙的倒塌

1989 年，随着苏联的解体，两德的统一已经势不可挡。11 月 9 日，柏林市数万居民一起涌上街头，大家手拿锤子和铲子，将横亘在柏林中心的柏林墙拆毁。那一刻无数人情绪激昂，人当柏林墙倒下的一刹那，两边的人们激动地拥抱在一起。从此柏林墙进入了博物馆成了一段历史的见证。

# 无忧宫

放眼德国各地的王宫和园林，没有一处能比得上无忧宫。这座仿造自法国凡尔赛宫的宫殿在德国的地位确实可以与凡尔赛宫相提并论。这里的建筑气势宏伟，园林清新优美，无论哪个方面都代表了德国艺术的最高境界。

## 无忧宫印象

无忧宫是普鲁士霍亨索伦王朝国王腓特烈二世仿造法国的凡尔赛宫而建的王宫。这座王宫被建造在波茨坦北郊的一座沙丘之上，宫殿正殿中部为半圆球形顶，两翼为长条锥脊建筑。殿正中为瑰丽的首相厅，四壁镶金，光彩夺目。室内多用壁画和明镜装饰，显得辉煌璀璨。宫殿前有平行的弓形 6 级台阶，两侧和周围由翠绿丛林烘托。宫殿前有喷泉，正对着大殿门廊。此喷泉采用圆形花瓣石雕，四周有"火""水""土""气"4 个圆形花坛陪衬，花坛内塑有神像，维纳斯像和水星神像造型精美，形象生动。尤为难得的是这里还有浓郁的中国风情，在无忧宫花园里有一处中国楼，反映了腓特烈二世本人对中国文化的向往。

**最美看点**

葡萄山梯形露台

葡萄山就是无忧宫所在的沙丘，腓特烈大帝将这座沙漠之山改造成为了如今的露台。这片斜坡被规划成 6 个宽阔的梯形露台。为了利用太阳射线的目的，墙被建成了以台阶为中心的微弓形状。而大面积的葡萄藤取代了原有的承重墙，每到夏天一片绿意盎然，很难看出这里原本荒芜的沙丘风貌。

中国楼

中国楼是位于无忧宫一侧的一座圆亭，规模虽然不大，但是极为金碧辉煌。整个亭楼外壁都用镀金装饰，周围站立有各种亚洲形态的人物雕像，这些雕像也都是镀金的。顶部则根据中国传说而想象制作了一座猴王雕像。这座建筑虽然风格有点不协调，充满了欧洲人对中国文化的想象，但是依然能看出腓特烈二世对中国的向往。

观赏花园

位于葡萄山下的观赏花园建于 1745 年，这座花园是巴洛克风格，在正中间还有一座带有喷泉的水池。但是限于当时的技术，这处喷泉实际并不能喷水。此外，在花园内还有各种希腊神话中的人物雕像，这些雕像按照其代表的火、水、风、土四种元素分布在花园各处，为原本优雅的花园更增添了艺术感。

菜园

菜园就位于观赏花园的一侧，当时腓特烈大帝认为艺术应该和自然融为一体，因此就在花园旁建起了一处种植水果的菜园。此后，国王每年都能吃到新鲜的水果，因此他也对这座菜园的维护更加用心。腓特烈大帝通过将观赏花园和果园组合给无忧宫花园赋予了更大的价值，也体现了他个人对艺术的理解。

# 慕尼黑啤酒节

至今已经有了 200 年历史的慕尼黑啤酒节已经不再是只属于慕尼黑人的节日，它已经成为全世界爱酒人士们共同的狂欢节。每到啤酒节，慕尼黑市内随处都能见到手持酒杯痛饮的男男女女，而各种热闹的娱乐活动也为这座啤酒城增色不少。

## 慕尼黑啤酒节印象

如果你以为慕尼黑啤酒节是一个酒鬼的节日，那你就错了。这个节日展示绝不止啤酒一样，囊括了啤酒、美食、娱乐、旅游等各个方面。每到 9 月中旬，慕尼黑人就开始为啤酒节做准备了，一桶桶啤酒被搬进节日会场。而当节日开幕那天慕尼黑市长宣布节日开始后，整个会场就好像爆发了一般，人们可以大大方方地持酒痛饮，或是痛快地吃着牛肉，用"大碗喝酒，大块吃肉"一词来形容再合适不过了。节日期间一切酒肉都是特制的，啤酒比一般的啤酒颜色更深，酒劲儿也更大，酒杯也有 1 升的容量。每届啤酒节要消费约 600 万升啤酒、50 万只鸡、100 头牛，数量之大让人咋舌。当然节日期间肯定不只是吃吃喝喝，各种巴伐利亚民间的传统表演都会在这里上演，是欣赏巴伐利亚州民俗的大好时机。

## 最美看点

### 开幕仪式

啤酒节的开幕式在市内一个临时搭起来的大帐篷内举行，慕尼黑市长会手持一把小锤，在 12 响礼炮声和音乐声中，他用这把小锤将一个黄铜水龙头打进啤酒桶里，然后拧开龙头，把啤酒放出来，盛在特制的大啤酒杯中。市长饮下这第一杯，就预示着节日正式开始，人们的狂欢时候来到了。

### 盛装巡游

每年啤酒节的第一个周日，来自全德国各个州的人们穿上富有特色的民族服装，演奏音乐，浩浩荡荡地穿过慕尼黑的市中心，最后来到啤酒节的主会场特蕾泽大广场。这些人把自己打扮成欧洲古代的贵族样貌，驾着鲜花装扮的古典马车，浩浩荡荡地行进在大街上。这项活动无论男女老幼都能参加，他们所扮演的人物也是丰富多彩，极有看头。

### 啤酒帐篷

为了招徕来自世界各地的客人，慕尼黑的八大啤酒厂在节前就在特蕾泽大广场上搭起巨大的啤酒大篷。每个帐篷里放有长条木桌和板凳，一端还有一个临时舞台，由民间乐队演奏欢乐的民间乐曲。这样的帐篷一般可容纳三四千人，最大的有7000 个座位。热闹的时候人山人海，中心舞台上演奏的音乐响彻全场，气氛热烈高涨。

### 游乐项目

慕尼黑啤酒节不仅是大人们的节日，小孩子虽然不能饮酒，但是也不妨碍他们在节日中找到乐子。在节日过程中各种游乐项目是孩子们乐此不疲的项目，除了像大转轮、旋转木马等老少皆宜的传统娱乐外。大会每年都要安排一些新鲜的节目或游乐项目，例如聘请外国的艺术团体演出，还有耍蛇、驯兽等节目，让每一个小朋友都能尽兴玩耍。

# 新天鹅城堡

新天鹅城堡是世界上最经典的城堡建筑，白色的外观和柔美的身姿让它成为明信片和邮票上的常客。而建造这座城堡的路德维希二世也因独特的艺术家气质而留名后世，也为这里带来了许多脍炙人口的美丽传说。

## 新天鹅城堡印象

新天鹅城堡绝对是世界上最具影响力的城堡，迪斯尼乐园中的睡美人城堡就是仿造它而建，很多东西方动漫中的经典城堡形象也是取材于此，使得很多人更想一探这座美丽古堡的究竟。这座城堡位于阿尔卑斯山间，通体白色，就像一只翩翩起舞的天鹅。建造它的路德维希二世将自己的艺术感觉和全部精力都注入这座城堡中，但是他英年早逝，无缘一睹城堡完成后的样貌，这也使得城堡多多少少沾上了一丝哀伤的气氛。如今，这座城堡作为小镇富森最具人气的景点，每年都迎来数百万游客，大家争相来到这里，欣赏这只美丽天鹅的曼妙身姿。

## 最美看点

### 红色回廊

红色回廊是参观新天鹅城堡的起点，它位于城堡的二楼，地上铺着红色的地毯。过去这里空无一物，后来人们在这儿放上一尊路德维希二世的塑像，以纪念这位建造了城堡的国王。回廊旁还有仆人的房间，5 间双人房内都有成套的家具，两人并用一间，家具以橡木为材料，可见仆人的生活条件还是挺不错的。

### 国王起居室

国王起居室位于城堡的四楼，因为身处高层，所以各种武器无法攻击到这里，这也确保了国王的人身安全。由于国王十分偏爱中世纪风格，起居室中国王的床盖是木制的，上面有哥特式的精致雕刻，顶棚、壁板的雕刻由数十名雕塑家联手精心制作。而窗户、床罩、椅背等都是使用深蓝色的布料及金色的刺绣，体现了国王个人的喜好。

### 国王宫殿

国王宫殿是城堡中最豪华的地方，这里的地板由彩色马赛克铺成，描绘出地球形状的椭圆，镶嵌动物和植物的图案。这正和天花板上象征着太阳和星星的图案搭配起来，一派天与地的气象。灯上也装饰着玻璃石头和象牙制的仿制品，96 支蜡烛，挂在"天"和"地"之间，象征着国王的位置。

### 小暖房

小暖房紧邻着国王的起居室，四壁上绘满了路德维希二世最喜欢的剧作家瓦格纳的作品《特里斯坦与伊索尔德》《罗恩格林》《纽伦堡的名歌手》等题材的壁画。可以通过一个人造石钟乳洞前往起居室，这也是歌剧《唐豪瑟》中所描写的维纳斯的洞窟，内有小瀑布与水池，并采用当时尖端科技的电灯及回转式的彩色玻璃，可惜最终未能完工。

## 楚格峰

德国最高峰楚格峰海拔 2962 米，这里是德国最著名的冰雪胜地。这里拥有德国最高的滑雪场。由于山峰险峻，云雾缭绕，地形复杂，登山难度极大，所以当地人都说楚格峰是一座神山，它并不欢迎那些妄想征服它的人。

### 楚格峰印象

在很长一段时间内，楚格峰都不为人们所知，直到德国中尉约瑟夫·瑙斯在 1820 年登上这座山峰后才掀开了楚格峰神秘的面纱。在楚格峰前有两座雪峰昂然矗立，大的叫大法克森峰，小的叫小法克森峰，高度也超过两千米，远远望去，像是伫立在楚格峰前的两个卫士。这三座山峰三位一体，互相映衬，成为德国人最为骄傲的高山。楚格峰地势险峻，山势复杂，因此极难攀登。除了步行以外，还可以利用这里的高山火车登上楚格峰，这大大方便了普通游人，于是前往楚格峰观光的人也多了起来。随着海拔的逐渐提高，这里的植被变化也越来越明显，从阔叶林到针叶林，一直到最后的灌木丛，各种高山植物汇聚，使得这里也好像一处生态博物馆一样。

### 最美看点

#### 齿轮火车

齿轮火车是目前人们前往楚格峰顶的最好方式。这种火车自山脚下的小镇格赖瑙出发，这种火车的特点是每节车厢底盘上都有两个巨大的齿轮，路轨正中加了一条齿槽，列车行驶时，齿轮紧卡齿槽，只能前进，不会下滑，保证了行车安全。坐上这种火车，人们可以尽情地观赏楚格峰的山景，欣赏四周树木的不断变化，感受大自然的神奇。

#### 慕尼黑小屋

慕尼黑小屋位于楚格峰顶，它是一座德国阿尔卑斯协会会所，专门用于协会会员交流各种登山经验。在小屋旁还有一处拥有100多年历史的古老气象站，早在当时这里就是观测天气和检测大气的重要场所，直到现在仍在为全球大气观测收集数据。

最高婚礼

楚格峰顶一年有6个月都被冰雪覆盖，因此一片雪白，也成了新婚夫妇们的最爱之地。在楚格峰专门设有婚姻登记处和教堂，号称"德国海拔最高的结婚胜地"。许多情侣特地来楚格峰登记结婚，在当地的教堂举行全德国"最高"的婚礼，在放眼四望一片崇山峻岭的美丽山间留下永恒的幸福纪念。

双子城

双子城是由德国著名的旅游小镇迦米斯和附近的帕藤克圣合并而来的。迦米斯是德国最著名的旅游村，虽然海拔仅有720米，但是却被只接受海拔1000米以上会员的BOTA组织所接纳。它依靠的就是楚格峰绝美的景色以及这里优雅的氛围。在双子城内随处都能见到高贵的巴洛克风格建筑，即使普通民居也绘上了精美的壁画，处处都显得极具艺术感。

# 科隆大教堂

科隆大教堂是科隆毫无争议的标志性建筑，这座世界第三高的教堂前后花费了600年建造，各方专家都认为它完美地结合了所有中世纪哥特式建筑和装饰元素，至今仍是德国最受欢迎的旅游景点，每年都要迎来数百万游客。

## 科隆大教堂印象

来到科隆大教堂就好像见到了古代哥特式建筑的教科书，无论是高耸入云的尖塔，还是各种垂直线条的装饰都将哥特式建筑诠释得十分完美。在科隆这座被誉为"欧洲北方的罗马"的城市里，这座大教堂就是一处圣地。从1248年开始建造起，数代工匠秉承着同一个艺术理念，以一贯的建筑风格，跨越600年的历史，于1880年正式完成了这座空前伟大的教堂建筑，这在世界建筑史上也是相当罕见的例子。如今站在科隆大教堂前，仰望这里的巨大尖塔，磅礴的气势让人叹为观止，而其中透露出来的轻盈、雅致的风格更是让人难忘。如果是在晚上，四周的景观灯会给大教堂打上一层青蓝色的冷光，使得整座教堂就好像青玉制成一般，散发着幽幽的荧光，一种清奇冷峻的感觉扑面而来。

**最美看点**

尖塔

科隆大教堂左右各有一座连体的高塔，这两座高塔最高处达 157 米，居世界第三。由于环境因素北边一座塔被的半边已经被染成了黑褐色，而另半边则保持了原有的白色外观，这种一黑一白的反差让人印象深刻。当地也为了教育人们保护环境，特地将这一段黑色保留了下来，警示人们千万不要再犯同样的错误。

彩色玻璃

教堂四壁窗户总面积达 1 万多平方米，上面全是描绘《圣经》人物的彩色玻璃，这种玻璃式样被称为"法兰西火焰式"，使教堂显得更为庄严。彩色玻璃中的绘画十分精美，五彩缤纷，但是实际上这么大一片玻璃绘画上却只用了 4 种颜色，即金色、红色、蓝色、绿色，通过太阳各种角度的照射，自然形成了五彩缤纷的效果，让人称奇。

大钟

教堂顶上一共安置了 12 口大钟。其中年代最早的是 3.4 吨重的三王钟，安装于 1437 年。而教堂内目前最大的钟是圣彼得钟，重达 24 吨，直径 3.22 米，安装于 1924 年，被誉为"欧洲建筑艺术的精粹"。每逢这里举行祈祷仪式时，都会敲响大钟，钟声洪亮，传播得很远。科隆市民们就在这钟声之中不知不觉地度过了 600 多年的时光。

艺术品

科隆大教堂不仅是宗教的圣地，也是艺术的殿堂。在教堂里有好几幅石刻浮雕，描绘出圣母玛丽亚和耶稣的故事。而教堂里还收藏着无数珍贵艺术品和文献资料，其中包括大教堂在漫长的建筑过程中留下的建筑图纸等。此外这里还有朝拜耶稣的三位东方圣人的骸骨，这件基督教的圣物被放在一个很大的金雕匣里，安放在圣坛上，接受信徒们的朝拜。

## 法兰克福金融区

法兰克福金融区可以说是欧洲的金融中心，拥有 300 多家来自世界各地的银行和金融机构，每天这里金融往来涉及的金额数以亿计。而位于这里的法兰克福证券交易所也是世界四大证交所之一，是欧洲经济的晴雨表。

### 法兰克福金融区印象

法兰克福金融区是足以和美国纽约、英国伦敦、法国巴黎等地并列的欧洲金融中心，是世界各大银行和金融机构的汇集地，目前有 336 家德国和外国的银行和金融机构，其中包括德国德意志银行、德国商业银行、德国德累斯顿银行、花旗银行、中国银行等世界知名的银行。1957 年，德国各州银行在这里联合组成了德国中央银行，1994 年设立了德国货币基金会，1998 年设立欧洲中央银行，于是法兰克福金融区一下子就成了欧洲最重要的金融中心，每天来来往往的金钱数额以亿计算，欧洲任何一个国家的经济变动都会在这里显现出来，堪称"欧洲经济的晴雨表"。

走在法兰克福金融区中，随处可见高耸入云的摩天大楼，为德国这个充满古典韵味的国家增添了不少现代气息。其中欧洲第一高楼德国商业银行大楼是这里最靓丽的标志，这座大楼以生态化设计和注重环保的理念而受世人瞩目，此外楼顶上巨大的观景台也是瞭望法兰克福市内美景的最好去处。

### 最美看点

高楼大厦

在德国很难见到成群的高楼大厦，即使是柏林也没有数十座摩天大楼汇聚在一起的场景。但是这场面却可以在法兰克福金融区见到。世界各大银行所在的办公楼大多高达百米左右，汇集在一起尤为显眼。而来往于这些高楼大厦间的都是西装革履的精英人士，向人们展现着素以古典严谨著称的德国人的另一面。

法兰克福证券交易所

法兰克福证券交易所是世界四大证交所之一，至今有 200 年历史的法兰克福证交所是德国第一座证券交易所。如今这座交易所的建筑早已是十分现代化，玻璃建成的大穹顶也为这儿增添了不少时尚气息。和纽约等地的证交所一样，在法兰克福证交所门口也有一座铜牛雕塑，而且牛角也一样被人摸的锃光瓦亮，已成为这里的一景。

德国商业银行大楼

德国商业银行大楼是法兰克福金融区最高的摩天大楼，楼高 53 层，近 300 米。它是世界上最高的生态建筑，也是欧洲第一高办公楼。这座大楼采用了三角形外观，结构极为精巧，而大楼内部的设施也采用了符合绿色标准的装修，减少了对空气的污染，同时楼内还种植了各种植物，空气十分清新。此外这里还设有瞭望台，法兰克福的美景一览无遗。

# 莱茵河

莱茵河是欧洲最长的河流，穿过欧洲很多国家，无数人视它为生命之源。莱茵河畔汇集了德国最美丽的田园分光，这里有着各式各样的城堡，也有着传诵百年的传说故事，孕育了欧洲深厚的历史和文明。

## 莱茵河印象

在德国大诗人海涅的诗里，莱茵河中生活着一个叫萝拉莱的女妖，她会用歌声蛊惑过路的水手，妖媚而神秘。而现实中的莱茵河正像美丽的女妖一般，有温柔秀丽的一面，也有大浪滔天的另一面。

作为德国最长的河流，它的流域占据了德国百分之四十的国土，也见证了德国多舛的历史。莱茵河沿岸有很多小镇，这些小镇面积不大，但是它们就像是莱茵河的孩子一般，各有各的特色。无论是可以在缆车上遥望河谷的吕德斯海姆，还是以鲜花和美酒闻名的埃尔特村，都有着无穷的魅力。如今莱茵河畔还有无数中世纪时留下来的城堡和古迹，沿着莱茵河对古迹进行巡礼，仿佛穿越过时光隧道一般，和古堡产生了共鸣。

## 最美看点

### 莱茵河谷
莱茵河谷是莱茵河在德国风景最美的一段，从美因兹到科布伦茨间河道蜿蜒曲折，河水清澈见底。人们坐在白色的游艇之上，极目远望，碧绿的葡萄园层次有序地排列在两岸，一座座以桁架建筑而引人注目的小城和 50 多座古堡、宫殿遗址点缀在青山绿水之中，让人们深深地陶醉在这充满浪漫情趣、多姿多彩的莱茵河美景之中。

### 城堡
莱茵河畔数十座城堡是这里最美的标志，这些城堡大多建于中世纪，那时候德国还四分五裂，这些城堡就承担起了防御重任。这些城堡各具特色，有的小巧精致，有的大气磅礴，有的则颇具神圣的宗教氛围。每一座还都拥有一段凄美的故事，英雄们的事迹和儿女情长的故事将陪伴着每一个在这里游览的旅人。

### 德意志之角

德意志之角位于莱茵河畔，标志是德国首任皇帝威廉一世的塑像，象征着德意志民族摆脱分裂、走向统一的过程，而带领德国统一的就是皇帝威廉一世。他身着将军制服和大衣，显得威风凛凛。在威廉一世的前方有一只代表德意志的鹰鸷，正在扑击一条蛇。如今这里还是一处大型活动场地，经常举行各种集会活动。

葡萄酒

也许很多人都不知道，德国也是著名的葡萄酒产地。尤其是莱茵河畔，种植着大面积的葡萄，从河中仰望两岸，层层叠叠的葡萄园一眼望不到头。其中埃尔特村是莱茵河谷著名的葡萄酒小镇，以"雷司令"白葡萄酒闻名。在当地的葡萄酒博物馆，人们可以了解德国葡萄酒的历史和酿造过程，还可以品尝到各个年代的葡萄酒。

# 黑森林

黑森林是人们对德国西南部的森林山脉的合称，这里森林茂密，远远望去黑压压一片，故而得名。这里诞生了各种传说和童话，《格林童话》中的很多故事都发生在黑森林，使得这里成为很多人向往的旅游胜地。

## 黑森林印象

翻开德国的地图，会发现整个德国西南部有一大片森林，其面积之大甚至延伸到了邻国瑞士。这片森林中的树木主要是松树和杉树，树叶色泽浓郁而茂密，远远望去一片黑漆漆的，散发着神秘的光彩，就是举世闻名的黑森林。

这里既是山，也是林，其中北部黑森林以各种原始密林为主，林中还有美丽的湖泊，美如仙境。而中部黑森林则汇集了德国南部传统风格的木制农合建筑，显现出浓郁的地域特色。南部黑森林地区，森林面积逐渐变小，有的地方还形成了草原，是放牧的最佳地点。

而那些建立在黑森林旁的城市则依靠森林发展出了独特的文化，各种特产是吸引人们的主要因素。布谷鸟钟、黑森林蛋糕、黑森林火腿、蜂蜜和猪肘等都是极佳的旅游纪念品。

## 最美看点

钟表业

黑森林地区钟表制造业相当发达，许多家庭都以造表为生。这里出产一种叫作

"布谷鸟钟"的特色钟表，它的内部有设计精巧的齿轮装置，每到半点和整点，钟上方的小木门就会自动打开，出现一个会报时的布谷鸟，发出悦耳的"咕咕"叫声，因此也被称作"咕咕钟"。这种钟在动画片和电影里经常出现，已经成为德国的标志之一。

温泉

黑森林区也是著名的温泉区，诞生了以温泉而闻名巴登巴登市，这里拥有欧洲最热的温泉弗里特里希温泉浴场。这处泉水深 2000 米，温泉水温达 62℃ 至 68℃，早在 19 世纪这里就是欧洲上流贵族娱乐和社交的场所。如今这里也不改豪华的风格，是德国最大的富翁聚居区，到处都是古罗马风格的建筑，颇有一种回到中世纪的感觉。

黑森林蛋糕

在黑森林周边的城镇中总会看到一种特色糕点，这种蛋糕融合了樱桃的酸，奶油的甜、巧克力的苦，樱桃酒的醇香，经得起各种口味的挑剔，这就是著名的黑森林蛋糕，实际上正宗的黑森林蛋糕并不是黑色的，它里面含有很多鲜奶油和樱桃酒，颜色丰富多彩。这种蛋糕从 20 世纪 30 年代开始风行，如今已经是德国最著名的甜品，名声传播到了全世界。

蒂蒂湖

黑森林中有很多湖泊，这些湖泊星罗棋布在森林中各处，随之也催生了很多城镇。而蒂蒂湖就是其中最著名的一处。蒂蒂湖位于黑森林南部，湖水清澈见底，甚至可以直接饮用。当年罗马皇帝提图斯来到这里，也被这儿优美的风光所吸引，便以他的名字为这处湖泊命名，如今这里则是人们体验黑森林别样美丽的最佳场所。

# 汉堡仓库城

汉堡仓库城是汉堡最负盛名的传统建筑群，其红砖建筑大多建于 19 世纪，典雅大方，又略微带有哥特式风格。如今很多仓库建筑已经被改造成了博物馆，不过还有一些依然保留了原来的功用。

## 汉堡仓库城印象

汉堡仓库城位于泰希托哈伦和鲍曼瓦尔之间的桑托凯，这一带在上世纪是免税港区，居住着因宗教问题而被驱逐出境的荷兰人。后来这里被并入关税区，同时开始建造各种仓库，仓库城就此成型。如今仓库城的面积已达 30 万平方米，成了世界上最大的仓储式综合市场。在仓库城街区中到处都能见到 6、7 层高的红砖建筑，这些建筑带有 19 世纪的哥特式情调，典雅而大方。同时墙壁都很厚实，可以存放来自世界各地的商品。从 2001 年开始，这里安装上了先进的灯光系统，每到晚上，800 套灯具将仓库城红色的砖结构建筑和石桥映照得宛如艺术品般。如今人们可以乘坐游船在易北河内游览，从水中欣赏河边仓库城的古典风采，也可以进入一个个仓库建筑，探寻它们的前世今生。

## 最美看点

### 仓库城博物馆

汉堡自古以来就是一处重要的港口城市，各种货物在这里汇集，因此也少不了储藏用的仓库。仓库城博物馆是记录汉堡仓库城历史的地方，这里的历史虽然并不长，但是内涵却十分丰富。馆内介绍了从中世纪开始的各种仓库，特别是一些近现代的仓储建筑和物品，将汉堡这座古老的商业城市历史完全展现给了人们。

### 海关博物馆

汉堡的海关历史悠久，几百年前这里就有了完备的海关系统，他们有条不紊地管理着从汉堡港口进进出出的各种货品。汉堡的海关博物馆里，陈列着数百年来查抄的各种走私物品，这些物品有大有小，有贵有贱，将这里的历史通过另一个角度展现了出来。同时这里还有专题展览介绍人类走私行为的变迁。

### 香料博物馆

香料是中世纪欧洲人生活中必不可少的物品，在当时作为调味料的胡椒甚至比金子还要贵重，让很多现代人很难理解。这是目前世界上唯一的调味香料博物馆，收藏着来自世界各地的调味香料，光是辣椒就有好几十种。同时这里还向人们介绍香料的起源和发展，让人们了解这些不起眼的香料对欧洲历史的重要推动作用。

### 夜间照明

从 2001 年起，仓库城沿线就安装上了很多照明景观灯。这样一来，原本在晚上显得阴森而寒冷的仓库城重新焕发了生机。在灯光的照射下，古老的红砖建筑散发出宛如宝石般的光彩，而陈旧的小石桥也被映衬得浪漫非常。晚上参观仓库城的游人大幅度增多。如今看仓库城夜景也成了人们来汉堡不会错过的活动。

# 兹恩格宫

兹恩格宫是 17 世纪巴洛克风格的代表建筑，是德国乃至于整个欧洲最重要的美术馆，这里珍藏着 15 到 18 世纪欧洲各国知名艺术家的作品。虽然宫殿原有的建筑已毁于"二战"，但是德国人凭借他们的聪明才智，将这座宫殿完全复原。

### 兹恩格宫印象

兹恩格宫本来是德累斯顿堡垒的一部分，周围有厚厚的城墙，壁垒森严，固若金汤。当年的萨克森选帝侯奥古斯都在前往法国、意大利访问后，觉得自己也应该有一座如凡尔赛宫一般的王宫，因此就下令建设兹恩格宫。

这座宫殿是一座巴洛克风格的宫殿，宫殿四周的建筑围起一个中间的广场，宫里的大小广场中有很多精美的雕塑。最著名的要数女神喷泉旁的一排 14 个出浴女神的雕像。而宫殿内部则包括古代大师画廊、王冠门、宁芬浴池、乐钟厅、军械库等几处重要的建筑。最让人们称道的还是要数王宫内各种珍贵的艺术品，这些艺术品在战争中幸运地躲过一劫，成为德累斯顿人最庆幸的一件事。这里的艺术品包括名画、瓷器等，许多来自遥远的中国，让中国游客感觉颇为亲切。

### 最美看点

#### 王冠门

王冠门是外城通向内城的大门，是权力与威严的象征，也是德累斯顿这座城市的一大象征。在洋葱形的尖顶上，金色王冠由四只展翅欲飞的雄鹰护卫，闪闪发光，象征着国王的尊严。不过值得注意的是，这里的王冠指的并非是萨克森王国国王的王冠，而是奥古斯都本人夺得的波兰国王的王冠。

#### 古代大师画廊

古代大师画廊是兹恩格宫中最重要的部分，收藏着 15 至 18 世纪诸多欧洲大师们的杰作，其中包括丢勒、拉斐尔、鲁本斯等。这些名作名画有幸在战火中幸存，如今依然保存在复原后的兹恩格宫中，让前来参观的艺术爱好者赞叹大师们的神奇外，还为这些名画能保存下来感到庆幸不已。

#### 《西斯廷圣母》

说起拉斐尔，人们就会想起他的传世名作《西斯廷圣母》，这幅画代表了拉斐尔圣母画的最高水平，画面正中是手上抱着耶稣的圣母马利亚，她迈着轻盈而坚定的步子，踏着迷漫的白云，冉冉降下。圣母衣着简朴，丰健优美，仿佛就是一位人间的慈母。整幅画摆脱了呆板的宗教模式，展现出了一种母性之美。

#### 瓷器

兹恩格宫中专门设置了瓷器展馆，展出各种来自中国、日本等国家的瓷器，以及迈森出产的欧洲瓷器。来自东方的瓷器的精美自不必说，出人意料的是欧洲瓷器也精美至极。迈森瓷器一改欧洲最初那些粗糙的白瓷，将欧洲人的艺术风格融入瓷器烧制之中，开创了陶瓷艺术的新纪元。

# 鲁尔区

鲁尔区是德国经济的一个核心区域，位于德国西部，重工业工厂数量德国第一，在德国工业发展的历史舞台上扮演了极其重要的角色。不过随着环境的恶化和资源的枯竭，这里也面临着转型的问题，为世界上其他工业城市提供了很好的借鉴。

## 鲁尔区印象

即使是没有来过德国的人也会对鲁尔区十分熟悉，很长一段时间内这里就是德国工业的代名词。这里并不像柏林或是法国巴黎那样围绕着一个核心城市发展，而是早在几个世纪前就开始各自发展的历程。各城市的资源各不相同，因此发展出部门结构复杂、内部联系密切、高度集中的地区工业综合体。自从德国建立以来，鲁尔区一直都全力支持着这个国家的快速发展。然而到了上世纪80年代，鲁尔区出现了资源枯竭、工业污染等重工业城市必然会遇到的问题。然而它却成功转型，随着科学技术的进步，不断调整区内的经济结构与部门结构，使自己一直具有鲜活的生命力。如今这里的老工业地都改造为休闲、娱乐、展览、教育等设施，鲁尔区的经验想必能给很多国家以借鉴。

## 最美看点

### 多特蒙德

位于鲁尔区东部的多特蒙德是中国人最为熟悉的德国城市之一，这座德国第七大城市是鲁尔区最重要的经济贸易中心。钢铁与啤酒是多特蒙德的象征。多特蒙德的啤酒酿造业源远流长，每年生产啤酒7亿5千万升，是欧洲屈指可数的啤酒城。同时足球也是多特蒙德的骄傲，德国老牌劲旅多特蒙德队曾经多次获得德甲联赛的冠军。

### 波鸿

波鸿位于鲁尔区的中心，最早只是一座贩卖农产品的小镇，随着煤铁工业的迅速发展，这里摇身一变成为鲁尔区中重要的矿山城市，出产的煤和铁在很长时间内都是鲁尔区发展的支柱。随着资源的枯竭，波鸿也迅速走上了转型之路，如今这里是鲁尔区的文化中心，有包括鲁尔大学在内的 6 所高校，还有各种博物馆、剧院、天文馆等设施。

### 杜伊斯堡

杜伊斯堡位于鲁尔区西部，鲁尔河汇入莱茵河的河口处，是德国最大的内陆河港。这座城市历史悠久，市内拥有很多中世纪时期的建筑和历史遗迹，让人领略到鲁尔区并不都是略显粗疏的工业城市，也像杜伊斯堡一样拥有悠久历史和文化。同时这里也是鲁尔区的交通中心，可以直接前往欧洲很多大城市，来往十分方便。

### 埃森

埃森是鲁尔区最大的城市，早在 11 世纪这里就是一座商贸城市，14 世纪开始发展重工业，随着煤铁工业的进步迅速发展起来。这里是德国最著名的钢铁工业先驱克虏伯公司的所在地，在埃森市内还有克虏伯故居等重要的历史建筑，是了解这个德国曾经的工业巨子历史和现在的最佳地方。

## 勃兰登堡门

勃兰登堡门紧邻柏林墙，是柏林仅存的城门，也是柏林城的标志，它曾经目睹东西柏林的分裂，也见证了柏林的统一，是柏林统一的象征。

勃兰登堡门始建于 1788 年，历时三载完工，仿雅典神殿的大门而造，是德国古典主义建筑的杰出代表作。勃兰登堡门通体用白色砂岩条石砌成，高 26 米，宽 65 米，门两旁各有六根巨柱，气势雄伟；门上方矗立着一座胜利女神的青铜像及四马战车的塑像，英姿飒爽，鲜活生动；门内有五条 11 米深的通道，中间的一条最宽，原为皇室御道。

在两百多年历史中勃兰登堡门曾数遭劫难：1807 年，拿破仑攻陷普鲁士王国，大门上的四马战车连同胜利女神被拿破仑当作战利品带走，7 年后，才被德国人带回柏林。因此，柏林人对勃兰登堡门有一种特殊的感情，把它称作"命运之门"。

## 波茨坦广场

波茨坦广场是新柏林最有魅力的地方之一，它汇集了许多新式的现代建筑。在这里，曾经安装了欧洲第一个红绿灯，广场上的咨询盒不仅是游人最好的助手，本身也是一个非常现代派的建筑。波茨坦广场集餐馆、购物中心、剧院及电影院于一身，数届柏林电影节曾在此举办，这使它不仅吸引着外来观光的游客，也吸引着大量柏林人的光顾。

波茨坦广场曾经是"二战"前欧洲最繁华的商业广场，但在"二战"期间彻底被毁。战后修建的柏林墙将柏林分为东西两个城市，更导致了这片土地的荒芜。20 世纪 90 年代，这片土地开始被重新规划修建，新建的波茨坦广场规模空前扩大，可以说，波茨坦广场是真正在不毛之地上诞生的一个新城区，这使它平添了一份独特的生命魅力。

### 情趣德国

德国人在工作上认真严谨，一丝不苟，但生活中还是很有情趣的，可以说德国人的业余生活反映了他们浪漫的一面。德国的节假日是世界上最多的，全年各种休假达 30 多天，在假日里德国人通常去旅游，或是听音乐会、看歌剧、看电影，或者邻里朋友聚在一起，自娱自乐。

音乐演出

作为贝多芬的故乡，德国的音乐节目丰富多彩，每年举行一次的地方音乐节和地区音乐节远远超过 100 个，而且不同形式的音乐都能在这里找到自己的知音，也说明了这是一个包容各种音乐形式的国度。在德国，人们可以在优雅的音乐厅、豪华的宫殿和修道院中，或是环境优美的公园和花园中观赏各种各样的音乐会，从一流的乐团、乐队和独奏家、独唱家演出的中世纪风格、巴洛克和古典主义的音乐作品直到 20 世纪现代派作品的音乐会都有演出，肯定会使你赞叹不已。在城市中大小的酒吧里欣赏爵士乐、摇滚乐更是一种不错的选择。对世界各地的瓦格纳崇拜者来说，这里是最有吸引力的地方，因为再也没有任何其他地方能提供如此独特和出色的演出了。

电影

德国电影院放映的大部分是好莱坞的商业片，绝大多数已经被翻译成德语，一些大城市也有放映原版电影的影院。1997 年德国大约 4300 家电影院的观众共计 1.43 亿人次，德国电影的繁荣也使这个数字在继续增加。众多的电影节也对德国电影行业在国外的声望做出了贡献：除了曼海姆、奥伯豪森和莱比锡的国际电影节以及在汉堡、霍夫、卢卑克和慕尼黑的一系列有针对性的电影节之外，成立于 1951 年的"柏林电影节"是国际电影界在德国会晤的最主要的场所。每年 2 月份举行的柏林电影节吸引着世界各地的影迷蜂拥至此，而散落在全国各地的电影院，也让异乡游客饱览德国电影名作。

夜生活

德国的夜生活很丰富，尤其在巴伐利亚，那里约有一半的人热衷于整夜纵情玩乐，通常城市越大，娱乐场所越多。在一些大城市里如慕尼黑、法兰克福、汉堡、科隆等，虽然有娱乐场所停业时间的限制，但要求并不严格，所以随处都可以找到能够通宵玩乐的娱乐场所，如音乐厅、剧院或是电影院、赌场、杂耍剧院、舞厅、各种俱乐部等。

特别是在首都柏林，各种娱乐场所林立，入夜后仍可以见到人来人往，非常热闹。人们喜欢在深夜散步，并在酒馆、餐厅或酒吧里吃点夜宵，在一些广场上还会有各式各样主题轻松的文化活动。

### 国会大厦

国会大厦也称帝国大厦，位于勃兰登堡门以北的一大片绿色草地上，它不仅是德国联邦议会的所在地，也是德国最受欢迎的游览胜地。大厦建于1894年，长137米，宽97米，它不断变化的外观映射着自19世纪以来德国历史的各个侧面。1884年，德皇拒绝了设计的铭文德意志民族，因为对他来说这段铭文太民主了。直到1916年，铭文才被加上。两年后，魏玛共和国在这里宣告成立，魏玛共和国的历史到1933年1月30日希特勒被任命为总理后结束。1933年2月28日晚的国会大厦纵火案，为纳粹党人赢得多数票做了准备。1945年4月30日，苏联战士在此升起红旗。东西德国合并之后，德国联邦议会决定重新迁入国会大厦。1994~1999年，诺曼·弗斯特爵士以大厦最初的设计为蓝本，对国会大厦进行了重新修建，使它成为一座现代化的办公大楼。

### 柏林动物园

柏林动物园是德国历史上首座动物园，始建于1833年，位于柏林市中心。这里曾是一座封建豪族的私人花园，1954年8月改建为动物园，1955年7月2日正式开放。目前这座占地约35万平方米的动物园内拥有上千种动物，包括鸟类、两栖类、爬行类和哺乳类等动物，总数逾万只。柏林动物园成为柏林人的休闲乐园。

这座动物园在服务、保护人和动物的安全方面也让人感到非常的人性化，在动物园内各处张贴悬挂着"禁止随意给动物喂食"的标牌。但为满足游人，尤其是孩子们与动物亲密接触的愿望，动物园特意开辟了一个动物放养区，游客可以在此近距离接触动物。

为防止动物走失或被窃，柏林动物园还利用现代技术，在动物体内植入一种特制的芯片。芯片上储存有该动物的编号及多种其他特征，可以通过专门的仪器加以识别。此举有效地阻止了罪犯将动物偷运到外地、甚至国外。

### 威廉一世纪念教堂

1891 年，威廉二世为了纪念他的祖父威廉一世皇帝，下令建造了这座教堂。在"二战"中教堂曾经被毁，现在它和埃贡·埃尔曼 1961 年新建的教堂在一起，表现了威廉二世时代对排场院的需要、战争的痕迹、战后替代被毁之物的决心这三者之间的冲突。新建的教堂不太起眼，呈灰色，只有在夜晚的灯光映衬下才变成蓝色。灯光从蓝色的查尔特斯玻璃建筑石透射出来，使教堂在灯光中显得无比美丽。现在教堂的遗址被布置成纪念馆的形式供游人参观。

### 夏洛腾堡宫

夏洛腾堡宫最初是 1695～1699 年间弗里德里希一世为他的妻子索菲·夏洛腾在柏林与波茨坦之间修建的一座宫殿。1713 年，又以巴洛克式花厅为中心进行扩建，配上圆顶，把它变成一座小型的凡尔赛宫。后来夏洛腾堡宫又经过多次扩建，形成了现在的规模。

宫殿内的戈布林室风格优雅，有豪华的挂毯、精致的羽键钢琴和法国油画，红色编织室有令人眼花缭乱的锦缎与镀金的拉毛粉饰；陶瓷宫有华丽的彩绘天棚，这一切都提醒人们普鲁士帝王们是不仅仅拥有军事扩张的勃勃野心的。城堡东部的新厢房中是最激动人心的洛可可式金色美术馆与同样奢华的白厅，它们都是为弗里德里克大帝设计的。人们很容易想象得出弗里德里克在这华美的环境中，在巴赫最有才华的儿子卡尔·菲利普·伊曼纽尔的羽键钢琴伴奏下吹奏笛子的情景。城堡西侧是大柑橘园，现用于展览。静谧的朗汉斯楼，现为史前史与古代史博物馆。后面有一条两侧长满云杉的大道通向陵墓，这是若干普鲁士统治者及属臣的墓地。威廉一世皇帝与路易莎皇后都埋葬于此。

景色优美的英国花园向远处铺展，一直延伸到施普雷河畔的观景楼，它现为柏林陶瓷发展史博物馆。

### 柏林电影节

世界各地每年都在举办的大小电影节不胜枚举，但真正可以称得上权威的还是柏林、戛纳、威尼斯这三大电影节。在世界三大电影节中，柏林电影节是最年轻的一个，它以德国人特有的不张扬、讲求实际的特点赢得了全世界电影人的尊重和青睐。柏林电影节给自己的定位是努力成为国际电影生产的一面镜子，使电影节在东西方之间的会合与调停中扮演更重要的文化和政治角色。

柏林电影节的历史

柏林电影节原名西柏林国际电影节，20 世纪 50 年代初由阿尔弗莱德·鲍尔发起筹划，得到了当时的联邦德国政府和电影界的支持和帮助。1951 年 6 月底~7 月初在西柏林举行第一届，此后每年 2 月底~3 月初在西柏林举行，为期两周，迄今已经成功举行了 54 届。柏林电影节的主要奖项有"金熊奖"和"银熊奖"：其中"金熊奖"授予最佳故事片、纪录片、科教片、美术片；"银熊奖"授予最佳导演、男女演员、编剧、音乐、摄影、美工、青年作品或有特别成就的故事片等，还有国际评论奖、评委会特别奖等。

柏林电影节以主题严肃而著称，入选影片大多为政治题材和社会题材的电影。同时它强调原创和艺术性，如克罗地亚导演维柯·布瑞安的影片《见证》、汉斯·彼特·莫兰导演的《美丽国家》、德籍土耳其裔导演费思·阿金的影片《勇往直前》都是这类电影的代表。

有四位导演对柏林电影节产生过举足轻重的影响。阿尔福雷德·鲍尔是其奠基者；沃尔夫·唐纳对其进行了改革；乌尔里奇·格雷格创立了青年论坛；莫里兹·德·哈德恩则是自 1979 年以来引入竞争机制、全景电影、电影回顾和儿童电影节并且开创了欧洲电影市场的功臣。

柏林国际电影节最先是出于挑战美国文化政治的动机，让西方世界的三条联盟有更为广泛的理念。在"二战"结束后的第六年，柏林成为自由社会的样板，在短短的十年时间里，这一电影节就成为柏林文化生活的一个重要部分。现在，柏林国际电影节的意义不仅在于吸引大量的观众，而且还吸引了许多电影制作人的关注。每年电影节期间，会有超过 60 个国家的报纸、杂志、互联网、电台、电视台的将近 3000 名新闻记者蜂拥而来，而公开放映的电影则要吸引超过 35 万的宾客。

柏林电影节的主要内容

柏林国际电影节是欧洲最有影响的综合性国际电影节之一。最初目的是通过放映来自世界各地的优秀影片，促进全世界国际电影工作者的交往，并为发行影片提供机会。电影节的主要内容是合作故事片及短片的评比，同时举行故事片、长纪录片、短片、动画片观摩展。每次展映的各类影片有二三百部，有时会高达 500 多部。

电影节规定：同一种类型的影片，每个国家和地区只允许提供一部，即使在会外播放的影片，每种也不得超过 8 部。电影节期间，还为电影工作者举办专场演出，举行电影座谈会，举办青年电影论坛，或为某个国家和地区举办有代表性的影片回顾展，以探讨电影的新倾向、新流派。

另外，还设有国际电影市场，进行电影交易。柏林电影节原在六七月间举行，自 1978 年起，为了和法国戛纳电影节竞争，提前至二三月间举行。

### 亚历山大广场

柏林人亲昵地把亚历山大广场叫作亚历克斯，意思是它有辉煌的过去，而且会迎来更加辉煌的未来。亚历山大广场最早是羊毛和牲口的交易市场，1805 年，适逢俄国沙皇亚历山大一世来访并会见威廉三世国王，亚历山大一世曾在这里检阅部队，因此它有了现在的名字。20 世纪 60 年代，这里被改建为步行区。广场上最主要的建筑是广场酒店，在它 37 层的餐厅里，客人可以俯瞰城市全景。1989 年 11 月 4 日是亚历山大广场最热闹的日子，大约 50 万东柏林人在这里集会，抗议当时的社会制度，而仅仅 5 天之后，东德解体。广场南部是由埃里希·约翰设计的 10 米高世界时标准钟。广场最引人注目的是电视塔，高 368 米，是柏林最高的建筑。电梯可以在 40 秒内把观光客送上 207.54 米高的旋转空中咖啡屋。从这里看出去，可以望见教堂、起重机和大片的绿地。如果在里面坐上半个小时，就能把柏林所有的景色尽收眼底。

### 柏林大教堂

柏林大教堂巍然耸立在菩提树下大街的东头，原为霍恩索伦王室的宫廷大教堂，后作为新教教堂同罗马天主教教堂彼得大教堂相对应。它既是新教的教堂，也是霍恩索伦王朝的纪念碑。在它的穹顶下长眠着霍恩索伦家族的 90 多名成员。威廉二世皇帝非常重视这座教堂的建造，这里原来有过一座教堂，在其原址上尤利乌斯·拉施多夫把它设计成文艺复兴风格，于 1905 年落成开放。"二战"期间，它受到炮火的严重损坏，1975~1993 年间得到了重新修复。教堂的拱顶不仅仅是对罗马圣彼得大教堂的简单模仿，它使教堂的内部显得明亮而宽敞，这与教堂阴森冷峻的外表形成鲜明的对比。教堂内部修饰富丽豪华，于同一时期由同样的建筑家 Raschdorff 设计，其中最珍贵的是大选帝侯弗里德里希一世国王及王后索菲·夏洛腾的棺材，价值连城。

### 柏林胜利柱

柏林胜利柱位于狩猎公园内，在高 67 米的圆柱上是镀金的维多利亚胜利女神像。这座纪念碑是为了纪念 1864 年和 1871 年普鲁士战争胜利而建的，圆柱用战争中缴获的大炮炮筒加以装饰。柱内有盘旋梯，共 285 级，可登高俯瞰整个柏林城。胜利柱的北面正对的是"铁血宰相"俾斯麦的雕像，后面的贝勒务宫是德国总统府。

# 汉堡

汉堡曾是德国的一个传教点，公元 9 世纪时发展成为大主教辖区。现在，汉堡已经是德国的三大州级市之一。今天的汉堡不仅有现代都市的繁华，而且还有乡村的景色和气息，是德国通往世界的大门。

汉堡有地处欧洲交通要道的优势，凭借港口、航运、外贸、传媒、金融、保险及飞机制造等工业的发展，已经成为德国重要的经济、贸易中心。目前已形成了航空、电子、精密机械和光学仪器、机械制造、化工五大带头工业。汉堡还是北部地区的造船和修船中心，空中巴士飞机厂和德国汉莎航空技术公司也设在汉堡。

汉堡是一个名副其实的水上之城，这里河道纵横，蜿蜒不绝。在阳光明媚的日子里，坐着小船穿梭于连绵的波光中，也穿梭于汉堡的历史和现实之中：仓储之城的古风，汉堡港的繁忙，圣保利泊桥的缠绵，无不使人流连忘返。

汉堡还是一座文化艺术之城，多少文人墨客、音乐骄子曾在此留下他们的足迹。而今，在汉堡的戏剧音乐舞台上，人们不仅能欣赏到歌德和莫扎特的经典作品，也能看到卡贝尔和罗易迈耶尔等人充满现代气息的作品。

## 汉堡港

汉堡港地处易北河下游，始建于 13 世纪，码头岸线长 39 千米，港口总面积 100 平方千米，是世界十大港口之一，欧洲第二大港。它的集装箱转运量仅次于鹿特丹，位居欧洲第二，每年有大约 1.3 万艘来自世界各地的船只入港。目前，港口的货物吞吐量已经超过 1 亿吨。汉堡港辟有 16.2 平方千米的自由港区。自由港由两部分组成，一个是自由港的老区，建于 1881 年，面积较小；一个是瓦尔特歇夫自由港，建于 1910 年，在易北河支流两岸，以弥补原有老区的不足，是大型集装箱的集散地。自由港和非自由港是被隔离开的，陆上通道有 25 个关卡，水上有 12 个关卡，均设有检查站，由海关人员守卫监督。在自由港内，实施一系列优惠政策：船只从海上进出自由区，只需挂上"关旗"，可不受海关的任何干涉；进出口或转口货物在自由区内装卸、转船或储存，均不受海关限制；在自由区建造、修理和装配船只，不受海关约束，但需要减免税的矿物油则受到限制。

汉堡自由港现拥有 200 万平方米的储存区，约有 300 条通往世界各地的航线，交通发达，有运河通往内陆各地，铁路、公路、水路均可到达东、西欧，汉堡港已经成为中欧重要的交通枢纽。2004 年 5 月，中国的上海港与汉堡港建立友好港关系。

### 阿尔斯特湖

阿尔斯特湖在易北河流入北海之前约 100 千米处，贯穿于汉堡市区，为这个水上小城增添了无穷的魅力。阿尔斯特湖有内湖和外湖之分，两湖相接之处有凯尼迪和隆巴尔茨两座桥，是汉堡观光的重点。内阿尔斯特湖较小，指的是永芳大街前到市政厅市场一带的水面，这里是节日庆典的举行地，湖中央的喷泉到了冬天才会关闭。圣诞节期间，人们会在内阿尔斯特湖中央立起巨大的带彩灯的圣诞树。游轮都停在内阿尔斯特湖。外阿尔斯特湖水面更宽，面积更大，爱好体育的人，可泛舟湖上或扬帆冲浪。湖滨有精美的雕像、古老的教堂、豪华的宾馆和商业大街。宽阔繁华的永芳大街延伸至西南湖畔，街名的原意是"淑女之路"，原是贵妇淑女休闲散步之处，现在则以临岸店铺和优美的湖滨风光而闻名。

### 圣米歇尔教堂

圣米歇尔大教堂是易北河北岸不远的高丘上的一座巴洛克风格的建筑，它 132 米的绿色高塔是汉堡的标志。圣米歇尔教堂先后经过三次修建，1648～1673 年间，教堂首次修建，负责修建者为克里斯托夫·科布斯和彼得·玛夸德，当时的教堂是三堂即中堂和两个厢堂的砖结构建筑。1750 年，该教堂被雷电击中烧毁。1752～1762 年，人们在被毁的教堂基座上修建新教堂，设计者是约翰·伦哈特·普莱，教堂钟楼的铜木装饰在 1786 年最后完成。但是，1906 年，教堂被大火烧得只剩下外墙。1907～1912 年，人们按原来的样式重建教堂。"二战"期间，圣米歇尔大教堂以其作墓穴用的坚固的地下室为汉堡人免受盟军的轰炸提供了不可多得的避难所。今天，教堂内部白色、浅灰和金色色调的装潢会给人留下深刻的印象。在教堂的拱形大厅里，参观者可看到教堂的历史展览。在教堂地下墓地里安葬有许多汉堡信徒。

# 科隆

科隆的历史可以追溯到公元前 1 世纪。罗马时代是科隆历史上的第一个兴盛时期，这里商贾云集，街市繁盛，至今犹存的罗马塔，就是那时城垣的一部分。中世纪是科隆的又一个盛世，公元 795 年，查理大帝定科隆为大主教驻地。此后，城池几度扩建，到 12 世纪时，今日科隆内城的规模就已经初步奠定。科隆的兴盛得益于优越的地理位置，它地处南北水路和东西大道的要冲，又是朝圣的必经之地，舟楫车马都从这里经过，八方货物也在这里集散。第二次世界大战中，科隆遭到猛烈轰炸，全城几乎被夷为平地。战后，科隆在废墟上重建，这座历尽沧桑的莱茵古城，如同灰烬中飞出的金凤凰，成为一个兴旺发达的现代化大城市。沿莱茵河两岸是一座座的古堡和连绵不绝的葡萄园，穿梭来往的大型货船则显露了科隆工业大城市的地位。然而科隆城内并没有工业污染的痕迹，无论是老城区还是莱茵河畔的新城，都是旅游观光的好去处。

### 路德维希博物馆

科隆的路德维希博物馆是除了巴黎毕加索博物馆和巴塞罗纳毕加索博物馆外，收集毕加索作品最多的博物馆。埃瑞尼·路德维希是德国著名的艺术资助人彼得·路德维希的遗孀，她以丈夫的名字为这家博物馆命名，同时先后给这家博物馆捐赠了 774 幅毕加索的作品。这家博物馆同时还收藏了大量的现代艺术作品，从达利到里希特施泰因和沃霍尔的作品都有收藏，中国当代艺术家如吴长江、方力钧的作品在馆中也都可以见到。2002 年，齐白石的作品参加了路德维希博物馆的"中国现代艺术展"。路德维希博物馆的一个重要特色还在于它收藏了许多主流艺术馆中很难找到的作品，如捷克历史上最著名的三个摄影家之一的强·索德克的地下室摄影，这里收藏了他的许多关于同时代人生存状态的摄影作品。

该博物馆中还有一个专门的摄影博物馆，这里收集了近一个半世纪以来的许多摄影作品，其中最为著名的是达利的摄影作品"Railway Station at Perpignan"，同时它也是世界上最大的历史图片和照相机博物馆，是摄影爱好者的必游之地。

### 瓦尔拉夫·理查尔茨博物馆

该博物馆是科隆最古老的博物馆，始建于 19 世纪，当时以收藏科隆当地艺术家的哥特式艺术品为主。经过 100 多年的积累，现阶段博物馆收藏品众多，展示了14 世纪至 16 世纪科隆画派画家、印象派、杜拉以及伦勃朗的作品。其中杜拉所画的"三五祭坛"局部以及伦勃朗的作品都是非常值得一看的。

### 科隆巧克力博物馆

博物馆位于莱茵河畔，从科隆大教堂左边的马路步行约 8 分钟即到。房屋的外形犹若一艘小船荡在莱茵河上，很容易辨认。进入博物馆游人立即会被浓郁的巧克力香味所吸引，在买入场券时游人就可以免费得到一块巧克力。博物馆的规模不大，在这里人们可以参观到制作巧克力的全过程。博物馆内兼营的自助餐厅，坐在靠窗的座位，能眺望窗外浩浩荡荡的莱茵河水。在旅游的旺季，有博物馆的叮当车从大教堂出发，样子非常的可爱，游人可以购票乘坐来到巧克力博物馆。

## 汽车王国

德国有汽车王国之称，德国的汽车占有量达62%，平均每7.5个工作岗位中就有一个和汽车相关。德国拥有大量国际顶端品牌的汽车，许多大城市还设有汽车博物馆。到德国旅游，一定要去各个汽车博物馆看一看。

位于德国西南部的斯图加特是德国有名的汽车之城、宾士、保时捷汽车的原产地都在这里。走进设于宾士汽车总公司的汽车博物馆，从世界最早期的汽车至日本昭和天皇的座驾再到最新款的跑车，均可在此看到。博物馆中还有一些精致的机械器材展示，当然，这里还出售各种与宾士汽车有关的纪念品，游客可以买来收藏。

保时捷汽车博物馆

在保时捷总部后面，有一座外墙上挂满了展示欧洲汽车业发展史的建筑，这里就是保时捷汽车博物馆。博物馆内陈列着19世纪末以来该公司生产的全部款式的汽车，这里也是欣赏老爷车的绝佳地点。

奔驰汽车博物馆

奔驰汽车博物馆内收藏了很多过去使用的有纪念意义的汽车和各种豪华汽车，还有很多赛车和破纪录车辆的引擎。在这里人们还可以看到奔驰初创时生产的被命名为Mercedes的车。博物馆内展览内容丰富，除了汽车，还有船舶和飞机，参观之后，你一定会对支配着海陆空运输的"奔驰"有更深的体会。博物馆入口处出租德语和英语的导游机，可以边听边参观。

宝马汽车博物馆

宝马汽车博物馆位于慕尼黑奥林匹克塔旁边的宝马公司总部大楼内，大楼的一、二、三层均为展厅，按照年代陈列着不同时期的各类汽车。入口处有耳机出租，各个展厅内还会播放相关的录像片。

大众汽车博物馆

大众汽车博物馆设在沃尔斯堡。沃尔斯堡是著名的汽车城，大众汽车集团的生产车间占地面积总和相当于摩洛哥王国的领土，是世界上占地面积最大的汽车制造厂。

奥迪汽车博物馆

来到英格尔城的奥迪汽车博物馆，您将进行一次穿越时空的汽车工业世纪行。汽车迷们将在此看到一辆汽车的整个生产流程，看看一辆汽车是怎样由1万多个零部件组装而成的。

另外，吕斯海姆市是欧宝汽车制造厂的所在地，在这里可以看到世界上最现代化的汽车制造厂。

悠久的汽车史和发达的汽车业成为德国人的骄傲。所有的汽车博物馆全都面向社会开放，并且出售汽车模型，在德国，汽车不仅是一种产业，而且也成为一种文化。

### 科隆大教堂

科隆大教堂是德国建筑的纪念碑，同时高达157米的两个尖塔已经成为科隆市的典型标志。1248年8月15日，科隆地区主教康拉德·冯·霍施塔登在圣母升天节这天为大教堂动工举行了奠基仪式。整整632年后，这座大教堂才最终建成。建成后的科隆大教堂以轻盈、雅致著称于世，高157.38米，东西长约145米，南北宽约86米，建筑面积约6000平方米，整个建筑全部由磨光的石块砌成。

教堂中央是两座与门墙连砌在一起的双尖塔，四周林立着无数座的小尖塔与双尖塔相呼应。教堂内有10座礼拜堂，中央大礼拜堂穹顶高43米，中厅部跨度为15.5米，是目前尚存的最高的中厅。"二战"后期，大教堂遭到破坏。战争结束后，康拉德·阿登纳总理主持重修了科隆大教堂，使它焕然一新。

科隆大教堂的魅力不仅在于建筑本身，也因为它内部收藏有众多的宝物。最著名的是重达24吨的大摆钟和一个中世纪的黄金匣——"三王龛"。大摆钟的体积之大在世界各地的教堂中都可以博得头筹，而"三王龛"则是由黄金、宝石和珍稀饰品制成的"宝中宝"。"三王龛"是因耶稣的故事而得名的。传说耶稣降生时，有东方三博士前来朝圣，显示他是基督。第二次显灵是耶稣受洗时，圣灵鸽子落在他头上，标志着他是上帝之子。第三次是他参加一次婚宴把水变成酒，表现了他的"神力"。科隆大教堂许多关于"三圣节"故事的彩色玻璃和壁画都具有极高的艺术价值。

德国人对科隆大教堂情有独钟，他们甚至对法国的巴黎圣母院都可以不屑一顾。作为哥特式建筑的代表，科隆大教堂与巴黎圣母院本身难分伯仲，但科隆大教堂所蕴含的德意志的民族精神和历史文化价值才是德国人钟情的真正原因。

# 法兰克福

法兰克福临近美因河与莱茵河的交汇点，坐落在陶努斯群山南面的大平原上。它的市中心和内城在美因河北岸，美因河上众多的桥梁把内城与近郊的萨克森豪森地区连接在一起。

法兰克福是德国第五大城市，始建于公元 794 年。这里充满了多元化的魅力，它不仅是德国商业及制造业的中心，也是重要的国际金融城市，这里拥有 400 多家银行、770 家保险公司以及不计其数的广告公司，还有德意志中央银行和欧洲第三大证券交易所。

法兰克福还是国际会议中心，每年至少有 5 万个会议在这里召开。法兰克福拥有"德国最大的书柜"——德意志图书馆，德国法令规定 1945 年以后出版的德语印刷物都有义务提交图书馆保存。法兰克福的现代化工业也闻名遐迩，化工产品、医药、染料和电脑工业制造都在世界市场上引领风骚。

## 罗马广场

美因河流经市区，将法兰克福一分为二，古城区的罗马广场就在河的北岸，罗马广场是法兰克福现代化市容中唯一仍保留着中古风貌的广场，这里曾是城市的集市中心，也是中世纪时城里最大的广场。罗马广场上最具特色的建筑是广场西面的三个连体的哥特式楼房，其阶梯状的人字形屋顶，十分特别。楼房二楼的皇帝大厅，是神圣罗马帝国皇帝举行加冕典礼的地方，大厅四壁悬挂着从查里曼大帝到佛朗茨二世共 52 个皇帝的画像。以前皇帝加冕仪式后的宴会厅，现在是接待大厅，也是德国国家足球队凯旋归来后和球迷狂欢的地方。

广场中间面向市政厅的地方有一座正义女神像，女神手持象征公正的天平，雕像下面的喷泉曾经在举行加冕礼时喷出过葡萄酒。广场旁边还有圣尼古拉教堂，建于 1290 年。它以前是宫廷教堂，在中世纪时钟楼上设有号兵，每当河上有船经过时，就会吹响号角以示致意。圣诞节前广场要搭起高高的圣诞树，供市民庆祝节日。

## 法兰克福展览中心

在德国，共有 23 个大型展览中心，其中，超过 10 万平方米的展览中心就有 8 个；世界最大的四个展览中心中，德国就占了 3 个。法兰克福展览中心虽然是

**罗马广场**

德国第三大展览馆，可却是最重要的一个，它由十个大厅组成，总面积40万平方米，其中展区面积为26.3万平方米。每年，这里都要举办50多个展览会。法兰克福是消费品博览会"Ambiente"和"Tendence"的展出场所，其重点是桌子文化以及厨房用品和礼品及现代化附属设备的展览。此外，法兰克福还有国际汽车——小轿车展览会和国际"卫生——取暖——空调"专业博览会。最具吸引力的是每年秋季的法兰克福书展，多年来它一直是世界各地的出版商、书商以及作家的聚会场所。

### 保罗教堂

保罗教堂位于在法兰克福旧城的中心，罗马广场附近。19世纪中期，在这里举行了德意志诸国议员的"民族会议"，这是第一个经自由选举的德国议会。1849年，在保罗教堂又通过了"德意志民族基本法"。

这座外表看起来平凡无奇的建筑，其实不只是一座普通的教堂，还是一个举办各种活动的重要场所。许多当地的大型庆典活动都在这里举行，例如每年一度的德国出版社和平奖，就选择这里作为颁奖地点。

### 施特德尔美术馆

施特德尔美术馆是由法兰克福的银行家施特德尔捐资设立的，其中广泛地收集了自中世纪至现代的德国、意大利、荷兰及法国的绘画作品。梯斯巴因所做的歌德肖像画《堪帕涅的歌德（歌德在罗马郊外的乡村中）》是众多歌德像中最有名的，画家通过自己独特的视角把主人公歌德的神态描绘得细致入微、淋漓尽致，歌德的崇拜者们可莫要错过这件作品。除此以外，中世纪的德国佛朗多绘画、14~18世纪的意大利画家、浪漫派与纳扎雷派、印象派以及表现主义派等的作品都能欣赏到。馆内到处洋溢着艺术气息，热爱绘画的朋友可不要错过这不可多得的绘画大餐啊！

### 歌德

歌德（1749~1832）德意志文学的代表作家，被公认为世界文学巨人之一。歌德1749年8月26日出生在法兰克福一个富裕的市民家庭，他先后用60年的时间完成了其史诗巨著《浮士德》。18世纪70年代，歌德创作了大量反封建的作品，成为德意志文学界"狂飙突进运动"的主要参加者。1774年，歌德完成了《少年维特之烦恼》这部描绘现实的名著。歌德在作品中塑造了一个出身市民阶层，要求个性解放的青年，在封建等级制度森严的环境中，到处受偏见的压抑、排挤，终于陷入恋爱的旋涡，最后以自杀了结了自己的一生。恩格斯说："歌德写成'维特'，是建立了一个伟大的批判的功绩。"维特的自杀表现了"狂飙天才"对封建专制的个人主义反抗无能为力，表现了歌德思想的局限性。

#### 歌德故居

歌德故居是一幢用莱茵河畔特有的红褐色砂岩所建造的5层豪华住宅，德国伟大的诗人、小说家、剧作家歌德1749年8月28日便诞生于此，这里也是他在1765年进入大学之前居住的房子。四楼是歌德的书房，名为"诗人坊"。建筑内至今仍保留着歌德的遗物。1944年二次世界大战中，在美军的猛烈轰炸下，歌德故居曾被夷为平地，留下的只是残垣断壁。战后以歌德为骄傲的法兰克福人花了7年时间，在原来建筑的基础上建成现在这座与原建筑完全相同的楼房，室内物品的摆放也都与被轰炸之前基本相同。

#### 歌德博物馆

与歌德故居相毗邻的建筑，目前已被当地政府改建成"歌德博物馆"，内部陈列着歌德家族的肖像画、歌德所写的信件和创作的原稿，让人进一步地认识了这位德国历史上的文学巨匠。

### 法兰克福大教堂

坐落在美因河畔的法兰克福大教堂是13~15世纪的哥特式建筑。从14世纪至今，教堂虽然几经战火，却能幸免于难。在 1562~1792 年间神圣罗马帝国的加冕典礼都在这里举行，现在教堂的宝库内仍陈列着大主教们在加冕典礼时所穿的华丽衣袍。

法兰克福大教堂是十字形的建筑结构，整个教堂用红砖垒起，直达十几米高的圆形屋顶。相比较而言，这个教堂异常肃穆，高高的拱顶上既没有天庭的辉煌，也没有被神童围绕的幸福与安乐。素白的穹顶、红瓦墙的支柱，使得大厅异常壮观。在这个大教堂里最引人注目的是它的管风琴，除立柱式的风管外，还有很多交叉的平行风管，这在德国也是独一无二的。教堂的尖塔面向大众开放，站在上面可以俯瞰法兰克福街景。

### 棕榈园

法兰克福的城市形象可以说是延伸到城市中的绿地和公园，特别值得参观的是棕榈园，这里可是一个能够观赏到多姿多彩的热带植物和异国情调鸟类的仙境。

棕榈园占地 20 万平方米，在法兰克福的东北部，建于 1868 年。顾名思义，园内四周都种满了一棵棵高大的棕榈树，品种超过 300 种。园内有一个温室综合馆，其中有各种珍奇的植物和花卉，充满了异国情调。馆内分成不同的区域，种有种类繁多的热带和亚热带植物，有热带雨林区、沙漠区和红树林沼泽区等，在这里你可以体验到不同的气候及自然生态环境。园内还建有池塘和儿童乐园，夏季还会举办音乐会。

### 现代艺术美术馆

现代艺术美术馆于 1991 年正式对外开放，馆内不仅收藏着沃荷尔、里基滕施泰因等画家的流行艺术作品，还有著名的贝讷顿广告。众多的绘画、摄影、工艺作品源源不断地呈现在热爱艺术的人们面前，肯定会让您大饱眼福。另外，美术馆内还有咖啡屋、小餐厅等设施，可供您在充分休憩之后继续欣赏。现代艺术美术馆除了馆藏丰富，其建筑本身也是一件精美绝伦的艺术品，让人流连忘返。

### 古代雕塑品博物馆

法兰克福古代雕塑品博物馆在欧洲也算是比较重要的博物馆之一，博物馆本身是一座建于 1896 年的别墅建筑。该博物馆的收藏品来自古埃及、古希腊和古罗马，还有中世纪和文艺复兴时代的欧洲雕塑品。其中最具价值的就是一座公元前 800 年的青铜马和来自罗马、希腊的无头人体雕塑。另外，博物馆里除了有令人兴奋的史前古器物外，中世纪的物品也是非常吸引人的。

### 老歌剧院

老歌剧院是法兰克福最著名的建筑之一，法国巴黎歌剧院的复制品，1880年建成。开演当年，威廉一世皇帝观看了首场演出之后，大为感动，宣布说唯有法兰克福能继承得如此惟妙惟肖。1945年战争以后它完全成为废墟。20世纪70年代末的修缮共花费了2.4亿马克。新建成的歌剧院采用新古典主义风格，如今它同时作为音乐厅和会议中心使用，是法兰克福一流的文化场所。

# 海德堡

海德堡是一座弥漫着中世纪味道的城市。海德堡的老城依山面河，建筑以18世纪的巴洛克风格为主，处处青砖红瓦。内卡河缓缓流淌穿城而过，美丽的古石桥横卧于江面；古堡、石桥、古意盎然的老城与青山绿水交相辉映，折射出浪漫和迷人的色彩。在海德堡的广场上静静地闲坐，在古桥边的夕阳中漫步徜徉，是一种无比惬意的享受。海德堡是如此让人迷恋和感怀，你可以在此自由地去寻找德国中世纪的辉煌。走在那条当年黑格尔每天下午四点整必然经过的哲学家小道，遥望山上颓败的古堡，你的心一定会因此而感动。在城堡中，你还可以爬到德国现存最大的古代葡萄酒桶上，想象一下中世纪贵族花天酒地的生活。这里还有一座德国最古老的大学——海德堡大学，今天，海德堡仍是德国乃至欧洲的一大科研基地。

### 海德堡古桥

古桥又名卡铁欧德桥，迄今已有200多年的历史了。这座有着九个拱形桥洞的老桥，是海德堡跨越内卡河的第一座石桥。1742年，选帝侯卡尔·特奥多开始督建这座桥，它的工期非常长，大约到1788年才完工。内卡河是莱茵河三大支流之一，在河的左岸，建有坚实的入口通到桥上，桥头有两座圆塔，护卫着古城的入口，塔里原是阴暗的牢房。目前，古桥只允许行人徒步经过，桥面略见磨损。内卡河岸自1693年因战火而荒废，后来部分改建。古堡目前依旧统辖着城镇，同时也是德国保存最好的文艺复兴时期的建筑。桥上有两座雕像，分别是选帝侯卡尔·特奥多以及希腊神话中的女神雅典娜。

### 海德堡城堡

海德堡城堡坐落于国王宝座山山顶上，历史上曾是选帝侯宫邸。其间经过几次扩建，形成哥特式、巴洛克式及文艺复兴式三种风格的完美组合体。古堡的正门雕有披着盔甲的武士队，中央庭园有喷泉以及四根花岗岩柱，四周则为音乐厅、玻璃厅等建筑物。17世纪时法国人曾两度摧毁城堡，几经波折，至19世纪末其主建筑才得以恢复原貌。

进入古堡，首先看到的是一座没有了围墙的城门，即"伊丽莎白门"。此门是1615年弗里德里希五世为了庆祝伊丽莎白皇后的生日，下令在一日内完工的礼物。虽然城墙内外多已损毁，但城门依旧耸立，传说情侣若在城门前留影，则会缔结美满姻缘。在城堡的左方，有一间美术馆，各式各样的城堡图片及海德堡古城的设计图都完整地陈列在馆中。上层，还陈列有一些古式的家具。

在城堡中，有两个特殊的装备是不得不看的，一个是大酒窖，另一个是举世闻名的"大酒桶"。据说，这个酒桶内所储存的酒，如果每人每天喝1升葡萄酒的话，则必须连续喝685年才能喝完！

城堡地窖是一个药品博物馆，也是全世界唯一的药物博物馆，展示着16~18世纪的药草和制药的器具。博物馆的空间并不大，整齐排列的瓶瓶罐罐可能是早年放置不同药品的器具，与中国目前中药店放置中药的抽屉功能类似。

曾经有众多的文人、哲学家在海德堡城堡小住，歌德在此陷入了爱慕玛丽安娜·封·威廉姆的苦海之中，至今，在城堡中仍有歌德的墓碑。城堡现在多数的房间开放给游客参观，保存完好的一些大厅还可供宴会以及艺术表演之用。

### 哲学家小道

在内卡河北岸的丘陵中，有一条细长并略有坡度的小道，这就是著名的"哲学家小道"。据说，哲学家黑格尔在海德堡大学任教时，每天下午四点必定到这条小道来散步，并与朋友、同事一起在此讨论学术问题，也就是在这条小道上的思考中，黑格尔提出了他著名的辩证法。在小道旁的一个花园的门口旁竖着一只向上平伸的手掌模型，掌心写着一句简单的话：HEUTE SCH-ON PHILOSOPHIERT？直译为"今天你哲学过了吗？"一句德国式的幽默，其中却具有深刻的禅意。

### 圣灵大教堂

站在海德堡古桥上可以望见有名的圣灵大教堂，它位于豪浦特街市集广场，正对着市政府大楼，建造于 1389 年。它有别于其他的大多数哥特式大教堂，其外观和谐统一，是普法尔茨一带最大的哥特式教堂，以其优美的拱顶和"物理学窗"以及在路德新教史上的地位而闻名于世。1945 年 8 月，美军在日本广岛投下了一颗原子弹，全世界有良知的科学家都为科技的发展所带来的负面影响而感到深深的悲哀，在他们的建议下，产生了"物理学窗"。窗上铭刻着圣经经文、著名的公式 E＝MC$^2$、广岛惨剧的日期以及其他以原子弹爆炸后的广岛惨况为主题的彩绘玻璃。教堂区内还有古代帝后的陵墓。每周星期六 11 点，教堂都会有定期的弥撒活动。

### 骑士之家

骑士之家又称"圣乔治骑士之屋"，坐落在主街通往市场广场的街口，与圣灵大教堂相对，1592 年由法国富商修建。这座 6 层小楼的外墙是优美的文艺复兴建筑，属于后期文艺复兴风格，山墙上绘着骑士像，建筑因此而得名。虽然历经 400 年，然而这些骑士胸像至今依然栩栩如生。1693 年，法国人因王位继承权引发战争，骑士之家在法军对海德堡城的破坏中幸存地保留下来，是城里保存下来的最古老的建筑之一，并曾作为法军统帅的驻地。如今，骑士之家已经被改造为一家饭店。

### 学生监狱

学生监狱位于海德堡大学校园内，进入校园，顺着指示牌的指引向前走，在校园的东侧，有一座老楼，门关着，按铃即开，三层便是学生监狱，共有 4 间"牢房"，一个高蹲位的厕所。牢房内有旧铁床和旧桌椅，四壁和天花板上则满是学生的涂鸦之作。据说，当年学生如果在校内打架滋事或与警方发生冲突时，通常不送警方，而由学校自行处理。犯错误的学生被送进学生监狱后，前两天只能喝水吃一些面包，之后表现良好才能获得食物，但关禁闭期间仍可到教室听课，一般被判坐牢的时间约为两天至两星期。学生监狱的特色以及吸引游人的地方在于学生们涂在墙壁及天花板上的作品。

## 斯图加特

斯图加特是德国西南重镇，巴符州首府。它坐落在内卡河谷地，面积 207 平方千米，人口 58.4 万。斯图加特这个地名源自德语马场（Stute Garter）二字，古时这里曾是王公贵族的养马场。斯图加特的历史可以追溯到 1000 年以前，公元 950 年左右，一位公爵看中这里青山环绕，水草丰美的环境，于是把这里辟为养马场。13 世纪这里发展成一座军事要塞，14 世纪是符腾堡伯爵迁来府邸。此后，符腾堡伯国国势日盛，升为公国、王国，都城斯图加特的地位也步步提升，市区面积逐渐扩大。1871 年德意志帝国宣告成立，符腾堡王国作为一邦加入，斯图加特也成为帝国西南的重镇。从 19 世纪中叶起，斯图加特开始工业化，各类工厂如雨后春笋般破土而出，市区所在的盆地显得过于窄小，于是工厂企业逐渐向坡地、郊区发展，形成大斯图加特工业区。第二次世界大战中，斯图加特饱经战火，13 世纪以来逐渐发展形成的市中心，皆成废墟，现在市中心许多建筑物都是 20 世纪 50 年代重建的。战后，斯图加特的经济发展蒸蒸日上，现在它已成为德国人均收入最高、失业率最低的城市之一，誉满全球的"奔驰"汽车就是从这里离开生产线的。

## 王宫广场

王宫广场在火车站主出口正对面的国王大街中段，城市的主要景点都散布在广场的周围。广场上矗立着 1841 年为纪念威廉一世执政 25 年而建的纪念柱，其顶端是重达 5 吨的女神雕像。沿着行人区走，可以看到一个巨大的名为移动的雕像。王宫广场的西南是老宫殿，建于 1573～1578 年，"二战"中被炮火摧毁，后又按原样修复。老宫殿的内院设计精致，具有文艺复兴时代的建筑风格，夏天这里经常举行音乐会，上演戏剧，每年 11 月的圣诞市场也在这里揭幕。老宫殿目前是符腾堡博物馆，陈列有当地的工艺品及文物，其南翼的小教堂为符腾堡第一所天主教教堂。广场另一端是新王宫，建于 1746 年，直到 1807 年才全部完工，"二战"期间被炮火摧毁，1958～1968 年重建。新王宫的设计属于 18 世纪巴洛克式建筑，夏季在庭院中常有文艺演出。现在建筑的主体部分是州政府代表的办公室，两翼是文化部、财政部和教育部的办公所在地。南翼地下室内还有罗马时代的祭坛、浮雕、路石等可供参观。

## 斯图加特电视塔

斯图加特电视塔是该市的标志性建筑，也是市内最高的现代建筑，建于 1954 年到 1956 年间，由德国的桥梁结构工程专家、钢筋混凝土专家莱昂哈特设计。塔高 217 米，共四层，上有旋转餐厅和离地 150 米的观景台。该塔是世界上第一座钢筋混凝土建筑，塔顶有红白相间的电视信号发射台，从电视塔上俯瞰斯图加特，美景尽收眼底。

斯图加特电视塔

### 州立绘画馆

　　绘画馆的旧馆完全按德国传统的青灰色对称式宫殿结构建成，而外表以大块土黄色巨石堆砌的新馆，镶以鲜艳明快的绿色、蓝色、粉色长条圆柱，凸现着强烈的现代风格。现在的斯图加特州立美术馆是一个新馆旧馆连为一体的综合性美术展览馆，规模十分庞大。除了永久展品如：奥斯卡·施雷玛、莫奈、毕加索和德国表现派各大家的作品外，每年新年，绘画馆会为新年的到来而举办大型的作品展，在这里，游人可以看到许多德国极负盛名的画家的作品。在这样一个绘画馆中，游人可以用自己的平常心去诠释大师们眼中的美。

### 威廉玛动物园

　　130 年前，这里曾是威廉一世国王建造的夏宫，如今这里是德国唯一的一个植物园和动物园兼容的大庭园，在欧洲它也可以算得上是最漂亮的动植物园之一。每年大约都有 180 万游客到此参观，已经成为德国巴符州最著名的旅游景点之一。

它的面积之大，几乎在一日内无法看完。园内大约有1000多个不同品种的8000多只动物，人们可以通过围栏和玻璃房观赏。这里是著名的兰花收藏地，有巨大的木兰等植物。园内还有一座拥有鳄鱼厅和著名珊瑚鱼厅的水族馆，非常现代的猿猴室和熊室都是很好的游览场所。德国斯图加特大学的尼克尔教授与布吕默教授在动物园内发现了一种新的海绵动物，更足以证明园内物种的丰富。在所有海绵动物中只有极少数可以移动，新发现的这种海绵动物既没有肌肉，也没有神经，只能依靠体内细胞来实现身体的运动，尽管它每小时只可以移动两厘米，但已经是同类动物中的"速度冠军"了。科学家把这种新发现的海绵动物命名为"特提斯·威廉玛"，这也使威廉玛动物园在科学史上留下了光辉的一页。

### 路德维希堡

路德维希堡位于巴符州中心，在斯图加特市以北14千米处，面积为6870平方千米，是符腾堡州35个县中的第三大县。公元1704年，符腾堡公爵路德维希在这里建造了一座王宫，城市围绕王宫四周开始发展，因而得名。路德维希公爵官邸建于1704~1733年，依照法国凡尔赛宫的形式而建，有各种厅房452间，内部以巴洛克式、洛可可式的不同风格加以装饰，极尽豪华，据说这是德国至今保存最大的巴洛克式宫殿园林。每月在这里都会举行音乐会，每年都会有露天文艺演出，是非常值得一看的名胜。路德维希堡电影学院的动画系闻名欧洲，这里的学生曾获得过包括奥斯卡在内的许多动画奖项，由这个系主办的斯图加特国际动画电影节也格外与众不同，强调艺术上的自由性、个性化，鼓励年轻人与新人参加。电影节的所有展映活动全部安排在下午五点以后进行，更便于当地群众参观。对动画爱好者来说，这是一个不可错过的盛宴。

## 慕尼黑

慕尼黑地处阿尔卑斯山脚下，是德国南部巴伐利亚州的文化中心兼首府，人口125万，是德国的第三大城市，清澈碧绿的伊萨尔河横贯市中心。慕尼黑有许多美称"伊萨尔河畔的雅典""具有人情味的世界都市""啤酒和巴洛克艺术之城"等等。慕尼黑这里的人文主义气氛浓郁，在保守的德国南部，这里可以算是一个较为自由的都市。这里到处洋溢着传统的欢乐气息，与前卫而且不断重建的柏林形成强烈对比。在 12 世纪以来的 800 多年中，这里一直是拜恩王国维特尔斯巴赫家族的王城之地。如今它不但是著名的经济中心，同时也是德国最大的工业城市之一。慕尼黑自古以来文学艺术之风盛行，目前它仍是欧洲出版社最多的城市和现代化的媒体中心。

### 马利亚广场

马利亚广场是慕尼黑古城区的中心点，是慕尼黑最繁华的地方。这个名称来自广场上的"马利亚"圆柱，其设立的目的就是颂扬圣母。广场在市政厅前方，慕尼黑最繁华的商业街从这里穿过。每天上午 11 点，马利亚广场必定挤满了为争睹新市政厅钟楼上壁钟表演的观光客。有壁钟表演的钟楼高 85 米，修建于 1904 年，壁钟表演的内容是 1568 年一位侯爵婚礼的故事。下午 5 点，市政厅上面的大钟又奏鸣出动听的音乐，一些艺人也趁此在鸣钟之前表演杂耍，广场上熙熙攘攘，非常热闹。古老的市政厅和教堂，现代的购物中心和无数游客，构成了马利亚广场独特的风景。

### 圣母教堂

圣母教堂是慕尼黑的标志性建筑，内部高 109 米，宽 40 米，于 1468 年开始建造。外观巨大但内部布局却相当简单，鲜艳的色泽、99 米和 100 米高的双塔，是此教堂最吸引人的所在。它特殊的圆顶在 1525 年建成后被许多巴伐利亚的塔楼当作一个效仿的对象。夏季时有电梯可直上塔顶，晴天时由此眺望南面的阿尔卑斯山脉群峰和慕尼黑市区，景致也极其壮观。

教堂的地窟是 Wittelsbach 家族的墓地，许多公爵也葬于此。关于这座教堂最有趣的地方是教堂内的"魔鬼的脚印"，传说圣母教堂的建筑师曾对魔鬼许诺说要建造一个从里面不能看到一扇窗户的教堂，因此，魔鬼就帮助他建造了圣母教堂。在他完成以后，建筑师带魔鬼到教堂的中间，告诉魔鬼说在这里你看不到一扇窗户，但是所有经常去做礼拜的人都会在一个拥有充足光线的区域就座，魔鬼听后非常愤怒地跺脚，他的脚印就永远地留在了石头地板上。

### 圣彼得教堂

慕尼黑的市井与乡土气息在城南最为浓烈，人称"老彼得"的圣彼得教堂年代久远。当年的黑衣修士们怀揣一颗颗火热虔敬的心在镶嵌着碧色大理石的钟楼下祈祷、做功课。就是这些深深冥思的灵魂将"慕尼黑"这个名字首次留给了他们栖身的这座小镇。

坐落在玛利亚广场东南角的这座巴洛克式教堂，始建于1050年，完成于1294年，是慕尼黑最古老的教堂。最初建成时，它是一个拥有两座尖塔的哥特式建筑，18世纪因火灾重建后，才改变为洛可可装饰风格的巴洛克式建筑，高塔也仅存一座；塔楼高92米，游客可以登上303级石梯到达教堂的最高点浏览市景。教堂内部以白色和金色为基调的洛可可装饰风格，显得雍容华贵，而陈列有珠宝饰品和带发骸骨的典藏室也非常值得一去。

## 慕尼黑皇宫区

慕尼黑皇宫区位于慕尼黑欧迪翁广场附近，它的旁边是皇家花园。占地广大的皇宫区建造的时间横跨了16~19三个世纪，所以建筑物的风格也显示了三个世纪的特点。主要的建筑物是宴会厅大楼、马克西米里安皇宫以及国王大楼。走进了慕尼黑皇宫区，附近都是皇宫建筑群，雄伟的教堂宫殿，绿草如茵的草坪喷泉，精雕细刻的建筑让我们惊讶于慕尼黑的美丽。古老的建筑，100多个金碧辉煌的房间，皇室贵族的富丽，国王的会客室、贵客的等候室、另外还有专属于国王的私人圣殿、起居室，都使人不禁追忆起那过去的岁月。

## 奥林匹克公园

著名的慕尼黑奥林匹克公园是一组高度集中的特大型体育建筑群。是1972年第20届夏季奥运会的举办场地，也是目前慕尼黑市民最佳的运动场所。

奥林匹克公园的总体造型和核心建筑是由慕尼黑的建筑师贝尼斯及其伙伴奥托设计的。奥林匹克体育场是奥林匹克公园的核心建筑，可容纳8万名观众，足球场草坪下面有暖气设备，保证一年四季绿草茵茵，冬天也能进行比赛。最令人惊奇的是这体育场半边有顶，上面有一个靠50根吊柱吊起的"鱼网"式屋顶，吊柱有的高达80多米。这个屋顶不仅遮住了半个体育场，还延伸过去覆盖了能容纳1.4万人的体育馆及容纳2000人的游泳馆，面积广达7.5万平方米，相当于10个足球场那样大。

## 宁芬堡王宫

慕尼黑最著名的古老建筑是建于16世纪的宁芬堡王宫，它坐落在慕尼黑的西北郊。最初是维特尔斯巴赫家的夏宫，占地极广，旧时可以跑马打猎。豪华的宁芬堡王宫是一座融合了文艺复兴式、巴洛克式、洛可可式和古典主义的建筑风格的雄伟建筑，也是游客来此的必到之地。

整座宫殿坐西朝东，是由一幢幢方形楼房连接成的一组建筑群，正面长达600米。主楼雄伟壮观，展开的两翼对称和谐，远远望去主次分明。宫殿内众多的厅堂之中，值得一提的是中国之阁，里面的装饰摆设全是中国式的，诸如壁纸屏风，绘着龙凤、山水、花鸟、虫鱼，还陈列着中国的漆器和瓷器。宫中还有一个独特的群芳画廊，陈列着由宫廷画家斯蒂勒所做的36幅美人油画像，画中人物个个天生丽质，仪态万千。这个画廊开放100多年来始终强烈地吸引着无数的艺术爱好者和旅游观光者。宫殿后面是宫廷式园林和广阔的草地林木。树丛中还有一座小巧玲珑的狩猎行宫——阿玛琳宫，内部装饰纤巧精美。这座宫殿是洛可可式宫殿中罕有的艺术珍品。

# 奥地利

## 奥地利概况

奥地利位于欧洲中部。它的名字在德语中意为"东方王国"，因为在查理曼帝国时期，奥地利地处帝国的东方。由于奥地利优越的地理位置，它还被称为欧洲的"心脏"。奥地利离欧洲各大城市巴黎、法兰克福、慕尼黑、汉堡、伦敦、布鲁塞尔、罗马、斯德哥尔摩等仅需1~2小时航班即可到达，是欧洲国家的交通枢纽。

奥地利是个花园般的国家，这里有着令人叹为观止的教堂、城堡和博物馆，巍巍壮观的高山、郁郁葱葱的低谷，源远流长的历史和文化古迹每年吸引成千上万的海外游客。而当人们提及奥地利时，总会先想起维也纳的新年音乐会，美丽的茜茜公主。当然，还有"音乐神童"莫扎特、"音乐之父"贝多芬、海顿、约翰·施特劳斯以及"心理分析之父"弗洛伊德、"美国州长"施瓦辛格等名人。正是这样一个经济、教育、文化高度发达的国家才孕育出这么多优秀而伟大的人物。

## 出入境须知

### 护照与签证

如果没有其他附注、持有申根签证有权在所有"申根国家"旅游并相应允许一次、两次或多次入境。负责使馆，为主要旅行目的地的国家驻华使馆。持公务护照（包括外交护照、公务护照和因公普通护照）者的签证申请，须按规定经由部委或其他具有照会权的外事部门递交。使馆受理签证申请的前提是同时已递交所有所需材料。签证申请须提前3周递交到使馆。

出入境携带

欧洲内部市场建立之后，欧盟就非欧盟成员国入境旅客向欧盟国家携带物品制定了统一的规定。奥地利是欧盟国家，因此，旅客在前往奥地利时，需要注意以下几个规定。

1. 免税物品数量（可免税携带进入欧盟的物品数量。物品数量适用于17岁以上的成年人）

烟草：香烟200支或小雪茄100支（3克/每支），或雪茄50支。

酒：烈性酒1升（酒精度>22%）或香槟、甜烧酒或葡萄酒2升（酒精度<22%）。

2. 旅行物品税率

175欧元以下：通过欧盟国际机场入境的旅客可免税携带价值175欧元以下日常物品。

175~350欧元：乘机入境携带的所有物品税率均为13.5%（特例：咖啡、酒精制品、烟草制品、燃料）。

350欧元以上：所有进入欧盟，价值超过350欧元的物品均须纳税，进口物品除了缴纳增值税之外，还需支付商品税。商品税在2%至15%之间。例如自行车和服装的商品税分别为15%和3%。

1000欧元以上：价值超过1000欧元的进口物品均应书面报告。

特例：通过陆路和海路的方式进入欧盟境内的物品，价值超过125欧元的，须缴纳关税。（例如通过波兰或捷克进入欧盟）。

3. 汽油和柴油

非欧盟国家旅客可免税携带10升燃料入境。超额数量应缴纳规定的关税。

4. 古董及动植物入境规定

古董：被证明超过100年的所有物品均被视为古董，并应交纳16%的营业税。

动植物：携带入境的动植物应依据《华盛顿物种保护协议》（CITES）出示CITES证书。根据该协议动植物被分为4个濒危类别（A-D）。A类为所有面临灭绝的动植物物种及所有有危害的物种，这些动植物不得带入欧盟。其他B、C和D类动植物只有经政府严格检查后，方可带入欧盟一国。

### 交通概况

**飞机**

奥地利航空公司提供从北京和上海直飞维也纳的航班，北京直达维也纳为冬天每周 3 班，夏天 6 班，上海直达维也纳每周 3 班。飞行时间在 9~10 小时之间。欧洲其他航空公司也可以提供经其他城市到奥地利的航班。奥地利主要机场有维也纳、格拉兹、林茨、萨尔茨堡、因斯布鲁克和拉克根福特机场。奥地利航空公司经营格拉兹、因斯布鲁克、克莱根福特、林茨、萨尔茨堡和维也纳之间的航班。提洛尔航空公司经营从因斯布鲁克起飞的国内航班。

**火车**

奥地利有 3600 千米的火车运输线路连接欧洲各国。而奥地利联邦就有 5800 千米的铁路线，国内铁路属国家经营，已经全部电气化。奥地利有两个国际车站：西奥地利和西欧使用火车西站；南和东奥地利以及东南欧与捷克使用火车南站。弗兰茨一约瑟夫火车站停靠去北奥地利的火车。火车咨询电话：1717（24 小时）。奥地利白天的火车硬座是包厢式的，一排三个软席，中间的扶手不需要的可以翻上去，成为一张床。夜间火车设有普通卧铺和软卧。

奥地利联邦铁路公司提供全国范围内高效、舒适的服务，遍及主要城镇和风景旅游热线。一些长途列车上有女士专用的隔室和儿童圈栏。城市间列车和欧洲国家间列车提供补票服务，费用打在票价内。

**长途汽车**

奥地利有公路 34979 千米，其中高速公路 1372 千米。在各个城市中，都设有长途汽车站，可通往奥地利各个城市之间，也可通往奥地利的邻国，交通十分方便。由于奥地利地处中欧内部，自然也就成为欧洲国家的交通枢纽。

**市内交通**

奥地利拥有一个非常密集的电车、汽车和地铁（在维也纳）交通网络，在乡村的公共汽车和火车甚至可以通到很小的村庄。蓝色 U 字是维也纳地铁的标志，维也纳共有 5 条地铁线，分别以 U1~U6 符号表示。在奥地利城市内电车是最快的交通车辆，往返路线沿着环城大道伸展，呈星状分布，路线用 1~71 数字号码表示，或 B~O 字母表示，1、2 线以及 J 线、D 线是环城大道的路线。从市中心去郊外的交通工具为公共巴士，行驶时间为 5：30~24：00。周五与周六有夜间班车，22：30~4：00。如果游客计划在城市里使用公共交通，那最好根据使用的频繁性购买相应的公共交通票（单程票、24 小时卡，3 天卡等。）游客在使用交通卡时，必须在车上的打卡机上打卡，上面会显示使用的时间。另外，奥地利的出租车大都侍候在出租车站，很少可以在街上拦到空驶的出租车，游客要坐出租车，须拨打出租车服务热线。

### 住宿提示

游客前往奥地利旅行，不必担心找不到适合的住处，因为奥地利有着非常多种类的旅馆。从收费低廉的农舍、家庭旅馆、青年旅舍、普通旅馆到昂贵的休假别墅和豪华的星级国际宾馆应有尽有。在奥地利旅行的 25 岁以下的学生可以选择青年旅舍，但一般情况下，店主不供应早餐。家庭旅店大多供应免费早餐，因为奥地利政府规定，10 间房子以下的旅店不用交税，所以不少旅游景点的居民把自己的空余房间用作客房，因而家庭旅店在奥地利的旅游景点相当普及，游客借宿也非常方便。房主就是招待员，并提供一顿早餐。在风景名胜区，还有古堡改成的旅馆也可以住宿，游客在这里可以体验中世纪贵族的生活情调。

### 奥地利风俗

在奥地利，有许多不同于其他地方的风俗，这些风俗大多流传了好几个世纪，一直保持到现在。像每年的寒冬一过，阿尔卑斯山区的人们就迎来了"佩尔奇滕劳夫"，这一古老的风俗可以追溯到 8 世纪初。"佩尔奇特"是一个有两副面孔的日耳曼女神，据说既能给人带来好运，也能给人带来厄运。她能惩治邪恶势力和帮助遭受邪恶势力迫害的好人。奥地利每个地区迎接这一天的方式都不一样。其中在萨尔茨堡州的加斯泰因河谷，人们就是举行一种穿越村庄的"卡彭佩尔奇滕"比赛。参赛者头戴以金属丝、鲜花和镜子装饰而成的高帽，由一位专门看管笨重高帽的姑娘"格塞琳"陪同。到了晚上，家家户户都要在最漂亮的一间屋子的桌上摆好一大碗用牛奶做的汤，每个家庭成员将一把小勺平放在碗沿上，次日早晨谁的小勺落到桌上，即意味着谁会交厄运，甚至有可能在这一年中死去，若小勺落入汤中，则意味着将交好运，或能早日成亲。而在其他地区，人们常把一种令人毛骨悚然的"沙奇佩尔奇滕"的形象置于举行传统仪式的地方。据说，只有外表比那些住在山上的恶鬼更恐怖才能把那些恶鬼赶走。

在奥地利南部某些地区，如果过去一年中本社区内无人结婚，在"法兴"狂欢节期间，就要以一种叫作"布洛赫齐亨"的风俗作为婚礼的替代形式，弥补喜气的不足。这时，未婚的青年男女围绕一棵锯倒的、以花环和彩带装饰的云杉木树干跳起欢快的舞蹈。接着，青年人一齐拖拉着这根树干穿过村庄。进入村庄后，那段树干通常被拍卖给愿出高价的竞买者。"法兴"稻草人被放入木棺，在哀乐声中按精心安排的模拟宗教风俗举行葬礼。

在复活节前的第四个节食星期日里，奥地利大部分地方还会举行"利布斯塔特松塔格"。这一天，恋人们相互把精心装饰的心形姜汁饼献给自己的心上人。这一节日在时间和含义上都和"圣瓦伦丁"节（即情人节）很接近。

按照传统，5月1日前，村里的年轻人要从树林里偷来五月柱（这种偷盗得到护林人的默许）竖立起来。事先要把树的树皮剥至接近树冠处，并将树冠加以装饰，同时悬挂一些香肠和糕饼。五月柱彻夜受到严密守护，以防被邻村年轻人偷走。5月1日，开始进行"迈包姆·克拉海恩"比赛，村里的年轻人都试图爬上那根至少有10米高的五月柱，以摘取挂在树冠上的奖品。但由于木柱上事先涂抹了肥皂，所以很难爬上去。位于河畔的村庄里的年轻人有时将五月柱置于木筏中央，身穿民族装在木筏上载歌载舞。

而"松文德费乌尔"则标志着夏至这一时令，代表了人们对盛夏的告别和对美好未来的展望。这天，奥地利的人们会沿阿尔卑斯山脉各山顶点燃篝火，与此同时各个村庄自行举行火把游行。

10月是葡萄丰收的季节，奥地利大部分地区都会举行传统的葡萄酒行列仪式。葡萄成熟时，葡萄园里的防贼看守抬着以葡萄、树叶和彩带装饰的铃状花环列队行进。姑娘们从马车上的酒桶里倒出一杯杯葡萄酒，免费招待路人。节日那天，在葡萄酒的主要产地下奥地利州的雷茨镇，从公共饮水器中流出的也是葡萄酒。

生活习惯

奥地利男子平时着装随便，喜欢穿羊皮短裤或马裤，正式场合则穿西装。在山区，天气寒冷时，很多人穿着马裤和罗登尼料做的夹克。观看歌剧时着装特别端正，不穿便服和牛仔服之类的服装，大都穿高级礼服出入歌剧院。节庆时，男子爱穿白色礼服，女子多穿红色衣裙。奥地利人热情、和蔼可亲。在公共场所，奥地利人即使是和陌生人相见，也会打招呼。平辈之间称呼时，一般相互称姓，只有在家庭内部和好朋友之间才称呼名字。有学识和地位的人一般喜欢人们称呼他们的学衔和官衔，如部长、博士等。奥地利妇女结婚后改姓夫姓，即使是离婚或改嫁后也保持着原来丈夫的姓氏，因而千万不要以姓氏来推断妇女的夫姓，更不能擅自称呼。相见时，奥地利人一般以握手为礼。女人与男宾相见时，也惯施屈膝礼，同时还礼貌地将右手伸向对方，以使对方回敬吻手礼。一些地区还保留着一种古老的寒暄方式：愿神降福于你。与奥地利人交谈时，可谈历史，但不要谈战争；可谈文化，但不要谈荒唐淫秽的东西。不要主动议论钱、宗教或政治之类的话题（除非主人先谈起）。奥地利人喜欢别国人知道自己民族的特性和谈论自己的成就。如果初次应邀到奥地利人家里去吃饭或作非商业性的拜访时，一般要送些鲜花或巧克力之类的小礼物。忌送红玫瑰（表示爱恋之情）、红康乃馨（五朔节专用）或成双数的花朵（这被认为是坏运气）。

<h1 style="text-align:center">维也纳</h1>

奥地利首都维也纳坐落在维也纳盆地中，蓝色的多瑙河从市区静静流过，是一座拥有 1800 多年历史的古都，在 18 世纪文艺复兴时期时，它已经发展成为一座举世闻名的音乐之都。不仅成就了贝多芬、莫扎特、舒伯特、海顿、约翰·施特劳斯等这些音乐大师，还诞生出圆舞曲、华尔兹等众多著名的欧洲古典音乐作品。如今在维也纳市区，随处都可以看见造型逼真的音乐家雕塑，就连城市许多街道、公园、剧院、会议厅等建筑都是用世界著名音乐家的名字来命名的。

### 霍夫堡宫

坐落在维也纳内城中心的霍夫堡宫，曾经是统治整个奥匈帝国的布斯堡王朝历代君主的宫殿。

到霍夫堡宫游玩，首先要经过霍夫堡皇宫大门，这座大门是由彼得·诺比勒设计的。穿过新霍夫堡皇宫大门，会看见一个有 2 座铜像的广场，这就是英雄广场。那 2 座铜像分别是在和土耳其人大战中战无不胜的欧根亲王，和成功抵御拿破仑的卡尔大公爵。从英雄广场走出来，是一座富丽堂皇巴洛克式的 2 层建筑，它就是从 1881 年开始建造，到 1926 年才落成的新霍夫堡皇宫。皇宫依地势而建，上、下两层都各带一个花园。从新霍夫堡皇宫走到旧霍夫堡皇宫时，必须要经过一间 1804 年建造的 1000 平方米的礼仪大厅，这里曾经是皇帝登基或举办舞会的地方，现在则是举办国际会议或维也纳大型舞会的场地。穿过礼仪大厅的走廊，就来到了旧霍夫堡皇宫。皇宫前是弗兰茨皇帝广场，广场上竖立着弗兰茨二世皇帝的塑像。穿过弗兰茨皇帝广场，游客可以走进 1995 年才开始对外开放的皇宫宴会厅和银器馆参观。

### 维也纳国家歌剧院

在维也纳市中心的环形街旁，有一座高大的方形建筑物，仿文艺复兴建筑风格的外观看上去非常典雅，它就是 1861 年开始修建、1869 年落成的国家歌剧院。国家歌剧院不仅外观非常具有艺术感，里面的装潢也十分豪华，设施也很现代化。整个剧院面积有 9000 平方米，舞台面积 1500 平方米，楼上楼下共有 1642 个座位、567 个站位和能容纳 110 人乐队的乐池。1869 年 5 月 25 日，国家歌剧院首场演出了莫扎特的歌剧《唐璜》。从此，国家歌剧院成为"音乐之都"维也纳的一个标志性象征。然而，在 1945 年时，国家歌剧院遭到战火的袭击而被严重毁坏，经过了整

维也纳国家歌剧院

整 10 年的重建，它才于 1955 年开始重新上演歌剧节目，首演的是贝多芬的歌剧《费德里奥》。如今，国家歌剧院每年都要上演近 50 台歌剧和 20 台芭蕾舞剧。

### 美泉宫

位于维也纳西南方郊外的美泉宫，是哈布斯堡王朝的夏季行宫。美泉宫面积 2.6 万平方米，仅次于法国凡尔赛宫。皇宫分为上、下两个建筑群，中间以对称、整齐的法式花园连接。皇宫外部颜色是一种被称为"玛丽亚·特蕾莎黄"的颜色，与百叶窗的绿色形成鲜明对比，这种颜色成为当时君主专制统治的代表。如今，皇宫里的 1441 个房间中，有 45 间可供游人参观。室内大量的镀金装饰、波希米亚的水晶吊灯和瓷砖、壁炉共同营造出巴洛克式风格的气氛，非常优雅别致。此外，宫中还专门有东方古典式的建筑，如镶嵌紫檀、黑檀、象牙的中国式房间和用泥金和涂漆装饰的日本式房间。房间内部的装饰品也以东方风格统一协调，四壁和天花板上镶嵌着陶瓷器。美泉宫里还有哈布斯堡王朝历代帝王大摆筵席的餐厅和华丽的舞厅。著名作曲家莫扎特幼年时就曾在这个典雅的舞台上为特蕾西亚女皇演奏钢琴。

### 维也纳艺术博物馆

坐落在维也纳环城大街旁边的维也纳艺术博物馆，是全世界第四大艺术博物

馆。为了收集皇家珍藏，维也纳市政府于 1871 年在霍夫堡皇宫对面开始建造维也纳艺术博物馆，历时 20 年，这座精美的白色建筑物于 1891 年拔地而起。维也纳艺术博物馆收藏了许多哈布斯王朝时期遗留的稀有珍品。

### 斯特凡大教堂

位于维也纳市中心的高达 137 米的斯特凡大教堂是继科隆大教堂之后全世界第二高的哥特式教堂。斯特凡大教堂由教堂主体、南塔、北塔和一个庞大的地下墓穴组成。教堂内北侧厅是安顿·皮尔格拉姆设计的布道坛和管风琴脚。布道坛是斯特凡大教堂里最精美的一件哥特式艺术品。

此外，游客可以搭乘电梯去斯特凡大教堂北塔游玩，这里有一口重达 20 吨的钟。最初，它是在 1683 年维也纳人战胜了奥斯曼帝国的侵略后，用缴获的枪炮铸成的。后来第二次世界大战，铜钟遭到了严重的破坏。战争结束后，人们将残片收集起来，重新铸造了这口钟。如今，每年过年的时候，维也纳人都会到教堂前面的广场上来一起倒数时间，听着钟声迎接新年。斯特凡大教堂的南塔共有 343 级台阶，没有电梯可以通到这里。如果游客想要将维也纳内城的景观尽收眼底就必须得靠自己的毅力登上这座天梯。

### 维也纳音乐厅

在内环路和卡尔教堂之间，坐落着一座古老而现代的音乐厅——维也纳音乐之友协会金色大厅。它以无与伦比的音响效果而闻名于世。这里经常举办各种高档次的交响乐、独奏音乐会、室内音乐会和独唱会，同时还是维也纳每年举行"维也纳新年音乐会"的法定场所。音乐厅始建于 1867 年，由特奥费尔翰森设计，历时 2 年落成。这是一座意大利文艺复兴式建筑。外墙黄红两色相间，屋顶上竖立着许多音乐女神雕像，十分古雅别致。整个大厅呈方形，长 48.4 米，宽 19.1 米，高度为 17.75 米。一共有 1744 个座位和 300 个站位。厅内装饰非常富丽堂皇，有 30 座镀金的女神立像，因此，音乐大厅也被人称作金色大厅。

1870 年 1 月 6 日，音乐厅的首场演出就是由音乐之友协会的成员担任演奏的。从 1939 年开始，盛大的维也纳新年音乐会每年 1 月 1 日都在金色大厅里举行。后因战争一度中断，1959 年才又重新恢复这个盛大的音乐会。

### 咖啡物语

欧洲人常说，是土耳其人将咖啡带入欧洲，但是维也纳人却让品尝咖啡变成了一种文化、一种艺术、一种生活。如今，咖啡已经成为维也纳人生活中的一部分，他们甚至把咖啡和音乐、华尔兹相提并论，称为"维也纳三宝"。

17世纪时，咖啡已经出现在一些伊斯兰国家的大小城市里。但在欧洲，却没人知道这种饮料。直到1683年，土耳其军队第二次进攻维也纳战败后，留下了大量的武器、弹药，还有好几百个装着神秘的棕色小豆的大口袋。当时的维也纳人都不知道这小豆子是什么东西，除了一位曾经潜伏在君士坦丁堡的波兰密探。他用这些在战场上缴获的棕色小豆煮成咖啡，并在维也纳开设了第一家咖啡馆。但是，咖啡馆起初的生意并不好，维也纳人喝不惯这种苦苦涩涩的味道。后来，这位波兰人尝试着在咖啡里加入牛奶，制成了一种叫米朗琪的咖啡，这种咖啡深得维也纳人的喜欢，并在17世纪80年代开始风靡至今。

在维也纳的各个角落，都不难发现咖啡馆的踪影，有人说，维也纳是五步一咖啡。而对维也纳人来说，咖啡馆不仅是喝咖啡的地方，还是读报、写信、打牌、打台球、下棋娱乐、与朋友花上几小时谈天说地的地方。只要来到咖啡馆，客人想待多久就可以待多久，就算咖啡馆里面已经坐满了，老板也不会对久坐的客人有任何抱怨之词，这也是维也纳咖啡馆百年不变的传统。"一个客人坐在咖啡馆里喝咖啡。"35年前，维也纳咖啡馆文学大师托贝格写下了这句很难悟透的名言。也许，它正是维也纳咖啡文化的最精辟的写照。

位于维也纳市中心的中央咖啡馆是维也纳最出名的一个咖啡馆。在第一次世界大战以前，这里一直都是艺术精英、政坛要人、社会名流的聚集之地，包括莫扎特、贝多芬、舒伯特、"圆舞曲王朝"施特劳斯父子等都是这里的常客。此外，在维也纳还有许多知名度很高的咖啡馆，它们总是与一些过去或现在的知名人士有着密切的关系。而热情的维也纳人也喜欢如数家珍地告诉游人，哪些艺术家和作家通常喜欢在哪一家咖啡馆聚会，哪些政治家爱在哪一家咖啡馆与记者们见面等。

## 萨尔茨堡

位于奥地利北部的萨尔茨堡，北临阿尔卑斯山，并与德国接壤，距首都维也纳约320千米。这里曾是古代凯尔特民族居住点，古罗马贸易中心和交通枢纽，被奥地利著名诗人、"萨尔茨堡节"创始人之一的霍夫曼称为"欧洲心脏之心脏"。萨尔茨堡是奥地利巴洛克古建筑的胜地。美丽的萨尔茨河把萨尔茨堡分成新城、老城两部分。老城的建筑丰富多彩，与阿尔卑斯山的秀丽风光浑然一体，使萨尔斯堡被誉为全世界最美丽的城市之一，被联合国列为世界人类文明保护区。同时，萨尔茨堡还是奥地利仅次于维也纳的音乐艺术中心。这里曾是伟大的音乐家莫扎特的诞生地，贝多芬、海顿等音乐家也曾在此创作了大量不朽的乐章。而一年一度的欧洲最隆重的音乐节——萨尔茨堡音乐节更是吸引了众多的游客前往。

### 霍恩萨尔茨堡

位于老市区 100 多米高丘陵上的霍恩萨尔茨堡是目前保存最为完整的欧洲中世纪古城堡建筑之一。1077 年，大主教格布哈德为了防范邻近诸侯攻击而开始修建这座古城堡。后经过好几个世纪的不断扩建和整修，才在 1861 年呈现出现在游客所见到的模样。城堡内有街道，四周是又高又厚的城墙。历代萨尔茨堡市主教都曾在这里居住。整座城堡面积十分广阔，有庭院和很多厅堂和房间，包括大主教举行盛

霍恩萨尔茨堡

大宗教仪式的厅堂、音乐厅、主教居室、兵器馆、囚犯馆、中世纪刑具展览馆等等。其中举行宗教仪式的厅堂最为惹眼，里面装饰极其奢华，有镀金木雕和华丽的意大利彩陶壁炉。而在音乐厅里，则有曾被莫扎特的父亲谱写过赞美诗的"萨尔茨堡之舵"，即 1502 年建造的人控机械风琴。游客可以在卡比第广场搭乘空中缆车前往，只需要 15 分钟就可以登上城堡，游完城堡还可取道登山小径徒步下山，欣赏萨尔茨堡的自然风光。

### 萨尔茨堡大教堂

在萨尔茨堡市中，最重要的宗教建筑物是天主教的中心萨尔茨堡大教堂。教堂最初建于 774 年，后来在 1598 年时，大教堂主体被一场火灾给毁坏了。如今游客见到的萨尔茨堡大教堂是在 1614 年由著名的意大利建筑师圣蒂诺负责重建的。经过了半个世纪，这座结合了早期巴洛克和罗马风格的辉煌建筑终于在 1628 年落成，并由巴黎斯·罗德龙主教主持了大教堂的落成仪式。现在的大教堂依旧保持着当时的外形，内部构造并没遭到损毁，是座保存得比较好的古迹。游客进入教堂里面，首先会看见 3 座铜门，每一座都有不同的含义，一座代表信仰，一座代表希望，另一座则代表慈善。而在正墙里面上则有 4 座巨大的雕像，分别是手持钥匙的圣徒彼得，手持宝剑的保罗，手持盐瓶的州守护神圣徒鲁佩特和手持教堂模型的维吉尔。而作为墙饰的 2 个印有花纹的盾则代表了大教堂的两名主要建造者马库斯·西提库斯和巴黎斯·罗德龙。

### 圣彼得修道院

在山坡脚下的圣彼得修道院建于 1130 年，它是萨尔斯堡唯一的罗马式教堂。修道院有着 3 重侧廊，里面的廊柱与方形的石柱非常特别。修道院的大厅是个罗马式的长方形会堂，里面摆放着一个历史相当悠久的风琴。1783 年时，莫扎特曾经在此首次指挥演奏 C 小调弥撒曲。如今在每年的 12 月 5 日，也就是莫扎特忌日那天，这里都会演奏他的《安魂曲》，以纪念这位伟大的音乐家。在圣彼得修道院附近，是著名的圣彼得公墓。萨尔茨堡诗人乔克·特拉克曾为这里写下诗句："天空对着这凝固了梦想的花园静静地微笑。"这里埋葬了许多名人，其中有莫扎特的姐姐安娜·莫扎特和海顿的弟弟米歇尔·海顿等。

### 海尔布伦宫

位于城南，离市中心约 10 千米的海尔布伦宫曾经是马尔库斯·西提库斯主教的夏宫。它因宫内的喷水池——水榭而闻名于世。海尔布伦宫建于 1612～1615 年，是阿尔卑斯山以北最宏伟的建筑物之一。

在海尔布伦宫里，不论是大的建筑物，还是小的装饰细节，都充满了想象。这里有神秘的山洞，有以水驱动的人物形象，有隐藏在矮树与树林后面的喷泉。海尔布伦宫的喷泉不仅在 400 年前就已经世界闻名，宫里的自然动物园更以其规模巨大的自然放养空间而驰名全世界。另外，在海尔布伦宫里还有卡洛林娜·奥古斯丁博物馆的民俗展览馆。这里展出了各种有关萨尔茨堡的民间艺术、信仰、居住艺术、民间医学的相关资料和文物。

### 音乐神童莫扎特

1756 年 1 月 27 日，与海顿、贝多芬并称为维也纳古典乐派三大作曲家的沃尔夫冈·阿马德乌斯·莫扎特（1756~1791）诞生在奥地利的萨尔茨堡一个宫廷乐师家里。莫扎特从小就显露出极高的音乐天赋，3 岁已显露音乐才能，4 岁随父亲学钢琴，5 岁就会作曲，6 岁又随父学小提琴，被世人誉为"音乐神童"。

#### 穷困的音乐家

在莫扎特 6 岁那年，父亲带着他和 10 岁的姐姐安娜去欧洲大陆旅行演出。10 年的时间，他们几乎走遍了欧洲各国。所到之处无不引起巨大的轰动，在奥地利首都维也纳，他们还被女皇邀请进宫表演。

10 年后，16 岁的莫扎特回到了家乡萨尔茨堡，并在宫廷乐队里担任首席乐师。但是莫扎特极其不习惯这种被约束的生活，于 1781 年毅然决定只身前往维也纳，继续音乐创作。然而，在他的创作中出现了许多革新的因素，当时墨守成规的人们还不能接受这种音乐风格。因此莫扎特的经济压力很大，经常靠借债度日，但他却心甘情愿地过着贫苦而自由的音乐家生活。他曾说："我的舌头已经尝到了死的滋味，我的创作还是乐观的。"

1791 年 12 月 5 日，贫病交加的莫扎特在维也纳逝世，享年仅 35 岁。他的死令全世界音乐界震惊和痛惜，同时，他的死因也给世人留下了无尽的猜测。

莫扎特的音乐广泛采用了各种乐曲形式，成功地将德、奥、意等国的民族音乐和欧洲的传统音乐完美地结合在一起，为西方音乐的发展开辟了崭新的道路。许多人都说莫扎特是无师自通、不学而成的天才。然而，在天才的背后，人们往往看不到他的刻苦与勤奋。莫扎特曾说："人们以为我的艺术得来全不费工夫。实际上，没有人会像我一样花这么多时间和思考来从事作曲；没有一位名家的作品我不是辛勤地研究了许多次。"

#### 主要作品

在莫扎特的一生中，他总共写下了 22 部歌剧（以《费加罗的婚礼》《唐璜》《魔笛》最为著名）、41 部交响曲（以第三十九、四十、四十一交响曲最为著名）、27 部钢琴协奏曲（以第二十、二十一、二十三、二十四、二十六、二十七钢琴协奏曲最为著名）和 6 部小提琴协奏曲（以第四、第五小提琴协奏曲最为著名），此外，他还写了大量各种体裁的器乐与声乐作品。

# 因斯布鲁克

奥地利西部蒂罗尔州的首府因斯布鲁克，在德语中是因河桥的意思。这座美丽的小城坐落在阿尔卑斯山谷之中，静静的因河穿城而过。这里是连接德国和意大利的要津，也是从瑞士通往维也纳的必经之路。别看这个山城这么小，这里可曾举办过 1964 年和 1976 年的两届冬季奥运会。因斯布鲁克共有六个主要滑雪区域，59 条缆车随时供游客使用，并只收取缆车费。每年都吸引了周边国家乃至全世界成千上万的冰雪爱好者。置身因斯布鲁克的任何一个角落，都能看见白雪覆盖的阿尔卑斯山峦。如今的因斯布鲁克仍然保持着中世纪城市的容貌。在狭窄的小街上，有着哥特式的楼房，巴洛克式的大门和文艺复兴式的连拱廊。整个小镇都散发出古老而又宁静的气息，颇有点世外桃源的感觉。

## 老城（金顶城堡）

建于 1494~1496 年的金顶屋是因斯布鲁克的象征，它坐落在老城中心的弗利德里希公爵大街的尽头，是当年为马克西米利安大帝观看广场上举行的比赛和戏剧表演而建造的。马克西米利昂在观看表演前，喜欢站在这里的阳台上慰问他的臣民。这座豪华的二层建筑，宽 16 米，仅屋顶就高达 3.7 米，且由 2600 块镀金铜瓦镶嵌而成，同时，宫中华丽的走廊上也覆盖着一层镀金铜瓦，在阳光下熠熠生辉。金顶屋檐角边缘饰有动物图案的雕饰花纹，廊柱表面围满了浮雕，其中有马克西米利安一世皇帝和皇后的雕像。正面下端雕有标志着奥地利和匈牙利的纹章：双头鹰和国王雄鹰、布尔艮德和米兰的纹章，侧面还有施泰尔马克和蒂洛尔州的纹章。壁画上描述的是两名肩扛帝国大旗和蒂洛尔旗的卫士，这幅作品的真迹现在珍藏在蒂洛尔州博物馆。另外，如今的金屋顶的内部还设有马克西米利安大帝纪念馆，用来展示马克西米利安大帝的铁甲衣和各种听筒。

## 宫廷教堂

马克西米利安一世生前的夙愿就是希望死后能安葬在因斯布鲁克，但他并没能够如愿以偿。1519 年，马克西米利安一世逝世后，他被埋葬在了维也纳新城的霍夫堡皇宫教堂内。1553 年，费迪南德一世下令在马克西米利安一世执政的因斯布鲁克皇宫里建造了一座被称为"留守骑士最后的安息地"的宫廷教堂，它象征着德意志皇帝权威。宫廷教堂于 1556 年落成，共有三个大殿。其中最著名的一个大殿就是由艺术大师阿尔布莱西特·丢勒和金属铸匠比德·菲舍尔协力合作共同创作的马克西米利昂一世皇帝墓穴。整个大殿显得非常霸气庄严，在陵墓的两侧，竖立着威武的 28 座真人大小的青铜武士雕像，它们分别是马克西米利昂的祖先和后代的雕像。在陵墓中间，是一具大理石棺，石棺上是马克西米利安皇帝的铜像，石棺周围有 24 块记录皇帝生平的大理石浮雕。

### 因斯布鲁克体育场

1964 年和 1976 年举办的两次冬季奥林匹克运动会都在因斯布鲁克市郊的体育场里。体育场就坐落在终年白雪皑皑的伊泽尔山上。1925 年，这里又建起了第一座跳雪台。2001 年至 2002 年，根据伦敦建筑师查拉·哈迪德的设计改建，这座风格别致的跳雪台不仅成为世界上最先进的跳雪台，还成为因斯布鲁克体育场的标志。如今，贝尔格伊舍体育场可以容纳 28000 名观众。跳雪台的起跳台被建成一座桥梁，电梯把运动员和游客直接送往塔顶。在高 47 米的塔顶上，还建有一间咖啡厅，游客坐在这里，不仅能品尝到香浓的咖啡，还能拥有 360 度的全景视线，欣赏到整个连绵不断的白雪覆盖的群山美景。此外，每年一度的四项障碍跳雪巡回赛和马特跳雪比赛等体育盛事也在这个体育场里举办。

### 施华洛世奇水晶世界

1995 年，为了庆祝公司成立 100 周年，施华洛世奇集团兴建了施华洛世奇水晶世界。它位于因斯布鲁克近郊的瓦腾斯镇，是目前世界上最大、最著名的水晶博物馆。这个被称为"现实中的童话世界"的博物馆出自世界级媒体艺术家安德列·海勒之手，他用魔幻般的奇妙方式向人们展示了全球种类最全的各类水晶石、世界最大最华贵的水晶墙和最美丽的水晶艺术品。自水晶世界开馆以来，来自世界各地的几百万人参观了这个"令人惊叹的地方"。其中最绚丽的一个展馆是水晶行星，只见黑漆漆的天幕中布满璀璨夺目的水晶，这是一组三维投影和建筑构件的精巧结合。走出展览馆后，前面是个大的花园，里面有一个仿照水晶世界设计师安德列·海勒的手建造成的巨型草场迷宫。另外，在展览馆的二楼设有水晶专卖店，游客可以在此挑选最正宗的施华洛世奇水晶饰品和纪念品（非欧盟国家公民购物超过 75 欧元可索取免税表，出境时可在海关退税）。

## 格拉兹

格拉兹位于奥地利东南部多瑙河支流穆尔河畔的盆地，北距维也纳约 200 千米。"格拉兹"一词源自斯拉夫语，意为小城堡。从巴奔堡家族统治这里开始，格拉兹已经有 900 年的历史了。如今的格拉兹是奥地利第二大城市，也是欧洲保存最完好的历史名城之一。1999 年，格拉兹被联合国教科文组织作为"文化遗产"列入《世界遗产名录》。穆尔河从南向北静静地流过整个格拉兹市区，繁华的老城完好地保持着古老的风貌。城中到处都是巴洛克风格的建筑，充满了一丝浪漫的气息。游客从中心广场向外面的狭窄街道走过去，沿途都可以观赏到典型巴洛克风格的宫殿、官邸和楼房构成的街景。

### 大教堂

在格拉兹，有几座经典的建筑被并称为"格拉兹的王冠"，其中一座建筑就是位于格拉兹老城区中心位置的大教堂。这座皇家教堂是在 1438 年由腓烈特三世下令开始兴建的，历时 7 年，于 1464 年落成。大教堂是一座非常精美的建筑，具有典型的哥特式风格。原来，在教堂的正面有一幅被称为"上帝的惩罚"的壁画。画里描述了发生在 1480 年的三场灾难：蝗虫灾害、战争和黑死病。后来，这幅画作为教堂的镇观之宝被移到了教堂的南侧。走进教堂，里面富丽堂皇的装饰显示出王室特有的气派，每一个细节都被装饰得华丽绚烂。

### 大钟塔

在格拉兹市中心稍偏北的城堡山上，耸立着一座高 28 米的钟塔。它的造型奇特而又凝重，尖房顶的四周安置了 4 个铜钟，下面是 4 个突出来的木制瞭望楼，面向四个方向的雪白墙面上镶嵌着 4 面大时钟，周围几千米内都可以看到。来到塔下近观，会发现时钟的指针与众不同。原来为了让远处的人们能清楚地看到时间，大钟是用长针代表小时，短针表示分钟的。

大钟塔最早建立于 13 世纪，曾经是一座守望塔。1588 年重建才形成了现在的样貌，当时它的任务是预警和报时，塔上挂着 3 个功能不同的大钟，分别是报时钟、火警钟、死刑钟。1712 年时，报时钟被又大又新的壁钟取代，死刑钟不久也被取下，只剩火警钟还挂在原处。如今，这座大钟塔已经成为格拉兹城市的标志。人们徒步或乘缆车登上钟塔处，就可以鸟瞰整个格拉兹城。